Das Buch
Die vorliegende Sammlung traditioneller Märchentexte aus Skandinavien, Südeuropa, Mitteleuropa, dem Balkan, Asien, Afrika, der Türkei, dem Orient, Ozeanien, Rußland, Britannien und Alaska ist durch eine Rahmenhandlung miteinander verbunden. Dreizehn Priesterinnen der *Großen Mutter im Mond* treffen sich in dreizehn Vollmondnächten am Rande eines Moores, um einander Geschichten von starken, mutigen, klugen oder gewitzten Frauen zu erzählen.

Herausgeberin und Autorin
Angeline Bauer, geb. 1952 in Niederbayern. Nach ihrer Ausbildung zur Tänzerin arbeitete sie an verschiedenen deutschen Theatern. 1983 gab sie das Tanzen auf und begann mit dem Schreiben. Seitdem veröffentlichte sie unter dem Pseudonym Friederike Costa fünfzehn Romane, unzählige Kurzgeschichten und unter eigenem Namen ein Sachbuch. Seit 1991 arbeitet sie außerdem in eigener Praxis auf dem Gebiet der katathymen Imaginationstherapie und beschäftigt sich eingehend mit Symbolik, Traumdeutung und Märcheninterpretation.

DIE NACHT DER MONDFRAUEN

Märchen von starken und mutigen Frauen

Erzählt und herausgegeben
von
Angeline Bauer

WILHELM HEYNE VERLAG
MÜNCHEN

HEYNE ALLGEMEINE REIHE
Nr. 01/10333

Umwelthinweis:
Dieses Buch wurde auf
chlor- und säurefreiem Papier gedruckt.

2. Auflage

Copyright © 1997 by Wilhelm Heyne Verlag GmbH & Co. KG, München
Copyright © Einzelrechte siehe Quellenverzeichnis
Printed in Germany 1998
Umschlagillustration: ZEFA/Larry Leferer
Umschlaggestaltung: Atelier Ingrid Schütz, München
Satz: Schaber Satz- und Datentechnik, Wels
Druck und Bindung: Presse-Druck Augsburg

ISBN 3-453-12514-2

Ich widme dieses Buch meinen Freundinnen

Annette Frentzen
Greet Sedney
Karin Morbe
Petra Pesin
Petra Schlange
Roselie Keil

und allen Mondfrauen dieser Welt

Inhalt

Über meine Arbeit an diesem Buch 11

Die erste Nacht –
Gerswind erzählt Märchen aus Mitteleuropa 17
Bei der schwarzen Frau 20
Die Geschichte von Dietrich und Elisabeth 24
Der Hauptmann Rosa und die drei Riesen 37
Die zwölf Räuber und die Müllerstochter 40
Die goldenen Barthaare 44
Die singende Rose 47

Die zweite Nacht –
Abelone erzählt Märchen aus Skandinavien 52
Die kleine Seejungfrau 53
Der Schmaus der Zwerge 75
Der Bär und die drei Schwestern 84

Die dritte Nacht –
Lavra erzählt Märchen aus Rußland 88
Laschín 89
Die schöne Wassilissa Mikulischna 93
Wassilissa, die Wunderschöne 100

Die vierte Nacht –
Bahar erzählt Märchen aus der Türkei 107
Die Kluge 108
Die Geschichte vom Kristallpalast und Diamantschiff 115
Die Perlmuttermaid 126

Die fünfte Nacht –
Mardschana erzählt Märchen aus dem Orient 133
Die listige Dalilah 134
Die Geschichte von der Sklavin, die Sultan wurde 152
Die Geschichte von der Weiberlist 165

Die sechste Nacht –
Danai erzählt Märchen vom Balkan 171
Das Schlangenkind 171
Der Drache 179
Die unglückliche Prinzessin 184
Die Bärenprinzessin 188

Die siebte Nacht –
Yamiy erzählt Märchen aus China 198
Die Fuchsfee 199
Die Blumenelfen 204
Schwarze Künste 209
Der Panther 214
Die Höhle der Tiere 217

Die achte Nacht –
Gwendolyn erzählt Märchen aus Britannien 221
Magdalenchen und Kati 222
Die Hexe und ihr Ehemann 232
Tam Lin 236
Miezchen Pfiffig 240
Der Mutter Fluch und Segen 244

Die neunte Nacht –
Gioconda erzählt Märchen aus Südeuropa 248
Königin Angelica 249
Die drei Schwestern 253
Die Groac'h von der Insel Lok 262

Die zehnte Nacht –
Maraquansa erzählt Märchen aus Afrika 274

Der Prinz in der Kugel 275
Die erste Sonnenfinsternis 278
Gold für Gold 279
Der Eid der verliebten Frau 286

Die elfte Nacht –
Taranga erzählt Märchen aus Australien
und Ozeanien 291

Das Mädchen im Monde 292
Sohn Adler und Tochter Schildkröte 295
Die Tochter des Königsgeiers 308
Die schöne Sina 314
Der Alligator und die streitbaren Weiber 329

Die zwölfte Nacht –
Jing-Mei erzählt Märchen aus Asien 331

Der zauberkräftige Edelstein 332
Vom Feuer, das sieben Generationen brannte 336
Amaterasu und Sosanoo 339
Kurong-dongdong, der Schlangenjüngling 344

Die dreizehnte Nacht –
Anamaque erzählt Indianermärchen 354

Schwerer Kragen und die Geisterfrau 355
Hirschfrau 362
Nenem 367

Quellenverzeichnis 381

Über meine Arbeit an diesem Buch
(statt eines Vorwortes)

Mein Konzept für dieses Buch war, daß jeweils eine Mondfrau – worunter ich mir eine Art Priesterin vorstellte – eine Nacht lang Geschichten aus ihrem Land oder Erdteil erzählt. Also fing ich an, meine etwa neunzig Märchenbücher nach diesen Kriterien zu sortieren, und hatte irgendwann einundzwanzig Stapel, die allerdings recht unorthodox eingeteilt waren. Es gab Stapel mit Märchen einzelner Länder wie zum Beispiel Deutschland, Italien oder China und andererseits Stapel mit Märchen ganzer Kontinente wie Afrika, Indien oder Amerika. Ich versuchte, ein System zu finden, und zwar eines, das dreizehn Kategorien beinhaltete. Immer wieder schichtete ich die Bücher um, kam aber nie zu einer Lösung, die man irgendwie ›logisch‹ hätte nennen können. Also entschied ich mich, diesen Anspruch einfach fallenzulassen. Ich teilte willkürlich ein, und zwar in Skandinavien, Südeuropa, Mitteleuropa, Balkan, Asien allgemein, China, Afrika, Türkei, Orient, Indien, Amerikanische Ureinwohner (Indianer), Rußland und Britannien.

Natürlich war mir von Anfang an klar, daß die meisten Märchenhelden männlich sind; gab es weibliche, dann wären sie entweder gehorsam und fügsam oder zänkisch, dumm und anmaßend. Daß es aber so schlimm sein würde, wie es sich streckenweise ergab, damit hatte ich nicht gerechnet. Es waren Bücher dabei, in denen von fünfzig Märchen höchstens acht oder zehn überhaupt von Frauen handelten, und davon waren dann drei der ›Heldinnen‹ besonders dumm, fünf besonders bösartig, und höchstens eine blieb übrig, mit der *frau* sich anfreunden konnte. Ganz extrem habe ich das bei indischen, spanischen und Indianermärchen erlebt.

Unter den indischen Märchen zum Beispiel fand ich nur ein einziges auf eine Frau bezogenes, es war ein Märchen aus Sri Lanka. Ich rief darum eine Bekannte an, die mit einem Inder verheiratet ist und sich für indische Literatur interessiert. Sie versprach mir, ihre eigenen Bücher durchzusehen, und meinte, da sei sicher etwas Passendes dabei. Ein paar Wochen später rief sie mich an und bedauerte sehr, aber leider, leider... und sie könne das selbst gar nicht verstehen. Sie nannte mir ein paar Bücher, die ich mir noch besorgen sollte, aber auch in diesen Büchern stieß ich ausschließlich auf angepaßte, liebreizende Superehegattinnen oder solche, die nicht angepaßt waren und dafür mit dem Tod bestraft wurden. Was blieb mir also übrig, als Indien auszutauschen. So trat an Stelle von Indien Australien mit Ozeanien.

Mit den spanischen Märchen verhielt es sich ähnlich. Die Ausbeute war gleich null. Die spanischen Frauen, könnte man meinen, sind entweder versklavte Schoßhündchen oder besonders dumm, gemein und zänkisch! Und geradezu auffällig unter den spanischen Märchen ist die Tendenz, Frauen mit Prügeln, Qualen und dem Tod zu bestrafen. So habe ich die spanischen Märchen notgedrungen ganz weggelassen und ›Südeuropa‹ hauptsächlich mit italienischen Märchen bestückt, in denen (wie übrigens auch in den türkischen Märchen) recht viele schlaue und pfiffige Weiber zu finden sind.

Die dritte große Enttäuschung waren die Märchen der Eingeborenen Amerikas. Hier fanden sich nur drei passende Geschichten in vier Märchenbüchern; all die anderen Märchen handelten von tapferen Kriegern und anderen Helden. Nun weiß ich aber von einer Frau, die längere Zeit in der Navajo Reservation in Arizona gelebt hat, daß die Frauen bei den meisten Indianerstämmen durchaus hochgeschätzt werden und daß es genug Geschichten von jungen tapferen oder alten weisen Frauen gibt. Genauso wird es indische oder spanische Märchen von starken Frauen geben – die eben nur nicht so häufig überliefert wurden. Und das aus ›gutem Grund‹, denn Märchen sprechen unser tiefstes Unbewußtes an und wirken dort in ihrer Symbolsprache heilend und formend. Nicht umsonst wurden ja die Märchen für die Psychoanalyse entdeckt. Wenn Märchen also von Frauen handeln, die stark und mutig, schlau, streitbar, wild oder fantasievoll sind, ist das für einige patriarchal orientierte Gesellschaftsformen offensichtlich so gefährlich, daß solche Frauen immer wieder gequält und mit dem Tod bestraft werden müssen.

Märchen und Mythen spiegeln also nicht nur die Menschheitserfahrungen aus Jahrhunderten wider, sie bieten vor allem auch Konfliktlösungen an. Eine Tatsache, die, gezielt eingesetzt, durchaus auch gegen eine freie, selbstbewußte Persönlichkeitsentwicklung wirken kann. Unterschlage ich frauenbewußte Märchen und erzähle meiner Tochter immer nur die Geschichten von den Prinzen, die eben mal vorbeikommen und die holde Prinzessin erlösen, wird sie eines Tages mit entsprechender Erwartungshaltung an den Mann herantreten und von sich selbst glauben, daß sie für ihre Problemlösungen männlicher Hilfe bedarf.

Daß sich die Verhaltensformung zur braven Prinzessin oftmals unserer bewußten Wahrnehmung entzieht, zeigt folgende Geschichte: Auf dem Heimweg von einem Vortrag Verena Kasts zum Thema Märchen und ihre Wirkung auf die Psyche diskutierte ich mit einer Freundin, die selbst Mutter dreier Kinder ist, über diesen Problemkreis. Sie meinte, ich sähe das wohl etwas zu übertrieben, heutzutage seien die Mütter doch schon viel moderner und selbstbewußter, und das Bild vom Prinzen, der die Prinzessin erlöst, erscheine – wenigstens im Alltag ihrer Kinder – als ein eher nebensächliches. Dann kamen wir bei ihr zu Hause an, öffneten die Tür zur Küche – und stolperten als erstes über ein Eßstühlchen für Kleinkinder, das sie zur Geburt ihres Ältesten von einer Bekannten geschenkt bekommen hatte. Und mitten auf dem Brett, auf dem das tägliche Breitellerchen stand, prangte ganz groß ein Abziehbild, auf dem Dornröschen vom Prinzen wachgeküßt wurde. Es war ihr zuvor nie aufgefallen.

Ich möchte nicht den Eindruck erwecken, als wolle ich Dornröschen und Co. aus den Märchenbüchern verbannen. Mir ist das Bild der vorherrschend braven Prinzessin nur zu einseitig. Auch wir Frauen sind ungestüm, wild, leidenschaftlich, kraftvoll und fantasievoll – nur ist es uns im Laufe der Jahrhunderte aberzogen worden, daran zu glauben und uns als solche anzunehmen und wertzuschätzen.

Märchen jedoch können helfen, diese Seite in uns wieder sichtbar werden zu lassen!

Mond und Moor

Mond und Moor, das sind Himmel und Erde. In alten Religionen wurde die Große Göttin unter anderem auch als Mondmutter oder Erdgöttin verehrt. Eva zum Beispiel war, bevor man sie christianisierte, eine Erdgöttin, und Maria – ehemals nicht nur Mutter Gottes, sondern Muttergöttin – wurden das Meer und der Mond zugeordnet. Noch heute stehen Marienstatuen oftmals mit einem oder beiden Füßen auf einer liegenden Mondsichel, die auch als Arche oder bootsähnliches Gefäß gedeutet wird und als Symbol der Fruchtbarkeit oder Behältnis des Lebenskeimes gilt.

In sehr vielen Sprachen ist der Mond weiblich, also *die* Mond, oder *die Mondin*. Der Mond war in alten Religionen die ewige Große Mutter. In Barbara Walkers Lexikon *Das geheime Wissen der Frauen* ist unter dem Stichwort Mond zu lesen:

»In Zentralasien hieß es, daß der Mond der alles auf der Welt reflektierende Spiegel der Großen Göttin sei. Das Volk der Ashanti benutzte für alle Gottheiten einen allgemeinen Ausdruck: *Boshun*, ›Mondin‹. Auch in der baskischen Sprache waren die Worte für Gottheit und Mond identisch. Die Sioux-Indianer nannten die Mondin ›Die alte Frau, die nie stirbt‹, bei den Irokesen hieß sie ›Die Ewige‹. In Eritrea trugen Herrscher den Namen der Göttin ›Mond‹, und Oberägypten hieß Khemennu, das ›Land der Mondin‹. Britannien wurde allgemein als Albion, milchweiße Mondgöttin, bezeichnet, und die Perser nannten den Mond *Metra* (Mutter) ›deren Liebe alles durchdringt‹. In ganz Afrika erklärte man die alten Stammesführer zu Inkarnationen des Mondes, und bei den Griechen bedeutete *menos* sowohl Mond als auch Macht.

Die Mondgöttin und die Schöpferin waren in vielen Kulturen identisch. So nannten die Polynesier die Schöpferin *Hina*, also ›Mondin‹. Sie war die erste Frau, und jede Frau war eine *wahine*, nach dem Bild Hinas geschaffen. Auch für die Finnen war *Luonnotar* (Luna, die Mondin) die Schöpferin. Sie brütete über dem Meer und brachte schließlich das Weltei, den Himmel und die Erde hervor.«

Die Mondgöttin schuf die Zeit mit den ewigen Kreisläufen

von Schöpfung, Wachstum, Verfall und Zerstörung. Alte Kalender beruhten auf den Mondphasen, und man hat sich strikt danach gerichtet. So waren indonesische Mondpriesterinnen dafür verantwortlich, für alle Unternehmungen die jeweils richtige Mondphase herauszufinden, und für schottische Mädchen wäre es undenkbar gewesen, zu einer anderen Zeit als zu Vollmond zu heiraten. In manchen Teilen der Welt richten sich noch heute (oder auch heute wieder!) die landwirtschaftliche Arbeit oder so alltägliche Verrichtungen wie Haareschneiden und Wäschewaschen nach dem Mond.

Nur wenige religiöse Symbole kommen in so vielen verschiedenen Zusammenhängen vor wie das Symbol des Mondes. Die Mondsichel stand im Runenkalender für das Erntefest, das die Schotten Kirn nannten – von Koreion, Mondjungfrau Kore – und das die Christen in das Fest Unserer Gnädigen Herrin umbenannten. Der zunehmende Halbmond war in Gallien ein Symbol für die druidische Diana, und noch heute schmückt er unzählige arabische Flaggen. Hierzu sollte man vielleicht wissen, daß Allah eine späte islamische Maskulinisierung der arabischen Göttin Al-Lat oder Al-Llat bzw. der Allatu der Babylonier ist, die einst in der Kaaba in Mekka verehrt wurde. Offenbar ist der Allah des Islam eine männliche Transformation der alten Mondgottheit Arabiens, was moderne Moslems natürlich heute nicht mehr zugeben würden.

Die Mondin ist also ein Frauensymbol. Zum einen, weil sie und wir Frauen denselben Zyklus haben, zum anderen, weil sie für Werden und Vergehen, also für (Wieder-)Geburt und Tod steht und wir Frauen ja für das Gebären zuständig sind. So habe ich den Mond anfänglich in meinen Zwischentexten auch weiblich *die Mondin* genannt, habe das aber später in *der Mond* verändert, weil sie gemäß unserer Sprache in den Märchen eben als *der Mond* bezeichnet wird und ich an den traditionellen Texten so tiefgreifende Veränderungen nicht vornehmen wollte.

Das Moor ist symbolisch gesehen eine weibliche Landschaft (während zum Beispiel der Berg als männliche Landschaft gilt) und genießt einen ähnlich schlechten Ruf wie das ungezähmt Wilde in der Frau. Wer an das Moor denkt, erinnert sich an Irrlichter und Moorjungfern (nixenähnliche Wassergeister, die uns in die Tiefe ziehen), denkt an ein schwarzerdiges, verschlingendes, todbringendes Bild des ›Chaos‹. Das Moor wird so sehr gefürchtet, daß es immer weiter ›kultiviert‹ (nutzbar gemacht!) und damit zerstört wird. Ursprünglich waren 1,2 Millionen Hektar der Fläche der heutigen Bundesrepublik von Mooren bedeckt, heute sind davon noch 150 000 Hektar übriggeblieben. Und so wie immer mehr Moore und andere wildwuchernde Naturgebiete kultiviert werden, schwindet auch das Selbstverständnis der Frauen für ihr eigenes ungezügeltes, unergründliches Wildwesen immer mehr.

Wenn wir uns also die Symbolik Mond und Moor verdeutlichen, wird auch die Rahmenhandlung meiner Märchensammlung auf ihrer bildhaften Ebene inhaltlich verständlich.

Die Mondfrauen – Priesterinnen der Großen Mutter – kommen aus dem Moor, also aus den wilden, unergründlichen Tiefen ihres Selbst, und erzählen einander, was sie auf der Wanderschaft durch ihr Land (ihr tiefstes Inneres) von ihren Ahninnen (ihrer weiblichen Urkraft) erfahren haben.

DIE ERSTE NACHT

Gerswind erzählt Märchen aus Mitteleuropa

Übers Moor zogen Nebelschwaden zum Hochberg hinüber. Die Nacht war noch dunkel, aber gleich würde der Mond aufgehen und sein silbernes Licht über die Erde ergießen.

Die Blätter einer Birke raschelten, als sich eine Sumpfohreule von den Ästen abstieß, um einen Nager zu greifen, der sich im Gestrüpp unter ihr bewegt hatte. Sie stürzte sich hinunter, ihre Krallen faßten das Tier, dann flog sie mit einem lauten Schrei über den Wipfel der Birke gen Norden davon.

Plötzlich war kein Windhauch mehr zu spüren. Völlige Stille lag über dem Moor, und hätten sich nicht droben am Hochberg die Felsspitzen nach und nach silbern gefärbt, man hätte glauben können, die Welt stünde still.

Dann noch einige Atemzüge, und der Mond stieg hinter dem linken Gipfel des Hochbergs auf.

»Silberglänzender«, flüsterte Gerswind, setzte ihr Bündel ab, streifte ihr langes blondes Haar von den Schultern und warf den Kopf in den Nacken, um das Kommen des Mondes besser beobachten zu können. Sie wußte, daß irgendwo im Moor ihre zwölf Schwestern so dastanden wie sie und zum Himmel aufsahen, und grüßte sie im Herzen. »Gleich werden wir uns sehen, gleich werden wir am Tanzplatz unter dem Hochfels ein Feuer entzünden, Honigwein trinken, Brot und Früchte essen und uns eine Nacht lang Geschichten erzählen!«

Gerswind hob ihr Bündel wieder auf die Schulter und ging weiter. Vom Licht des Mondes geleitet, fand sie sicheren Schrittes ihren Weg durchs Moor. Schon ihre Mütter und Großmütter waren ihn gegangen, und wie sie kannte Gerswind jede Besenheide, jeden Sonnentau, jede Birke im Moor.

Beim See angelangt, traf sie Danai, Gioconda und Bahar. Die drei *stampften mit nackten Füßen durchs Wasser, sangen und lachten dazu. Als sie Gerswind sahen, winkten sie ihr. »Komm zu uns, es macht Spaß, so durchs Wasser zu tollen!«*

Gerswind ließ ihr Bündel fallen und lief zu ihnen. Sie faßten sich an den Händen und tanzten den Feenreigen, zweimal, dreimal links um eine alte Wurzel herum, die bizarr aus dem Wasser ragte. Dann gingen sie zusammen weiter.

Als sie am Tanzplatz ankamen, waren schon fünf der Frauen damit beschäftigt, Holz für ein Feuer aufzuschichten. Gwendolyn, Lavra, Maraquansa, Abelone und Yamiy – sie winkten den vieren zu.

»Im Wasser toben, das könnt ihr, aber könnt ihr auch Holz schleppen?« rief Abelone, und Maraquansa antwortete lachend: »Wohl kaum, sie sind faul wie die Männer nach der Liebe, und im Gemüt gleichen sie eher den Kindern als erwachsenen Frauen!« Sie lachte, und ihre weißen Zähne blitzten im Mondlicht.

»Das sagst gerade du!« Gerswind ging zu ihr und umarmte sie. »Du magst doch nichts als Tanzen und Lachen und dich mit den Jungen der Löwin messen!«

Dann kamen Mardschana und Taranga und brachten Jing-Mei mit. Sie war die Jüngste im Kreis, und es sollte ihre erste Mondnacht werden. Mit großen schwarzen Augen blickte sie die Frauen ernst an; ihre Schönheit glich der Lotusblüte, der heiligen Blume ihres Landes.

Yamiy nahm sie in die Arme und drückte sie an sich. »Liebe Schwester«, sagte sie, »dich hat die Göttin so reich beschenkt mit Schönheit und Glanz, daß du dem Mond am Himmel gleichst und daß mir, wenn ich dich ansehe, ums Herz ganz warm wird.«

Sie drehte Jing-Mei um sich selbst, dann küßte sie das Mädchen und führte es zu Gwendolyn, und die tat es ihr gleich, und so schoben sie sie lachend von einer zur anderen, bis plötzlich aus dem Moor ein langgezogenes »ai-ahiii« erklang.

Das war Anamaque, die alte Indianerin, die ihr Kommen ankündigte. Auf einmal stoben sie alle auseinander und schleppten geschäftigt wie die Ameisen Holz, breiteten Decken aus, richteten dies und das, damit alles bereit war, wenn die Älteste den Kreis betrat.

Anamaque schwang ein Bündel Salbei zum Gruß und sah sie eine nach der anderen an. »Gut, gut«, sagte sie und nickte dazu, »ihr seid alle wohlauf, und es ist schön, euch wiederzusehen!« Dann küßten sie die Alte auf die Stirn, eine nach der anderen, und Anamaque gab den Frauen ihren Segen.

Als Anamaque im Norden des Kreises Platz genommen hatte, setzten sich auch die anderen. Jing-Mei, der Jüngste, wies sie den Platz an ihrer linken Seite zu, dann gab sie Danai ein Zeichen, das Feuer zu entzünden.

Die Flammen züngelten gierig, das trockene Geäst knackte und knisterte, bis das Feuer plötzlich loderte und die Flammen gen Himmel schlugen. Wohlige Wärme breitete sich aus, und das Flackern des Feuers warf Schatten auf die Gesichter der dreizehn Mondfrauen, die mit geschlossenen Augen im Kreise saßen und aus ihrer Mitte heraus einen Ton entstehen ließen, ein Summen, das anschwoll, immer lauter, immer ergreifender wurde und bald weithin durchs ganze Moor zu hören war.

Als das Lied der Frauen verklungen war, nahm Anamaque den heiligen Becher, füllte ihn mit Wein, hob ihn gen Himmel und sagte: »Große Mutter, Großer Vater, wir grüßen dich! Wir grüßen unsere Ahninnen und Ahnen, denen wir das Leben zu danken haben, und wir grüßen alle, die diese Nacht im Geiste bei uns weilen und mit uns eure Geschichten hören.«

Sie trank einen Schluck, dann reichte sie den Becher der Jüngsten, und auch die trank und gab ihn weiter. So machte der Becher die Runde, bis er wieder bei Anamaque ankam. Die füllte ihn ein zweites Mal, dann rief sie Gerswind zu sich und übergab ihn ihr.

»Es ist deine Nacht, denn es ist der erste Mond. Du wirst von deinen Ahninnen und Ahnen erzählen, und wir werden dir zuhören, bis der Morgen graut. Und jetzt beginne, liebe Schwester.«

Gerswind küßte der Alten die Hand, dann ging sie zu ihrem Platz zurück und setzte sich. »Ihr wißt«, sagte sie, »mein Land liegt zwischen dem Hund und dem Stiefel, und die Menschen, die dort leben, sind kräftig und groß von Wuchs. Viermal sieben Tage wanderte ich über Berge und Täler, überquerte Flüsse und durchstreifte Wälder und ließ mir von vielen Menschen Geschichten erzählen, um sie heute an euch weiterzugeben. Geschichten, die sich zutrugen, als Wiese und Wald nach alter Weise noch von der Weisheits-Sprache der Vierfüßler und der Gefiederten widerhallten.«

Gerswind faltete die Hände im Schoß, und dann begann sie zu erzählen:

Bei der schwarzen Frau

Es war einmal ein armer Keuschlegger*, der hatte sieben Kinder. Als die älteste Tochter zwölf Jahre alt geworden war, dachte er sich: Ich muß schauen, daß ich einen Platz für sie finde; wenn sie auch was verdient, kommen wir leichter davon. Er packte das Gewand des Dirndls in ein Binkerl und ging mit ihm fort. Als sie eine Weile auf der Straße waren, kam ein Wagen daher, aber ohne Pferde. Als sie damit zusammentrafen, blieb die Kutsche von selber stehen; sie war ganz schwarz, und aus dem Fenster schaute eine Frau heraus, die war auch ganz schwarz. »Na«, sagte sie auf einmal, »Vater, wohin gehst du mit deinem Mädel?«

»Ja«, erwiderte er, »ich muß halt schauen, daß ich einen Platz für sie bekomm', daß sie was verdient.«

»Geh«, sagte sie, »da hast du einen Binkel Geld, damit kannst dich schon eine Weile erhalten; und heut acht Tag' kommst wieder her mit dem Mädel.«

Dem Keuschler war es recht, und der Wagen fuhr wieder davon. Das Dirndl richtete sein Sacherl ordentlich zusammen, und als die acht Tage herum waren, kamen sie auf dem gleichen Platz wieder zusammen. Die schwarze Frau gab dem Keuschler noch einmal Geld und sagte: »Jetzt hast du genug Geld für dein Leben, und wenn dein Mädel brav ist, wird's ihr auch nicht schlecht gehen.« Dann setzte sich das Dirndl auf den Wagen zu ihr, und sie fuhren davon.

Nach einer Weile kamen sie zu einem G'schloß. Als sie durch das Vorhaus eintraten, war gleich neben dem Haustor ein kleines Zimmer. Dahinein führte die schwarze Frau das Mädel und sagte: »Schau, da ist dein Zimmerl, in dem du wohnst; wenn du etwas haben willst, brauchst du nur zu denken: Jetzt möcht' ich das, so wird es dastehen.« Dann ging sie fort, kam aber gleich wieder zurück und trug einen Buschen mit hundert Schlüsseln in der Hand. »Jetzt gehst du mit mir«, sagte sie, »jedes Zimmer hat eine Nummer. Du hast sonst nichts zu tun, als alle hundert

---
* Keuschler, kleiner Bauer, der nur eine Keusche (Hütte) und ein paar Ziegen, höchstens eine Kuh hat.

aufzuräumen, aber nicht an einem Tage. Heute räumst du dieses Zimmer auf, kehrst aus und morgen ein anderes. Alle Tage brauchst du nur eins auszuputzen, aber in das hundertste darfst du mir nie hinein. Und wenn du in drei Jahren in das verbotene Zimmer nicht hineingehst, wirst du dein Glück machen.«

Nun waren die drei Jahre beinahe herum, es fehlten nur noch vierzehn Tage daran. Da dachte sich das Dirndl einmal: »Mein! Was eppa in dem hundert'n Zimmer drein is'?«

Und als sie aufgesperrt und nur einen Blick hinein getan hatte, sah sie die Frau darin; die aber war schon ganz weiß, nur die Zehenspitzen waren noch schwarz. Da schlug das Dirndl geschwind die Türe zu und lief in sein Zimmerl.

Kaum aber war sie darin, stand auch schon die Frau da und fragte: »Bist du im hundertsten Zimmer gewesen oder nicht?«

»Nein«, sagte das Mädchen, »ich bin nicht darin gewesen.«

»Ich frag' dich noch einmal«, drohte die Frau; »du bekommst nichts mehr zu essen, nichts mehr zu trinken – du wirst in keinem Zimmer mehr sein, wenn du nicht die Wahrheit sagst! – Warst du drinnen?«

»Nein«, erwiderte das Dirndl, »ich war nicht darin.« Kaum hatte sie das gesagt, war sie mitten in einem wilden Walde, hatte nichts zu essen und zu trinken und war nur dürftig bekleidet. Da ist sie eine Weile darin gewesen.

Nebenan aber war eine Residenzstadt, in der ein junger Prinz lebte. Diesem träumte jählings einmal: Er solle aufstehen, jagen gehen, und was er finde, das soll er lieben wie sich selber. Er erwachte über dem seltsamen Traum, traute ihm aber nicht, drehte sich auf die andere Seite und schlief wieder ein. Kaum war er eingeschlafen, kam ihm derselbe Traum; er beachtete ihn wieder nicht. Als er sich aber zum dritten Male eingestellt hatte, da ist der Prinz aufgestanden, hat seine Jagdgesellschaft aufgeweckt, und sie sind in denselben Wald gegangen. Als sie eine Weile gejagt hatten, schlugen die Hunde auf einmal heftig an und wollten von einem Orte nicht mehr weichen. Halt! dachten die Jäger, da ist gewiß ein Hirsch.

Als sie aber hinkamen, erblickten sie einen großen Felsen, und darin war eine tiefe Höhle. Der Prinz schaute hinein und gewahrte ein dürftig bekleidetes Mädchen drinnen; er warf ihm seinen Mantel hinein, da kam es dann gleich heraus und war hold wie keine. Und weil sie auch herzlich und gut war, geschah, was der Traum gewollt hatte; der Prinz liebte sie wie sich selber und führte sie als seine Gemahlin heim. Nach einem Jahre genas sie eines wunderschönen Knäbleins.

Doch in der dritten Nacht kam unversehens die schwarze Frau, stellte sich zur Wiege und sagte: »Jetzt bist du Königin. Da hast du dein Kind, und jetzt frag' ich dich: Bist du drinnen gewesen im hundertsten Zimmer?«

»Nein, nein«, sagte die junge Königin.

»Ich nehme dir das Kind weg, und du wirst taub sein«, drohte sie und fragte noch einmal. Da die junge Königin wieder verneinte, war die schwarze Frau mit dem Kinde schon verschwunden. Das machte böses Blut, und die Mutter des Königs sagte: »Wer weiß, was sie mit dem Kinde getan hat!« Aber der junge König ließ sich nicht abwendig machen. Wieder nach einem Jahr kam das zweite Knäblein und war noch schöner als das erste.

Als aber die dritte Nacht danach gekommen war, stand die schwarze Frau schon wieder an der Wiege und hatte das Kind mitgebracht; sie sagte: »Schau, da ist dein Kind; du hörst wieder so wie früher; ich frage dich: Bist du im hundertsten Zimmer gewesen?«

»Nein, nein!« erwiderte die junge Königin.

»Du«, drohte die schwarze Frau mit erhobener Stimme, »ich nehme dir dieses Kind auch weg, und du wirst kein Wort mehr reden können; bist du drinnen gewesen?«

Da konnte die junge Mutter noch »nein« sagen, dann kein Wort mehr; und Frau und Kinder waren verschwunden.

»Das erste hat sie vertan, das zweite Kind auch vertan«, sagte die alte Königin; aber auch diesmal umsonst. Der junge König dachte: »Da werde ich mich vorsehen und Posten aufstellen.«

Und als das dritte Knäblein, das allerschönste, kam, da stand ein Posten neben dem anderen, nur in der jungen Königin Zimmer stand keiner.

Abermals war die dritte Nacht gekommen, die schwarze Frau stand an der Wiege, hatte die beiden Knaben mitgebracht und tat dieselbe Frage: »Da sind deine zwei Kinder. Du kannst wieder reden und hören wie früher; jetzt frage ich dich noch einmal: Bist du drinnen gewesen im hundertsten Zimmer? Ich nehme dir diesen Knaben auch weg, und du wirst stockblind sein!«

Aber die junge Königin sagte wieder nein; da sah sie noch, daß die Frau mit ihren drei Kindern verschwand, und dann nichts mehr. Weil es mit dem dritten Knaben auch nicht anders gegangen war, durfte die alte Königin sagen: »Nun, da sieht man's, was für eine Hexe du gekriegt hast; wer weiß, was sie alles kann und woher sie stammt.«

Jetzt wurde der König auch böse, weil alles nichts geholfen hatte; er schenkte den Worten der alten Königin Glauben und verurteilte die ungetreue junge Mutter zum Scheiterhaufen. Sie wurde hinausgeführt, sie stand schon droben, und der Henker schwang schon die Fackel; da kam aber mit eins ein schwarzer Wagen herangefahren, darin eine schwarze Frau saß und drei Kinder hielt. Sie stieg heraus, trat mit den Kindern auf den Scheiterhaufen zu und sagte: »Jetzt frage ich dich zum allerletzten Male, du wirst verbrannt! Bist du drinnen gewesen oder nicht?«

Aber auch diesmal kam das »Nein« zur Antwort. Und kaum hatte sie es gesagt, da wurde die unheimliche Frau ganz weiß wie der Schnee und sprach: »Na, jetzt geh wieder aufs G'schloß, ist alles wieder so, wie du's früher angetroffen hast; das weiß ich schon, du bist nicht d'rein gewesen, du hast nur hineingeschaut; und hättest du nur einmal gesagt, daß du drinnen gewesen bist, hätte ich dich zu Staub und Asche zerrissen. Du hast mich jetzt ganz erlöst, das Schloß ist dein, und auf den Scheiterhaufen sollen diejenigen, die dich verleumdet haben.«

Da geschah nach ihren Worten; die böse alte Königin ist darauf elend verbrannt. Und das junge Königspaar hat mit seinen drei Prinzen noch recht lang und recht glücklich gelebt.

Als Gerswind geendet hatte, ließ sie den Becher ein zweites Mal herumgehen, und Mardschana legte Holz aufs Feuer.

»›Die schwarze Frau‹«, sagte Gerswind, »das ist die große Göttin-Mutter, unsere Frau Holle, und die Menschen in meinem Land lieben sie und vertrauen auf ihre Gerechtigkeit. Aber auch eine Geschichte von der Göttin Diana wurde mir auf meiner Wanderschaft von einer

Alten erzählt, während sie an ihrem Webstuhl saß und Faden an Faden reihte, und ich werde sie jetzt an euch weitergeben.«

Die Geschichte von Dietrich und Elisabeth

Es gibt keine Frau, die so schön ist wie Elisabeth. Sie ist groß und dunkel, hat ein weiches und doch energisches Gesicht und fast schwarze Augen, die tief sind und klar und die Blicke der anderen Menschen anziehen wie ein Magnet. Wenn man sie sieht, vergißt man seine Sorgen und Freuden, man versinkt in diesen Augen wie in einem Meer und denkt nur noch an Elisabeth.

So schön ist sie!

Sie lebt in dem Dorf Winterstein in Thüringen, in einem ganz einfachen, alltäglichen Dorf, das breite Wege hat, die im Sommer staubig sind, die man im Frühjahr und Herbst aber kaum beschreiten kann vor Schmutz, das Felder hat und Wiesen und in dessen Nähe sich ein tiefer Wald ausdehnt. Die Menschen in diesem Dorf leben in Frieden zusammen, sie lieben und achten einander und kennen nichts Schöneres, als am Tag gemeinsam zu arbeiten, am Abend aber vor den Häusern zu sitzen und zu träumen, von dem Leben, von den Sternen, die am Himmel aufblitzen – und zuweilen auch von den Augen der Elisabeth.

Ihr Haus steht am Rand des Dorfes; es ist nicht groß, aber sie haben alle Platz: der alte Vater, Elisabeth und ihr Mann Dietrich. Sie haben auch einen Garten, in dem Rosen und Sonnenblumen blühen und in dessen Bäumen die Vögel nisten. Man kann gut leben in einer solchen Umgebung, und sie leben gut. Dietrich arbeitet mit den anderen Männern auf den großen Feldern, Elisabeth wirkt im Haus, der Vater aber bestellt den Garten. So füllen sich die Tage mit Tätigsein und Glück.

Dietrich liebt seine Frau; jede Stunde möchte er ihr von seiner Liebe erzählen, aber er schämt sich und schweigt. Nur an warmen Abenden, wenn sie auf der Bank sitzen, legt er den Arm um sie und küßt sie, und dann weiß Elisabeth, daß ihr das Herz ihres Mannes ganz gehört.

Doch die Menschen sind eigenartig: leben sie im Unglück, dann sehnen sie sich nach dem Glück und kämpfen und arbeiten dafür – leben sie aber im Glück, dann vergessen sie leicht die Mühe, die die Erlangung dieses Glückes sie gekostet hat, sie werden undankbar und leichtsinnig, und es kann sogar geschehen, daß sie ihr eigenes Glück zerstören. Es ist, als hätte sie ein Wahn umfangen, und erst wenn die Trümmer sie umgeben, können sie ermessen, was sie verloren haben.

Seit Elisabeth mit Dietrich zusammenlebt, ist sie glücklich. Aber der Alltag macht müde, und das Wissen, daß Dietrich sie liebt, schläfert ein. Vielleicht kommt das Unheil aber auch von den Augen ...

Eines Tages geht Elisabeth durch das Dorf. Sie will zu einer Freundin und ihr beim Nähen eines Kleides helfen, denn Elisabeth näht gern. Da tritt plötzlich ein Mann auf sie zu; sein Anzug ist verstaubt, er mag einen weiten Weg hinter sich haben. Freundlich zieht er den Hut und fragt nach dem Rathaus. Elisabeth nickt ihm lächelnd zu. »Ich zeige Euch den Weg«, sagt sie und will vorangehen, da fühlt sie, wie der Blick des Fremden an ihren Augen hängenbleibt, wie er in ihnen versinkt. Sie errötet und neigt den Kopf.

»Ihr seid sehr schön«, sagt der Fremde leise. Elisabeth lächelt und schweigt. Aber ihr Blut jagt schneller durch die Adern, und als sie ihm vorangeht, fühlt sie sich froher als zuvor.

Der Fremde ist ein Spielmann. Einmal kommt er am Nachmittag an Elisabeths Garten vorbei. Sie sitzt auf der Bank und näht. Da lehnt er sich an den Zaun und schaut ihr zu.

Wohl eine Stunde steht er so; endlich fragt er sie, ob er zu ihr in den Garten kommen dürfe. »Ich möchte für Euch spielen«, bittet er. »Ich sah noch nie einen Menschen, der so schön war wie Ihr.«

Sie legt das Nähzeug beiseite, öffnet die Pforte und schaut ihm zu, wie er die Geige nimmt und zu spielen beginnt. Und dann betrachtet sie sein Gesicht. Es ist scharf und spitz, es liegt etwas Kaltes, Herrisches darin, etwas, das ihr fremd ist, das sie aber gerade seiner Fremdheit willen anzieht. Immer wieder muß sie ihn ansehen, und sie ist froh, als er verspricht, am anderen Tag wiederzukommen.

Am Abend sitzt sie mit Dietrich auf der Bank. Er hat den Arm um sie gelegt, aber sie denkt an den Fremden. Da wird Dietrich traurig und geht in das Haus, und Elisabeth träumt, bis der Mond kommt und mit seinem silbernen Licht die roten Rosen küßt.

Der Fremde kommt nun jeden Tag. Sie wandern durch die Felder, sitzen am Waldrand und daheim im Garten. Immer mehr wird Elisabeth von dieser Begegnung verzaubert, und immer weiter entfernt sie sich von Dietrich.

Es ist Erntezeit, und die Arbeit auf den Feldern wächst von Tag zu Tag. Dietrich hat wenig Zeit. Er ist froh, wenn er sich abends niederlegen kann. Wohl fühlt er, daß Elisabeth anders zu ihm ist als früher, aber wenn er darüber nachdenken will, drückt ihm der Schlaf die Augen zu. Bis ihn der Vater eines Tages zur Seite nimmt und ihm rät, auf der Hut zu sein. »Es schleichen noch immer Räuber umher«, meint er, »man muß sein Gut hüten, Dietrich.«

Da wird Dietrich wach, ganz wach, und als er am Nachmittag Elisabeth und den Fremden zum Wald gehen sieht, packt ihn der Zorn.

Er läuft nach Hause, nimmt das Gewehr von der Wand und stürzt in den Wald. Er weiß nicht, was er tun will, blind ist er vor Schmerz; seine ehrliche Liebe glaubt er verraten, alles Glück scheint ihm verloren, irgendwo im Schatten der Bäume sitzt Elisabeth mit dem Fremden ... Er kann kaum atmen, die Hände ballen sich, er möchte etwas zerschlagen, töten, ja, töten ...

Plötzlich bewegt sich vor ihm ein Strauch. Langsam tritt ein weißes Reh auf die Wiese, hebt den Kopf, schüttelt sich und rupft das frische Gras.

Dietrich beginnt zu zittern. Tief und klar sind die Augen des Rehs ... wie die Augen Elisabeths. Irgendwo sitzt sie mit dem Fremden ... Da nimmt er halb bewußtlos vor Schmerz das Gewehr von der Schulter und erschießt das Reh. Doch kaum, daß das Tier zusammengebrochen, schlägt ihn selbst eine unsichtbare Faust zu Boden, und er verliert das Bewußtsein.

Indessen sitzt Elisabeth mit dem Spielmann am Waldrand und zerrupft mit unbarmherzigen Fingern die Blüten des roten Mohns, der um sie blüht. Und sie sagt zu dem Spielmann:

»Ihr liebt die Menschen nicht, habt Ihr gesagt. Und doch spielt Ihr für sie. Wie aber kann man spielen, wenn man keine rechte Liebe im Herzen fühlt? Die Verachtung ist wie ein Hauch des Todes, das Leben stirbt, und es bleibt nichts als Kälte und Härte. Man muß die Menschen lieben, wenn man ihnen helfen will. Und ich dachte, Ihr wolltet ihnen mit Eurer Musik helfen.«

Dann steht sie auf und geht, und sie ist traurig. Wenn nur erst Dietrich heimkäme. Alles wird sie ihm sagen, und er wird ihr verzeihen, denn er ist gut ...

Doch es wird dunkel, und Dietrich kommt nicht. Sie holt sich ein Tuch, legt es um die Schultern und wartet weiter. Und die Nacht vergeht, und Dietrich kommt nicht heim. Da flackert die Angst in ihr auf. Sie eilt in die Kammer des Vaters, will ihn fragen, ob er nichts weiß von Dietrich, da findet sie ihn bewußtlos auf der Erde liegen. Fieberheiß ist sein Körper, und sein Atem geht schwer.

Sekundenlang lehnt Elisabeth an der Tür. Ihr Gesicht ist weiß geworden, nur die dunklen Augen brennen. Sie fühlt, daß etwas Schreckliches geschehen ist. Sie hat Dietrich verlassen, nur in Gedanken ... er ist gegangen, und sie ist allein.

Sie bettet den Vater, ruft eine alte Muhme, die sich auf Krankheiten versteht, und wartet und wartet ...

Was ist mit Dietrich geschehen?

Lange liegt er auf der Wiese. Als er erwacht, schmerzt sein Kopf. Er will mit der Hand über die Stirn streichen, da fährt er voller Entsetzen zusammen. Struppiges Fell bedeckt seine Stirn. Breit und dick ist sein Kopf geworden und die Hände ... Krallen sind es, schwarz und scheußlich.

Das Grauen schüttelt ihn. Er will aufspringen, aber seine Glieder bewegen sich nur schwer. Anstelle der Füße hat er klobige Tatzen. Ein Tier ist er geworden, ja, ein Tier ...

Er bricht nieder und weint. Da rauscht es neben ihm, und eine Quelle springt über die Wiese. Er schiebt sich zu ihr und beugt sich über das Wasser.

Ach, er hätte es besser nicht getan. Eine Bestie blickt ihm entgegen: ein breites Maul grinst ihn an, aus dem an beiden Seiten die Eckzähne herausspringen. Und das Fell ist dunkel, nur an den Ohren wird es heller ...

Er kann das Fürchterliche nicht begreifen. Er schoß doch auf das Reh, und da ...

»Du wunderst dich, was mit dir geschehen ist?« fragt da eine Stimme, und wie er aufblickt, steht eine Frau neben ihm im langen weißen Kleid, einen goldenen Bogen im Arm. Jetzt setzt sie sich auf einen Stein und schaut ihn an.

»Warum erschossest du mein Reh?« fragt sie plötzlich.

»Dein Reh? Ich ...« Er stockt.

»Du brauchst es nicht zu sagen. Ich weiß es wohl. Aus Zorn, weil Elisabeth dich vergaß. Muß man deshalb töten? Nun bist du zu einem Tier geworden. Erst dann wirst du erlöst sein, wenn ein Blick der Liebe dich trifft.«

»Aber wer kann mich denn lieben?« Dietrich ruft es voller Entsetzen.

»Weiß ich's? Warum tötest du mein Reh! Aber ich will gnädig sein. Mein Schloß ... ich lasse es dir. Dort findest du drei Wunderdinge: ein weißes Pferd, einen Spiegel und einen Handschuh. Das Pferd reitet, wohin du willst, der Spiegel zeigt dir, was du zu sehen wünschst, der Handschuh bringt dich in Sekundenschnelle dorthin, wo du zu sein begehrst. Leb wohl ... du Bestie ...«

»Aber wer bist du?«

»Diana«, so klingt es aus der Ferne. Mühsam richtet er sich auf, da ist es ihm, als ob sich ein Nebelschleier um seinen Kopf legt, er tappt nach vorn, hält sich an einem Baum fest, doch nein, es ist kein Baum, es ist ein Pfosten. Und da ist auch schon das Tor. Es öffnet sich von selbst, er tritt ein, und vor ihm liegt das Schloß.

Weinend bricht er zusammen. »Elisabeth, Elisabeth«, so möchte er rufen, aber sie ist fern und hat ihn vielleicht ganz vergessen. Und er liebt sie doch so. Elisabeth!

Was ist das Glück, wenn man es durch eigene Schuld verloren hat? Eine Schale ohne Kern, eine Blume ohne Kelch!

Die Zeit vergeht. Dietrich lebt im Schloß und schaut immerzu in den Spiegel, der ihm von Elisabeth erzählt und davon, wie sie auf ihn wartet. Ihr Vater leidet, sie pflegt ihn voller Liebe, aber er will nicht gesunden. Und die Ernte steht auf den Feldern. Dietrich fehlt. Da ist es Elisabeth, die für ihn arbeitet.

»Vielleicht kommt er wieder«, sagt sie jeden Abend, bevor sie schlafen geht, und sie wartet und wartet.

Eines Tages kommt die Kunde in das Dorf, daß im Wald eine Bestie hause. Ein paar Kinder haben sie beim Beerensuchen getroffen. Furchtbar hätte sie ausgesehen. Da erschrecken die Menschen, nur Elisabeth nicht. Sie muß an anderes denken, an Dietrich und den Vater. Was stört sie die Bestie im Wald?

Einmal geht sie abends zum Wald und setzt sich unter eine Birke. Zu ihren Füßen blüht kein Mohn, es ist Herbst geworden, und ein kühler Wind jagt über die Felder.

Plötzlich beginnt die Birke zu sprechen. »Elisabeth, Elisabeth, höre, Elisabeth, es wird ein weißes Pferd kommen, besteige es, und reite den Weg, den es dich führt. Du wirst zum Schloß kommen. Dort wartet die Bestie auf dich. Sie ist gut, Elisabeth. Fürchte nichts. Bist du bei ihr, gesundet dein Vater, bleibst du hier, muß er sterben.«

»Du kannst sprechen, Birke!« Elisabeth umschlingt den Stamm. »Sag mir, was ich bei der Bestie soll!«

»Das wird sie dir selbst sagen. Fürchte nichts, Elisabeth! Und reite!«

Ein Windstoß jagt durch den Wald, die Birke neigt sich zur Erde, schnellt empor und ist verschwunden. Elisabeth aber eilt, so schnell sie kann, nach Hause.

Wahrhaftig, da steht vor dem Tor ein weißes Pferd. Elisabeth zögert, dann geht sie zu ihm und führt es in den Hof. Später besorgt sie den Vater, eilt zu der Nachbarin und bittet sie, für den Vater ein paar Tage zu sorgen. Und ehe sie es noch recht bedenkt, sitzt sie schon auf dem Pferd. »Der Vater wird gesund, wenn ich reite«, sagt sie. »Geh, mein Pferd. Wird er gesund, kehrt mir vielleicht Dietrich zurück.«

Die Gartentür öffnet sich, lautlos trabt das Pferd auf die Straße, über das Stoppelfeld, dem Wald zu.

Die Dämmerung sinkt herab, Nebelschleier hängen an den Zweigen, immer dichter wird der Wald. Schon muß Elisabeth absteigen und neben dem Pferd einhergehen, aber immer sind sie noch nicht an Ort und Stelle.

Irgendwo in der Ferne schlägt es Mitternacht. Da öffnet sich der Tannenwald, und Elisabeth reitet auf den Schloßhof. Aus den hohen Fenstern flutet das Licht, die weißen Vorhänge wehen im Abendwind, unsichtbare Hände stoßen die Tür auf: Komm, Elisabeth.

Aber Elisabeth verharrt bei dem Pferd. Wie unheimlich hier alles ist! Kein Mensch, kein Lebewesen ... und doch Leben. Wo ist die Bestie?

Zitternd drückt Elisabeth den Kopf des Pferdes an sich. Es wiehert auf, reibt die Nüstern an ihrem Arm und trabt in das Dunkel. »Bleib!« ruft Elisabeth, da ist es schon verschwunden.

Und die Tür ist geöffnet und ruft: Komm, Elisabeth!

Zögernd steigt sie die Treppe hinauf und betritt den Vorsaal. Merkwürdig ist es hier. Blumen stehen in hohen Vasen, Menschenarme halten die Leuchter, aber kein Mensch tritt ihr entgegen. Sie durchschreitet den Saal und den nächsten, die Türen öffnen sich, wenn sie sich ihnen naht, bis sie plötzlich auf einen Gang kommt. Drei Türen warten darauf, daß sie eintritt. Welche von ihnen soll sie öffnen?

Da spricht plötzlich eine unsichtbare Stimme:

»Komm, Elisabeth, ich bin die Tür zu deinem Zimmer. Komm, Elisabeth ...«

Ein Zittern rinnt über die Gestalt der Frau. Zaghaft öffnet sie die Tür und verharrt voll Staunen an der Schwelle. Welch eine Pracht! Blumen über Blumen, weiche Polster, Kissen, Bücher und wieder Blumen. Auf dem Tisch aber steht ein alter Spiegel.

»Tritt ein, Elisabeth«, spricht es irgendwo, »das ist dein Reich. Sieh in den Spiegel. Er zeigt dir, was du zu sehen wünschst.«

»Dann soll er mir meinen Vater zeigen!« ruft Elisabeth und umfaßt den Spiegel. Und wirklich, das Bild des Vaters erscheint; er liegt in weißen Kissen, hat die Augen geschlossen, bleich ist sein Gesicht und alt. Vielleicht wartet er auf sie? Ach gewiß, er wartet auf sie, und sie kann nicht zu ihm.

In wilder Hast jagt sie aus dem Zimmer, durch die Säle, über die breite Treppe. Das Pferd, wo ist das Pferd? Wenn sie den Stall entdecken könnte ...; aber dort blinkt ein Licht auf, vielleicht findet sie es dort!

Sie eilt dem Licht entgegen, da öffnet sich eine Tür, und die Bestie tritt ihr entgegen. »Wohin willst du, Elisabeth?«

Grausig funkeln die Augen, die Krallen strecken sich ihr entgegen ... Elisabeth weicht entsetzt zurück und bricht zusammen.

Dietrich kniet neben ihr. »Elisabeth, Elisabeth!« Doch sie rührt sich nicht. Da hebt er sie auf und trägt sie in ihr Zimmer. Behutsam bettet er sie auf den Kissen und kniet neben ihr nieder. Sie darf nicht wissen, daß er Dietrich ist ... als Bestie muß sie ihn lieben, als Bestie!

»Wie schön du bist, Elisabeth!«

Als sie erwacht, tritt er vom Bett zurück. Verwundert gleitet ihr Blick über die Blumen, den Spiegel, die weißen Vorhänge, und bleibt wieder entsetzt an ihm haften.

»Die Bestie ...«

Noch weiter tritt er zurück. »Fürchte nichts, Elisabeth, ich will dir nichts tun. Du bist hier die Herrin. Lebe, wie du magst. Ich werde dich nicht stören. Nur jeden Abend will ich zu dir kommen, um sieben Uhr, zum Abendessen. Und jeden Abend werde ich dieselbe Frage stellen.«

»Und was wirst du mich fragen?«

Voll Angst und Abwehr schaut Elisabeth ihn an. Wie schön sind ihre Augen! Und wie hart!

Er hebt die Krallen vor die Augen. »Sieh mich nicht so an, Elisabeth; ich kann deinen Blick nicht ertragen, nein, nein ...«

Schwer tappt er zur Tür, dann fällt sie hinter ihm ins Schloß.

Der Tag kommt herauf. Elisabeth wandert durch das Schloß, durch den Park, aber wohin sie auch geht, alles ist tot. Und sie, die die Menschen so liebt, fühlt sich einsam und verloren; was nützt ihr die Pracht, da sie so unbelebt ist!

Dann wird es Abend. Mit bangem Herzen geht Elisabeth in den Saal. Der Tisch ist reich gedeckt. Aber Elisabeth rührt nichts an. Vom Turm schlägt es sieben Uhr. Die Tür öffnet sich, und mit schwerem Schritt tritt die Bestie ein.

»Guten Abend, Elisabeth.«

Sie schweigt und wendet sich nicht um.

»Ist alles nach deinen Wünschen, Elisabeth?«

Sie nickt. »Alles.«

Die Bestie tritt hinter sie. Leise streichen die Krallen über ihr Haar.

»Ich werde dich etwas fragen, Elisabeth, jeden Abend werde ich es dich fragen. Hör zu, Elisabeth.«

»Ich höre.«

»Wirst du mich lieben?«

Ein Schauer fährt über sie. »Ich kann dich niemals lieben.« Sie wendet sich um und sieht ihn an. »Niemals!«

»Schau mich nicht an, Elisabeth. Dein Blick tötet mich!«

Ein dumpfer Schlag ... und sie ist allein.

Das wiederholt sich Abend für Abend. Aber allmählich verliert Elisabeth die Furcht, ja, es dauert nicht lange, da wartet sie auf die siebente Stunde. Es ist schwer, die Tage allein zu verbringen.

Eines Abends gehen sie durch den Park, Elisabeth und die Bestie. Die Sonnenstrahlen spielen mit den Blumen; Elisabeth hat ihre Hand in seine Krallen gelegt und geht an seiner Seite.

»Wirst du mich lieben, Elisabeth?«

»Niemals.«

»Aber du bist doch gut zu mir, Elisabeth.«

»Weil ich Mitleid mit dir habe. Du bist traurig, ich fühle es. Warum bist du traurig?«

»Muß man nicht traurig sein, wenn man so häßlich ist? Ich bin doch häßlich, Elisabeth?«

»Du bist sehr häßlich, aber du hast ein gutes Herz.«

»Und doch kannst du mich nicht lieben?«

»Nein.«

Sie kommen an eine Quelle, die munter in einen marmornen Brunnen springt. Elisabeth setzt sich auf den Rand und schaut in das glitzernde Wasser.

»Liebst du einen anderen, Elisabeth?«

»Ja«, sagt sie leise.

»Und ... wie heißt er, Elisabeth?«

»Dietrich ...«

Da raschelt es im Gestrüpp, ein weißes Reh bricht hervor und verschwindet im Dickicht. Die Bestie zuckt zusammen und taumelt zurück. Das Reh ... und sie liebt Dietrich!

Wie aus weiter Ferne kommt Elisabeths Stimme: »Was ist dir? Komm, trink.«

Sie schöpft das Wasser, und Dietrich beugt sich nieder und schlürft es mit dem häßlichen Mund.

»Ekelst du dich nicht, wenn ich aus deiner Hand trinke?« fragt er leise.

Sie streichelt ihm sein Fell. »Es ekelt mich nicht.«

»Du streichelst mich wie ein Tier.«

»Aber du bist doch auch ein Tier!«

Er geht davon, mit schwerem, müdem Schritt, fort in den Wald, legt sich unter eine Birke und weint.

Die Zeit vergeht, da ruft Elisabeth eines Tages die Bestie zu sich.

»Setz dich, mein Tier; ich muß mit dir sprechen.«

»Du willst mir meine Frage beantworten?«

»Nein, mein Tier. Aber ich sehne mich nach meinem Vater. Er ist alt und braucht mich. Laß mich zu ihm, für eine Woche. Ich komme gewiß zurück ...«

»Und wenn du nicht kommst?«

Da sinkt sie vor ihm in die Knie. »Ich komme, mein Tier. Aber laß mich zu dem Vater.«

»Steh auf, Elisabeth. Nicht du hast vor mir zu knien, sondern ich vor dir.«

Dietrich hebt sie auf und tappt zum Fenster. Schwarz ist der Wald, unheimlich, düster. Wo mag Diana sein? Warum straft sie ihn so hart?

»Ich bin ein Tier, Elisabeth, und ein Tier ist wehrlos. Drei Wunderdinge sind in meinem Besitz: das Pferd, der Spiegel und dieser Handschuh, den ich trage. Das Pferd und der Spiegel gehören dir; nun gebe ich dir auch noch den Handschuh. Zieh ihn über deine Hand. Er bringt dich, wohin du willst. Alles gebe ich dir, Elisabeth. Machtlos bin ich, kehrst du mir nicht zurück. Acht Tage lasse ich dir Zeit. Kommst du nicht, muß ich sterben.«

Er zieht den Handschuh ab und reicht ihn Elisabeth.

»Ich komme, mein Tier, ich komme zurück.«

Dann streift sie ihn über und wünscht sich zum Vater ... und wirklich, schon sitzt sie an seinem Bett. Er schläft. Sie kniet neben ihm nieder und küßt seine Hand, er erwacht ... und ist gesund.

Am Abend sitzen sie auf der Bank vorm Haus. Es ist still. Endlich fragt Elisabeth, ob er nichts weiß von Dietrich.

»Nichts, mein Kind. Er ist verschwunden.«

»Ich werde seine Arbeit tun auf den Feldern. Aber dann muß ich zur Bestie zurück.«

»Fürchtest du dich nicht, Elisabeth?«

»Nein. Das Tier ist gut zu mir. Und es ist traurig. Jeden Abend fragt es mich, ob ich es lieben könne.«

»Und du liebst es?«

»Ich liebe Dietrich. Aber das Tier braucht mich.«

»So kehre zurück, Elisabeth. Ich halte dich nicht.«

Aber auf den Feldern ist viel zu tun, die Arbeit macht Freude, und Elisabeth lacht seit langem wieder. Wie herrlich ist es, zusammen mit anderen Menschen zu arbeiten. Dann hat der Tag seinen Sinn, jede Stunde ist voll Glück und Freude. Und man vergißt leicht die Wesen, die in der Ferne warten, sehnsüchtig warten ...

Elisabeth blüht auf, sie lacht und ist glücklich. Und sie vergißt Dietrich und das Tier. Ein Tag um den anderen vergeht, der achte Tag bricht an.

Am Morgen rufen die Mädchen sie zum Nähen, schnell kleidet sie sich an, wirft den Handschuh, der auf dem Nachtschrank liegt, achtlos beiseite und verläßt das Haus. Und die Stunden reihen sich wie Perlen auf eine Schnur, eine wie die andere – und Elisabeth sitzt und näht.

Plötzlich wiehert es auf der Straße. Da steht das weiße Wunderpferd vor dem Fenster und schaut sie an.

»Seht nur, wie schön es ist ...«, rufen die Mädchen. »So schön wie ein Pferd aus einem Märchenbuch.«

Elisabeth tritt auf die Straße. »Willst du mich holen, mein Pferd? Und ich hatte das Tier bald vergessen.«

Sie führt es nach Haus. Der Vater gibt ihm Wasser und Heu, Elisabeth aber streichelt seinen Hals. Da stößt sie an den Spiegel. Sie trägt ihn ins Haus, in ihr Zimmer. »Zeig mir das Tier«, ruft sie, »das Tier ...«

Ein Hauch weht über den Spiegel, der Marmorbrunnen erscheint, davor sitzt die Bestie und weint, und die Tränen sind so klar wie die Wassertropfen einer Quelle.

»Ich komme«, sagt Elisabeth. »Ich komme, mein Tier ...«

Aber da ist noch das Essen zu kochen, und als das geschehen ist, setzt sie sich noch auf die Bank und denkt an Dietrich. Es ist schön, von ihm zu träumen. »Kommst du je zurück, Dietrich?«

Da knarrt die Gartentür, Schritte kommen näher, und aus der Dunkelheit tritt der Spielmann auf sie zu. Höflich zieht er den Hut und küßt ihre Hand.

»Wie schön, daß ich Euch wiedersehe, Elisabeth. Ich habe Euch nicht vergessen. Und Ihr, Elisabeth?«

Er lächelt mit den schmalen Lippen. Sie schaut ihn an und schüttelt den Kopf. »Was wollt Ihr von mir, Herr?«

»Ich wollte Euch sehen. Ich kann Euch nicht vergessen, Elisabeth.«

»Verachtet Ihr die Menschen noch immer, Herr?«

»Ja. Sie sind nichts wert als Verachtung.«

»Und Ihr vergeßt mich nicht, Herr? Warum nicht?«

»Weil ich Euch liebe, Elisabeth.«

Jetzt lächelt sie.

»Kann ein Mensch lieben, dessen Herz voll Verachtung ist? Nein, Herr, Ihr liebt mich nicht. Vielleicht bewundert Ihr mich, vielleicht verlangt Eure Eitelkeit, daß ich Euch gehöre. Aber Ihr liebt mich nicht, und ich ...«

»Und Ihr ...?«

»Ich liebe ...« Da beginnt die Uhr die zwölfte Stunde zu schlagen. Dröhnend fällt der Ton in die Stille.

Elisabeth springt auf. Die Bestie ...

»Lebt wohl, Herr«, ruft sie, dann jagt sie auf ihr Zimmer. Schon hat sie den Handschuh übergezogen, da zerbricht der Spiegel, und draußen verhallt der zwölfte Schlag.

»Schnell, bring mich zu dem Tier ...«, und sie liegt schon auf ihrem Lager im Schloß. Aber wo ist die Bestie?

Elisabeth jagt durch die Säle. »Mein Tier, mein Tier!« ruft sie, doch nichts rührt sich. Da läuft sie zur Quelle. »Ich komme, mein Tier; ich ...«

An der Quelle liegt Dietrich. Er hat gewartet und gewartet; nun liegt er im Gras und hat die Augen geschlossen. Alle Kraft ist von ihm gewichen, müde ist er und traurig. Was soll er noch leben? Nie wird sie ihn lieben, ihn, die Bestie. Er ist so müde.

Elisabeth beugt sich über ihn.

»Ich bin da, mein Tier, sieh, ich bin da. Komm, steh auf, alles ist gut.«

Langsam kommt sein Blick zurück.

»Zu spät, Elisabeth. Der Tod ...«

»Du mußt gegen ihn kämpfen, mein Tier.«

»Ein Mensch würde kämpfen. Ein Tier aber legt sich zu den Füßen dessen, den er liebt, und stirbt.«

»Aber du darfst nicht sterben. Komm, nimm den Handschuh. Er gibt dir Kraft. Du mußt leben ...«

»Für wen? Einsam bin ich und häßlich. Laß mich sterben, Elisabeth.«

»Du darfst nicht sterben, mein Tier.«

Wie traurig seine Augen sind und wie gut ... wie unendlich gut. Er darf nicht sterben durch ihre Schuld!

Ihre Augen füllen sich mit Tränen. »Du mußt leben, mein Tier, für mich. Was soll aus mir werden, wenn du mir fern bist?«

Welch ein eigentümliches Gefühl überkommt sie? Sie möchte ihm helfen. Tränen füllen ihre Augen und fallen auf sein Fell.

»Liebst du mich, Elisabeth?«

Sie antwortet nicht, aber ihre Augen sehen ihn an, gut und liebevoll. »Mein Tier!«

Da wird es plötzlich dunkel, die Erde erbebt, Elisabeth wird zur Seite geschleudert und fällt zu Boden. Als sie sich umwendet, ist es hell um sie. Sie will die Bestie suchen ... da tritt ein Mann auf sie zu, und dieser Mann ist ... Dietrich.

»Du lebst ... Dietrich?«

Er beugt sich nieder und küßt sie.

Später sitzen sie an der Quelle, und er erzählt, wie er verwandelt wurde.

»Siehst du«, schließt er leise, »so kann die Liebe einen Menschen zu einem Tier machen, ein Tier aber zu einem Menschen. Ich danke dir, daß du mich liebst, Elisabeth.«

Das Schloß ist verschwunden, aber da steht das weiße Pferd und wiehert ihnen entgegen. Dietrich nimmt es am Zügel, und sie reiten beide zum Dorf zurück und leben voller Glück zusammen.

Zuweilen aber, wenn es dunkel ist und die Erde in tiefem Schlaf liegt, denken sie an das Schloß und an die Worte, die Dietrich gesagt hat:

»... daß die Liebe einen Menschen zu einem Tier, ein Tier aber zu einem Menschen machen kann.«

Gerswind hob den Blick und betrachtete den Mond. Er stand jetzt hoch am Himmel und leuchtete so hell, daß die Blätter der Birken silbern glänzten, wenn sie im Windhauch tanzten; droben am Hochberg konnte sie die Wipfel der Tannen ausmachen, die spitz und schwarz in den Himmel ragten. Ihr Herz war noch bei Elisabeth, und darum schwieg sie eine ganze Weile, bevor sie wieder zu erzählen begann.

»Von der Alten am Webstuhl zog ich weiter, und ich kam ins Donauland, und dort erzählte mir eine Müllersfrau zwei Geschichten, die sie von ihrer Patin wußte. Die eine Müllerstochter zog für ihren Bruder in den Krieg, und die andere nahm es gleich mit zwölf Räubern auf.«

Der Hauptmann Rosa und die drei Riesen

Es ist einmal ein Müller gewesen, der hat zwei Kinder gehabt, einen Buben namens Sepp und ein Dirndl namens Rosa. Und eines Tages hat der Polizeimann beim Müller vorgesprochen und hat gesagt, der Kaiser hab' einen Krieg angefangen und brauch' nun Soldaten; und da stehe halt der Sepp auch auf der Stellungsliste. Da ist freilich der Müller ganz weg gewesen und die Müllerin auch, aber die Rosa hat sie bald getröstet und gesagt: »Wann's den Sepp bei der Stellung behalten, so geh' ich auch in den Krieg.«

Und den Sepp haben sie behalten. Die Rosa hat ganz heimlich eine Schere genommen und sich die Haare weggeschnitten, dann hat sie das Weibergewand weggetan und eine Soldatenmontur angezogen und ist fortgezogen in den Krieg.

Die Rosa ist aber gerade nicht aufs Hirn gefallen gewesen, sie hat vielmehr die Soldaten an Schlauheit alle in den Sack gesteckt und hat auch, wie sie einmal Korporal war, den Feind ganz erbärmlich verwichst. Und weil sie so brav und tüchtig war, ist sie Hauptmann worden und hat sich dem König sollen vorstellen. Und wie halt der neue Hauptmann durch die Stadt ritt und ins Königsschloß kam, hat gerade die Königstochter beim Fenster herausgesehen. Die ist zu ihrem Vater gegangen und hat ihm gesagt: »Jetzt kommt der Hauptmann, der den Feind besiegt hat, den mußt du königlich belohnen, und weil er mir so gut gefällt, so gib ihn mir zum Ehemann!«

Zuerst war das dem König zu unerwartet, und er hat davon nichts wissen wollen, aber mit der Zeit hat er nachgegeben, und als der Hauptmann gekommen ist, sich dem König vorzustellen, hat er die zwei auch gleich zusammengegeben und hat auch bestimmt, wann der Hochzeitstag sein sollte.

Nach der Hochzeit nun hat der Hauptmann, das ist die Rosa, Urlaub bekommen und ist heimgereist zu ihren Eltern, und wie der Urlaub zu Ende war, ist sie auf anderem Weg heimgegangen. Dabei ist sie zu einer Mühle gekommen; neben der ist ein Riese gelegen und hat mit einem Nasenloch das Windrad getrieben. »Ei, dich könnt' ich brauchen«, meinte die Rosa zu ihm, »geh mit, so bekommst du hundert Gulden.« Da hat der Riese die Mühle stehenlassen und ist mit ihr mitgegangen.

Sie sind aber nicht weit gegangen, da sind sie zu einem zweiten Riesen gekommen, der hat einen Tannenbaum als Sonnenschirm benützt. Da hat die Rosa zu ihm gesagt: »Ei, dich könnt' ich auch brauchen; geh mit, so bekommst du hundert Gulden.« Und auch der hat sich nicht lang' heißen lassen und ist mitgegangen.

Gar nicht lange sind sie gegangen, so haben sie einen dritten Riesen angetroffen, der mit einer Schaufel die Straße so voller Kot machte, daß man darinnen steckenblieb. »Ei«, meinte Rosa, »was tust du da?« – »Das tu' ich gegen Verfolger«, erwiderte der dritte Riese. »Ach geh, laß das!« sprach dann Rosa zu ihm. »Geh lieber mit mir! Ich gebe dir hundert Gulden.« Da hat der Riese die Schaufel über die Schulter gelegt und ist neben den zwei anderen Riesen mit Rosa gegangen.

Mittlerweile hatte die Prinzessin dem Könige geplauscht, daß der Hauptmann, den sie geheiratet habe, ein Weiberleut' sei, und so beratschlagte man, wie man seiner wieder ledig werden könnte. Nun konnte die Königin laufen, wie keiner weit und breit, und auf das hatte der König seinen Plan gebaut. Als nun Rosa wieder in die Stadt kam, quartierte sie die drei Riesen in einem Gasthaus ein, sie aber ging hinauf in die Königsburg, wo man sich über die Ankunft des Hauptmanns sehr erfreut zeigte, und man beschloß, zur Feier des Tages Wetten abzuschließen, wer wohl schneller als die Königin einen Becher Wasser von einem Brunnen draußen vor der Stadt herbrächte. Und als der Hauptmann Rosa darüber lachte, sagte der König:

»Überlege dir's wohl! Ist die Königin rascher als du, dann mußt du sterben; bist du schneller, so werde ich dich reich aus meiner Schatzkammer bezahlen.«

Dann gab er der Königin und dem Hauptmann gleiche Becher, und jedes lief, die Königin zum Brunnen, Hauptmann Rosa aber zum Wirtshaus, um den zweiten Riesen zu holen. Mit ein paar Schritten war der Riese beim Brunnen und füllte den Becher mit Wasser, dann aber legte er sich ins Gras und schlief ein. Währenddessen war aber auch die Königin zum Brunnen gekommen, hatte auch Wasser geschöpft und sich im schärfsten Laufe auf den Heimweg gemacht. Vom Schlosse aus aber und von der Stadtmauer sah vieles Volk zu, und auch Hauptmann Rosa war unter demselben. Da wurde er gewahr, daß der Riese im Grase lag und schlief, während die Königin sich schon der Stadt näherte. Da nahm er sein Rohr und ließ den ersten Riesen mit einem Nasenloch hineinblasen. Der Pfeil flog und blieb vor der Nase des schlafenden Riesen stecken. Der erwachte und war mit ein paar Schritten beim Stadttor, wo Hauptmann Rosa den Becher in Empfang nahm und leichten Fußes zum König lief. Erst ein paar Augenblicke später kam die Königin und sank vor dem König zu Boden, so übermüdet war sie.

Natürlich bekam Rosa nun eine große Menge Geldes, und sie zahlte nun auch ihre Riesen aus, die gingen aber aus Dankbarkeit noch ein Stück Weges zur Mühle mit.

Da reute es den König, daß er dem Hauptmann soviel Geld gegeben hatte, er nahm rasch mehrere Soldaten zusammen und verfolgte Hauptmann Rosa; als sie es aber merkte, da ließ sie vom dritten Riesen die Straße aufwühlen und einen derartigen Morast machen, daß die Verfolger darin steckenblieben. Die Riesen aber trugen der Rosa noch die Säcke Geld heim und gingen dann wieder in die Wälder. Rosa aber und die Müllerleut' waren angesehen ihr Lebtag lang.

Und ohne Pause begann Gerswind mit der nächsten Geschichte:

Die zwölf Räuber und die Müllerstochter

Vor vielen Jahren ist es geschehen in einer Mühle, die stand am Walde, und es ist eine ganz besondere Geschichte. Der Müller dort hatte einen Sohn und drei Töchter, und in der Mühle arbeitete ein alter Mühlknecht. Einmal nun, wie die Weihnachten wieder herankamen, da hatte die jüngste Müllerstochter, das war die klügste, einen ganz sonderbaren Traum; es träumte ihr, sie solle daheim bleiben in der Mettennacht, dann würde das Haus vor einem großen Unglück bewahrt. Und darum bestand das Mädel darauf, daß sie daheim blieb, während alle anderen in die Kirche gingen.

In der finsteren Stube, in der nur am Altarl ein armseliges Ölfunserl brannte, blieb nun das Mädchen sitzen beim offenen Fensterguckerl und horchte in die Nacht hinaus; denn es war ihr immer, als müßte tatsächlich etwas kommen, dem sie begegnen müsse. Es dauerte auch gar nicht lange, so hörte sie Knistern im Schnee und sah zwölf Gestalten auf die Mühle zuschreiten. Sie hielt sich nun mäuschenstill und vernahm, wie die heimlich ausmachten: »Durchs Fenster können wir nicht; denn alle sind vergittert. Die Tür ist verriegelt, es bleibt nur das Kellerfenster übrig, und da können wir leicht hinein, einer nach dem andern.«

Da nahm das mutige Mädchen rasch die Ampel vom Altarl weg und eilte damit in den Vorkeller, so daß das Kellerfenster in einem Dämmerscheine lag, rückte den Hackstock zum Fenster hin und bewaffnete sich mit der Fleischhacken aus der Kematen. Es währte auch gar nicht lange, so kamen die zwölf Räuber zum

Kellerfenster hin, hoben vorsichtig das Glasfenster aus und ließen dann den ersten einsteigen. Kaum steckte er aber den Kopf in den Keller über den Hackstock, da sauste die Hacke nieder, und der Kopf rollte in einen Winkel. Dann faßte sie den Geköpften und zog ihn in den Keller.

Und das gleiche geschah dem zweiten, dem dritten, jedem, auch dem elften Räuber.

Der zwölfte aber war der Hauptmann, und der war schlauer als die anderen; dem war die Stille im Keller aufgefallen, und einen Schatten hatte er gemerkt, der ihm verdächtig vorkam. Und so ging er vorsichtig zu Werke. Aber bald hätte es auch ihn getroffen. Das Mädel hatte aber zu früh zugeschlagen und dem Hauptmann mit der Hacke einen Hieb in die Wange versetzt, worauf er sofort zurückkroch und flüchtete.

Nicht lange darauf kamen die Hausleute. Auf ihr Klopfen ließ sie die zuerst nicht ein und öffnete ihnen erst auf ihr Rufen, darauf erzählte sie ihnen, was sie getan hatte. Die andern wollten ihr zwar anfangs nicht glauben, als sie aber dann die elf Leichen sahen, da lobten alle sie um ihre Tapferkeit. Man grub nun am Waldesrand eine tiefe Grube und legte die Leiber der Geköpften und ihre Köpfe hinein.

Der Winter verging, der Frühling kam, und der Sommer auch. Da sprach ein fremder, fescher Mühljunge mit verbundener Wange bei der Mühle vor und fragte um Arbeit. Da der alte Mühlknecht bereits recht gebrechlich war, so war es dem Müller ganz recht, noch einen Gehilfen zu dem Alten zu bekommen, und der neue Mühljunge war so fleißig und willig, daß bald seine Kameraden wie auch seine Herrenleute große Stücke auf ihn hielten, zumal er von besseren Leuten war. »Ja, meine Familie stammt aus der Stadt und ist reich«, sagte er des öftern, »und mein Vater hat auch eine Kunstmühle, und da soll ich Müller werden. Aber ich soll es zuerst noch in der Fremde probieren, hat der Vater gesagt.«

Nur eine war im ganzen Hause, die ihn nicht leiden konnte, und das war die jüngste Tochter. Sie hatte eine solche Scheu vor ihm, sie wußte selbst nicht warum, und wich ihm aus, wo sie nur konnte. Und gerade auf sie schien er es abgesehen zu haben, er ging ihr nach auf Schritt und Tritt, wenn's möglich war, und sagte auch, er wüßte schon, welche von allen er allein nehmen möchte. So trat er denn eines Tages vor den Müller hin und warb um die Jüngste. Der Alte war hocherfreut, einen solchen vornehmen Schwiegersohn zu bekommen, doch als er seine Tochter in der Küche fragte, was sie dazu sage, da erwiderte sie kurz und bündig: »Nein.« Umsonst machte der Müller dem Freier eine Aussicht auf eine der beiden anderen: »Entweder die Jüngste oder keine«, sagte der.

Wieder vergingen etliche Wochen voll Arbeit, und der Mühljunge war fleißiger denn je. Und dann trat er wieder vor den Müller mit der Werbung hin. Der nahm sich wieder die Tochter ins Gebet, doch trotz aller Vermahnung blieb die bei ihrem »Nein«.

Aber noch nicht ließ sich's der Mühljunge verdrießen und arbeitete, daß es eine Freude war, ihm zuzusehen, und der Müller bereute bereits, daß er dem Dickköpferl zu viel nachgegeben, und nahm sich vor, falls der Mühljunge nochmals mit der Werbung komme, einfach sein Mädel zum Jawort zu zwingen. Und als nach ein paar Wochen neuerdings der Mühljunge mit seiner Werbung vor ihm stand, da sagte er sofort ja und amen, ließ seine Tochter rufen und befahl ihr, zur Werbung ja zu sagen; sie möge des vierten Gebotes eingedenk sein. Darauf erwiderte das Mädchen: »Euretwillen wohl, aber meinetwillen nicht.« – Da tat der Mühljunge einen Juchzer und erbat einen mehrtägigen Urlaub. Und nach drei Tagen kam er mit einem feinen Gefährt zurück, um, wie er sagte, seiner Braut seine Kunstmühle zu zeigen.

Wohl zögernd stieg sie in den Wagen – wenn sich auch der Bräutigam immer zart benommen hatte – und fuhr mit ihm fort. Zuerst ging es in den dunklen Wald, dann über Waldwiesen zu einem Jungwald, wo einzelne hochragende Samlärchen standen.

»Hier ist's schön«, meinte er da, »hier wollen wir rasten. Der Baumstrunk ladet zum Sitzen ein. Setz dich hin und schau nach, was mich am Kopfe beißt; es wird doch kein Ungeziefer sein!« Dabei legte er ihr den Kopf in den Schoß und streifte das Tüchel dabei von der Wange. Als sie an der Wange die Schramme sah, erkannte sie in ihrem Bräutigam den zwölften Räuber und erschrak in ihrem Herzen gar sehr; er aber vernahm ihr Herzklopfen, erhob sich plötzlich und sagte: »So, jetzt hab' ich dich endlich. Elf Knechte hast du mir umgebracht. Dafür will ich dich nun mutternackt ausziehen und aus deiner Haut mir Riemen schneiden, und damit dich dann zu Tode peitschen.«

»Ach, lieber Räuber«, bat sie ihn da voller Todesangst, »eine Gnade nur gewähre mir! Dreimal laß mich um Hilfe schreien!«

»Das magst du meinetwegen tun«, sagte er und wetzte dabei das Messer, »denn niemand wird dich hören.«

Da lief sie ein paar Schritte hinweg und rief laut in den Wald hinein: »Lieber, viellieber Vater mein, o komme mir zu helfen! Er will mich morden, Riemen schneiden aus meinem Leib.«

Doch rauschten nur die Bäume im Wind, sonst war kein Laut umher.

Und wiederum rief sie in den Wald: »Liebe, vielliebe Mutter mein, o komm mir zu helfen! Er will mich ermorden, Riemen schneiden aus meinem Leib.«

Und wieder war nichts anderes zu hören als nur das Rauschen in den Bäumen. Der Räuber aber hatte sein Messer gewetzt und ging nun daran, ihr die Kleider auszuziehen, um Riemen aus ihr zu schneiden.

Da rief sie zum dritten Male noch lauter in den Wald: »Lieber, viellieber Bruder mein, o komme mir zu helfen! Er will mich ermorden, Riemen schneiden aus meinem Leib.«

Dabei fiel aber schon das letzte Stück Gewand von des armen Mädchens Leib, und er band sie mit Stricken an einen Lärchenbaum.

Den Ruf aber hatte der Bruder des Mädchens gehört, der im Walde jagen war; rasch schickte er seinen Hund voraus, und dieser fiel den Räuber an und riß ihn zu Boden, während das zitternde Mädchen auf die Seite taumelte.

Bald kam auch der Jäger selbst; der machte mit dem Räuber kurzen Prozeß, band ihn an den Baum und erschoß ihn. Dann half er dem Mädchen beim Ankleiden, sperrte das Messerbesteck in das Wagenkasterl, kehrte den Wagen um und fuhr mit seiner Schwester heim.

Als auch diese Geschichte zu Ende war, ließ Gerswind den Becher zum drittenmal herumgehen. Maraquansa verließ den Kreis, um eine Schale mit Früchten zu holen, und Lavra meinte lachend, daß die Töchter der Müllerinnen wohl in Gerswinds Land ganz besonders tapfer seien.

»Ach«, sagte Gerswind und nahm ein paar von den Früchten, die Maraquansa ihr reichte, »das sind bei uns nicht nur die Töchter der Müllerinnen. Möchtet ihr noch die Geschichte von der kecken Ilse hören?«

»Natürlich, laß sie nur hören!« forderte Lavra sie auf, und Gerswind faltete wieder die Hände im Schoß.

Die goldenen Barthaare

Die schöne Ilse war keck. Sie sang, was ihr gerade einfiel, sie sang, wenn ihr gerade etwas einfiel, mochte auch in diesem Augenblick der Vater mit ihr sprechen oder die Mutter ihr Belehrungen geben. Sie lachte, wenn ihr zum Lachen war, mochte sie mit den Burschen unter der Dorflinde sitzen und plaudern oder bei den Mädchen in der Spinnstube den Flachs spinnen. Sie sang und lief umher wie ein Füllen, das nicht weiß, wohin es mit sich soll. Einmal hatte sie des Sonntags sogar in der Kirche gekichert. Sie mußte daran denken, wie sie am Vortage dem dicken Michel Weizenkörner in die Schuhe gelegt hatte und wie er davongehumpelt war, schimpfend und fluchend und mit den schlimmsten Verwünschungen. Die Ilse aber hatte am Zaun gestanden und hatte Tränen gelacht, denn dem dicken Michel geschah recht, weshalb ließ er sie nicht in Ruhe. Sie wollte mit ihm nichts zu schaffen haben! Freilich war es schlimm, daß sie nun auch in der Kirche kicherte. Der Herr Pfarrer ermahnte sie von der Kanzel herab, sie errötete und senkte den Kopf, aber sie wußte, daß sie sich nicht würde ändern können. Es blieb eben dabei: sie war keck. Damit mußten sich alle abfinden, auch sie selbst.

Ilse hatte eine Freundin, die tat mit ihr schön, aber hinter ihrem Rücken sprach sie schlecht von ihr und sagte zu jedem, der es hören wollte: »Die Ilse hat ein loses Maul und ein loses Herz. Die kann einmal jeder haben, der sie haben will. Schaut sie euch nur an. Und was sie für Reden führt! Dafür holt sie noch einmal der Teufel.« Von diesem Geschwätz wußte Ilse nichts, sie hätte auch nur gelacht, wenn es ihr jemand hinterbracht hätte, denn es war ihre Art, zu lachen, wenn sich andere ärgerten.

Eines Abends saßen die Mädchen und Burschen zusammen in der Spinnstube und spielten Pfänderspiele. Auch Ilse hatte ihr Pfand abgegeben und trat jetzt vor die Tür, damit die anderen sich eine Aufgabe für sie überlegen könnten. Kaum hatte sich die Tür hinter ihr geschlossen, als ihre Freundin zu den Mädchen und Burschen sagte: »Paßt auf, diesmal stellen wir ihr eine Aufgabe, die sie nicht lösen kann, und dann ist endlich einmal das Lachen auf unserer Seite, und sie zieht den kürzeren.« Die anderen, die sich einen Spaß versprachen, willigten ein und meinten, sie solle nur reden, es würde schon recht werden.

Man rief Ilse herein, und ihre Freundin sagte: »Schau her, wenn das dein Pfand ist, dann eile auf den Kyffhäuser und bringe uns drei Barthaare des alten Kaisers Barbarossa, der da oben doch sitzen soll. Hast du sie uns gebracht, sollst du dein Pfand wiederbekommen.«

Sie lachten alle, was das Zeug hielt. Da merkte Ilse, daß man sich über sie lustig machen wollte. Auf der Stelle drehte sie sich um und sagte: »Lacht nur! Aber das Lachen soll euch vergehen. Denn so wie ich bin, gehe ich zum Kyffhäuser und werde euch Barbarossas Barthaare bringen. Dann aber werde ich mit euch nicht mehr sprechen, denn ich weiß ja nun, was ich von euch zu halten habe.«

Die Mädchen und Burschen wollten sie zurückhalten, aber sie ging aus dem Haus und wanderte nun ohne Eile zum Kyffhäuser hin. Sie hatte keine Angst, nur ein wenig Sorge, ob sie überhaupt in den Berg gelangen könnte. Doch wie sie dort ankam, stand da ein Zwerg, der fragte sie, was sie hier am Abend suche, ein Mädchen bliebe abends besser zu Hause!

Ilse nickte dazu, doch endlich erzählte sie, wie es ihr ergangen war und was man ihr aufgetragen hatte. Der Zwerg kicherte leise, meinte, das sei ein rechter Spaß, und sie möge mit ihm kommen. Da sie Mut gezeigt hatte, wolle er ihr helfen. Der Kaiser schlafe ja so fest, daß er wohl nicht aufwachen würde, wenn sie ihm die drei Haare aus dem Bart zupfe.

Sie kamen in einen großen Saal. Da saß der alte Kaiser auf einem Lehnstuhl und schlief, sein Bart aber war schon durch den Tisch gewachsen und lag wie ein Teppich auf der Erde. Der Zwerg gab Ilse ein Zeichen, diese bückte sich, riß sich drei Barthaare heraus, dankte dem Zwerg von ganzem Herzen und begab sich wohlgemut auf den Heimweg.

Wie erstaunten die Burschen und Mädchen, als Ilse nach einer guten Stunde wieder bei ihnen eintrat und ihnen die drei roten Barthaare des Kaisers Barbarossa zeigte. Die Freundinnen verstummten, Ilse aber lachte, ging nach Hause und legte die Barthaare auf den Tisch, der neben ihrem Bett stand. Dann kleidete sie sich aus, legte sich nieder und schlief bis zum anderen Morgen.

Als sie erwachte, fiel ihr Blick auf die Barthaare des Kaisers, über die die Sonnenstrahlen glitten. Und sie dachte: ›Was doch die Sonne zaubern kann. Man möchte glauben, die Haare seien aus Gold, so leuchten und glänzen sie. Dabei sind es einfache Haare.‹ Sie beugte sich über den Tisch und nahm die Haare in die Hand, aber im gleichen Augenblick schrie sie auf, denn die Haare waren nicht mehr so leicht wie am vergangenen Abend, sie wogen schwer in ihrer Hand, und als sie sie näher betrachtete, sah sie, daß sie wirklich aus reinem Gold waren. Nun sprang sie auf und sang und lachte, daß es im Haus widerhallte und sogleich Vater und Mutter zu ihr stürzten, um zu fragen, was denn geschehen sei. Sie erzählte ihnen ihr Abenteuer und zeigte ihnen die goldenen Haare. Kein Wunder, daß auch die Eltern lachten. Endlich nahm die Mutter die Haare, legte sie in die Wäschetruhe und meinte: »Die sind für dich, wenn du dir einmal einen Mann erwählt hast. Davon können wir dir eine schöne Aussteuer kaufen. Solange aber will ich sie verwahren, damit sie nicht in unrechte Hände kommen.«

Damit war Ilse einverstanden. Sie war auch damit einverstanden, daß die Mutter das Wunder überall ausplauderte. Aber als ihre Freundin zu ihr kam, um mit ihr zu schwatzen, wie sie es bisher getan hatte, da wandte sie sich ab und ging davon und redete mit ihr auch in Zukunft kein Wort mehr.

Abelone nickte, als Gerswind mit ihrer Erzählung am Ende war. »Ja«, sagte sie dann, »der Neid ist ein finsteres Wesen, und wir sollten uns alle vor ihm hüten.«

Dann war es wieder lange Zeit still, und nur das Knistern des Feuers und der kurze, schrille Schrei eines Raubwürgers waren vom Moor her zu hören.

Es war bereits spät, und der Mond sank dem Horizont entgegen. Allzuviel Zeit blieb nicht mehr. Vielleicht ein oder zwei Geschichten noch, dann würde das Feuer verlöschen, und sie alle mußten den Heimweg durchs Moor antreten.

Gerswind trank einen Schluck Wein, dann erzählte sie weiter:

Die singende Rose

Ein König hatte drei Töchter, die waren alle drei weit schöner als die Jungfräulein heutzutage, und jede von ihnen hatte schon das sechzehnte Lebensjahr überschritten. Da dachte der König daran, eine von den drei Töchtern zur Königin zu machen. Er wußte aber nicht, welche er den übrigen zweien vorziehen sollte. Eines Tages ließ er nun alle drei vor sich kommen und sagte zu ihnen: »Meine lieben Kinder, ich bin jetzt alt und gebrechlich, und jeder Tag ist mir nur geschenkt. Bevor ich aber sterbe, möchte ich alles in meinem Reiche in Ordnung bringen und eine von euch zur Erbin des Königreichs ernennen. Gehet nun hinaus in die weite Welt, und diejenige von euch, welche bei ihrer Rückkehr eine singende Rose mitbringt, soll meinen Thron erben und Königin sein über das ganze Land.« Als die drei Töchter dies gehört hatten, nahmen sie weinend Abschied von ihrem alten Vater und gingen aufs Geratewohl hinaus ins fremde Land, jede auf einem andern Wege.

Einmal traf es sich, daß die jüngste und schönste von ihnen durch einen finstern Tannenwald zu gehen hatte. Da sangen allerlei Vögel durcheinander, es war eine rechte Freude, ihnen zuzuhören. Bald aber fing es an zu dämmern, und die Vöglein flogen in ihre Nester, und nach und nach wurde es mäuschenstille. Da fing es auf einmal an zu tönen, so hell und laut und schön, wie es die Königstochter weder von Vögeln noch Menschen jemals gehört hatte, und sie dachte sogleich: ›Das ist nichts anderes als die singende Rose.‹

Sie ging nun eiligst auf den Ort los, woher der Gesang zu tönen schien. Sie war noch nicht lange gegangen, da sah sie auf einem Felsen ein großes, altertümliches Schloß, von dem die herrlichsten Töne in den Wald herabklangen. Mit allem Eifer stieg sie zum Schlosse hinan und zog einige Male an der Klinke. Da öffnete sich endlich knarrend das Tor, und ein alter Mann mit langem, eisgrauem Barte schaute heraus. »Was ist dein Begehren?« fragte er griesgrämig die erschrockene Jungfrau.

»Ich möchte eine singende Rose«, antwortete sie, »habt Ihr nicht eine solche in Eurem Garten?«

»Jawohl«, antwortete der Alte.

»Nun, was verlangt Ihr dafür, wenn Ihr mir dieselbe mitgebt?«

»Zu geben brauchst du mir gar nichts für die singende Rose. Du kannst dieselbe heute noch haben, aber dafür werde ich in sieben Jahren kommen und dich mit mir in dieses mein Schloß nehmen.«

»So bringt mir nur schnell diese kostbare Blume«, rief die Jungfrau erfreut, denn sie dachte nur an die singende Rose und an das Königreich, nicht aber an das, was nach sieben Jahren geschehen sollte.

Der Alte begab sich in das Schloß zurück und kam bald wieder mit einer vollen, glühenden Rose zurück; die sang so schön, daß der Jungfrau vor Freuden das Herz hüpfte. Sie streckte begierig die Hand danach aus, und als sie die Blume in ihren Händen hatte, sprang sie wie ein Reh den Berg hinab, der Greis rief ihr aber noch mit ernster Stimme nach: »Auf Wiedersehen in sieben Jahren!«

Die Jungfrau wanderte nun mit ihrer Rose die ganze Nacht durch den finstern Wald, denn die Freude über die singende Blume und das erworbene Königreich ließ sie alle Furcht vergessen. Die Rose sang aber auch auf dem ganzen Wege unausgesetzt fort, und je lauter und schöner sie sang, desto freudiger und schneller eilte die Königstochter der Heimat zu.

Als sie da angelangt war und dem Vater alles erzählte, was ihr begegnet war, und die Rose so herrlich sang, da war eine unermeßliche Freude im Schlosse, und der König ließ ein Fest nach dem andern anstellen. Bald kamen auch die beiden ältern

Schwestern, allein sie hatten nichts gefunden und unverrichteter Sache wieder umkehren müssen. Jetzt wurde die jüngste Tochter, welche die Rose gebracht hatte, Königin; der alte Vater aber führte noch die Regierung fort. Die königliche Familie lebte nun recht schöne, fröhliche Tage – allein schnell verstrich Tag um Tag und Jahr um Jahr.

Endlich ging auch das siebente Jahr zu Ende, und am ersten Morgen des achten erschien schon der Alte aus dem Schlosse vor dem König und verlangte von ihm diejenige von seinen Töchtern, welche die singende Rose nach Hause gebracht habe. Da stellte ihm der König die älteste Tochter vor, der Alte aber schüttelte unwillig den Kopf und murrte: »Das ist nicht die rechte.« Wie nun der König sah, daß da mit Betrug nichts auszurichten sei, übergab er ihm mit blutendem Herzen das jüngste und liebste seiner Kinder.

Die Königstochter mußte nun mit dem griesgrämigen Graubarte in jenes Schloß wandern, aus dem sie einst die singende Rose geholt hatte. Das war für die schöne Jungfrau ein sehr trauriger Aufenthalt, denn sie hatte niemanden um sich als den alten Gebieter, und Tag und Nacht dachte sie mit großem Herzeleid an ihren Vater und ihre Schwestern. Andere Freuden hatte sie freilich im Schlosse vollauf, aber nichts konnte sie trösten, weil sie keine liebe Gesellschaft um sich hatte und ihre Gedanken immer wieder in der Heimat waren. Zudem waren ihr alle Türen und Kästen im Schlosse versperrt, und der Alte gab ihr keinen einzigen Schlüssel in die Hände.

Einmal vernahm sie – weiß Gott wo! –, ihre älteste Schwester wolle sich mit einem benachbarten Fürsten vermählen, und in wenigen Tagen solle die Hochzeit sein. Da ließ es ihr nun keine Ruhe mehr, sie ging zu dem Alten und bat ihn um die Erlaubnis, bei der Hochzeit ihrer Schwester zugegen sein zu dürfen.

»Nun, so geh halt!« brummte der Alte. »Aber das sag' ich dir im voraus, den ganzen Hochzeitstag hindurch sollst du mir nicht lachen. Übertrittst du mein Gebot, so zerreiße ich dich in tausend Stücke. Ich selbst werde in einem fort an deiner Seite bleiben, und sobald du nur zum Lachen den Mund verziehst, ist's um dich geschehen. Also wohlgemerkt!«

Der Königstochter schien dies ein leichtes, und am bestimmten Tage erschien sie mit dem alten Graubarte bei der Hochzeit ihrer Schwester. Es war große Freude im Königsschlosse, als man die lange vermißte Königin wieder herankommen sah. Diese war recht fröhlich und machte sich den Tag wohl zu Nutzen, aber sie vergaß auch das Gebot des Alten nicht und verzog nicht einmal den Mund zum Lachen. Abends mußte sie wieder Abschied nehmen von den Ihrigen, und trübselig ging sie mit ihrem Begleiter in das einsame Schloß zurück. Da fingen nun wieder langweilige Zeiten an, so daß die arme Königstochter immer froh war, wenn wieder ein Tag heimging.

Da kam nun einmal das Gerücht zu ihren Ohren, die andere Schwester werde auch in Kürze Hochzeit haben. Da ließ es ihr wieder keine Ruhe, und sie fragte den Alten, ob sie denn nicht bei der Hochzeit ihrer zweitgebornen Schwester zugegen sein dürfe. »So geh denn«, brummte der Alte, »aber diesmal darfst du den ganzen Tag kein Wort reden. Ich werde wieder mit dir gehen und dich fleißig beobachten.«

Der Königstochter schien das ein leichtes, und am bestimmten Tage erschien sie mit dem alten Graubarte bei der Hochzeit ihrer Schwester, und es war große Freude im Königsschlosse, als man die lange vermißte Königin wieder einmal herankommen sah. Alles eilte ihr entgegen und begrüßte sie und fragte sie um allerlei Dinge. Sie aber tat, als ob sie stumm wäre, und ließ kein Sterbenswörtchen über ihre schönen Lippen kommen.

Es war ihr dabei freilich auch nicht so wohl zumute wie das vorige Mal, und abends, als alles untereinanderschwätzte, so daß es ein Summen abgab wie in einem Bienenkorbe, da entschlüpfte auch ihr ein Wörtlein. Der Alte stand rasch auf, nahm sie bei der Hand und führte sie aus dem Saal in sein einsames Schloß. Hier hatte nun wieder die Königstochter andere Dinge in Hülle und Fülle, aber alle liebe Gesellschaft mußte sie vermissen, und es kam ihr wieder recht langweilig vor.

Eines Tages, als sie eben traurig durch den Garten ging, in welchem einst jene Rose geblüht und gesungen hatte, kam der Alte auf sie zu und sagte mit ernster Miene: »Königliche Jungfrau, wenn du morgen, während es zwölf schlägt, mit drei Streichen meinen Kopf abschlägst, so ist alles dein, was du im Schlosse findest, und du bist frei für immer!«

Die Königstochter faßte sich bei der Rede des Alten ein Herz und entschloß sich, das Wagestück auszuführen.

Am andern Tage – es war Samstag, ein wenig vor zwölf Uhr – erschien der Alte vor ihr und entblößte seinen Nacken. Sie zog das Schwert, das sie sich umgehängt hatte, und als die Schloßuhr den ersten Schlag hören ließ, schwang sie das Schwert zum erstenmal, dann rasch nacheinander noch zweimal, und der Kopf des Alten kugelte auf den Boden hin. Aber sieh da – statt des Blutes hüpfte aus dem Kopf ein Schlüssel heraus, der alle Kästen und Türen im ganzen Schlosse öffnete. Da fand nun die Königstochter viele, viele Kostbarkeiten und war steinreich und frei für immer.

Gerswind sah zum Horizont hinüber. Schon wurde die Nacht hell, und die Tagvögel begannen ihre Lieder zu zwitschern. Da leerte sie den Becher, stand auf und gab ihn der Ältesten zurück.

»Es war gut, von den Frauen deines Landes zu hören«, sagte Anamaque, küßte sie auf die Stirn und bedankte sich im Namen aller bei ihr. Dann gab sie den Becher weiter an Abelone: »Die nächste Vollmondnacht gehört dir, liebe Schwester, nütze die Zeit und mach dich auf die Wanderschaft, damit auch du uns, wenn wir uns in vier mal sieben Nächten wieder hier treffen, Geschichten von deinen Ahninnen erzählen kannst.«

DIE ZWEITE NACHT

Abelone erzählt Märchen aus Skandinavien

Abelone ging in die Hocke und fuhr mit einer Hand über das Büschel Wollgras zu ihren Füßen. Es spiegelte sich im See, der glatt wie ein polierter Opal vor ihr im Dämmerlicht lag. Sie liebte das störrische Wollgras, das hier überall wuchs, denn es erinnerte sie an die Weidenbäume, von denen Großmutter Mordoll erzählt hatte: der Geist der Ahninnen und sogar die Göttin selbst wohne in ihnen, und wenn sie selbst einmal nicht mehr sein würde, könne Abelone sie dort besuchen und zu ihr reden. Abelone lächelte, als sie an Großmutter Mordoll dachte – Mordoll, das hieß Mond über dem Meer, und so schön wie ihr Name war Mordoll selbst gewesen. Abelone küßte ihre Fingerspitzen und blies den Kuß über den See. Er wird dich schon finden, dachte sie dabei, und dann stand sie auf und ging weiter.

Sie war die erste am Tanzplatz, aber sie brauchte nicht lange zu warten, bis die anderen kamen und ihr dabei halfen, das Feuer vorzubereiten. Es war später Herbst, und es würde eine kalte Nacht werden, deshalb schichteten sie viel Holz zum Nachlegen auf. Dann, als sie das Feuer, den Wein, das Brot und die Früchte gerichtet hatten, erschien auch die Älteste. Anamaque klatschte in die Hände, und dazu stampfte sie und sang ihren Ton, der hoch und gellend wie der Ruf eines Kojoten ihren kleinen runzeligen Körper verließ und vom Wind über das Moor zum Hochberg herübergetragen wurde. Die Frauen bildeten einen Kreis, gaben sich die Hände und folgten der Alten. Links herum tanzten und stampften sie, bis der Mond sein erstes Silberlicht auf die Bergspitzen warf und dann kurz darauf selbst am Himmel erschien.

Die Älteste gab das Zeichen, sich zu setzen, füllte den Becher mit Wein und ließ ihn kreisen. Dann, als er zu ihr zurückgekommen war, gab sie ihn an Abelone weiter und forderte sie auf, zu erzählen, was ihr die Ahninnen berichtet hatten.

»Ihr wißt ja«, sagte Abelone, *»daß ich aus dem Nordland komme, das von drei Seiten vom Meer umspült ist. Die Menschen bei uns fahren zur See und lieben das Meer, das ihnen viel Gutes, aber manchmal auch Leid bringt. So handelt die erste Geschichte denn auch von einer Seejungfrau, die sich unsterblich in einen Menschenmann verliebt hat.«*

Die kleine Seejungfrau

Weit draußen im Meer ist das Wasser so blau wie die Blätter der schönsten Kornblume und so klar wie das reinste Glas, aber es ist sehr tief, tiefer als irgendein Ankertau reicht; viele Kirchtürme müßten aufeinandergestellt werden, um vom Boden bis über das Wasser zu reichen.

Nun muß man aber nicht glauben, daß da nur der weiße Sandboden sei; nein, da wachsen die sonderbarsten Bäume und Pflanzen, die so geschmeidig im Stiel und in den Blättern sind, daß sie sich bei der geringsten Bewegung des Wassers rühren, gerade als ob sie lebten. Alle Fische, kleine und große, schlüpfen zwischen den Zweigen hindurch, ebenso wie hier oben die Vögel in der Luft.

An der allertiefsten Stelle liegt des Meerkönigs Schloß, die Mauern sind von Korallen, und die langen, spitzen Fenster vom allerklarsten Bernstein; aber das Dach bilden Muschelschalen, die sich öffnen und schließen, je nachdem das Wasser strömt. Das sieht herrlich aus, denn in jeder liegen strahlende Perlen; eine einzige würde in der Krone einer Königin der größte Schmuck sein.

Der Meerkönig dort unten war seit vielen Jahren Witwer, während seine alte Mutter bei ihm wirtschaftete. Sie war eine kluge Frau, aber stolz auf ihren Adel, deshalb trug sie zwölf Austern auf dem Schwanze, die andern Vornehmen durften nur sechs tragen. – Sonst verdiente sie großes Lob, besonders weil sie viel von den kleinen Meerprinzessinnen, ihren Enkelinnen, hielt. Es waren sechs schöne Kinder, aber die jüngste war die schönste von allen, ihre Haut war so klar und fein wie ein Rosenblatt, ihre Augen so blau wie die tiefste See, aber wie all die andern hatte sie keine Füße, ihr Körper endete in einem Fischschwanz.

Den ganzen Tag konnten sie unten im Schlosse, in den großen Sälen, wo lebendige Blumen aus den Wänden hervorwuchsen, spielen. Die großen Bernsteinfenster wurden aufgemacht, und dann schwammen die Fische zu ihnen herein, wie bei uns die Schwalben hereinfliegen, wenn wir die Fenster aufmachen. Doch die Fische schwammen geradezu zu den Prinzessinnen hin, fraßen aus ihren Händen und ließen sie streicheln.

Draußen vor dem Schlosse war ein großer Garten mit feuerroten und dunkelblauen Bäumen; die Früchte strahlten wie Gold und die Blumen wie brennendes Feuer, indem sie fortwährend Stengel und Blätter bewegten. Die Erde selbst war der feinste Sand, aber blau wie die Schwefelflamme. Über dem Ganzen lag ein eigentümlich blauer Schein, man hätte eher glauben mögen, daß man hoch in der Luft stehe und nur Himmel über und unter sich habe, als daß man auf dem Grund des Meeres sei. Während der Windstille konnte man die Sonne erblicken, sie erschien wie eine Purpurblume, aus deren Kelch alles Licht ausströmte.

Eine jede der kleinen Prinzessinnen hatte ihren kleinen Fleck im Garten, wo sie graben und pflanzen konnte, wie es ihr gefiel. Die eine gab ihrem Blumenfleck die Gestalt eines Walfisches, einer andern gefiel es besser, daß der ihrige einem kleinen Meerweib gleiche, aber die jüngste machte den ihrigen ganz rund, der Sonne gleich, und hatte nur Blumen, die rot wie diese schienen. Sie war ein wunderbares Kind, still und nachdenkend, und wenn die andern Schwestern mit den seltsamen Sachen, welche sie von gestrandeten Schiffen erhalten hatten, Staat machten, wollte sie nur außer den rosenroten Blumen, die der Sonne dort oben glichen, ein hübsches Marmorbild haben; es war ein herrlicher Knabe, aus weißem Stein gehauen, der beim Stranden auf den Meeresgrund gekommen war. Sie pflanzte bei dem Bilde eine rosenrote Trauerweide, die wuchs herrlich und hing mit ihren frischen Zweigen über dasselbe hinweg, gegen den blauen Sandboden hinunter, wo der Schatten sich bläulich zeigte und gleich den Zweigen in Bewegung war; es sah aus, als ob die Spitze und die Wurzeln miteinander spielten, als wollten sie sich küssen.

Es gab keine größere Freude für sie, als von der Menschenwelt dort oben zu hören; die alte Großmutter mußte alles, was sie von Schiffen und Städten, Menschen und Tieren wußte, erzählen. Hauptsächlich erschien ihr ganz besonders schön, daß oben auf der Erde die Blumen duften, das taten sie auf dem Grunde des Meeres nicht, und daß die Wälder grün sind, und daß die Fische, die man dort zwischen den Bäumen erblickt, so laut und herrlich singen können, daß es eine Lust ist; das waren die kleinen Vögel, welche Großmutter Fische nannte, denn sonst konnten die Kinder sie nicht verstehen, da sie noch keinen Vogel erblickt hatten.

»Wenn ihr euer fünfzehntes Jahr erreicht habt«, sagte die Großmutter, »dann sollt ihr die Erlaubnis erhalten, aus dem Wasser emporzutauchen, im Mondschein auf der Klippe zu sitzen und die großen Schiffe, die vorbeisegeln, zu sehen, Wälder und Städte werdet ihr dann erblicken!« In dem kommenden Jahr war die eine der Schwestern fünfzehn Jahre alt, aber die übrigen, da war eine immer ein Jahr jünger als die andere, die jüngste von ihnen hatte demnach noch volle fünf Jahre zu warten, bevor sie aus dem Grund des Meeres heraufkommen und sehen konnte, wie es bei uns aussah. Aber die eine versprach den andern zu erzählen, was sie erblickt, was sie am ersten Tag am schönsten gefunden habe; denn ihre Großmutter erzählte ihnen nicht genug, da war vieles, worüber sie Auskunft haben wollten.

Keine war so sehnsuchtsvoll als das Jüngste, gerade sie, die noch die längste Zeit zu warten hatte und die so still und gedankenvoll war. Manche Nacht stand sie am offenen Fenster und sah durch das dunkelblaue Wasser empor, wie die Fische mit ihren Flossen und Schwänzen schlugen. Mond und Sterne konnte sie sehen, freilich schienen sie ganz bleich, aber durch das Wasser sahen sie weit größer aus als vor unseren Augen. Zog dann etwas einer schwarzen Wolke gleich unter ihnen hin, so wußte sie, daß es entweder ein Walfisch war, der über ihr schwamm, oder auch ein Schiff mit vielen Menschen; die dachten sicher nicht daran, daß eine liebliche kleine Seejungfrau unten stehe und ihre weißen Hände gegen den Kiel emporstreckte.

Nun war die älteste Prinzessin fünfzehn Jahre alt und durfte über die Meeresoberfläche emporsteigen.

Als sie zurückkehrte, hatte sie hunderterlei zu erzählen, aber das Schönste, sagte sie, war, im Mondschein auf einer Sandbank in der ruhigen See zu liegen und nahebei die Küste mit der großen Stadt zu betrachten, wo die Lichter gleich hundert Sternen blinkten, die Musik und den Lärm und das Toben von Wagen und Menschen zu hören, die vielen Kirchtürme und Spitzen zu sehen und das Läuten der Glocken zu hören. Gerade weil sie noch nicht da hinaufgelangen konnte, sehnte die Jüngste sich am allermeisten nach alledem.

Oh, wie horchte sie auf, und wenn sie später des Abends am Fenster stand und durch das dunkelblaue Wasser emporblickte, gedachte sie der großen Stadt mit all dem Lärm und Toben, und dann glaubte sie, die Kirchenglocken bis zu sich herunter läuten hören zu können.

Im folgenden Jahre erhielt die zweite Schwester die Erlaubnis, durch das Wasser emporzusteigen und zu schwimmen, wohin sie wolle. Sie tauchte auf, eben als die Sonne unterging, und dieser Anblick, fand sie, war das schönste. Der ganze Himmel habe wie Gold ausgesehen, sagte sie, und die Wolken, ja, deren Schönheit konnte sie nicht genug beschreiben; rot und blau waren sie über ihr dahingesegelt, aber weit schneller als diese flog, einem langen weißen Schleier gleich, ein Schwarm wilder Schwäne über das Wasser hin, wo die Sonne stand. Sie schwamm ihr entgegen, aber die Sonne sank, und der Rosenschein erlosch auf der Meeresoberfläche und den Wolken.

Das Jahr darauf kam die dritte Schwester hinauf; sie war die mutigste von allen, deshalb schwamm sie einen breiten Fluß aufwärts, der in das Meer mündete. Herrlich grüne Hügel mit Weinranken erblickte sie, Schlösser und Gehöfte schimmerten durch prächtige Wälder hervor; sie hörte, wie alle Vögel sangen, und die Sonne schien so warm, daß sie oft unter das Wasser tauchen mußte, um ihr brennendes Antlitz abzukühlen. In einer kleinen Bucht traf sie einen ganzen Schwarm kleiner Menschenkinder, ganz nackt liefen sie und plätscherten im Wasser; sie wollte mit ihnen spielen, aber diese liefen erschrocken davon, und es kam ein kleines, schwarzes Tier, das war ein Hund, aber sie hatte nie einen Hund gesehen. Er bellte sie so schrecklich an, daß ihr bange wurde und sie die offene See zu erreichen suchte. Aber nie konnte sie die prächtigen Wälder, die grünen Hügel und die niedlichen Kinder vergessen, die im Wasser schwimmen konnten, obgleich sie keinen Fischschwanz hatten.

Die vierte Schwester war nicht so kühn, sie blieb draußen mitten im wilden Meer und erzählte, daß es dort am schönsten sei; man sehe ringsumher, viele Meilen weit, und der Himmel stehe wie eine Glasglocke darüber. Schiffe hatten sie gesehen, aber nur in weiter Ferne, sie sahen wie Strandmöwen aus, und die possierlichen Delphine hatten Purzelbäume geschlagen und die großen Walfische aus ihren Nasenlöchern Wasser emporgespritzt, so daß es ausgesehen hatte wie Hunderte von Springbrunnen ringsumher.

Nun kam die Reihe an die fünfte Schwester; ihr Geburtstag fiel gerade in den Winter, und deshalb sah sie, was die andern das erste Mal nicht gesehen hatten. Die See nahm sich ganz grün aus, und ringsumher schwammen große Eisberge, ein jeder sah wie eine Perle aus, sagte sie, und war doch weit größer als die Kirchtürme, die die Menschen bauen. Sie zeigten sich in den sonderbarsten Gestalten und glänzten wie Diamanten. Sie hatte sich auf einen der allergrößten gesetzt, und alle Segler kreuzten erschrocken draußen herum, wo sie saß und den Wind mit ihrem langen Haar spielen ließ; aber gegen Abend hatte sich der Himmel mit Wolken überzogen, es blitzte und donnerte, während die schwarze See die großen Eisblöcke hoch emporhob und sie im roten Blitz erglänzen ließ. Auf allen Schiffen zog man die Segel ein, da war eine Angst und ein Grauen, aber sie saß ruhig auf ihrem schwimmenden Eisberg und sah die blauen Blitzstrahlen im Zickzack in die schimmernde See fahren.

Das erste Mal, wenn eine der Schwestern über das Wasser emporkam, war eine jede entzückt über das Neue und Schöne, das sie erblickte; aber da sie nun als erwachsene Mädchen die Erlaubnis hatten, hinaufzusteigen, wann sie wollten, wurde es ihnen gleichgültig. Sie sehnten sich wieder zurück, und nach Verlauf eines Monats sagten sie, daß es da unten bei ihnen am allerschönsten sei, und da sei man hübsch zu Hause.

In mancher Abendstunde nahmen die fünf Schwestern einander in die Arme und stiegen in einer Reihe über das Wasser auf; herrliche Stimmen hatten sie, schöner als irgendein Mensch, und wenn dann ein Sturm im Anzug war, so daß sie vermuten konnten, daß Schiffe untergehen würden, schwammen sie vor den Schiffen her und sangen lieblich, wie schön es auf dem Grunde des Meeres sei, und baten die Seeleute, sich nicht zu fürchten, da hinunterzukommen; aber diese konnten die Worte nicht verstehen und glaubten, es sei der Sturm, und sie bekamen auch die Herrlichkeiten dort unten nicht zu sehen, denn wenn das Schiff sank, ertranken die Menschen und kamen als Leichen zu des Meerkönigs Schloß.

Wenn die Schwestern so des Abends, Arm in Arm, hoch durch das Wasser hinaufstiegen, dann stand die kleine Schwester ganz allein und sah ihnen nach, und es war ihr, als ob sie weinen müßte, aber eine Seejungfrau hat keine Tränen, und darum leidet sie weit mehr.

»Ach, wäre ich doch fünfzehn Jahre alt!«, sagte sie. »Ich weiß, daß ich die Welt dort oben und die Menschen, die darauf wohnen, recht lieben werde.«

Endlich war sie fünfzehn Jahre alt.

»Sieh, nun bist du erwachsen!« sagte die Großmutter, die alte Königinwitwe. »Komm, nun laß mich dich schmücken, gleich deinen anderen Schwestern!« Und sie setzte ihr einen Kranz weißer Lilien auf das Haar, aber jedes Blatt in der Blume war die Hälfte einer Perle; und die Alte ließ acht große Austern sich im Schwanze der Prinzessin festklemmen, um ihren hohen Rang zu zeigen.

»Das tut weh!« sagte die kleine Seejungfrau.

»Ja, Hoffart muß Zwang leiden!« sagte die Alte.

Oh, sie hätte gern alle diese Pracht abschütteln und den schweren Kranz ablegen mögen, ihre roten Blumen im Garten kleideten sie besser, aber sie konnte es nun nicht ändern. »Lebt wohl!« sagte sie und stieg leicht und klar, gleich einer Blase, durch das Wasser hinauf.

Die Sonne war eben untergegangen, als sie den Kopf über das Wasser erhob, aber alle Wolken glänzten noch wie Rosen und Gold, und inmitten der blaßroten Luft strahlte der Abendstern hell und schön, die Luft war mild und frisch und das Meer ganz ruhig. Da lag ein großes Schiff mit drei Masten, ein einziges Segel war nur aufgezogen, denn es regte sich kein Lüftchen, und ringsumher im Tauwerk und auf den Stangen saßen Matrosen. Da war Musik und Gesang, und wie der Abend dunkler ward, wurden Hunderte von bunten Laternen angezündet; sie sahen aus, als ob die Flaggen aller Völker in der Luft wehten. Die kleine Seejungfrau schwamm bis zum Kajütenfenster hin, und jedesmal wenn das Wasser sie emporhob, konnte sie durch die spiegelklaren Fensterscheiben blicken, wo viele geputzte Menschen standen, aber der schönste war doch der junge Prinz mit den großen, schwarzen Augen. Er war sicher nicht mehr als fünfzehn Jahre alt; heute war sein Geburtstag, und deshalb herrschte all diese Pracht. Die Matrosen tanzten auf dem Verdeck, und als der junge Prinz da hinaustrat, stiegen über hundert Raketen in die Luft, die leuchteten wie der helle Tag, so daß die kleine Seejungfrau sehr erschrak und unter das Wasser tauchte; aber sie steckte bald den Kopf wieder hervor, und da war es gerade, als ob alle Sterne des Himmels zu ihr herunterfielen. Nie hatte sie solche Feuerkünste gesehen. Große Sonnen sprühten herum, prächtige Feuerfische flogen in die blaue Luft, und alles glänzte in der klaren, stillen See wider. Auf dem Schiffe selbst war es so hell, daß man jedes kleine Tau, erst recht die Menschen sehen konnte.

Oh, wie war doch der junge Prinz hübsch, und er drückte den Leuten die Hände und lächelte, während die Musik in der herrlichen Nacht erklang!

Es wurde spät, aber die kleine Seejungfrau konnte ihre Augen nicht von dem Schiff und dem schönen Prinzen wegwenden. Die bunten Laternen wurden ausgelöscht, Raketen stiegen nicht mehr in die Höhe, es ertönten auch keine Kanonenschüsse mehr, aber tief unten im Meere summte und brummte es. Inzwischen saß sie auf dem Wasser und schaukelte auf und nieder, so daß sie in die Kajüte hineinblicken konnte; aber das Schiff bekam mehr Wind, ein Segel nach dem andern breitete sich aus, nun gingen die Wogen stärker, große Wolken zogen auf, es blitzte in der Ferne. Oh, es wird ein schrecklich böses Wetter werden, deshalb zogen die Matrosen die Segel ein. Das große Schiff schaukelte in fliegender Fahrt auf der wilden See, das Wasser erhob sich, gleich großen schwarzen Bergen, die über die Masten rollen wollten; aber das Schiff tauchte einem Schwane gleich zwischen den hohen Wogen nieder und ließ sich wieder auf die aufgetürmten Wasser heben. Der kleinen Seejungfrau schien es eine recht lustige Fahrt zu sein, aber so erschien es den Seeleuten nicht. Das Schiff knackte und krachte, die dicken Planken bogen sich bei den starken Stößen, die See drang in das Schiff hinein, der Mast brach mitten durch, als ob er ein Rohr wäre, und das Schiff legte sich auf die Seite, während das Wasser in den Raum eindrang. Nun sah die kleine Seejungfrau, daß sie in Gefahr waren, sie mußte sich selbst vor Planken und Stücken vom Schiff, die auf dem Wasser trieben, in acht nehmen. Einen Augenblick war es so stockdunkel, daß sie nicht das mindeste wahrnehmen konnte, aber wenn es dann blitzte, wurde es wieder so hell, daß sie alle auf dem Schiff erkennen konnte; besonders suchte sie den jungen Prinzen, und sie sah ihn, als das Schiff verschwand, in das tiefe Meer versinken.

Zuerst wurde sie ganz vergnügt, denn nun kam er zu ihr hinunter, aber dann dachte sie daran, daß die Menschen nicht im Wasser leben können und daß er nicht anders als tot zum Schlosse ihres Vaters hinuntergelangen konnte. Nein, sterben, das durfte er nicht; deshalb schwamm sie hin zwischen Balken und Planken, die auf der See trieben, und vergaß völlig, daß diese sie hätten zerquetschen können. Sie tauchte tief unter das Wasser und stieg wieder hoch zwischen den Wogen empor und gelangte am Ende so zu dem jungen Prinzen hin, der fast nicht länger in der stürmenden See schwimmen konnte. Seine Arme und Beine begannen zu ermatten, die schönen Augen schlossen sich, er hätte sterben müssen, wäre die kleine Seejungfrau nicht hinzugekommen. Sie hielt seinen Kopf über das Wasser und ließ sich dann mit ihm von den Wogen treiben, wohin sie wollten.

Am Morgen war das böse Wetter vorüber, von dem Schiffe war keine Spur zu erblicken, die Sonne stieg rot und glänzend aus dem Wasser empor, es war, als ob des Prinzen Wangen Leben dadurch erhielten, aber die Augen blieben geschlossen. Die Seejungfrau küßte seine hohe, schöne Stirn und strich sein nasses Haar zurück; es kam ihr vor, als gleiche er dem Marmorbilde unten in ihrem kleinen Garten, sie küßte ihn wieder und wünschte, daß er noch leben möchte.

Nun erblickte sie vor sich das feste Land, hohe, blaue Berge, auf deren Gipfel der weiße Schnee erglänzte, als wären es Schwäne, die dort lägen. Unten an der Küste waren herrliche grüne Wälder, und vorn lag eine Kirche oder ein Kloster, das wußte sie nicht recht, aber ein Gebäude war es. Zitronen- und Apfelsinenbäume wuchsen im Garten, und vor dem Tore standen hohe Palmbäume. Die See bildete hier eine kleine Bucht, da war es ganz still, aber sehr tief. Hierher bis zur Klippe, wo der weiße, feine Sand aufgespült war, schwamm sie mit dem schönen Prinzen, legte ihn in den Sand und sorgte besonders dafür, daß der Kopf hoch im warmen Sonnenscheine lag.

Nun läuteten die Glocken in dem großen, weißen Gebäude, und es kamen viele junge Mädchen durch den Garten. Da schwamm die kleine Seejungfrau weiter hinaus, hinter einige hohe Steine, die aus dem Wasser emporragten, legte Seeschaum auf ihr Haar und ihre Brust, so daß niemand ihr kleines Antlitz sehen konnte, und dann paßte sie auf, wer zu dem armen Prinzen kommen würde.

Es währte nicht lange, bis ein junges Mädchen dorthin kam. Sie schien sehr zu erschrecken, aber nur einen Augenblick, dann holte sie mehrere Menschen, und die Seejungfrau sah, daß der Prinz zum Leben zurückkehrte; und daß er alle ringsherum anlächelte, aber zu ihr hinaus lächelte er nicht; er wußte ja auch nicht, daß sie ihn gerettet hatte. Sie fühlte sich sehr betrübt, und als er in das große Gebäude hineingeführt wurde, tauchte sie traurig unter das Wasser und kehrte zum Schlosse ihres Vaters zurück.

Immer war sie still und nachdenklich gewesen, aber nun wurde sie es noch weit mehr. Die Schwestern fragten sie, was sie das erste Mal dort oben gesehen habe, aber sie erzählte nichts.

Manchen Abend und Morgen stieg sie da hinauf, wo sie den Prinzen verlassen hatte, sie sah, wie der Schnee auf den hohen Bergen schmolz, aber den Prinzen erblickte sie nicht, und deshalb kehrte sie immer betrübter heim. Da war es ihr einziger Trost, in ihrem kleinen Garten zu sitzen und ihre Arme um das schöne Marmorbild zu schlingen, das dem Prinzen glich, aber ihre Blumen pflegte sie nicht, die wuchsen, wie in einer Wildnis, über die Gänge hinaus und flochten ihre langen Stiele und Blätter in die Zweige der Bäume hinein, so daß es dort ganz dunkel war.

Zuletzt konnte sie es nicht länger aushalten, sondern sagte es einer ihrer Schwestern, und da bekamen es gleich alle andern zu wissen, aber auch niemand sonst als diese und ein paar andere Seejungfrauen, die es nicht weiter sagten, außer ihren nächsten Freundinnen. Eine von ihnen wußte, wer der Prinz war, sie hatte auch das Fest auf dem Schiff gesehen und gab an, woher er war und wo sein Königsschloß lag.

Dieses war aus einer hellgelben, glänzenden Steinart gebaut, mit großen Marmortreppen, deren eine gerade in das Meer hinunterreichte. Prächtige vergoldete Kuppeln erhoben sich über dem Dache, und zwischen den Säulen, die um das Gebäude herumliefen, standen Marmorbilder, die sahen aus, als lebten sie. Durch das klare Glas in den hohen Fenstern blickte man in die prächtigsten Säle hinein, wo köstliche seidene Vorhänge und Teppiche aufgehängt und alle Wände mit großen Gemälden geziert waren, so daß es ein wahres Vergnügen war, sie zu betrachten. Mitten in dem größten Saale plätscherte ein großer Springbrunnen, seine Strahlen reichten hoch hinauf gegen die Glaskuppel in der Decke, durch welche die Sonne auf das Wasser und die schönen Pflanzen schien, die in dem großen Becken wuchsen.

Nun wußte sie, wo er wohnte, und dort war sie manchen Abend und manche Nacht auf dem Wasser; sie schwamm dem Lande weit näher, als eine der andern es gewagt hatte, ja sie schwamm den schmalen Kanal ganz hinauf, unter den prächtigen Marmoraltar, der einen langen Schatten über das Wasser warf. Hier saß sie und betrachtete den jungen Prinzen, der glaubte, er sei ganz allein in dem klaren Mondschein.

Sie sah ihn manchen Abend mit Musik in seinem prächtigen Boote segeln, wo die Flaggen wehten; sie guckte durch das grüne Schilf hervor, und wenn der Wind ihren langen, silberweißen Schleier ergriff und jemand ihn sah, so glaubte er, es sei ein Schwan, der die Flügel ausbreite.

Sie hörte in mancher Nacht, wenn die Fischer mit Fackeln auf der See waren, daß sie viel Gutes von dem jungen Prinzen erzählten, und es freute sie, daß sie sein Leben gerettet hatte, als er halbtot auf den Wogen herumtrieb. Er aber wußte gar nichts davon, konnte nicht einmal von ihr träumen.

Mehr und mehr fing sie an, die Menschen zu lieben, mehr und mehr wünschte sie, unter ihnen umherwandeln zu können, deren Welt ihr weit größer zu sein schien als die ihrige; sie konnten ja auf Schiffen über das Meer fliegen, auf die hohen Berge hoch über die Wolken emporsteigen, und die Länder, die sie besaßen, erstreckten sich mit Wäldern und Feldern weiter, als ihre Blicke reichten. Da war so vieles, was sie zu wissen wünschte, aber die Schwestern konnten ihr nicht alles beantworten, deshalb fragte sie die alte Großmutter, und diese kannte die höhere Welt recht gut, die sie sehr richtig die Länder über dem Meer nannte.

»Wenn die Menschen nicht ertrinken«, fragte die kleine Seejungfrau, »können sie dann ewig leben, sterben sie nicht, wie wir unten im Meer?«

»Ja«, sagte die Alte, »sie müssen auch sterben, und ihre Lebenszeit ist sogar noch kürzer als die unsere. Wir können dreihundert Jahre alt werden, aber wenn wir dann aufhören zu sein, so werden wir zu Schaum auf dem Wasser verwandelt, haben nicht einmal ein Grab hier unten unter unsern Lieben. Wir haben keine unsterbliche Seele, wir erhalten nie wieder Leben, wir sind gleich dem grünen Schilf, ist das einmal durchschnitten, so kann es nicht wieder grünen. Die Menschen dahingegen haben eine Seele, die ewig lebt, nachdem der Körper zu Erde geworden ist. Sie steigt durch die klare Luft empor, hinauf zu all den glänzenden Sternen! So wie wir aus dem Wasser auftauchen und die Länder der Menschen erblicken, so steigen sie zu unbekannten, herrlichen Orten auf, die wir nie zu sehen bekommen.«

»Warum bekamen wir keine unsterbliche Seele?« fragte die kleine Seejungfrau betrübt. »Ich möchte alle meine Hunderte von Jahren, die ich zu leben habe, dafür geben, um nur einen Tag ein Mensch zu sein und später Anteil an der himmlischen Welt zu haben.«

»Daran mußt du nicht denken!« sagte die Alte. »Wir fühlen uns weit glücklicher und besser als die Menschen dort oben!«

»Ich werde also sterben und als Schaum auf dem Meer treiben, nicht die Musik der Wogen hören, die schönen Blumen und die rote Sonne sehen? Kann ich denn gar nichts tun, um eine unsterbliche Seele zu gewinnen?«

»Nein«, sagte die Alte, »nur wenn ein Mensch dich so lieben würde, daß du ihm mehr als Vater und Mutter wärest; wenn er mit all seinem Denken und all seiner Liebe an dir hinge, dann flösse seine Seele in deinen Körper über, und auch du erhieltest Anteil an der Glückseligkeit der Menschen. Er gäbe dir Seele und behielte doch seine eigene. Aber das kann nie geschehen! Was hier im Meer gerade schön ist, dein Fischschwanz, finden sie dort auf der Erde häßlich; sie verstehen es nun nicht besser, man muß dort zwei plumpe Stützen haben, die sie Beine nennen, um schön zu sein!« Da seufzte die kleine Seejungfrau und sah betrübt auf ihren Fischschwanz.

»Laß uns froh sein!« sagte die Alte. »Hüpfen und springen wollen wir in den dreihundert Jahren, die wir zu leben haben. Das ist wahrlich lange Zeit genug, später kann man um so besser ausruhen. Heute abend werden wir Hofball haben!«

Das war auch eine Pracht, wie man sie nie auf Erden erblickt. Die Wände und die Decken des großen Tanzsaales waren von dickem, aber klarem Glase. Mehrere hundert ungeheure Muschelschalen, rosenrote und grasgrüne, standen zu jeder Seite in Reihen mit einem blau brennenden Feuer, welches den ganzen Saal beleuchtete und durch die Wände hinausschien, so daß die See draußen ganz beleuchtet war; man konnte alle die unzähligen Fische sehen, große und kleine, die gegen die Glasmauern schwammen; auf einigen glänzten die Schuppen purpurrot, auf anderen erschienen sie wie Silber und Gold. – Mitten durch den Saal floß ein breiter Strom, und auf diesem tanzten die Meermänner und Meerweibchen zu ihrem eigenen lieblichen Gesang. So schöne Stimmen haben die Menschen auf der Erde nicht. Die kleine Seejungfrau sang am schönsten von ihnen allen, sie wurde deshalb beklatscht, und einen Augenblick fühlte sie Freude in ihrem Herzen, denn sie wußte, daß sie die schönste Stimme von allen auf der Erde und im Meere hatte. Aber bald gedachte sie wieder der Welt oben über sich; sie konnte den hübschen Prinzen und ihren Kummer, daß sie keine unsterbliche Seele wie er besaß, nicht vergessen. Deshalb schlich sie sich aus ihres Vaters Schloß hinaus, und während alles drinnen Gesang und Frohsinn war, saß sie betrübt in ihrem kleinen Garten. Da hörte sie das Waldhorn durch das Wasser ertönen und dachte: »Nun segelt er sicher dort oben, er, der mir mehr bedeutet als Vater und Mutter, er, an dem meine Sinne hängen und in dessen Hand ich meines Lebens Glück legen möchte. Alles will ich wagen, um ihn und eine unsterbliche Seele zu gewinnen! Während meine Schwestern dort in meines Vaters Schlosse tanzen, will ich zur Meerfrau gehen, vor der ich mich immer gefürchtet habe, aber sie kann mir vielleicht raten und helfen!«

Nun ging die kleine Seejungfrau aus ihrem Garten hinaus zu den brausenden Strudeln hin, hinter denen die Meerfrau wohnte. Den Weg war sie früher nie gegangen; da wuchsen keine Blumen, kein Seegras, nur der nackte, graue Sandboden erstreckte sich gegen die Strudel hin, wo das Wasser gleich brausenden Mühlrädern herumwirbelte und alles, was es erfaßte, mit sich in die Tiefe riß. Mitten zwischen diesen zermalmenden Wirbeln mußte sie hindurch, um in den Bereich der Meerfrau zu gelangen, und hier war ein langes Stück kein anderer Weg als über warmen, sprudelnden Schlamm, welchen die Frau ihr Torfmoor nannte. Dahinter lag ihr Haus mitten in einem seltsamen Walde. Alle Bäume und Büsche waren Polypen, halb Tier, halb Pflanze, sie sahen aus wie hundertköpfige Schlangen, die aus der Erde hervorwuchsen; alle Zweige waren lange, schleimige Arme, mit Fingern wie geschmeidige Würmer, und Glied um Glied bewegten sie sich, von der Wurzel bis zur äußersten Spitze. Alles, was sie im Meer erfassen konnten, umschlangen sie fest und ließen es nie wieder fahren. Die kleine Seejungfrau blieb ganz erschrocken stehen; ihr Herz pochte vor Furcht, fast wäre sie umgekehrt, aber da dachte sie an den Prinzen und an die Seele des Menschen, und da bekam sie Mut. Ihr langes, fliegendes Haar band sie fest um das Haupt, damit die Polypen sie nicht daran ergreifen möchten, beide Hände legte sie über ihrer Brust zusammen und schoß so davon, wie der Fisch durch das Wasser schießen kann, zwischen den häßlichen Polypen hindurch, die ihre geschmeidigen Arme und Finger hinter ihr herstreckten. Sie sah, wie jeder von ihnen etwas, was er ergriffen hatte, mit Hunderten von kleinen Armen, gleich starken Eisenbanden hielt. Menschen, die auf der See umgekommen und tief hinunter gesunken waren, sahen als weiße Gerippe aus den Armen der Polypen hervor. Schiffsruder und Kisten hielten sie fest, Knochen von Landtieren und ein kleines Meerweib, welches sie gefangen und erstickt hatten, das war ihr fast das Schrecklichste.

Nun kam sie zu einem großen, sumpfigen Platz im Walde, wo große, fette Wasserschlangen sich wälzten. Mitten auf dem Platze war ein Haus, von den weißen Knochen gestrandeter Menschen errichtet, und da saß die Meerfrau.

»Ich weiß schon, was du willst!« sagte sie; »es ist zwar dumm von dir, doch sollst du deinen Willen haben, denn er wird dich ins Unglück stürzen, meine schöne Prinzessin. Du willst gern deinen Fischschwanz los sein und statt dessen zwei Stützen gleich wie die Menschen zum Gehen haben, damit der junge Prinz dich lieb haben möge und du ihn und eine unsterbliche Seele erhalten kannst!« Dabei lachte die Frau widerlich, so daß eine Kröte und eine Schlange, die in der Nähe waren, auf die Erde fielen, wo sie sich wälzten. »Du kommst gerade zur rechten Zeit«, sagte die Meerfrau, »morgen, wenn die Sonne aufgeht, könnte ich dir helfen, bis wieder ein Jahr vorüber wäre. Ich werde dir einen Trank bereiten, mit dem mußt du, bevor die Sonne aufgeht, nach dem Lande schwimmen, dich dort an das Ufer setzen und ihn trinken, dann schwindet dein Schweif und schrumpft zu dem, was die Menschen niedliche Beine nennen; aber das tut weh, es ist, als ob ein scharfes Schwert dich durchdränge. Alle, die dich sehen werden, sagen, du seiest das schönste Menschenkind, das sie gesehen hätten! Du behältst deinen schwebenden Gang, keine Tänzerin kann sich so leicht bewegen wie du, aber bei jedem Schritt, den du machst, ist dir, als ob du auf scharfe Messer trätest, als ob dein Blut fließen müßte. Willst du all dieses leiden, so werde ich dir helfen!«

»Ja!« sagte die kleine Seejungfrau mit bebender Stimme und gedachte des Prinzen und der unsterblichen Seele.

»Aber bedenke«, sagte die Meerfrau, »hast du erst menschliche Gestalt bekommen, so kannst du nie wieder eine Seejungfrau werden! Du kannst nie durch das Wasser zu deinen Schwestern und zum Schlosse deines Vaters zurückkehren, und gewinnst du des Prinzen Liebe nicht, so bekommst du keine unsterbliche Seele! Am ersten Morgen, nachdem er mit einer andern verheiratet ist, wird dein Herz brechen, und du wirst zu Schaum auf dem Wasser.«

»Ich will es!« sagte die kleine Seejungfrau und ward bleich wie der Tod.

»Aber du mußt mich auch bezahlen«, sagte die Meerfrau, »und es ist nicht wenig, was ich verlange! Du hast die schönste Stimme von allen hier auf dem Grunde des Meeres. Damit glaubst du wohl, ihn bezaubern zu können, aber diese Stimme mußt du mir geben. Das Beste, was du besitzest, will ich für meinen köstlichen Trank haben! Mein eigen Blut muß ich dir ja darin geben, damit der Trank scharf werde wie ein zweischneidig Schwert!«

»Aber wenn du meine Stimme nimmst«, sagte die kleine Seejungfrau, »was bleibt mir dann übrig?«

»Deine schöne Gestalt«, sagte die Meerfrau, »dein schwebender Gang und deine sprechenden Augen, damit kannst du schon ein Menschenherz betören. Nun, hast du den Mut verloren? – Strecke deine kleine Zunge hervor, dann schneide ich sie als Bezahlung ab, und du erhältst den kräftigen Trank!«

»Es geschehe!« sagte die kleine Seejungfrau, und die Meerfrau setzte ihren Kessel auf, um den Zaubertrank zu kochen. »Reinlichkeit ist eine gute Sache!« sagte sie und scheuerte den Kessel mit den Schlangen ab, die sie in einen Knoten band. Nun ritzte sie sich selbst in die Brust und ließ ihr schwarzes Blut hineintröpfeln; der Dampf bildete die sonderbarsten Gestalten, so daß einem angst und bange werden mußte. Jeden Augenblick warf die alte Meerfrau neue Sachen in den Kessel, und als es recht kochte, klang es, als ob ein Krokodil weinte. Zuletzt war der Trank fertig, er sah aus wie das klarste Wasser.

»Da hast du ihn!« sagte die Meerfrau und schnitt der kleinen Seejungfrau die Zunge ab, die nun stumm war, weder singen noch sprechen konnte.

»Sollten die Polypen dich ergreifen, wenn du durch meinen Wald zurückkehrst«, sagte die Frau, »so wirf nur einen einzigen Tropfen dieses Getränkes auf sie, davon zerspringen ihre Arme und Finger in tausend Stücke!« Aber das brauchte die kleine Seejungfrau nicht zu tun, die Polypen zogen sich erschrocken von ihr zurück, als sie den glänzenden Trank erblickten, der in ihrer Hand leuchtete, als sei es ein funkelnder Stern. So kam sie schnell durch den Wald, das Moor und die brausenden Strudel.

Sie konnte ihres Vaters Schloß sehen, die Fackeln waren in dem großen Tanzsaal erloschen; sie schliefen sicher alle darin, aber sie wagte doch nicht, sie aufzusuchen, nun, da sie stumm war und sie auf immer verlassen wollte. Es war, als ob ihr Herz vor Trauer zerspringen sollte. Sie schlich in den Garten, nahm eine Blume von jedem Blumenbeet ihrer Schwestern, warf Tausende von Kußhändchen dem Schlosse zu und stieg durch die dunkelblaue See hinauf.

Die Sonne war noch nicht aufgegangen, als sie des Prinzen Schloß erblickte und die prächtige Marmortreppe hinaufglitt. Der Mond schien herrlich klar. Die kleine Seejungfrau trank den brennenden, scharfen Trank, und es war, als ginge ein zweischneidiges Schwert durch ihren feinen Körper, sie fiel dabei in Ohnmacht und lag wie tot da. Als die Sonne über die See schien, erwachte sie und fühlte einen schneidenden Schmerz, aber vor ihr stand der schöne junge Prinz und heftete seine kohlschwarzen Augen auf sie, so daß sie die ihren niederschlug. Da sah sie, daß ihr Fischschwanz fort war und daß sie die niedlichsten kleinen Beine hatte, die nur ein Mädchen haben kann. Der Prinz fragte, wer sie sei und wie sie dahin gekommen sei, und sie sah ihn milde und doch betrübt mit ihren dunkelblauen Augen an; sprechen konnte sie ja nicht. Da nahm er sie bei der Hand und führte sie in das Schloß hinein. Bei jedem Schritt, den sie tat, war ihr, wie die Meerfrau vorausgesagt hatte, als träte sie auf spitze Nadeln und scharfe Messer, aber das ertrug sie gern; an des Prinzen Hand stieg sie so leicht einher wie eine Seifenblase, und alle wunderten sich über ihren anmutigen, schwebenden Gang.

Köstliche Kleider von Seide und Musselin bekam sie nun anzuziehen, im Schlosse war sie die Schönste von allen, aber sie war stumm, konnte weder singen noch sprechen. Herrliche Sklavinnen, in Seide und Gold gekleidet, kamen hervor und sangen vor dem Prinzen und seinen königlichen Eltern. Eine sang immer schöner als die andere, und der Prinz klatschte in die Hände und lächelte sie an. Da wurde die kleine Seejungfrau betrübt, sie wußte, daß sie selbst weit schöner gesungen hätte. »Oh«, dachte sie, »er sollte nur wissen, daß ich, um bei ihm zu sein, meine Stimme für alle Ewigkeit dahingegeben habe.«

Nun tanzten die Sklavinnen niedliche, schwebende Tänze zur herrlichsten Musik; da erhob die kleine Seejungfrau ihre schönen weißen Arme, richtete sich auf den Zehenspitzen empor und schwebte tanzend über den Fußboden hin, wie noch keine getanzt hatte; bei jeder Bewegung wurde ihre Schönheit noch sichtbarer, und ihre Augen sprachen tiefer zum Herzen als der Gesang der Sklavinnen.

Alle waren entzückt davon, besonders der Prinz, der sie sein kleines Findelkind nannte, und sie tanzte immerfort, obwohl es jedesmal, wenn ihr Fuß die Erde berührte, war, als ob sie auf scharfe Messer träte. Der Prinz sagte, daß sie immer bei ihm sein solle, und sie erhielt die Erlaubnis, vor seiner Tür auf einem Samtkissen zu schlafen.

Er ließ ihr eine Männertracht machen, damit sie ihn zu Pferd begleiten könne. Sie ritten durch die duftenden Wälder, wo die grünen Zweige ihre Schultern berührten und die kleinen Vögel hinter den frischen Blättern sangen. Sie kletterte mit dem Prinzen auf die hohen Berge hinauf, und obgleich ihre zarten Füße bluteten, so daß die andern es sehen konnten, lachte sie doch darüber und folgte ihm, bis sie die Wolken unter sich segeln sahen, als wäre es ein Schwarm Vögel, die nach fremden Ländern zögen.

Zu Hause in des Prinzen Schloß, wenn nachts die andern schliefen, ging sie auf die breite Marmortreppe hinaus, und es kühlte ihre brennenden Füße, im kalten Seewasser zu stehen, und dann gedachte sie derer dort unten in der Tiefe.

Einmal nachts kamen ihre Schwestern Arm in Arm, sie sangen sehr traurig, indem sie über dem Wasser schwammen, und sie winkte ihnen, und sie erkannten sie und erzählten, wie sie sie allesamt betrübt habe. Darauf besuchten sie sie in jeder Nacht, und einst erblickte sie auch in weiter Ferne ihre alte Großmutter, die in vielen Jahren nicht über der Meeresoberfläche gewesen war, und den Seekönig mit seiner Krone auf dem Haupte; sie streckten beide Hände gegen sie aus, wagten sich aber dem Lande nicht so nahe wie die Schwestern.

Tag für Tag wurde sie dem Prinzen lieber, er hatte sie so lieb, wie man nur ein gutes, liebes Kind lieben kann, aber sie zur Königin zu machen kam ihm nicht in den Sinn, und seine Frau mußte sie doch werden, sonst erhielt sie keine unsterbliche Seele und mußte an seinem Hochzeitsmorgen zu Schaum auf dem Meere werden.

»Liebst du mich nicht am meisten von ihnen allen?« schienen der kleinen Seejungfrau Augen zu sagen, wenn er sich neben sie setzte.

»Ja, du bist mir die liebste«, sagte der Prinz, »denn du hast das beste Herz von allen, du bist mir am meisten ergeben, und du gleichst einem jungen Mädchen, das ich einmal sah, aber sicher nie wiederfinde. Ich war auf einem Schiffe, das strandete. Die Wellen warfen mich bei einem Tempel an das Land, wo mehrere junge Mädchen den Dienst verrichteten; die jüngste dort fand mich am Ufer und rettete mein Leben. Ich sah sie nur zweimal; sie wäre die einzige, die ich in dieser Welt lieben könnte, aber du gleichst ihr, du verdrängst fast ihr Bild aus meiner Seele, sie gehört dem heiligen Tempel an, und deshalb hat mein gutes Glück dich mir gesandt, nie wollen wir uns trennen!«

»Ach, er weiß nicht, daß ich sein Leben gerettet habe!« dachte die kleine Seejungfrau. »Ich trug ihn über das Meer zum Walde hin, wo der Tempel steht, ich saß hinter dem Schaume und sah, ob keine Menschen kommen würden. Ich sah das hübsche Mädchen, das er mehr liebt als mich!« Und die Seejungfrau seufzte tief; weinen konnte sie nicht. »Das Mädchen gehört dem heiligen Tempel an, hat er gesagt. Sie kommt nie in die Welt hinaus, sie begegnen sich nicht mehr, ich bin bei ihm, sehe ihn jeden Tag, ich will ihn pflegen, lieben, ihm mein Leben opfern!«

Aber nun sollte der Prinz sich verheiraten und des Nachbarkönigs schöne Tochter zur Frau bekommen, erzählte man. Deswegen rüstete er ein prächtiges Schiff aus. Der Prinz reist, um des Nachbarkönigs Länder zu besichtigen, heißt es wohl, aber es geschieht, um des Nachbarkönigs Tochter zu sehen. Ein großes Gefolge soll ihn begleiten, aber die kleine Seejungfrau schüttelte das Haupt und lächelte; sie kannte des Prinzen Gedanken weit besser als die andern. »Ich muß reisen!« hatte er zu ihr gesagt. »Ich muß die schöne Prinzessin sehen, meine Eltern verlangen es, aber sie wollen mich nicht zwingen, sie als meine Braut heimzuführen. Ich kann sie nicht lieben, sie gleicht nicht dem schönen Mädchen im Tempel, der du ähnlich bist. Sollte ich einst eine Braut wählen, so würdest du es eher sein, mein liebes, gutes Findelkind mit den sprechenden Augen!« Und er küßte sie, spielte mit ihren schönen langen Haaren, und sie träumte von Menschenglück und einer unsterblichen Seele.

»Du fürchtest doch das Meer nicht, mein stummes Kind?« sagte er, als sie auf dem prächtigen Schiffe standen, das ihn nach dem Lande des Nachbarkönigs führen sollte, und er erzählte ihr vom Sturm und von der Windstille, von seltsamen Fischen in der Tiefe und was die Taucher dort gesehen, und sie lächelte bei seiner Erzählung, sie kannte sich ja besser als sonst jemand auf dem Meeresgrunde aus.

In der mondhellen Nacht, wenn sie alle bis auf den Steuermann, der am Ruder stand, schliefen, saß sie an der Reling des Schiffes und starrte durch das klare Wasser hinunter, und sie glaubte, ihres Vaters Schloß zu erblicken. Hoch oben stand die alte Großmutter mit der Silberkrone auf dem Haupte und blickte durch die reißenden Ströme nach des Schiffes Kiel empor. Da kamen ihre Schwestern über das Wasser hervor, starrten sie traurig an und rangen ihre weißen Hände; sie winkte ihnen zu, lächelte und wollte erzählen, daß sie glücklich sei, aber der Schiffsjunge näherte sich ihr, und die Schwestern tauchten unter gleich weißem Schaume.

Am nächsten Morgen segelte das Schiff in den Hafen von des Nachbarkönigs prächtiger Stadt. Alle Kirchenglocken läuteten, und von den hohen Türmen wurden die Posaunen geblasen, während die Soldaten mit fliegenden Fahnen und blitzenden Bajonetten in Reih und Glied dastanden. Jeden Tag gab es ein neues Fest. Bälle und Gesellschaften folgten einander, aber die Prinzessin war noch nicht da; sie werde weit entfernt in einem Tempel erzogen, sagten sie, dort lerne sie alle königlichen Tugenden. Endlich traf sie ein.

Die kleine Seejungfrau war begierig, ihre Schönheit zu sehen, und sie mußte anerkennen, daß sie eine lieblichere Erscheinung noch nie gesehen habe. Die Haut war fein und klar, und hinter den langen, dunklen Augenwimpern lächelten ein paar schwarzblaue, treue Augen.

»Du bist es«, sagte der Prinz, »du, die mich gerettet hat, als ich einem Toten gleich an der Küste lag!«

»Oh, ich bin allzu glücklich«, berichtete er dann der kleinen Seejungfrau. »Das Beste, was ich je hoffen durfte, ist mir in Erfüllung gegangen. Du wirst dich über mein Glück freuen, denn du meinst es am besten mit mir von ihnen allen!« Die kleine Seejungfrau küßte seine Hand, und es kam ihr schon vor, als fühle sie ihr Herz brechen. Sein Hochzeitsmorgen sollte ihr ja den Tod geben und sie in Schaum auf dem Meere verwandeln.

Alle Kirchenglocken läuteten, die Herolde ritten in den Straßen umher und verkündeten die Verlobung. Auf allen Altären brannte duftendes Öl in köstlichen Silberlampen. Die Priester schwangen die Räucherfässer, und Braut und Bräutigam reichten einander die Hand und erhielten den Segen des Bischofs. Die kleine Seejungfrau stand in Seide und Gold gekleidet und hielt die Schleppe der Braut, aber ihre Ohren hörten die festliche Musik nicht, ihr Auge sah die heilige Handlung nicht, sie dachte an ihre Todesnacht und all das, was sie in dieser Welt verloren hatte.

Noch an demselben Abend gingen die Braut und der Bräutigam an Bord des Schiffes; die Kanonen donnerten, alle Flaggen wehten, und mitten auf dem Schiffe war ein köstliches Zelt von Gold und Purpur und mit den schönsten Kissen errichtet, da sollte das Brautpaar in der stillen, kühlen Nacht schlafen.

Die Segel schwollen im Winde, und das Schiff glitt leicht und ohne große Bewegung über die klare See dahin.

Als es dunkelte, wurden bunte Lampen angezündet, und die Seeleute tanzten lustige Tänze auf dem Verdeck. Die kleine Seejungfrau dachte an ihr erstes Auftauchen aus dem Meere, wo sie dieselbe Pracht und Freude erblickt hatte, und sie drehte sich mit im Tanze, schwebte wie die Schwalbe schwebt, wenn sie verfolgt wird, und alle jubelten ihr Bewunderung zu, nie hatte sie so herrlich getanzt; es schnitt wie scharfe Messer in die zarten Füße, aber sie fühlte es nicht. Es schnitt ihr noch schmerzlicher durch das Herz. Sie wußte, es war der letzte Abend, an dem sie ihn erblickte, für den sie ihre Verwandten und ihre Heimat verlassen, ihre schöne Stimme dahingegeben und täglich unendliche Qualen ertragen hatte, ohne daß er es ahnte. Es war die letzte Nacht, daß sie dieselbe Luft mit ihm einatmete, das tiefe Meer und den sternklaren Himmel erblickte, eine ewige Nacht ohne Gedanken und Traum harrte, die keine Seele hatte, keine Seele gewinnen konnte. Alles war Freude und Heiterkeit auf dem Schiffe bis weit über Mitternacht hinaus, sie lachte und tanzte mit Todesgedanken im Herzen. Der Prinz küßte seine schöne Braut, und sie spielte mit seinen schwarzen Haaren, und Arm in Arm gingen sie zur Ruhe in das prächtige Zelt.

Es wurde still und ruhig auf dem Schiff, nur der Steuermann stand am Ruder, die kleine Seejungfrau legte ihre weißen Arme auf die Reling und blickte gen Osten nach der Morgenröte; der erste Sonnenstrahl, wußte sie, würde sie töten. Da sah sie ihre Schwestern aus dem Meere aufsteigen, sie waren bleich wie sie; ihre langen, schönen Haare wehten nicht mehr im Winde, sie waren abgeschnitten.

»Wir haben sie der Meerfrau gegeben, um dir Hilfe bringen zu können, damit du diese Nacht nicht sterben mußt! Sie hat uns ein Messer gegeben, hier ist es! Siehst du, wie scharf? Bevor die Sonne aufgeht, mußt du in das Herz des Prinzen stechen, und du wirst wieder eine Seejungfrau, kannst zu uns herabsteigen und lebst deine dreihundert Jahre, bevor du der tote, salzige Seeschaum wirst. Beeile dich! In wenigen Minuten steigt die Sonne auf, und dann mußt du sterben!« Und sie stießen einen tiefen Seufzer aus und versanken in den Wogen.

Die kleine Seejungfrau zog den Purpurteppich vom Zelte fort, und sie sah den Prinzen auf seinem Bette ruhen. Sie beugte sich nieder, küßte ihn auf seine schöne Stirn, blickte gen Himmel auf, wo die Morgenröte mehr und mehr leuchtete, betrachtete den Prinzen, der den Namen seiner Braut im Traume nannte; nur sie war in seinen Gedanken, und das Messer zitterte in der Seejungfrau Hand – aber da warf sie es weit hinaus in die Wogen. Die glänzten rot, wo es hinfiel, es sah aus, als schwämmen Blutstropfen auf dem Wasser. Noch einmal sah sie mit halbgebrochenem Blick auf den Prinzen, stürzte sich vom Schiffe in das Meer hinab und fühlte, wie ihr Körper sich in Schaum auflöste.

Nun stieg die Sonne aus dem Meere auf. Die Strahlen fielen mild und warm auf den todeskalten Meerschaum, und die kleine Seejungfrau fühlte nichts vom Tode. Sie sah die klare Sonne, und oben über ihr schwebten Hunderte von durchsichtigen, herrlichen Geschöpfen, sie konnte durch sie des Schiffes weiße Segel und des Himmels rote Wolken erblicken. Ihre Stimmen waren melodisch, aber so geistig, daß kein menschliches Ohr sie hören, kein menschliches Auge sie erblicken konnte. Ohne Schwingen schwebten sie durch ihre eigene Leichtigkeit durch die Luft. Die kleine Seejungfrau sah, daß sie einen Körper hatte wie diese, der sich mehr und mehr aus dem Schaume erhob.

»Zu wem komme ich?« fragte sie, und ihre Stimme klang wie die der andern Wesen, so geistig, daß keine irdische Musik sie wiederzugeben vermag.

»Zu den Töchtern der Luft!« erwiderten die andern. »Die Seejungfrau hat keine unsterbliche Seele, kann sie nie erhalten, wenn sie nicht eines Menschen Liebe gewinnt; von einer fremden Macht hängt ihr ewiges Dasein ab. Die Töchter der Luft haben auch keine ewige Seele, aber sie können durch gute Handlungen sich selbst eine schaffen. Wir fliegen nach den warmen Ländern, wo die schwüle Pestluft den Menschen tötet. Dort fächeln wir Kühlung. Wir breiten den Duft der Blumen durch die Luft aus und senden Erquickung und Heilung. Wenn wir dreihundert Jahre lang gestrebt haben, alles Gute, was wir vermögen, zu vollbringen, so erhalten wir eine unsterbliche Seele und nehmen teil an dem ewigen Glücke der Menschen. Du, arme kleine Seejungfrau, hast mit ganzem Herzen nach demselben gestrebt wie wir, du hast gelitten und geduldet, dich zur Luftgeisterwelt erhoben, nun kannst du dir selbst durch gute Werke nach drei Jahrhunderten eine unsterbliche Seele schaffen.«

Die kleine Seejungfrau erhob ihre Arme verklärt gegen die Sonne, und zum erstenmal fühlte sie Tränen in ihren Augen. – Auf dem Schiffe war wieder Lärm und Leben, sie sah den Prinzen mit seiner schönen Braut nach ihr suchen. Wehmütig starrten sie den perlenden Schaum an, als ob sie wüßten, daß sie sich in die Fluten gestürzt habe. Unsichtbar küßte sie die Stirn der Braut, lächelte den Prinzen an und stieg mit den übrigen Kindern der Luft auf die rosenrote Wolke hinauf, welche den Äther durchsegelte.

Es war lange still, und niemand regte sich, als Abelone mit ihrer Geschichte zu Ende war. Aber dann konnte Jing-Mei nicht mehr an sich halten. »Wie groß doch ihre Liebe gewesen sein muß«, sagte sie und betrachtete mit ihren dunklen Mandelaugen versonnen das Tanzen der Flammen.

»Wahre Liebe ist immer groß«, antwortete darauf Gioconda, »oder es ist eben nur ein Irrlicht der Gefühle.«

»Hast du noch eine zweite Geschichte für uns?« fragte Anamaque, und Abelone nickte.

»Es ist die Geschichte eines Liebespaares, das fliehen mußte. Eine Alte hat sie mir erzählt, während sie das Geschirr ihrer Schlittenhunde einfettete.«

Der Schmaus der Zwerge

In Norwegen, nicht weit von der Stadt Drontheim, lebte ein mächtiger Mann, der mit jeglichem Gute gesegnet war. Ein Teil des Landes umher gehörte ihm; zahlreiche Herden grasten auf seinen Weiden, und eine große Dienerschaft schmückte sein Haus. Er hatte eine einzige Tochter, Aslog; der Ruf ihrer Schönheit war weit umher verbreitet. Die Vornehmsten des Landes bewarben sich um sie, aber ohne Erfolg, und wer hoffnungsvoll und freudig gekommen war, ritt traurig und schweigend wieder fort. Ihr Vater, der da glaubte, daß seine Tochter das nur täte, um eine kluge Wahl zu treffen, mischte sich nicht darein und freute sich über ihre Einsicht.

Als aber zuletzt die Edelsten und Reichsten umsonst ihr Glück bei ihr versucht hatten, so gut wie die übrigen, da wurde er böse und sagte zu ihr: »Bis jetzt habe ich dir freie Wahl gelassen; da ich aber sehe, daß du alle ohne Unterschied abweisest und die besten Freier dir nicht gut genug scheinen, so will ich mir das nicht länger gefallen lassen. Soll mein Geschlecht aussterben und mein Besitztum Fremden zufallen? Ich will deinen halsstarrigen Sinn beugen. Ich gebe dir Zeit bis zum Fest der großen Winternacht; wähle bis dahin, oder mache dich gefaßt, den zu nehmen, den ich für dich bestimme.«

Aslog liebte einen hübschen, tapferen und edlen Jüngling namens Orm. Sie liebte ihn von ganzer Seele und wollte lieber sterben, als ihre Hand einem andern zu geben. Aber Orm war arm, und Armut zwang ihn, im Hause ihres Vaters zu dienen. Aslogs Neigung zu ihm wurde geheimgehalten, denn ihr stolzer Vater würde nie seine Einwilligung zu ihrer Verbindung mit einem so untergeordneten Manne gegeben haben.

Als Aslog ihres Vaters finsteres Gesicht sah und seine bösen Worte hörte, wurde sie bleich wie der Tod, denn sie kannte seine Gemütsart und wußte wohl, daß er der Mann dazu war, seine Drohungen auszuführen. Ohne ein Wort zu erwidern, zog sie sich in ihr einfaches Kämmerlein zurück und dachte darüber nach, wie sie dem dunklen Ungewitter, das über ihrem Haupte drohend hing, entgehen könne. Der große Festtag kam immer näher, und ihre Angst nahm immer mehr zu.

Zuletzt entschlossen sich die Liebenden zu fliehen.

»Ich weiß einen sicheren Ort«, sagte Orm, »wo wir unentdeckt bleiben können, bis wir Gelegenheit finden, das Land zu verlassen.«

In der Nacht, als alles schlief, führte Orm die zitternde Aslog über Schnee- und Eisfelder den Bergen zu. Der Mond und die Sterne, die in der kalten Winternacht immer heller scheinen, leuchteten ihnen. Sie hatten einige Kleider und Felle mitgenommen, das war alles, was sie tragen konnten. Die ganze Nacht stiegen sie auf den Bergen umher, bis sie einen einsamen, von Felsen umgebenen Platz erreichten. Hier geleitete Orm die ermüdete Aslog in eine Höhle, deren dunkler und enger Eingang kaum sichtbar war; die Höhle erweiterte sich aber bald zu einer großen Halle, die tief in den Berg hineinging. Orm zündete ein Feuer an, und so saßen sie bei demselben, auf den Fellen ruhend, in tiefer Abgeschiedenheit von der Welt.

Orm war der erste, der diese Höhle entdeckt hatte, die noch heutigen Tages gezeigt wird, und da sonst niemand etwas davon wußte, waren sie sicher vor den Verfolgungen des Vaters der Aslog. Sie brachten den ganzen Winter hier zu.

Orm pflegte auf die Jagd zu gehen, und Aslog blieb in der Höhle, gab acht auf das Feuer und bereitete die nötige Speise. Oft bestieg sie die Spitzen der Felsen, aber so weit ihr Auge sehen konnte, erblickte sie nichts als flimmernde Schneefelder.

Der Frühling kam; die Wälder wurden grün; die Wiesen kleideten sich in bunte Farben, und Aslog konnte jetzt nur selten und mit großer Vorsicht die Höhle verlassen. Da kam Orm eines Abends heim mit der Nachricht, daß er in der Entfernung ihres Vaters Leute erkannt hätte und sicher auch von ihnen erkannt worden wäre, da sie ebenso scharf sähen wie er. »Sie werden diesen Platz umgeben«, fuhr er fort, »und nicht eher ruhen, bis sie uns gefunden haben; wir müssen daher sogleich fort.« Demgemäß stiegen sie an der andern Seite hinab und erreichten den Strand, wo sie glücklicherweise ein Boot fanden. Orm stieß ab, und das Boot trieb in die offene See. Ihren Verfolgern waren sie zwar entflohen, jetzt aber Gefahren anderer Art ausgesetzt. Wohin sollten sie sich wenden? Sie durften nicht wagen zu landen, da Aslogs Vater Herr der ganzen Küste war und sie ihm in die Hände fallen würden.

Es blieb ihnen also nichts übrig, als das Boot den Wogen und den Winden zu überlassen. Sie trieben die ganze Nacht fort. Bei Tagesanbruch war die Küste verschwunden, und sie sahen nichts als Himmel und Wasser.

Sie hatten nicht einen Bissen Nahrung mitgebracht; Hunger und Durst fingen an, sie zu quälen. Drei Tage wurden sie so fortgetrieben, und Aslog, schwach und erschöpft, sah den gewissen Untergang voraus.

Endlich entdeckten sie am Abend des dritten Tages eine Insel von ziemlicher Größe, welche eine Menge kleinerer Eilande umgaben. Orm steuerte sogleich darauf zu, aber als er sich der Insel näherte, erhob sich ein heftiger Wind, und die Wogen türmten sich höher und höher. Er wandte das Boot, in der Hoffnung, am andern Ufer landen zu können, hatte aber keinen Erfolg. Sooft das Schiff sich der Insel zu nähern versuchte, wurde es, wie von unsichtbarer Gewalt, zurückgetrieben.

»Gott!« rief er aus, schlug ein Kreuz und sah die arme Aslog an, die vor Schwäche zu sterben schien. Kaum war aber dieser Ausruf über seine Lippen gegangen, als der Sturm aufhörte, die Wellen sich ebneten und das Schiff ohne weiteres Hindernis landete. Orm sprang heraus; einige Muscheln, die er am Strand fand, stärkten und belebten die erschöpfte Aslog so, daß auch sie bald das Boot verlassen konnte.

Die Insel war mit kleinen Zwergstauden bewachsen und schien unbewohnt zu sein; als sie aber bis in die Mitte derselben vorgedrungen waren, entdeckten sie ein Haus, das halb über und halb unter der Erde zu sein schien. In der Hoffnung, menschliche Hilfe zu finden, näherten sie sich demselben. Sie horchten, ob sie kein Geräusch hörten, aber das tiefste Stillschweigen herrschte ringsum.

Orm öffnete endlich die Tür und trat mit seiner Gefährtin ein; wie groß aber war ihr Entsetzen, als sie alles wie für Bewohner eingerichtet fanden und doch kein lebendes Wesen sichtbar war. Das Feuer brannte auf dem Herd mitten im Zimmer, und ein Kessel mit Fischen hing über demselben und wartete wahrscheinlich auf jemand, der seinen Inhalt verzehren sollte. Die Betten waren gemacht und bereit, Schläfer aufzunehmen. Orm und Aslog standen eine Weile zweifelnd da und sahen sich furchtsam an, endlich aber trieb sie der Hunger; sie nahmen die Speisen und aßen. Als sie den Hunger gestillt hatten und bei den letzten Strahlen der Sonne weit und breit niemand gewahr wurden, gaben sie ihrer Müdigkeit nach und legten sich in die Betten, die sie so lange entbehrt hatten. Sie hatten erwartet, in der Nacht von den heimkehrenden Eigentümern des Hauses geweckt zu werden, aber ihre Erwartung hatte sie getäuscht.

Auch am folgenden Tage zeigte sich niemand, und es schien, als ob irgendeine unsichtbare Macht das Haus zu ihrer Aufnahme in Ordnung gebracht hätte.

Sie brachten den ganzen Sommer höchst glücklich zu; wohl waren sie allein, doch wurden die Menschen von ihnen nicht vermißt. Die Eier wilder Vögel und die Fische, welche sie fingen, lieferten ihnen hinreichende Nahrung.

Als der Herbst kam, gebar Aslog einen Sohn. Mitten in ihrer Freude über seine Ankunft wurden sie durch eine wunderbare Erscheinung überrascht. Die Tür öffnete sich plötzlich, und eine alte Frau trat ein. Sie hatte ein hübsches blaues Gewand an; in ihrem Wesen lag etwas Stolzes und zugleich Fremdes und Seltsames.

»Erschreckt nicht«, sagte sie, »über mein plötzliches Erscheinen; ich bin die Eigentümerin dieses Hauses und danke euch, daß ihr es so rein und wohl erhalten habt und daß ich alles so ordentlich finde. Ich wäre gern früher gekommen; aber ich konnte es nicht eher, als bis der kleine Heide da (auf das Knäbchen zeigend) sich eingestellt hatte. Nun habe ich freien Zutritt. Aber holt nur keinen Priester vom festen Lande, um ihn zu taufen, sonst muß ich wieder fort. Wenn ihr meinen Wunsch erfüllt, so könnt ihr nicht nur hier bleiben, sondern alles Gute, das ihr wünscht, will ich euch erzeigen. Was ihr in die Hand nehmt, wird gedeihen; Glück soll euch folgen, wohin ihr geht. – Brecht ihr aber diese Bedingung, so verlaßt euch darauf, daß Unglück über Unglück euch heimsuchen wird, und selbst an dem Kinde werde ich mich rächen. – Wenn ihr etwas bedürft oder in Gefahr seid, so braucht ihr nur dreimal meinen Namen zu rufen, und ich werde erscheinen und euch Beistand leisten. Ich bin vom Geschlecht der alten Riesen und heiße Gurn. Hütet euch aber, in meiner Gegenwart den Namen *Dessen* auszusprechen, von dem kein Riese hören mag, und macht nie das Zeichen des Kreuzes, und schneidet es weder in Balken noch in Planken hier im Hause ein. Ihr könnt hier das ganze Jahr wohnen, nur am Juelsabend seid so gut, mir das Haus zu überlassen, wenn die Sonne am niedrigsten steht. Dann feiern wir unser großes Fest, wo es uns allein erlaubt ist, fröhlich zu sein. – Wenn ihr dann das Haus nicht gern verlassen wollt, so haltet euch so ruhig wie möglich den ganzen Tag auf dem Boden auf und guckt, wenn euch euer Leben lieb ist, vor Mitternacht nicht in das Zimmer. – Nachher könnt ihr wieder alles in Besitz nehmen.«

Als die alte Frau dies gesagt hatte, verschwand sie, und Aslog und Orm, über ihre Lage jetzt beruhigt, lebten ohne Störung glücklich und vergnügt. Orm warf nie das Netz aus, ohne einen guten Zug zu tun, schoß nie einen Pfeil ab, ohne zu treffen, kurz, was er in die Hand nahm, und war es noch so unbedeutend, gedieh augenscheinlich.

Als Weihnachten kam, reinigten sie auf das Beste das Haus,

brachten alles in Ordnung, zündeten ein Feuer auf dem Herd an und stiegen, als die Dämmerung einbrach, auf den Boden, wo sie sich still und ruhig verhielten. Endlich wurde es dunkel, und es kam ihnen vor, als hörten sie ein Rauschen und Schnauben in der Luft, wie es die Schwäne zur Winterszeit zu machen pflegen. In dem Giebel über dem Feuerherd war ein Loch, das man öffnen und schließen konnte, um Licht ein- oder Rauch auszulassen. – Orm hob die Klappe auf, die mit einem Fell bedeckt war, und steckte den Kopf durch; aber welch wunderbares Schauspiel zeigte sich ihm jetzt. Die kleinen Inseln rund umher waren alle mit zahllosen blauen Lichtern erleuchtet, die sich unaufhörlich bewegten, auf und nieder sprangen, dann ans Ufer glitten, sich versammelten und sich immer mehr und mehr der Insel näherten. Zuletzt erreichten sie dieselbe und stellten sich im Kreise um einen großen Stein auf, der unfern vom Ufer lag und den Orm wohl kannte.

Wie groß war aber sein Erstaunen, als er bemerkte, daß der Stein ganz und gar eine menschliche, obwohl riesenhafte Gestalt angenommen hatte. – Er konnte jetzt deutlich bemerken, daß die kleinen blauen Lichter von Zwergen getragen wurden, deren bleiche, erdfarbene Gesichter mit großen Nasen und roten Augen auf mißgestalteten Körpern ruhten; sie schlenkerten und wackelten hin und her, so daß sie zur selben Zeit fröhlich und traurig zu sein schienen.

Plötzlich öffnete sich der Kreis; die Kleinen zogen sich auf jeder Seite zurück, und Gurn, die jetzt ebenso groß wie der Stein war, trat mit Riesenschritten heran. Sie umschlang das steinerne Bild mit den Armen, das sogleich Leben und Bewegung bekam. Bei dem ersten Anzeichen davon begannen die Kleinen unter wunderbaren Gebärden und Grimassen einen Gesang, oder richtiger ein Geheul, daß die ganze Insel davon widerhallte und erbebte. – Orm, ganz erschrocken, zog den Kopf zurück; er und Aslog blieben nun im Dunkeln so still, daß sie kaum zu atmen wagten.

Die Prozession rückte auf das Haus zu, wie man das deutlich an dem Näherkommen des Geschreis bemerken konnte. Bald waren sie alle eingetreten; leicht und behende sprangen die Zwerge jetzt auf den Bänken herum; schwer und dumpf tönten die Schritte der Riesen dazwischen. Orm und seine Frau hörten sie den Tisch decken, mit den Schüsseln klappern und mit Freudengeschrei ihr Fest feiern. Als es vorbei und die Mitternacht nahe war, fingen sie an, nach jener bezaubernden Weise, die einige Leute in den Felsentälern gehört und von den unterirdischen Spielleuten durch Horchen erlernt haben, zu tanzen.

Sobald Aslog die Weise vernahm, fühlte sie eine unbeschreibliche Sehnsucht, den Tanz zu sehen. Orm war nicht imstande, sie zurückzuhalten. »Laß mich hinblicken«, sagte sie, »oder mir bricht das Herz.«

Sie nahm ihr Kind und stellte sich an das äußerste Ende des Bodens, wo sie, ohne bemerkt zu werden, alles sehen konnte. Lange schaute sie, ohne ihre Augen abzuwenden, dem Tanz und den kühnen und wundervollen Sprüngen der kleinen Wesen zu, die in der Luft zu schweben und die Erde gar nicht zu berühren schienen, während die entzückende Weise der Elfen ihre ganze Seele füllte. Unterdessen wurde das Kind auf ihrem Arm schläfrig und atmete schwer, und ohne an das der Alten gegebene Versprechen zu denken, schlug sie, wie es Sitte ist, ein Kreuz über des Knaben Mund und sagte: »Christus segne dich, mein Kind!«

Kaum hatte sie diese Worte gesprochen, als sich ein fürchterliches, durchdringendes Geschrei erhob. Die Geister taumelten Hals über Kopf, sich drängend und stoßend, aus der Tür; ihre Lichter gingen aus, und in wenigen Minuten war das ganze Haus von ihnen verlassen. Orm und Aslog, tödlich erschrocken, versteckten sich im entferntesten Winkel des Hauses. Sie wagten es nicht, sich zu rühren, bis der Tag anbrach, und faßten erst als die Sonne durch das Loch im Dach auf den Herd schien den Mut, hinabzusteigen.

Der Tisch war noch gedeckt, wie die Unterirdischen ihn verlassen hatten, mit allem ihrem köstlichen, wundervoll aus Silber gearbeiteten Geschirr darauf. In der Mitte des Zimmers stand auf dem Boden ein hoher kupferner Kessel, halb mit süßem Met gefüllt, und ihm zur Seite ein Trinkhorn von reinem Golde. In der Ecke lag ein besaitetes Instrument, einem Hackbrett ähnlich, auf dem die Riesinnen spielen, wie man glaubt.

Sie schauten alles bewundernd an, wagten jedoch nicht, es zu berühren; ihr Erschrecken aber war groß, als sie sich umwandten und eine ungeheure Gestalt, in der Orm gleich den Riesen, den Gurn umarmt hatte, erkannte, am Tisch sitzen sahen. Er war jetzt ein harter, kalter Stein.

Während sie ihn anstarrten, trat Gurn selbst in ihrer Riesengestalt ins Zimmer. Sie weinte so bitterlich, daß ihre Tränen auf die Erde fielen. Es dauerte lange, ehe sie vor Schluchzen ein Wort äußern konnte; endlich sagte sie:

»Großen Kummer habt ihr über mich gebracht, und ich muß von nun an mein Leben lang weinen; da ich aber weiß, daß ihr es nicht aus böser Absicht getan habt, so vergebe ich es euch, wiewohl es mir ein leichtes wäre, euch das Haus über dem Kopfe wie eine Eierschale zu zerdrücken. Ach«, rief sie, »da sitzt mein Gatte, den ich mehr liebe als mich selbst, für immer versteinert; nie wieder wird er die Augen öffnen. – Dreihundert Jahre lebte ich bei meinem Vater auf der Insel Kunan glücklich, in jugendlicher Unschuld, die schönste der Riesenjungfrauen. Mächtige Helden bewarben sich um meine Hand; das Meer rund um jene Insel ist voll Felsenstücken, die sie im Kampf gegeneinander warfen. – Andfind gewann den Sieg, und ich verlobte mich mit ihm. Aber ehe ich mich vermählte, kam der abscheuliche Odin in das Land, besiegte meinen Vater und trieb uns alle von der Insel fort. Mein Vater und meine Schwestern flohen in die Berge, und meine Augen haben sie seitdem nicht wieder gesehen. Andfind und ich retteten uns auf die Insel, wo wir lange Zeit in Frieden lebten und hofften, dieser würde nie gestört werden. Aber das Schicksal, dem niemand entgeht, hatte es anders bestimmt. Oluf kam aus Britannien. Sie nannten ihn den Heiligen, und Andfind entdeckte sogleich, daß seine Reise den Riesen verderblich sein würde. Als er hörte, wie Olufs Schiff durch die Wellen rauschte, ging er an den Strand und blies die Wellen mit aller Macht dagegen an. Die Wogen schwollen zu Bergen, aber Oluf war mächtiger als er; sein Schiff flog ungestört durch die Fluten, wie der Pfeil vom Bogen. Er steuerte gerade auf unsere Insel zu. Als das Schiff so nahe war, daß Andfind es mit den Händen erreichen zu können glaubte, packte er das Vorderteil mit der rechten Hand und war im Begriff, es in den Grund zu stoßen, wie er das oft mit anderen Schiffen getan hatte. Aber Oluf, der schreckliche Oluf, schritt vorwärts und rief, die Hände kreuzend, mit lauter Stimme: ›Stehe da, ein Stein bis zum jüngsten Tag!‹, und in demselben Augenblick wurde mein unglücklicher Gatte in einen Fels verwandelt. Das Schiff segelte ungehindert vorwärts und rannte gerade gegen den Berg, den es durchschnitt, und trennte von ihm die kleine, dort liegende Insel ab. Seit der Zeit ist all mein Glück vernichtet; allein und traurig habe ich mein Leben verbracht. Nur am Juel-Abend können versteinerte Riesen ihr Leben auf sieben Stunden wieder erhalten, wenn einer von ihrem Stamme sie umarmt und zugleich bereit ist, hundert Jahre von seinem eigenen Leben dafür zu opfern. – Selten aber tut ein Riese das. – Ich liebte meinen Gatten zu zärtlich, um ihn nicht, sooft ich konnte, ins Leben zurückzurufen; sollte es mich auch das Teuerste kosten. – Ich zählte nie, wie oft ich es getan hatte, damit ich nicht wüßte, wann die Zeit käme, wo ich sein Schicksal teilen und in dem Augenblick, in dem ich ihn umschlang, eins mit ihm werden sollte. Aber ach! selbst dieser Trost ist mir jetzt genommen. Ich kann ihn nie wieder durch Umarmung erwecken, seit er den Namen gehört hat, den ich nicht aussprechen darf, und nie wieder wird er das Licht erblicken, bis es die Morgendämmerung des Jüngsten Tages bringt.

Ich scheide jetzt von hier. – Ihr werdet mich nimmer wieder sehen. Alles, was hier im Hause ist, schenke ich euch; nur mein Hackbrett behalte ich. – Laßt es aber nicht zu, daß sich jemand auf den kleinen umliegenden Inseln niederläßt. Dort wohnen die kleinen Unterirdischen, die ihr bei dem Fest saht und die ich beschützen will, solange ich lebe.«

Mit diesen Worten verschwand sie.

Im nächsten Frühling brachte Orm das goldene Horn und die silbernen Sachen nach Drontheim, wo niemand ihn kannte. Der Wert dieser köstlichen Metalle war so groß, daß er imstande war, jedes einem reichen Manne nötige Bedürfnis zu kaufen. – Er belud sein Schiff mit seinen Einkäufen und kehrte auf die Insel zurück, wo er lange Jahre in ungetrübter Glückseligkeit verlebte. Aslogs Vater versöhnte sich bald mit seinem reichen Schwiegersohne.

Das steinerne Bild blieb im Hause sitzen. Niemand war imstande, es fortzubringen. Der Stein war so hart, daß Hammer und Axt in Stücke sprangen, ohne ihn auch nur im geringsten zu beschädigen. Der Riese blieb dort, bis ein heiliger Mann zu der Insel kam, der ihn mit einem einzigen Wort auf seine alte Stelle, wo er sich noch jetzt befindet, zurückbrachte. Der kupferne Kessel, den die Unterirdischen zurückließen, wurde als ein Andenken auf der Insel, die noch jetzt die Hausinsel heißt, aufbewahrt.

Als Abelone geendet hatte, ließ sie den Becher kreisen. Nur zwei Geschichten hatte sie erzählt, aber der Mond neigte sich bereits dem Horizont zu, und bald würde er hinter dem Waldrand versinken.

»Beeilt euch mit dem Trinken, liebe Schwestern«, sagte sie, »damit ich euch noch eine letzte Geschichte erzählen kann, bevor die Nacht vorüber ist.« Und als der Becher wieder bei ihr angelangt war und sie den letzten Schluck genommen hatte, begann sie zu erzählen:

Der Bär und die drei Schwestern

Es lebten einmal ein Mann und eine Frau. Sie hatten drei heiratsfähige Töchter.

Eines Tages machte sich die Frau ans Kochen und schickte die älteste Tochter in den Garten hinaus, um Krautblätter zu holen.

Das Mädchen ging in den Garten und sah, wie an einem Beet ein Seidenknäuel entlangrollte. Es hätte es gern gefangen, aber es rollte weiter und weiter, durch den Zaun, den Weg entlang. Das Mädchen lief hinterher, es lief immer weiter, bis ihm unversehens ein Bär den Weg vertrat.

»Setz dich auf meinen Rücken!« brummte er. »Wenn du es nicht tust, fresse ich dich!«

Was sollte das Mädchen tun? Es setzte sich auf seinen Rücken, und der Bär nahm es mit in sein Waldhaus und machte es zu seiner Frau.

Die Mutter schickte die mittlere Tochter, um Krautblätter zu holen, und sie sollte auch die ältere Schwester suchen. Die mittlere Tochter ging in den Garten und sah, wie an einem Beet entlang ein Seidenknäuel rollte.

Das Mädchen hätte es gern gefangen, aber es rollte weiter und weiter, über den Zaun, den Weg entlang. Das Mädchen lief dem Knäuel nach, bis ihm unversehens ein Bär den Weg vertrat.

»Setz dich auf meinen Rücken!« so brummte er. »Wenn du es nicht tust, fresse ich dich!«

Da setzte sich das Mädchen auf den Rücken des Bären, der es mit in sein Waldhaus nahm und zu seiner Frau machte.

Die Mutter schickte die jüngste Tochter in den Garten. Sie sollte die Krautblätter holen und nach ihren beiden Schwestern suchen. Die jüngste ging in den Garten und sah, wie an einem Beet entlang ein Seidenknäuel rollte. Sie hätte es gern gefangen, aber es rollte weiter und weiter, durch den Zaun, den Weg entlang. Das Mädchen lief hinter dem Knäuel her, bis auf einmal ein Bär vor ihm stand.

»Setz dich auf meinen Rücken!« so brummte er. »Wenn du es nicht tust, fresse ich dich!«

Das Mädchen setzte sich auf den Rücken des Bären, der es mit in sein Waldhaus nahm und zu seiner Frau machte.

So lebten sie eine Weile. Eines Tages trugen die Schwestern dem Bären auf, er solle jeder von ihnen eine Truhe zimmern, weil sie den Eltern Geschenke senden wollten. Der Bär zimmerte für jede der Schwestern eine mannshohe Truhe. Die Schwestern packten in die erste Truhe allerlei Zeug, und zuletzt setzte sich die älteste Schwester hinein.

»Also, die Truhe ist nun voll, es sind allerlei Geschenke für unsere Eltern darin. Bring sie ihnen! Aber daß du die Truhe ja nicht unterwegs aufmachst!«

Der Bär nahm die Truhe auf den Rücken und trottete los. Die Truhe war gewaltig schwer. »Meiner Seel', ist das ein Gewicht!« brummte der Bär. »Da will ich doch nachschauen, was die alles eingepackt haben.«

Aber wie er die Truhe auf den Boden stellen wollte, erklang plötzlich eine Stimme:

»Stelle ja die Truh' nicht nieder,
öffne ja das Schloß nicht wieder,
ansonsten wehe dir, o weh,
weil ich von hier aus alles seh'!«

»Schau dir das an«, meinte der Bär. »Was für scharfe Augen die Frauen haben.«

Also zottelte er mit der Truhe bis zum Haus der Eltern, stellte sie vor die Tür und rief ins Haus:

»Da sind Geschenke von eurer ältesten Tochter!« Mit diesen Worten machte er sich davon.

Der alte Mann und die Frau brachten die Truhe ins Haus, öffneten den Deckel, und da erblickten sie ihre älteste Tochter. Wie waren sie erfreut, sie wieder in die Arme schließen zu können.

Der Bär kam nach Hause, aber die mittlere Tochter ließ ihn gar nicht erst verschnaufen:

»Mach dich sofort wieder auf den Weg und schaff auch meine Truhe hin!«

Dem Bären blieb nichts anderes übrig. Er konnte nur kurz verschnaufen, dann machte er sich auf, die zweite Truhe zu den Eltern zu schleppen.

Derweil aber war die zweite Tochter in die Truhe gestiegen und hatte den Deckel von innen zugezogen.

Der Bär lud sich die Truhe auf den Rücken und trottete zum Elternhaus. Unterwegs fand er, daß die Truhe doch recht schwer wäre.

»Irgendwas ist verteufelt schwer darin«, brummte er. »Gleich werde ich nachschauen, was sie da alles eingepackt haben.«

Wie er so die Truhe auf den Boden stellen wollte, erklang plötzlich eine Stimme:

»Stelle ja die Truh' nicht nieder,
öffne ja das Schloß nicht wieder,
ansonsten wehe dir, o weh,
weil ich von hier aus alles seh'!«

»Ach, wer hätt's gedacht«, meinte der Bär. »Was für scharfe Augen die Frauen haben.«

Also trug er die Truhe bis zum Haus der Eltern, stellte sie vor die Tür und rief ins Haus hinein:

»Von eurer mittleren Tochter habe ich euch Geschenke gebracht.« Sprach's und ging davon.

Der Alte und die Frau trugen die Truhe ins Haus und öffneten den Deckel. Wie waren sie erfreut, auch ihre zweite Tochter wieder in die Arme schließen zu können.

Der Bär kam nach Hause, aber die jüngste Tochter ließ ihm zum Verschnaufen keine Zeit.

»Mache dich gleich auch mit meiner Truhe auf den Weg!«

Was sollte er tun, er mußte auch die dritte Truhe befördern.

»Jetzt nimm meine Geschenktruhe! Mach sie aber unterwegs nicht auf und schaue nicht hinein.«

Ungesehen schlüpfte sie in die Truhe und zog den Deckel fest über sich zu.

Der Bär lud sich die Truhe auf den Rücken und trottete los. Doch die Truhe war arg schwer.

»Meiner Seel', ist die schwer!« brummte er. »Gleich schau' ich nach, was sie da alles eingepackt haben.«

Wie er sich so anschickte, die Truhe abzustellen, erklang plötzlich eine Stimme:

»Stelle ja die Truh' nicht nieder,
öffne ja das Schloß nicht wieder,
ansonsten wehe dir, o weh,
weil ich von hier aus alles seh'!«

»Potztausend!« rief der Bär. »Was für scharfe Augen die Frauen haben.«

Er schleppte die Truhe bis zum Haus der Eltern, stellte sie vor die Tür und rief ins Haus:

»Von eurer jüngsten Tochter habe ich Geschenke gebracht.«

Sprach's und ging davon.

Der alte Mann und die Frau trugen die Truhe ins Haus, machten den Deckel auf und erblickten ihre jüngste Tochter. Wie waren sie da froh, daß sie auch die jüngste wieder in die Arme schließen konnten.

Zu Hause angekommen, suchte der Bär die drei Schwestern.

Die aber antworteten nicht. Der Bär schrie und zeterte, aber es half nichts, die drei Schwestern waren fort.

Als Abelone geendet hatte, zogen bereits die ersten Frühnebel übers Moor. Die Frauen bedankten sich bei ihr, und die Älteste segnete sie. Dann gab Anamaque den Becher an Lavra weiter und trug ihr auf, sich in ihrem Land umzuhören, damit sie ihr und ihren Schwestern in der nächsten Vollmondnacht etwas erzählen könnte.

DIE DRITTE NACHT

Lavra erzählt Märchen aus Rußland

Über dem Moor lag das weiße Kleid des Winters. Es war längst dunkel, der Mond aber stand noch nicht am Himmel. Lavra hielt ihr Bündel mit beiden Händen fest an die Brust gedrückt und stimmte ein Lied aus ihrer Heimat an. Es war ein trauriges Lied; es handelte von einem Mädchen, das von einem Zaren entführt worden war, aber am Schluß konnte es sich rächen, und der Zar fand durch ihre List den Tod.

Als Lavra zum Tanzplatz kam, brannte bereits das Feuer, und die Frauen, die schon da waren, wärmten sich an ihm. Lavra wurde herzlich begrüßt, dann gesellte sie sich zu ihnen und erzählte eine Weile von der Wanderschaft durch die weiten Ebenen ihres Landes. Mit dem Schlitten sei sie gefahren und so manchen Wölfen sei sie begegnet, aber die Göttin hätte ihr immer Schutz gewährt.

Auch als Mardschana und Jing-Mei aus dem Dunkel des Moores zu den Frauen traten, waren sie fast vollzählig, nur noch Anamaque fehlte. Es war das Recht der Ältesten, als letzte zu kommen und sich ans lodernde Feuer zu setzen; so wie es ihre Pflicht war, den heiligen Becher zu füllen und an die Erzählerin weiterzureichen.

Anamaque erschien mit dem aufgehenden Mond. Sie sah müde aus, und die Frauen richteten ihr ein Fellager nahe am Feuer. Dann schlossen sie den Kreis und begannen zu singen und stampfend zu tanzen. Erst als der Mond ganz über dem Hochberg stand, füllte die Älteste den Becher mit heißem Wein, um ihn kreisen zu lassen, und Lavra begann zu erzählen:

Laschín

Ein Khan überfiel die Kabardei und schlug sein Lager am Ufer des reißenden Flusses Baksan auf. Der Feind war sehr stark, so daß die Kabardiner nicht wagten, sich auf einen offenen Kampf einzulassen. Und auch der Khan beeilte sich nicht mit der Schlacht, sondern sandte dem kabardinischen Fürsten seine Botschafter.

»Unser Khan möchte ein Blutvergießen vermeiden«, sagten die Botschafter. »Sollen sich lieber zwei starke Männer, einer von uns und einer von euch, in einem Zweikampf messen. Wenn unser Mann siegt, müssen die Kabardiner dem Khan einen Tribut zahlen, den er selbst bestimmt. Siegt euer Mann, zieht der Khan mit seinem Heer ab.«

Der Fürst erbat sich eine Bedenkzeit von drei Tagen.

Er berief die Alten zum Rat. Die Weisen überlegten lange und beschlossen, den Vorschlag des Khans anzunehmen. Einst wurde im Kaukasus der Ausgang einer Schlacht oft durch einen Zweikampf entschieden.

Nun begann man zu überlegen, wer gegen den starken Mann des Khans antreten sollte; die Wahl fiel auf Kurgóko, den Sohn des alten Hatú.

Man ließ Kurgóko kommen. Er war aber prahlsüchtig und überheblich.

»Ich fürchte niemanden und vertraue meiner Kraft«, erklärte er.

»Wenn dem so ist, so halte dich in zwei Tagen zum Zweikampf bereit«, sagte ihm der Fürst und sandte dem Khan eine Botschaft, daß der Zweikampf binnen zwei Tagen stattfinden könne.

Am selben Abend hörten die Kabardiner ein fürchterliches Brüllen im Lager des Khans.

Das war jedoch kein Tier, sondern der Ringer des Khans, ein Hüne von gewaltigem Wuchs und mit einem garstigen Gesicht.

Er war mit einer Kette an einen Pfahl gefesselt und wurde nur mit rohem Fleisch gefüttert.

Als Kurgóko das erfuhr, erschrak er. Nun bedauerte er sein prahlerisches Gehabe vor dem Fürsten. Kurgóko verließ sich nicht mehr auf seine Kraft und ging bekümmert zu seinem Vater.

Der alte Hatú begann, hin und her zu überlegen.

Da trat Kurgókos Frau in die Hütte. Sie hieß Laschín.

»Worüber sinnt ihr? Was betrübt euch so?«

»Schweig und stelle keine Fragen!« antwortete Kurgóko. »Wenn wir nachdenken, so gibt es schwerwiegende Gründe dafür.«

»Was für welche? Vielleicht kann ich euch helfen?«

Kurgóko lachte: »Das ist nicht Weibersache – es geht um die Zukunft unseres Volkes. Du kümmere dich um die Kinder, die Küche und die Kühe.«

Laschín war gekränkt, erwiderte kein Wort und ging in den Stall, um die Kühe zu melken.

Der alte Hatú hatte etwas auf dem Hof zu besorgen, folgte der Schwiegertochter und sah, daß eine Kuh störrisch war und sich nicht melken lassen wollte. Da erzürnte Laschín, packte sie mit einer Hand unterm Bauch und schleuderte sie über den Flechtzaun.

Hatú staunte über die reckenhafte Kraft seiner Schwiegertochter und eilte erfreut ins Haus zurück, denn ihm war ein guter Gedanke gekommen: Nun wußte er, wer seinem Sohn helfen konnte.

»Vater, sag, was ich tun soll. Morgen ist der Zweikampf, und ich fürchte, daß ich den feindlichen Hünen nicht bezwingen werde«, klagte Kurgóko.

»Gräm dich nicht, mein Sohn!« antwortete Hatú. »Höre, was ich dir zu sagen habe. Aus einem fernen Aul ist ein junger Kabardiner zu uns gekommen, fast noch ein Knabe, aber sehr stark, er wird den Hünen des Khans zweifellos besiegen. Morgen früh kommt der Jüngling her. Stelle ihm keine Fragen und reite mit ihm in die Steppe zu der Stelle, wo der Kampf ausgetragen werden soll. Sobald sich der Hüne des Khans einfindet, mußt du sagen: ›Ist das denn ein Gegner? An dem will ich mir die Hände nicht schmutzig machen. Soll er erst versuchen, meinen jungen Gefährten zu besiegen.‹ Nach diesen Worten weise auf deinen Gefährten.«

Derweil betrat Laschín wieder die Stube. Der Alte schickte

den Sohn auf den Hof, damit er die Pferde mit Futter versorgte. Nun erzählte Hatú der Schwiegertochter, was ihnen für Unheil drohe.

»Du allein kannst unserer Not und der Not unseres Volkes abhelfen. Nur du kannst den Hünen des Khans bezwingen.«

»Ja«, antwortete Laschín, »ich fühle, daß ich die Kraft habe. Aber ich bin eine Frau, und nie wird das Volk zulassen ...«

»Du wirst Kurgókos alten Tscherkessenmantel anziehen und die Mütze tief ins Gesicht rücken. Wenn du in die Steppe reitest, sprich kein Wort mit Kurgóko und sage auch sonst niemandem, daß du eine Frau bist, jedenfalls so lange, bis ich an dich herantrete.«

»Ich werde tun, was du sagst«, sprach Laschín.

Am frühen Morgen erwachten Hatú und Kurgóko. Sie gingen auf den Hof hinaus, wo sie der junge Fremde bereits erwartete.

Kurgóko schwang sich aufs Pferd und ritt mit dem Fremden aufs Kampffeld.

Dort hatte sich schon viel Volk versammelt.

Auf einem Hügel war ein prachtvoller Teppich für den Khan ausgebreitet. Siegessicher saß der Khan mit untergeschlagenen Beinen da und rauchte seine Pfeife.

Der Hüne des Khans stand auf dem Feld und zeigte allen seine Kraft. Mit bloßen Händen zerbrach er dicke Bäume, als seien es dünne Zweige.

Das Feld, auf dem der Zweikampf ausgetragen werden sollte, grenzte an einen felsigen Abgrund.

Kurgóko stieg vom Pferd und rief:

»Ist das denn ein Gegner! An dem will ich mir die Hände nicht schmutzig machen. Er ist viel zu schwach für mich! Soll er seine Kraft zuerst an meinem jungen Gefährten erproben.« Damit wies er auf den jungen Mann, der mit ihm gekommen war.

Der Khan gab ein Zeichen, und die beiden Kämpfer gingen aufeinander los. Der Hüne des Khans packte seinen Gegner, konnte ihn jedoch nicht zu Boden werfen. Nun packte der junge Fremde den Hünen, hob ihn in die Luft, schmetterte ihn zu Boden, schleifte ihn zum Abgrund und schleuderte ihn vom Felsen in die Tiefe.

Die Kabardiner brachen in ein frohes Siegesgeschrei aus.

Der Khan aber brachte kein Wort über die Lippen, war er doch überzeugt gewesen, daß sein Hüne als Sieger aus dem Kampf hervorgehen würde. Nun mußte er sich geschlagen geben.

»Jetzt sehe ich, daß eure Kämpfer stärker sind«, sagte der Khan schließlich zum kabardinischen Fürsten.

Da löste sich der alte Hatú aus der Menge und trat zum Sieger.

»Seht alle her!« rief er. »Eine Frau hat den Hünen des Khans bezwungen, die Frau meines Sohnes!« Damit zog er ihr die Mütze vom Kopf.

Nun fielen Laschín die schweren schwarzen Zöpfe auf die Schultern.

Rufe des Erstaunens gingen durch die Menge.

»Glücklich das Volk, das solche Frauen besitzt«, sagte der Khan. »Wenn eure Frauen so stark sind, wie stark müssen erst die Männer sein! Nein, mit einem solchen Volk möchte ich in Freundschaft leben.«

Und der Khan zog mit seinem Heer ab.

Der Felsen, von dem die junge Frau den Hünen hinuntergeschleudert hatte, heißt seither der Laschín-Felsen.

Lavra lauschte den eigenen Worten noch eine Weile nach, dann hob sie den Blick und sah die Frauen eine nach der anderen an. »Die nächste Geschichte, die Sage von der schönen Wassilissa«, sagte sie, »habe ich mehrmals gehört. Einmal von einer Fallenstellerin, die in den nördlichen Wäldern lebte, einmal von einer Frau, die mit ihren sieben Kindern in einer Hütte an einem See hauste, einmal von einer Städterin, die sie einst von ihrer Großmutter erzählt bekommen hatte – und immer war die Geschichte ein bißchen anders. Doch die Fassung, die ich jetzt an euch weitergebe, ist von allen die keckste, finde ich.«

Lavra sammelte sich und begann aufs neue zu erzählen:

Die schöne Wassilissa Mikulischna

Einstmals versammelte man sich im Palast des Fürsten Wladimir zu einem fürstlichen Schmaus, und alle Gäste waren fröhlich, alle prahlten. Nur einer saß da, in trübe Gedanken versunken, trank weder Met, noch aß er vom gebratenen Schwan. Es war Stawer Godinowitsch, ein Kaufmann aus der Stadt Tschernigow.

Der Fürst trat zu ihm und fragte: »Was hockst du so unfroh da, Stawer Godinowitsch, warum ißt und trinkst du nicht, wieso prahlst du nicht? Na ja, es ist schon wahr: Deine Familie ist unbedeutend, und große Kämpfe hattest du nicht durchzustehen. Womit also sollst du prahlen?«

»Ein wahres Wort hast du gesprochen, großer Fürst: Nichts habe ich, womit ich prahlen könnte. Vater und Mutter habe ich schon lange nicht mehr, sonst hätte ich mich mit ihnen gebrüstet. Mit Geld und Gold anzugeben, das liegt mir nicht. Ich weiß selbst nicht, wieviel ich davon besitze! Bis zu meinem Tode könnte ich nicht alles aufzählen.

Mit meinem Gewand anzugeben lohnt sich nicht: Ihr alle, die ihr hier schmaust, tragt meine Gewänder. Ich habe dreißig Schneider, die Tag und Nacht nur für mich arbeiten. Ich trage einen Kaftan vom Morgen bis zum Abend und verkaufe ihn dann euch.

Auch mit den Stiefeln zu prahlen lohnt sich nicht: Jede Stunde ziehe ich neue Stiefel an und verkaufe die alten an euch.

Alle meine Pferde haben ein goldenes Fell, und alle meine Schafe goldene Vliese.

Vielleicht sollte ich aber mit meiner jungen Ehefrau Wassilissa Mikulischna, der älteren Tochter von Mikula Seljaninowitsch, angeben. Es gibt auf der ganzen Welt nicht eine, die ihr gleicht.

Unter ihren Zöpfen glänzt der junge Mond, ihre Brauen sind schwärzer als der schwärzeste Zobel, und ihre Augen sind so klar wie die eines kühnen Falken!

Und keiner in allen russischen Landen ist klüger als sie! Sie würde euch alle um den kleinen Finger wickeln, selbst dich, Fürst, würde sie zum Wahnsinn treiben.«

Als die Anwesenden diese herausfordernden Worte hörten,

erschraken sie und hielten den Mund ... Fürstin Apraksia aber fühlte sich gekränkt und brach in Weinkrämpfe aus.

Da geriet der Fürst Wladimir in Zorn und schrie: »Packt Stawer, meine treuen Diener, und schleift ihn ins kälteste Verlies! Soll er für seine beleidigenden Reden in Ketten schmachten! Und schmiedet die Ketten an die Wand! Gebt ihm nur Quellwasser zu trinken und Fladen aus Hafer zu essen. Soll er dort sitzen, bis er sich besinnt. Wir wollen doch einmal sehen, wie seine Ehefrau uns alle zum Wahnsinn treiben und ihren Stawer aus der Gefangenschaft befreien wird.«

Und so geschah es. Stawer wurde in ein Verlies gesperrt. Doch das genügte Fürst Wladimir nicht: Er befahl, die Häscher nach Tschernigow zu schicken, alle Reichtümer Stawer Godinowitschs zu versiegeln, seine Frau aber in Ketten nach Kiew zu bringen, damit alle sehen könnten, wie klug sie in Wirklichkeit sei!

Bis die Boten ihre Pferde gesattelt und sich zur Reise gerüstet hatten, war die Kunde vom Geschehen schon bis Tschernigow zu Wassilissa Mikulischna gedrungen.

Wassilissa versank in bittere Gedanken: Wie soll ich meinen lieben Mann befreien? Mit Geld kann ich ihn nicht loskaufen, mit Gewalt seine Freilassung nicht erzwingen. Nun gut, wenn ich es mit Gewalt nicht schaffe, dann muß eben eine List herhalten.

Wassilissa trat in die Diele und rief: »He, meine treuen Dienerinnen, sattelt mir das beste Pferd, bringt mir Mannskleider, die eines Tataren, und schneidet mir die hellbraunen Zöpfe ab. Ich reite, meinen lieben Mann zu befreien!«

Bitterlich weinten die Mädchen, als sie Wassilissa die hellbraunen Zöpfe abschnitten. Die langen Haare haben den ganzen Boden bedeckt, und auf die Zöpfe fiel der Schein des strahlenden Halbmonds.

Wassilissa zog das Tatarengewand an, nahm Pfeil und Bogen und ritt nach Kiew. Niemand hätte geglaubt, daß eine Frau dort ritt – jeder glaubte, ein junger Reiter reite über die Steppe.

Auf halbem Wege begegneten ihr die Boten aus Kiew: »He, Recke, wohin führt dich dein Weg?«

»Ich reite als Botschafter der mächtigen Goldenen Horde zu

Fürst Wladimir, um den Tribut für zwölf Jahre zu kassieren. Und wohin reitet ihr, brave Leute?«

»Wir reiten zu Wassilissa Mikulischna, sie nach Kiew zu bringen und ihren Reichtum dem Fürsten zu überschreiben.«

»Ihr habt euch verspätet, brave Leute. Ich selbst habe Wassilissa Mikulischna zur Horde geschickt und auch ihre Reichtümer durch meine Recken dorthin bringen lassen.«

»Nun, wenn es so ist, dann haben wir in Tschernigow nichts verloren. Reiten wir nach Kiew zurück!«

Die Boten aus Kiew ritten wieder zum Fürsten und erzählten, daß ein Botschafter der mächtigen Goldenen Horde nach Kiew unterwegs sei.

Da ergriff Trauer den Fürsten: Niemals würde es ihm gelingen, den Tribut für zwölf Jahre zusammenzubringen. Er mußte den Botschafter gnädig stimmen.

Tafeln wurden gedeckt, Tannenzweige auf den Hof gestreut, auf der Straße wurden Patrouillengänger aufgestellt – alles wartete auf den Botschafter der Goldenen Horde.

Der Botschafter aber ließ auf einem Feld vor Kiew ein Zelt errichten, verabschiedete sich dort von seinen Kämpfern und ritt alleine zu Fürst Wladimir.

Schön war der Botschafter, wohlgestalt und mächtig. Nichts von einer drohenden Miene, er war auch ganz höflich.

Er sprang vom Pferd, band es an einen goldenen Ring und trat in den fürstlichen Palast. Dort verbeugte er sich in alle vier Himmelsrichtungen und dann gesondert vor dem Fürsten und der Fürstin. Am tiefsten aber verbeugte er sich vor Sabawa Putjatischna.

Der Fürst sagte zum Botschafter: »Sei gegrüßt, Botschafter der mächtigen Goldenen Horde, setz dich zu Tische, ruh dich aus, iß und trink, was dein Herz begehrt.«

»Ich habe nicht die Zeit, hier herumzusitzen; der Khan ahndet derlei aufs strengste. Gib mir den Tribut für zwölf Jahre und Sabawa Putjatischna zur Frau, dann reite ich zur Horde zurück!«

»Erlaube mir, hoher Botschafter, mich mit meiner Nichte zu beraten.«

Der Fürst führte Sabawa aus dem Gemach hinaus und fragte

sie. »Würdest du den Botschafter der Goldenen Horde heiraten?«

Sabawa aber sagte ganz leise zu ihm: »Was sagst du da, Onkel? Was fällt dir ein, Fürst? Laß nicht zu, daß man in ganz Rus über uns lacht! – Das ist kein Recke, das ist eine Frau.«

Der Fürst geriet in Rage: »Langes Haar hast du zwar, dafür aber ein kurzes Gehirn. Es ist der junge Recke Wassilij, Botschafter der mächtigen Horde.«

»Ich sage dir, das ist kein Recke, sondern eine Frau! Geht er durchs Gemach, ist es, als schwimme eine Ente, er schlägt nicht seine Absätze auf den Boden; sitzt er auf einer Bank, behält er die Knie eng beieinander. Seine Stimme ist silbern, seine Hände und Füße zierlich, und auf den Fingern sieht man die Spuren von Ringen.«

Da wurde der Fürst nachdenklich: »Ich muß den Botschafter einer Prüfung unterziehen.«

Er rief die besten Ringer von Kiew zu sich – die fünf Brüder Pritschenko und zwei Khapilow-Brüder –, begab sich zum Botschafter und fragte ihn: »Willst du nicht mit den Ringern kämpfen, um dich vom langen Reiten zu erholen?«

»Warum denn nicht? Seit meiner Kindheit ringe ich liebend gern.«

Alle begaben sich in den großen Hof. Der junge Botschafter betrat den Ring, packte mit einer Hand drei Ringer und mit der anderen ebenfalls ihrer drei, den siebten warf er in die Mitte, und als sie alle mit der Stirn gegeneinander geschlagen hatten, lagen sie auf der Erde und konnten sich nicht mehr erheben.

Fürst Wladimir spuckte nur verächtlich und ging fort: »Dumm ist Sabawa, kann man nur sagen! Einen solchen Recken hält sie für eine Frau! Einen Botschafter wie diesen haben wir noch nie gesehen.«

Sabawa aber blieb dabei: »Das ist kein Recke, das ist eine Frau.«

Sie überredete Fürst Wladimir dazu, den Botschafter einer weiteren Prüfung zu unterziehen.

Er ließ zwölf Bogenschützen kommen.

»Hättest du nicht Lust, hoher Botschafter, an einem Wettbewerb im Bogenschießen teilzunehmen?«

»Warum nicht? Ich schieße mit dem Bogen seit meiner Kindheit.«

Die zwölf Bogenschützen traten vor und schossen ihre Pfeile auf eine hohe Eiche ab. Die Eiche erzitterte, als wäre ein Sturm durch den Wald gefegt.

Der Botschafter Wassilij nahm einen Bogen, spannte die Sehne – die Seide gab einen vollen Ton, der Pfeil flog, die mächtigen Recken fielen zu Boden, und auch Fürst Wladimir konnte sich nicht auf den Beinen halten.

Als der Pfeil gegen die Eiche peitschte, zersplitterte sie in Tausende von Spänen.

»Es tut mir leid um die gewaltige Eiche«, sagte der Botschafter, »am meisten aber um den Pfeil. Einen solchen Pfeil findet man in den russischen Landen nicht mehr!«

Fürst Wladimir ging zu seiner Nichte, und diese wiederholte: »Das ist kein Recke, das ist eine Frau.«

Also gut, dachte der Fürst. Ich werde ihn selber herausfordern. Die Frauen der russischen Lande spielen dieses fremdländische Schach nicht.

Er befahl, sein goldenes Schachspiel zu bringen, und sagte zum Botschafter: »Willst du dich mit mir vergnügen und ein Spielchen dieses fremdländischen Schachs mit mir spielen?«

»Warum nicht? Ich habe von kleinauf alle Kinder der Umgebung im Schachspiel besiegt. Was aber soll der Einsatz sein, Fürst?«

»Du setzt den Tribut von zwölf Jahren und ich die ganze Stadt Kiew ein.«

Nun begannen sie, die Figuren auf dem Schachbrett hin und her zu schieben.

Fürst Wladimir spielte gut, doch der Botschafter machte einen Zug, einen weiteren, und mit dem zehnten Zug hatte er den Fürsten schachmatt gesetzt!

Da wurde Fürst Wladimir traurig: »Du hast mir die Stadt Kiew genommen, so nimm auch meinen Kopf.«

»Deinen Kopf brauche ich nicht, Fürst, ich brauche auch die Stadt Kiew nicht, gib mir nur deine Nichte Sabawa Putjatischna.«

Der Fürst freute sich. Und in seiner übermäßigen Freude

fragte er Sabawa Putjatischna nicht mehr, sondern befahl gleich, das Hochzeitsmahl vorzubereiten.

Die Gäste feierten einen Tag, einen zweiten und noch einen dritten Tag und waren bester Laune. Nur Braut und Bräutigam waren nicht recht froh. Der Botschafter ließ den Kopf hängen.

Wladimir fragte ihn: »Wieso, Wassilij, bist du nicht froh? Gefällt dir etwa unser Schmaus nicht?«

»Mir ist nicht wohl ums Herz, Fürst; mag sein, daß irgend etwas Schlimmes zu Hause geschehen ist oder eine Gefahr mich erwartet. Laß die Guslispieler holen. Sollen sie doch etwas von den alten Zeiten oder den unsrigen singen.«

Die Guslispieler wurden geholt. Sie sangen und schlugen die Saiten. Dem Botschafter aber gefiel das alles nicht.

»Das sind keine Guslispieler, Fürst, und auch keine Sänger ... Mein Vater hat mir erzählt, daß es einen Kaufmann aus Tschernigow namens Stawer Godinowitsch gibt, der herrlich spielen und singen kann. Diese hier heulen wie die Wölfe. Ach, wie gerne würde ich Stawer zuhören!«

Was sollte Fürst Wladimir tun? Ließ er Stawer heraus, nie mehr würde er ihn sehen. Ließ er ihn nicht heraus, würde der Botschafter in Zorn geraten.

Wladimir wagte es nicht, den Zorn des Botschafters heraufzubeschwören – schließlich hatte er nicht seinen Tribut gezahlt –, und befahl, Stawer herzubringen.

Sie brachten Stawer, aber er konnte sich kaum auf den Beinen halten – der Hunger hatte ihn geschwächt ...

Der Botschafter sprang auf, packte den Stawer unter den Achseln und ließ ihn neben sich Platz nehmen. Er gab ihm zu essen und zu trinken und bat ihn, zu spielen.

Stawer stimmte seine Gusli und spielte ein Lied aus Tschernigow nach dem anderen. Alle, die bei Tische saßen, lauschten ergriffen, der Botschafter aber konnte seinen Blick nicht von Stawer losreißen.

Als Stawer sein Spiel beendet hatte, sagte der Botschafter zu Fürst Wladimir: »Hör zu, Wladimir, Fürst von Kiew, gib mir Stawer. Ich werde dir dafür den Tribut für zwölf Jahre erlassen und unverzüglich zur Goldenen Horde zurückkreiten.«

Fürst Wladimir widerstrebte es, den Stawer wegzugeben, doch was blieb ihm anderes übrig?

»Nimm den Stawer«, sagte er, »junger Botschafter!«

Und der Bräutigam wartete nicht einmal das Ende des Festes ab, schwang sich auf sein Pferd, setzte Stawer hinter sich und ritt zurück in die Steppe zu seinem Zelt.

Dort angekommen, fragte er: »Hast du mich nicht erkannt, Stawer Godinowitsch? Wir haben zusammen das ABC erlernt!«

»Ich habe dich nie gesehen, Botschafter der Tataren.«

Der Botschafter ging hinein in das weiße Zelt und ließ Stawer vor der Schwelle warten. Rasch warf Wassilissa die tatarischen Gewänder ab, zog ein Frauenkleid an, schminkte sich und ging wieder hinaus.

»Sei gegrüßt, Stawer Godinowitsch. Erkennst du mich immer noch nicht?«

Stawer verbeugte sich vor ihr: »Sei gegrüßt, meine geliebte Frau, junge kluge Wassilissa Mikulischna! Ich danke dir, daß du mich aus der Gefangenschaft befreit hast. Doch wo sind deine hellbraunen Zöpfe?«

»Mit meinen Zöpfen habe ich dich, mein geliebter Mann, aus dem Verlies herausgezogen.«

»Setzen wir uns auf die schnellsten Pferde, Frau, und reiten wir nach Tschernigow.«

»Nein, es ziemt sich nicht, heimlich zu verschwinden. Reiten wir zurück zu Fürst Wladimir und beenden wir den fürstlichen Schmaus.«

Sie kehrten nach Kiew zurück und betraten den Palast des Fürsten.

Als Stawer mit der jungen Frau eintrat, staunte Fürst Wladimir nicht schlecht.

Wassilissa Mikulischna aber fragte den Fürsten: »Na, Rote Sonne, Fürst Wladimir, ich bin der schreckliche Botschafter, Stawers Ehefrau. Ich bin zurückgekehrt, meine Hochzeit zu Ende zu feiern. Gibst du mir deine Nichte zur Frau?«

Die Fürstin Sabawa sprang auf: »Was habe ich dir gesagt, Onkelchen? Um ein Jota hast du uns in ganz Rus lächerlich gemacht und ein Mädchen mit einer Frau verheiratet.«

Beschämt ließ der Fürst den Kopf hängen, die Recken und die Bojaren aber erstickten schier vor Lachen.

Da schüttelte der Fürst den Kopf und begann, selbst zu lachen: »Recht hast du gehabt, Stawer Godinowitsch, als du mit deiner jungen Frau angegeben hast! Sie ist klug, tapfer und sieht prächtig aus. Uns alle hat sie um den kleinen Finger gewickelt, und mich, den Fürsten, beinahe zum Wahnsinn getrieben. Für die Beleidigung, die ich dir zugefügt habe, werde ich dich reichlich belohnen.«

»*Und als Stawer Godinowitsch mit seiner schönen Frau nach Hause ritt*«, schloß Lavra, »*kamen der Fürst, die Fürstin, die Bojaren und alle Recken, um sie zu verabschieden. Von der schönen Wassilissa aber werden noch heute Lieder gesungen und Märchen erzählt.*«

Lavra rieb sich die Hände und hauchte hinein, damit sie warm werden sollten. Dann sah sie die Frauen an und sagte:

»*Die nächste Geschichte aber, die Wassilissa, die Wunderschöne heißt, handelt von einem ganz anderen Mädchen. Ein Mädchen, das von ihrer Stiefmutter gezwungen wurde, in den Wald zu Baba Jaga, der Todbringerin, zu gehen, um von ihr Feuer zu holen.*

Wassilissa, die Wunderschöne

Im Zarenreich hinter den blauen Meeren und hinter den hohen Bergen lebte ein Kaufmann mit seiner Frau. Sie hatten eine einzige Tochter, die war so schön, daß alle sie Wassilissa die Wunderschöne nannten. Eines Tages wurde die Frau des Kaufmanns todkrank. Sie fühlte ihr Ende nahen und rief ihre Tochter zu sich.

»Wassilissa, mein Liebes«, sprach sie, »ich will dir eine Puppe schenken.« Und sie holte unter den Kissen eine Puppe hervor. »Immer, wenn du in Not bist, mußt du ihr zu essen geben, dann wird sie dir helfen.«

Darauf küßte die Mutter ihre Tochter und verschied.

Der Vater trauerte eine Zeitlang um seine Frau. Da er aber wollte, daß Wassilissa gut versorgt würde, ehelichte er eine

Witwe, die zwei Töchter in Wassilissas Alter hatte. »Das trifft sich gut«, dachte der Kaufmann, »die drei werden sich sicher gut verstehen.«

Doch die zweite Frau sah voller Neid auf Wassilissas Schönheit, die größer und herrlicher war als die Schönheit ihrer Töchter, ja, Wassilissa übertraf alle Mädchen der Stadt. Sie wurde so böse darüber, daß sie Wassilissa die schwerste und schmutzigste Arbeit tun ließ. Sie schickte sie bei Wetter und Wind in den Garten hinaus, damit ihre schöne weiße Haut rauh und dunkel werden sollte. Wassilissa tat alles, ohne zu widersprechen, aber am Abend gab sie ihrer Puppe zu essen und klagte ihr ihr Leid.

»Das ist kein Leben in diesem Haus, die Stiefmutter und die Schwestern leben wie die Fürstinnen, und ich muß ganz allein die schwerste Arbeit tun.«

Die Puppe sagte: »Geh schlafen, ich werde dir helfen.«

Als Wassilissa erwachte, war die Arbeit getan; das Haus blitzte vor Sauberkeit, die Wäsche war gewaschen und geflickt, das Wasser stand bereit, im Ofen brannte das Feuer, und das Essen war zubereitet. Tagsüber konnte Wassilissa ausruhen, denn die Puppe tat auch im Garten alle Arbeit. Sie rupfte das Unkraut, goß die Beete und schnitt den Kohl. Sie gab Wassilissa sogar ein Kraut gegen Sonnenbrand.

Auf diese Weise wurde Wassilissa immer feiner und schöner, die Stiefmutter und die Schwestern aber ärgerten sich so sehr, daß sie immer häßlicher und magerer wurden.

Die Zeit verging, und schließlich waren die Mädchen alt genug, um zu heiraten. Aber die jungen Männer aus der Stadt hatten nur Augen für Wassilissa und wollten die Schwestern gar nicht sehen.

Die Stiefmutter sagte zornig: »Wassilissa darf erst heiraten, wenn auch ihre Schwestern verheiratet sind!«

Da verließen die jungen Männer schnell das Haus und kamen nicht wieder.

Eines Tages mußte der Vater seine Familie verlassen und sich auf eine lange Reise begeben. Da sagte die Stiefmutter: »Wir wollen von nun an am Rand des Waldes wohnen.«

Dort stand ein leeres Haus, das keiner haben wollte, denn der

Wald war finster und unheimlich, und die Leute hatten Angst vor ihm, denn tief im Walde wohnte die Baba Jaga, die die Menschen, die sie erwischen konnte, wie Hühnchen auffraß. Die Stiefmutter aber schickte Wassilissa immer wieder in den Wald und hoffte, die Baba Jaga würde sie eines Tages fangen und verspeisen, aber Wassilissa kam mit Hilfe ihrer Puppe jedesmal aus dem Wald zurück.

Der Herbst kam, und an langen Abenden gab die Stiefmutter den Mädchen Arbeiten: die eine häkelte Spitzen, die andere strickte Strümpfe, und Wassilissa spann. Dann löschte sie im ganzen Haus die Lichter aus und ging zu Bett. Nur eine Kerze brannte für die Mädchen. Als die Kerze herunterbrannte, nahm die eine der Schwestern die Schere, um den Docht zu kürzen, und dabei löschte sie die Flamme aus; die Mutter hatte es ihr aber so befohlen.

Sie jammerte: »Nun haben wir kein Feuer mehr und sind noch nicht fertig mit der Arbeit. So müssen wir bei der Baba Jaga Feuer holen!«

»Meine Nadel leuchtet so hell«, sagte die stickende Schwester, »ich brauche kein Feuer!«

»Meine Nadeln geben mir genug Licht«, sagte die strickende Schwester, »ich brauch' auch kein Feuer!«

Beide aber riefen: »Also muß Wassilissa das Feuer holen!«

Auf ihrem Zimmer gab Wassilissa der Puppe zu essen, und diese sagte: »Hab nur keine Angst, solange ich bei dir bin, kann dir nichts Schlimmes geschehen!«

Auf dem langen und finsteren Weg durch den Wald leuchteten die Augen der Puppe. Plötzlich jagte ein Reiter vorüber, der schimmerte ganz weiß, ein Reiter mit weißem Gewand, auf einem weißen Pferd mit weißem Zaumzeug und weißem Sattel; da begann es hell zu werden.

Dann jagte ein Reiter vorüber ganz in Rot, in rotem Gewand, auf einem roten Pferd mit rotem Zaumzeug und rotem Sattel. Da ging die Sonne auf.

Der Weg war lang wie der Tag, und erst am Abend erreichte Wassilissa das Haus der Baba Jaga. Ein Zaun aus Menschenknochen umgab das Haus, auf Pfählen staken Menschenschädel. Die Angeln des Tores waren Menschenfüße, eine Menschenhand war der Riegel und das Schloß ein Menschenmund mit scharfen Zähnen.

Da jagte plötzlich ein Reiter daher, ein Reiter ganz in Schwarz, in schwarzem Gewand, auf schwarzem Pferd mit schwarzem Zaumzeug und schwarzem Sattel. Er jagte zum Tor hinaus und war verschwunden. Da war es tiefe Nacht.

Doch im selben Augenblick begannen die Augen der Schädel zu leuchten, daß es ringsum ganz hell wurde. Und im Wald erhob sich ein großer Lärm, die Bäume krachten, die Blätter zischten, und Baba Jaga fuhr herbei in einem Mörser. In der einen Hand schwenkte sie eine Keule, in der anderen einen Besen, mit dem sie die Spuren verwischte. Sie hielt an und schrie: »Es riecht nach Mensch! Wer ist es?«

Wassilissa, voll Angst und Entsetzen, verbeugte sich zitternd und sagte: »Die Schwestern haben mich nach Feuer geschickt!«

»Diese Schwestern kenne ich wohl«, fauchte Baba Jaga, »und Feuer sollst du bekommen, aber zuvor mußt du für mich arbeiten. Arbeitest du nicht, so fresse ich dich!« Zum Tor rief sie: »Auf, auf!«, und das Tor öffnete sich. Dann sagte sie zu Wassilissa: »Bring mir das Essen! Hole Kwas, Met, Bier und Wein aus dem Keller!«

Wassilissa gehorchte, und Baba Jaga aß für zehn und ließ nur ein Schüsselchen Kohlsuppe, ein Stückchen Brot und ein Häppchen Fleisch übrig.

»Morgen gehe ich aus dem Haus«, sagte sie. »Dann wirst du Haus und Hof aufräumen, das Essen kochen, die Wäsche waschen und die schlechten Körner aus dem Weizen lesen. Die Arbeit muß getan sein, wenn ich heimkomme, sonst fresse ich dich!«

Dann legte sich die Baba Jaga schlafen und schnarchte.

Wassilissa fütterte ihre Puppe und klagte ihr ihre Not.

»Was soll ich nur machen?«

Die Puppe sagte: »Der Morgen ist weiser als der Abend. Sei ruhig und schlafe.«

Wassilissa erwachte, und da flog der weiße Reiter vorüber, die Lichter in den Schädeln erloschen, die Baba Jaga pfiff nach Mörser, Keule und Besen, der rote Reiter flog auf seinem Pferd vorüber, da ging die Sonne auf, und Baba Jaga fuhr davon.

Als sich Wassilissa umschaute, sah sie, daß alle Arbeit getan war. Die Puppe suchte letzte schwarze Körner aus dem Weizen, und Wassilissa brauchte nur noch das Essen zu kochen.

Es wurde Abend; der schwarze Reiter flog auf seinem schwarzen Pferd herein, die Lichter der Schädel leuchteten auf, die Bäume krachten, die Blätter zischten, und Baba Jaga kam heim.

»Ist alle Arbeit gemacht?« fragte sie ärgerlich, als sie sah, daß alles getan war, was sie aufgetragen hatte.

Dann rief sie: »Kommt jetzt, meine Freunde, und mahlt mir den Weizen!« Und dreimal zwei Menschenhände nahmen den Weizen und verschwanden mit ihm. Baba Jaga aß und trank für zehn.

Sie befahl: »Morgen machst du die gleiche Arbeit und reinigst den Mohn!«, dann legte sie sich hin und schnarchte.

Wassilissa fütterte wieder die Puppe und klagte ihr ihre Not.

»Leg dich ruhig schlafen«, sagte die Puppe. »Der Morgen ist weiser als der Abend.«

Auch am nächsten Morgen war alle Arbeit schon getan, und am Abend geschah dasselbe wie am Abend vorher.

Baba Jaga knurrte: »Warum redest du nicht mit mir?«

Wassilissa antwortete: »Ich möchte dich etwas fragen.«

»Frage nur, doch gib acht, wer viel weiß, wird schnell alt!«

»Ich habe drei Reiter gesehen«, sagte Wassilissa, »der eine war rot, der andere weiß, der dritte schwarz. Wer sind diese Reiter?«

»Der weiße ist mein heller Tag, der rote meine rote Sonne, der schwarze meine schwarze Nacht. Alle drei dienen mir. Willst du noch etwas wissen?«

»Das ist genug«, sagte Wassilissa, die noch gerne nach den Menschenhänden gefragt hätte, es aber nicht wagte, weil sie sich fürchtete. »Wer viel weiß, wird schnell alt, das hast du ja gesagt.«

»Das ist dein Glück«, sagte Baba Jaga, »hättest du mehr gefragt, hätte ich dich gefressen. Doch sage mir, wie du es schaffst, mit der vielen Arbeit fertig zu werden.«

»Der Segen meiner Mutter hilft mir«, antwortete Wassilissa.

Da schrie die Baba Jaga: »Gesegnete Töchter sind mir ein Graus! Mach, daß du fortkommst!«

Sie zerrte Wassilissa aus dem Haus, gab ihr einen Schädel vom Zaun, das Licht für die Schwestern, und jagte sie weg.

Wassilissa wanderte den ganzen Tag und durch die ganze Nacht, und das Licht im Schädel leuchtete ihr bis zum Morgen. Am Abend war das Haus ihrer Stiefmutter nicht mehr fern. Sie wollte den Schädel wegwerfen, denn sie dachte, die Schwestern hätten inzwischen anderswo Licht besorgt. Der Schädel aber sagte: »Nimm mich mit ins Haus!«

Im Haus war es noch immer dunkel, und als Wassilissa hineinging, leuchtete das Licht im Schädel hell auf. Zunächst waren die Stiefmutter und die Schwestern froh, sie zu sehen, denn das Licht, das sie sich bei den Nachbarn geholt hatten, war immer ausgegangen, sobald sie ins Haus traten. Dann aber begann das Licht des Schädels sie zu schmerzen, es tat ihnen so weh, daß sie sich versteckten. Doch sosehr sie sich auch verkrochen, das Licht drang überallhin und brannte sie, brannte so heftig, daß schließlich alle drei zu Asche verbrannten.

Am nächsten Morgen vergrub Wassilissa den Schädel, verließ das Haus und ging in die Stadt. Sie bat eine alte Frau, die allein lebte, bei ihr wohnen zu dürfen. Dafür wollte sie für die Alte Flachs spinnen.

Die alte Frau kaufte den Flachs für Wassilissa, und diese spann Fäden so fein wie Haar. So fein war der Faden, daß es keinen Webstuhl für ihn gab.

Nachdem die Puppe gegessen hatte, befahl sie Wassilissa: »Laß mich mit dem alten Webstuhl allein!«

Und während Wassilissa schlief, webte sie den allerfeinsten Stoff.

Sie riet der alten Frau, den Stoff zu verkaufen und das Geld zu behalten.

»So einen feinen Stoff kann nur der Zar tragen«, sagte die Alte und machte sich auf den Weg. Der Zar bewunderte die Feinheit des Gewebes und fragte: »Was willst du dafür haben?«

»Ich schenke ihn dir, Väterchen«, antwortete die Alte, und der Zar gab ihr dafür viele Gegengeschenke.

Doch am ganzen Hof war niemand, der aus diesem kostbaren Stoff Hemden nähen konnte, und so ließ der Zar die Alte wieder zu sich rufen.

»Du vermochtest den Stoff zu weben«, sagte er zu ihr, »da sollte es dir auch gelingen, Hemden davon zu nähen!«

»Es war Wassilissa, meine Pflegetochter«, sagte die Alte, »die diesen Stoff gewebt hat, und sie wird wohl die Hemden für dich machen.«

Wassilissa aber ging in ihr Zimmer und nähte aus dem wunderbaren Stoff zwölf Hemden. Die Alte brachte dem Zaren die Hemden, und der wollte das Mädchen sehen, das so schöne Hemden nähen konnte. Als Wassilissa vor dem Zaren stand, vergaß er die Hemden und sagte: »Wassilissa, du bist wunderschön! Ich lasse dich nicht mehr fort. Bitte, laß uns sofort die Hochzeit feiern!«

Die Hochzeit wurde mit großer Pracht gefeiert und war ein glückliches Fest.

Wassilissas Vater kehrte endlich von seiner langen Reise zurück. Er erfuhr alles, was sich zugetragen hatte, und er blieb wie die alte Frau am Hofe des Zaren.

Wassilissas Beschützerin, die Puppe, ruhte von nun an von der vielen Arbeit aus.

Vom Moor her zog der Morgen heran, und die Luft war noch klirrend vor Kälte. Gerswind legte ein letztes Scheit auf das Feuer und reichte den Rest des Rosinenbrotes herum. Anamaque füllte noch einmal den Becher, um ihn kreisen zu lassen, und dann, als er geleert war, gab sie ihn weiter an Bahar.

»Dein Name bedeutet Frühling, und darum sollst du uns die nächste Mondnacht gestalten. Denn dann wird schon der Schnee getaut sein, und das Wollgras wird fruchten, und der Mond am Himmel wird sein silbernes Licht über die jungen Austriebe der Birken gießen.«

Bahar verneigte sich und führte Anamaques Hand nach der Sitte ihres Landes voller Ehrerbietung zuerst an die Lippen, dann an ihre Stirn, nahm den Becher und ließ ihn in die Falte ihres Wolltuches gleiten. Danach bedankten sich die Frauen bei Lavra für die Geschichten, die sie ihnen erzählt hatte, und verabschiedeten sich voneinander, bevor sie, so wie sie gekommen waren, wieder auf den Wegen durchs Moor verschwanden.

DIE VIERTE NACHT

Bahar erzählt Märchen aus der Türkei

Der lange Winter und die Schneeschmelze hatten die Wurzeln alter, abgestorbener Bäume unterhöhlt, und was noch nicht auf dem Boden lag, neigte sich dem Fall entgegen. Bahar kannte die Gefahr, aber sie war so in Gedanken versunken, daß sie das unheilverkündende Knarzen erst in allerletzter Sekunde hörte. Mehr instinktiv als bewußt sprang sie zur Seite und fühlte plötzlich einen brennenden Schmerz auf ihrer Wange. Eine Birke war vor ihr zu Boden gestürzt und hätte sie um ein Haar erschlagen! Aber die Göttin hatte ihr Schutz gewährt, und so war ihr nicht mehr geschehen als ein blutender Kratzer, der sich von der Schläfe zur Oberlippe hinunterzog.

Bahar wischte sich mit dem Handrücken das Blut ab. Dann drückte sie ihr Bündel fest an sich und kletterte über die Birke, um ihren Weg fortsetzen zu können.

Als sie am Tanzplatz ankam, stürzten ihr Danai, Maraquansa und Mardschana entgegen. Besorgt betrachteten sie ihr blutverschmiertes Gesicht und wollten wissen, wie das zugegangen sei. Bahar erzählte es ihnen, während Mardschana die Wunde mit einem Seidentuch betupfte und mit Quellwasser auswusch.

»Es wird eine schlimme Narbe geben«, befürchtete Danai, aber Maraquansa griff in ihre Tasche und zog ein Stück schwarzes, verkohltes Holz hervor, mit dem sie die Wunde bestrich.

»Keine Angst«, sagte sie. »Morgen schon wirst du kaum noch etwas davon sehen.« Sie streckte Bahar den linken Arm entgegen und deutete auf ihre Handfläche. »Da hatte ich als Kind eine klaffende Wunde vom Daumen bis zum kleinen Finger, die so tief war, daß man ohne Mühe eine Dattel in ihr hätte verstecken können. Meine Mutter hat sie mit dieser Heilwurzel bestrichen, und nun schau her – alles ist heil!«

Natürlich wollten auch die anderen wissen, was Bahar geschehen war, und so erzählte sie es, nachdem sie getanzt und gesungen und Anamaque den Becher herumgereicht hatte, noch einmal.

»Wirklich, da hast du Glück gehabt!« sagte Taranga, aber Anamaque schüttelte den Kopf und meinte mit einem hintergründigen Lächeln auf den runzligen Lippen: »Glück, das haben nur die Dummen! Und jetzt erzähle uns, was du im Land des Halbmondes über deine Ahninnen erfahren konntest.«

Bahar nickte. »Die erste Geschichte«, sagte sie und faltete die Hände, »handelt von einer jungen Frau, die außerordentlich klug war, so klug, daß sie selbst den obersten Richter, welcher ihr Gatte war, überlistete.«

Die Kluge

Es war einmal ein Dorf am Fuße eines Berges, in dem stand eine strohgedeckte Hütte. In dieser Hütte lebten Vater, Mutter und ein Haufen Kinder.

Die Kleinen gediehen und waren sehr lebendig, die Hütte hingegen wurde immer windschiefer und platzte bald aus allen Fugen.

Da meinte eines Tages des Bauern älteste Tochter:

»Väterchen, ein wenig Geld haben wir beiseite gelegt. Geht zum reichen Bauern, er soll Euch den Zipfel Land hinter unserer Hütte verkaufen. Dort wächst sowieso nur Unkraut. Wir bauen uns ein neues Haus, und wenn wir das Gestrüpp ausreißen, werden wir noch einen Garten dazu haben.«

Der Vater befolgte ihren Rat.

Der reiche Bauer indes sträubte sich: Sein Nachbar sah wie die Armut selber aus, sicher wußte er nicht einmal, wie Maisbrei schmeckt. Und jetzt auf einmal will er sich ein neues Haus bauen! Seine Groschen aber waren um nichts schlechter als das Geld eines Reichen. So strich der reiche Bauer alles bis auf genau den letzten Groschen ein und verkaufte ihm das dürftige Land.

Am nächsten Morgen machte sich die ganze Familie gleich an die Arbeit. Aber da geschah es, daß in der folgenden Nacht die Kuh des reichen Bauern die Umzäunung durchbrochen hatte und in die Baugrube gestürzt war, wo sie verendete.

Der reiche Bauer stürmte gleich zu seinem Nachbarn und legte los: »Das habe ich also für mein Entgegenkommen! Die Kuh bezahlst du mir, und zwar sofort!«

»Woher sollte ich das Geld nehmen?« verteidigte sich der arme Bauer. »Du weißt ja selbst, daß mir nichts übriggeblieben ist. Schaden wollte ich wahrhaftig keinen zufügen.«

»Du redest daher, daß du kein Geld hast, und dabei hebst du eine so große Baugrube aus! Wenn du nicht zahlst, bring' ich dich vor den Richter!«

Und schon war der reiche Bauer zur Tür hinaus.

Der arme Bauer jammerte. »Einen Rat hast du mir gegeben«, sprach er zu seiner Tochter, »nun rate mir ein zweites Mal.«

»Keine Bange, Väterchen, geht ruhig zum Richter. Und ich will Euch wieder einen Rat geben.«

Am anderen Tag machten sie sich auf den Weg. Der reiche Bauer auf dem Wagen, der arme Bauer zu Fuß. Noch vor Mittag trug der reiche Bauer dem Richter seine Beschwerde vor.

»Herr«, sprach er, »schau dir meinen Nachbarn gut an und laß dich nicht von seiner Demut täuschen. Hübsch hat er mich für mein Entgegenkommen angeschmiert. Er tat mir leid, weil er einen Haufen Kinder hat und eine Hütte, die gerade für einen Hund gut genug ist. Darum habe ich ihm ein Stück von meinem Land überlassen, damit er sich eine bessere Behausung bauen kann. Kaum aber hatte er das Stück Land, hob er schon eine Baugrube aus wie für einen Palast! Dort fiel meine arme Kuh hinein und verendete. Ich will nun, daß er mir den Schaden bezahlt, aber der Schlaumeier behauptet, kein Geld zu haben. Auch wenn er keins hätte – was geht mich das an? Er soll mir den Schaden ersetzen!«

»Herr, höre auch mich an«, ließ sich der arme Bauer vernehmen. »Die halbe Wahrheit ist nicht die ganze, und so meine ich, daß ich dir die andere Hälfte berichten sollte. Ja, der reiche Bauer hat mir ein Stück Land verkauft, damit ich mir ein neues Haus bauen kann. Ich habe ihm gezahlt, was er gefordert, und das war bis auf den letzten Groschen alles, was ich besaß und was wir uns vom Munde abgespart haben. Ja, ich habe eine Baugrube ausgehoben, damit meine Kinder ein ordentliches Dach über den Kopf bekommen. Und schließlich gestehe ich auch ein, daß ich die Grube sicherheitshalber hätte abdecken müssen. Aber ist das nicht wieder nur die halbe Wahrheit? Soll doch der reiche Bauer noch die andere Hälfte zugestehen: daß er seine Kuh hätte besser hüten sollen. Erst dann wird es die ganze Wahrheit sein, Herr, und ich werde zufrieden sein, da ich dem reichen Bauern nichts schuldig bin.«

Der Richter überlegte eine Weile, dann sprach er:

»Beide habe ich angehört. Bevor ich das Urteil verkünde, gebe ich euch drei Fragen auf. Drei Tage habt ihr Zeit zum Überlegen, dann will ich eure Antwort wissen.

Meine erste Frage: Was ist am fettesten?

Meine zweite Frage: Was ist am schnellsten?

Meine dritte Frage: Was ist am gerechtesten?

Und jetzt geht!«

Der reiche Bauer sprang auf seinen Wagen, trieb das Pferd an und dachte sich: ›Der Richter weiß, was sich gehört. Ich bin ein Herr, er ist ein Herr – diese Rätsel hat er für mich ersonnen.‹

Der arme Bauer ließ traurig den Kopf hängen, als er nach Hause kam.

»Den Rat hast du mir gegeben, nun wirst du Rätsel lösen!« sprach er zu seiner Tochter.

»Macht Euch nichts daraus, Väterchen. Drei Tage sind eine lange Zeit, ich werde Euch die Antwort rechtzeitig geben.«

Am dritten Tag zur Mittagszeit standen der reiche und der arme Bauer wieder vor dem Richter.

»Zuerst du«, sagte der Richter zu dem reichen Bauern. »Meine erste Frage lautet: Was ist am fettesten?«

Der reiche Bauer warf sich in die Brust:

»Nichts kann fetter sein als mein Schwein, das ich für die Kirchweih mäste.«

»Meine zweite Frage lautet: Was ist am schnellsten?«

»Nichts kann schneller sein als mein Schimmel, den ich auf dem Markt gekauft habe.«

»Meine dritte Frage lautet: Was ist am gerechtesten?«

»Nichts kann gerechter sein als dein Urteil, das du über uns sprechen wirst, Herr.«

Der Richter legte die Stirn in Falten und wandte sich an den armen Bauern:

»Jetzt du! Was ist am fettesten?«

»Am fettesten auf dieser Welt kann nur die schwarze Erde sein, die mit Menschenschweiß getränkt ist. Sie ernährt uns alle.«

»Was ist am schnellsten?«

»Nichts ist schneller als ein menschlicher Gedanke.«

»Und was ist am gerechtesten?«

»Nur der Tod, Herr. Er mißt mit gleichem Maße sowohl die Armen als auch die Reichen.«

Darauf sprach der Richter:

»Beide habe ich nun gehört und auch alles erwogen. Beide Seiten haben etwas unterlassen. Du, Bäuerlein, hättest die Baugrube abdecken sollen. Und du, Bauer, hättest deine Kuh besser hüten sollen. Hütest du sie nicht, schadest du dir selbst und mußt den Schaden hinnehmen. Da aber keine böse Absicht von seiten des armen Bauern vorliegt, hast du den Streit verloren. Auch tadle ich dich ob deines Stolzes, weil du dich auf Kosten des armen Bauern schadlos halten wolltest. Lerne deinen Nachbarn schätzen, er ist ein guter Mensch.«

So hatte der Richter gesprochen. Dann aber rief er den armen Bauern zu sich: »Weise waren deine Worte. Nun aber sage mir aufrichtig, wer dir den Rat erteilt hat.«

Der arme Bauer wurde puterrot und gestand die Wahrheit.

Eine Weile überlegte der Richter, dann sprach er:

»Richte deiner Tochter aus, daß sie morgen zu mir kommen soll. Aber sie darf weder bekleidet noch unbekleidet kommen, weder zu Fuß noch zu Roß, weder auf dem Weg noch neben dem Weg. Hast du verstanden? Morgen erwarte ich sie.«

Der arme Bauer kam heim. »Du hast die Rätsel gelöst, aber den Richter wirst du nicht mit deiner Klugheit schlagen!« meinte er zu seiner Tochter.

»Aber warum denn nicht, Väterchen? Legt Euch ruhig schlafen, am Morgen werdet Ihr sehen.«

Als es tagte, löste sie ihre langen Haarflechten auf, hüllte sich in ihr Haar und warf sich ein Fischernetz über. Dann holte sie den Ziegenbock aus dem Stall und setzte sich auf ihn.

Ihr Vater erstarrte: »In dieser Aufmachung willst du zum Richter?«

»So hat er es mir befohlen, Väterchen.«

Als sie auf dem Ziegenbock schon zum Tor hinaus war, hielt sie inne und rief: »Väterchen, damit nichts schiefgeht, fangt mir bitte noch unsere Katze ein!«

Der arme Bauer stieß einen Seufzer aus. Meine Güte, was hat sie mit der Katze vor? Die Tochter aber nahm, eins, zwei, die Katze unter den Arm und ritt auf dem Ziegenbock der Stadt entgegen.

Und wie sie so daherkam, weder bekleidet noch unbekleidet, ritt sie weder auf einem Pferd, noch ging sie zu Fuß, nur ihre Füße berührten den Boden, da der Ziegenbock von kleinem Wuchs war. Sie ging weder auf dem Weg noch neben dem Weg, da der Ziegenbock bald hierhin, bald dorthin sprang, von einem Büschel Gras zu einem Zweig im Gebüsch.

Anfangs standen die Leute vor Verwunderung wie angewurzelt, dann aber folgten sie der Tochter des Bauern in die Stadt.

Vor des Richters Haus gab es großes Aufsehen. Die Tochter des armen Bauern klopfte ans Tor, die Hunde bellten, und das Tor wurde weit geöffnet. Wozu die Katze? Heraus mit ihr, die Hunde hinter der Katze her und die Tochter in den Hof. Da trat der Richter auch schon aus dem Haus – und die Tochter des armen Bauern sprach zu ihm:

»Ich bin gekommen, Herr, wie Ihr befohlen!«

Der Richter schüttete sich vor Lachen aus. Dann sprach er:

»Komm, du kluges Köpfchen! Wer weiß, vielleicht bist du auch hübsch anzuschauen.«

Der Tochter wurde im Hause ein Bad gerichtet, sie bekam ein seidenes Kleid, und frisch wie eine Blume setzte sie sich mit dem Richter an den Tisch. Was der Richter ihr gesagt hat und sie ihm, das weiß ich nicht. Aber ich weiß, daß die beiden bald Hochzeit hielten.

So lebten der Richter und seine Frau zusammen wie zwei Turteltäubchen, bis zu dem Tag, als der Richter wegfahren mußte. Als er sich von seiner Frau verabschiedete, schärfte er ihr ein:

»Vergiß nicht, was du mir versprochen hast: daß du nie ohne mich Recht sprechen wirst.«

Am Abend ging die Frau auf den Balkon, um nach ihrem Mann Ausschau zu halten. Gerade kamen zwei Spitzbuben daher, erblickten sie, zwinkerten sich zu und sprachen zueinander:

»Der Richter soll irgendwohin gefahren sein. Wie wär's, wenn wir seine Frau auf die Probe stellten?«

Und schon rief der Größere: »Ist der Herr zu Hause, Frau? Wir brauchen ihn, damit er einen Streit schlichtet.«

Die Frau entgegnete: »Der Richter ist weggefahren.«

Da sprach der Kleinere der beiden: »Das macht nichts. Wir werden sehen, wie die Frau Richter ein Urteil zu fällen versteht.«

Und der Größere: »Stellt Euch vor, was passiert ist: Gestern sollte ich in die Mühle fahren, mir ist aber ein Wagenrad zerbrochen. Mit drei Rädern konnte ich nicht in die Mühle fahren, das sagt einem der gesunde Verstand, und so gehe ich also hier zu meinem Nachbarn und bitte ihn, mir ein Rad zu borgen. Er hat es mir geborgt, weil mit drei Rädern, sagt er, du nicht in die Mühle fahren kannst. So bin ich in die Mühle gefahren – mit dem Wagen, der Stute und vier Rädern. Nur hat meine Stute auf dem Rückweg ein Fohlen geworfen. Ich vergaß Euch zu sagen, daß sie trächtig war. Und so fahre ich nach Hause, mit dem Wagen, der Stute, dem Fohlen und vier Rädern. Und da nur drei Räder mir gehörten, das vierte nicht, es gehörte ja dem Nachbarn, geh' ich also zu ihm. Mein Nachbar hat das Rad genommen, das versteht sich. Wißt Ihr aber, was er noch wollte? Das Fohlen! Weil das Rad, das er mir borgte, trächtig gewesen sei. Aber wie hätte sein Rad trächtig sein können, wenn meine Stute trächtig war?«

»Glaubt ihm nicht, Frau!« warf der Kleinere ein. »Entweder lügt er, oder er ist auf den Kopf gefallen. Wie hätte seine Stute ein Fohlen werfen können, wenn sie nicht trächtig war, sondern mein Rad, das ich ihm geborgt habe. Welches Urteil fällt Ihr nun?«

Die Frau hatte zugehört und mit keiner Wimper gezuckt:

»Der Richter ist nicht zu Hause«, sprach sie. »Ihr findet ihn an den Schleusen. Wir lagern dort im Teich Maismehl. Weil es uns aber die Frösche wegfressen, will er sie fangen.«

Die beiden sahen sich an, und der Größere fragte den Kleineren: »Hast du das gehört?«

Und der Kleine sagte zu dem Größeren: »Ja, ich hätte nur gern gewußt, seit wann Frösche Maismehl fressen.«

»Das weiß ich nicht«, entgegnete darauf die Frau. »Dafür aber weiß ich, daß ein Rad keine Fohlen werfen kann.«

Die Spitzbuben kratzten sich hinterm Ohr.

»Ihr seid klug, Frau«, lachten sie. »Wir danken Euch sehr für die Rechtsprechung!«

Erst spät am Abend kehrte der Richter heim. Für alle Fälle holte seine Frau Wein aus dem Keller, und sie aßen gemeinsam zu Abend.

»Hat jemand nach mir gefragt, als ich nicht da war? Ist etwas passiert, das ich wissen müßte?« fragte der Richter.

»Ich weiß nicht, ob jemand nach dir gefragt hat. Ich weiß nicht, ob etwas passiert ist«, antwortete seine Frau und schenkte ihm Wein ein. »Hör zu, ich werde es dir schildern.«

Als sie alles geschildert hatte, geriet der Richter in Zorn: »Du hast dein Wort gebrochen!«

»Mein Wort gebrochen?« wunderte sich die Frau und schenkte ihm Wein nach.

»Du hast ohne mich Recht gesprochen!«

»Ich hätte ohne dich Recht gesprochen? Ich habe diesen Spitzbuben nur gesagt, wo der Richter zu finden ist.«

»Nicht einmal im Scherz hättest du Recht sprechen sollen.«

Der Richter ärgerte sich, seine Frau schenkte ihm wieder Wein ein.

»Gut, mein Lieber«, sprach sie. »Du bist mein Herr und Gemahl, und dein Wort gilt. Wenn ich mein Wort gebrochen habe, muß ich zu meinem Vater zurück. Gleich morgen in der Früh will ich aufbrechen, heute abend aber wollen wir noch beisammensitzen, essen und trinken.«

Und der Richter sprach dem Weine zu.

»Du bist immer gut zu mir gewesen«, setzte die Frau das Gespräch fort, »bestimmt erlaubst du mir, daß ich mir etwas zum Andenken mitnehme.«

»Du kannst nehmen, was du willst«, tat der Richter den Wunsch mit einer Handbewegung ab.

Seine Frau schenkte ihm wieder Wein nach: »Danke, ich nehme nur das, was mir am liebsten ist.«

Kurz darauf war der Richter eingenickt, und als er wie ein Holzklotz schlief, trug ihn seine Frau auf dem Rücken fort.

Am Morgen in der Hütte rieb sich der Richter lange seine Augen: »Wo bin ich?«

»Wo solltest du sein? Bei meinem Vater«, antwortete seine Frau. »Hast du mir nicht erlaubt, daß ich mir das mitnehmen kann, was mir am liebsten ist? Das habe ich getan. Und da mir nichts lieber ist als mein Mann, hoffe ich, daß du es mir nicht verübelst, daß ich ihn genommen habe.«

Der Richter kroch vom Ofen: »Du, mein kluges Köpfchen«, meinte er, »komm, wir gehen nach Hause. Jetzt weiß ich erst richtig, welchen Schatz ich in dir habe.«

Und so gingen der Richter und seine Frau in ihr Haus zurück. Ob sie dann allezeit wie zwei Turteltäubchen miteinander gelebt haben, danach fragt mich nicht.

»Ob sie dann allezeit wie zwei Turteltäubchen miteinander gelebt haben«, schloß Bahar, »danach fragt mich nicht. Die Frau eines Gewürzhändlers, die mir diese Geschichte erzählte, wußte es nicht, und sie meinte, das sei dann ja auch ein neues Märchen, und für mehr als eines hatte sie an jenem Vormittag keine Zeit gehabt, denn sie wollte mit ihren beiden Schwestern noch ins Badehaus gehen.

Ich wanderte weiter durchs Land«, fuhr Bahar fort, »und droben, am Schwarzen Meer, traf ich eine Alte, die vor ihrer Haustür saß und mit Glasperlen spielte. Ich bat sie um eine Geschichte, und sie erzählte mir:«

Die Geschichte vom Kristallpalast und Diamantschiff

In früherer Zeit lebte ein Padischah, dessen Kinder in der Welt nicht am Leben blieben, sondern immer starben. Eines Tages kam dem Padischah eine Tochter zur Welt. Der Arzt und der Hodscha, die damals horoskopische Untersuchungen anstellten, erklärten: »Mein Padischah! Wir wollen für deine Tochter unter der Erde eine Grube machen lassen. Dorthin soll sie gehen und dort aufwachsen, da es keinen anderen Ausweg gibt.«

Dem Padischah gefiel diese Rede. Alsbald wurde unter der Erde eine Grube angelegt, die an allen vier Ecken wohl gestützt war. Darauf brachte man das Kind in die Grube. Der Padischah ernannte eine Kinderfrau, die ihm morgens und abends sein Essen brachte.

Um es kurz zu sagen: Das Kind wurde hier vierzehn bis fünfzehn Jahre alt. An Schönheit hatte es nicht seinesgleichen, und an Lieblichkeit und Vollkommenheit war es unvergleichlich.

Eines Tages langweilte sich das Mädchen an dem erwähnten Ort und stellte alle Stühle, die in der Grube vorhanden waren, übereinander und stieg nach oben. Sie zerbrach die Glasscheibe, steckte den Kopf hinaus und sah ein großes Weltmeer vor sich. Als die Sonne darauf strahlte, glänzte es so, daß man mit den Augen nicht hinsehen konnte. Sie dachte: »Ach, wenn die Erde ein Unten hat, muß sie auch ein Oben haben«, und wunderte sich einige Zeit. Dann stieg sie wieder hinunter und hielt sich an ihrem Platz auf. Danach erschien die Kinderfrau. Als sie bemerkte, daß die Glasdecke zerbrochen war, fragte das Mädchen: »Wer hat die Scheibe zerbrochen?« Da begann die Prinzessin zu reden und sprach: »Führt mich von hier fort, sonst bringe ich mich um.«

Die Kinderfrau machte kehrt und ging sofort zum Padischah. Als sie die Worte, die die Prinzessin gesprochen hatte, eins nach dem anderen vorgetragen hatte, ließ er sofort die Ärzte zusammenrufen. Nachdem sie wieder eine horoskopische Untersuchung vorgenommen hatten, sagten sie: »Mein Padischah, laßt sie herausgehen, aber nicht sofort. Sie soll sich erst draußen ein wenig ergehen, bis sie ihre Augen daran gewöhnt hat; danach bringt sie wieder in die Grube.«

Die Kinderfrau ging, führte die Prinzessin aus der Grube und brachte sie in einen Rosengarten. Als sie dort spazierenging, erblickte sie das Weltmeer und dachte nach. Sie ging zu ihrem Vater und sprach: »Mein mächtiger Vater, laß mir doch über diesem, was wir dort sehen, einen Kristallpalast bauen; darin sollen sich diamantene und goldene Stühle befinden, und auch die Möbel sollen prächtig und goldbestickt sein. Wenn du ihn nicht bauen läßt, bringe ich mich sofort um.«

Der Padischah sagte: »Um Gottes willen, liebe Tochter! Der

Palast soll so gemacht werden, wie du es wünschst.« Darauf gab er den Kristallarbeitern die Befehle. Sie fingen sofort an, über dem Meer einen Palast zu errichten. Genau in Jahresfrist wurde er fertig. Man gab dem Padischah darüber Nachricht, man ging an das Gestade zum Palast und sah ihn sich an. Das war ein solcher Kristallpalast, daß jeder, der ihn sah, geblendet wurde. Es ist unmöglich, ihn mit Worten zu beschreiben. Sein Strahlenglanz erfüllte die Welt.

Die Prinzessin kam und küßte ihrem Vater die Hand. Dieser sprach: »Mein Kind, der Kristallpalast, den du gewünscht hast, ist fertig. Nimm einige Sklavinnen und gehe hin. Mögest du heiter und vergnügt darin wohnen!«

Darauf nahm die Prinzessin, da sie jung war, einige Sklavinnen mit sich und zog mit ihnen in feierlichem Zug geradewegs zum Palast. Sie traten ein und gingen dort spazieren. Tag und Nacht sollen sich diese nun vergnügen. Wir wollen jetzt zur Außenwelt kommen. Einige Leute kamen zu Schiff, andere zu Boot und sahen sich den Palast an. Eines Tages, als der Sohn des Padischahs von Jemen von diesem Palast hörte, wunderte er sich darüber, ging zu seinem Vater und sprach: »Mein erlauchter Vater! Der Padischah von Istanbul hat am Meer einen Palast errichten lassen, den man mit Worten nicht beschreiben kann. Wenn du mir gütigst Erlaubnis gibst, möchte ich hinreisen und ihn anschauen. In drei bis vier Monaten werde ich zurückkommen.«

Da gab ihm sein Vater die Erlaubnis; er nahm einige Gefährten mit, bestieg das Schiff und machte sich auf den Weg. Tag und Nacht fuhr das Schiff dahin, ohne anzuhalten. Nach einiger Zeit wurde in der Ferne etwas Wunderbares sichtbar. Sein Strahlenglanz erfüllte die Welt. Der Königssohn sagte zu seinen Gefährten: »Das, was dort erscheint, muß der berühmte Palast sein.« Nach einigen Tagen kam er endlich bei dem Palast an und fuhr von allen vier Seiten um ihn herum. Er dachte bei sich: »Ist das, was ich sehe, ein Fantasiegebilde, oder ist es ein Traum?« und verfiel eine Zeitlang in Nachdenken. Als es schließlich Abend wurde, ließ er das Schiff dort Anker werfen.

Der Königssohn soll sich auf dem Deck aufhalten. Wir wollen zur Prinzessin kommen. Sie tritt in das Vestibül und schaut nach draußen hinaus. Da sieht sie, daß vor dem Palast ein Schiff angekommen ist. Während sie sich fragt, wem dieses Schiff wohl gehöre, sieht sie den Königssohn. Er ist ein Jüngling, der dem Mond am Vierzehnten des Monats gleicht. Sofort verliebte sie sich in ihn mit ganzem Herzen und aus ganzer Seele. Als der Königssohn das Mädchen erblickte, schwanden ihm die Sinne, und er fiel ohnmächtig zu Boden. Nach einiger Zeit kam er wieder zur Besinnung, stand auf und blickte nach dem Fenster, konnte aber das Mädchen nicht mehr sehen. »Ach«, sprach er, »ich möchte sie nur noch einmal sehen.« Wie er hinschaute, verfiel er in Schlaf. Jetzt kam die Prinzessin an das Fenster und sah, daß der Königssohn eingeschlafen war. Da seufzte sie, während aus ihren Augen Blut anstelle von Tränen floß. Wie sie weinte, fiel eine Träne dem Königssohn ins Gesicht. Sofort wachte er auf und sah, daß anstelle von Tränen aus den Augen der Prinzessin Blut floß. Nun sagte der Prinz zum Mädchen: »Hier ist das Schiff! Zurück nach Jemen! Mit vollen Segeln los!« Das Schiff setzte sich in Bewegung und fuhr nach seinem Land zurück. Eines Tages traf er glücklich wieder in Jemen ein und blieb dort.

Wir wollen uns jetzt wieder der Prinzessin zuwenden. Während sie unaufhörlich in Strömen weinte, ging sie geradewegs zu ihrem Vater und sagte: »Lieber Vater, ich möchte von dir ein Schiff haben, das aus lauter Diamanten ist, dessen Kabinen mit Edelsteinen geschmückt und dessen Masten aus Rubinen sind. Darinnen sollen vierzig weiße, junge, schöne Sklaven sein. Wenn du mir das alles nicht machen läßt, werde ich mich töten.«

»Schön, mein Kind«, antwortete der Vater, »das Schiff soll sein, wie du es wünschst.«

Dann berief er die Goldschmiede und gab ihnen den Befehl. Noch an jenem Tag begannen sie mit dem Bau des Schiffes. Nach genau zwei Jahren war es fertig. Jetzt ging die Prinzessin zu ihrem Vater und küßte ihm die Hand mit den Worten: »Lieber Vater, gib mir die Erlaubnis. Ich will einen Luftwechsel vornehmen und, wenn Gott will, bald wiederkommen.«

Da ihr Vater auf der Welt nur diese einzige teure Tochter hatte, konnte er ihr überhaupt nichts abschlagen und gab ihr notgedrungen wohl oder übel die Erlaubnis: »Meine liebe Tochter, laß mich nicht so lange in Sehnsucht auf dich warten. Allah möge dir Heil verleihen!«

Das Mädchen nahm nun vierzig weiße Sklavinnen und vierzig weiße Sklaven mit sich, außerdem eine Palasteinrichtung, und begab sich geradewegs zu dem diamantenen Schiff. Nachdem sie noch jene Nacht dort verweilt hatte, gab sie am nächsten Morgen 22 Kanonenschüsse nach Steuerbord und nach Backbord ab, und man fuhr los. An jenem Tag lobte die ganze Welt sie, und Hunderttausende spendeten ihr Beifall mit den Worten: »Was ist das doch für eine geschickte Prinzessin!« Die Prinzessin selbst war der Kapitän, ihr Gehilfe war ein alter Kapitän, und die Sklaven und Sklavinnen in ihrem Gefolge verwendete sie anstelle von Soldaten und befehligte sie.

Eines Tages kamen sie in Jemen an. Sie lief in den Hafen ein, ließ das Schiff vor Anker gehen und blieb die Nacht dort. Der Aufsichtsbeamte jener Gegend hörte davon und kam, um sich das Schiff anzusehen. Als er es ansah, sagte er: »Wem gehört es wohl? In meinem ganzen Leben habe ich noch nie ein solches Schiff gesehen. Allah möge es vor dem bösen Blick bewahren.«

Sogleich ging er zum Palast und erstattete dem Padischah Bericht: »Ach, mein Padischah, gestern ist ein Schiff angekommen, dessen Beschreibung mit Worten unmöglich ist. Es besteht aus reinen Diamanten und lauter Edelsteinen. Es lohnt sich, daß man es einmal anschaut.«

Da schickte der Schah seinen Fürstenzieher und trug ihm auf, in Erfahrung zu bringen, wer es sei, und zurückzukommen. Dann bestieg sein Adjutant eine Schaluppe und fuhr schnurstracks zu dem Diamantenschiff. Als nun die Prinzessin den Adjutanten kommen sah, ließ sie die Schiffsmannschaft von Kopf bis Fuß rote Kleidung anziehen. Als die Schaluppe schließlich an der Landungstreppe angelegt hatte, ging dem Adjutanten die ganze Schiffsbesatzung entgegen, führte ihn hinauf und brachte ihn geradewegs zur Kabine des Kapitäns. Sie setzten sich auf Sesseln nieder und begannen freundschaftlich zu plaudern. Der Adjutant sagte: »Aber, mein Bej, man kann sich nicht genug der Gesellschaft mit Leuten Ihresgleichen erfreuen, jedoch der Schah erwartet mich, ich bin gekommen, um Nachricht zu bringen. Wenn Sie mir Ihren schönen Namen sagen würden, will ich dem

Padischah Kunde geben.« Der Kapitän antwortete: »Ich bin ein Kaufmannssohn und bin auf Reisen gegangen, um mich zu vergnügen.«

Schließlich brach der Adjutant auf und ging zum Padischah zur Audienz: »Mein Padischah! Das Schiff, das angekommen ist, ist ein Handelsschiff. Sein Kapitän ist ein junger Mann, der weder Schnurrbart noch Backenbart hat; er ist so schön wie der Mond am Vierzehnten des Monats. Seine Mannschaft ist ganz ihm entsprechend, alle sind ausgezeichnet. Wirklich, mein Herr, es lohnt sich, sich das einmal anzusehen.«

Der Padischah bekam Lust und wünschte, sich hinzubegeben. Dann bestieg er eine Schaluppe mit sieben Ruderpaaren und fuhr mit seinem ganzen Hofstaat zum Schiff. Als der Kapitän nun sah, daß der Herrscher selbst kam, ließ er die ganze Mannschaft gelbe Kleider anziehen. Als der Besucher sich der Landungstreppe näherte, kam ihm die Schiffsbesatzung entgegen und führte ihn nach oben. Sie gelangten nun in die Kabine des Kapitäns und erwiesen ihm Ehrenbezeugungen; sie nahmen ihn herzlich auf und bewirteten ihn mit Kaffee und Tabak. Der Padischah war in Staunen versetzt. Dann brach er wieder auf und ging zu seinem Palast zurück.

Als der Königssohn das hörte, da verstand er sofort die Angelegenheit. Nun bestieg er die Schaluppe und fuhr direkt zum Schiff.

Wir wollen nun wieder zum Kapitän kommen. Diesmal ließ er die ganze Schiffsmannschaft in Grün kleiden. Als der Königssohn am Schiff anlegte, empfing man ihn mit Ehrenbezeugungen. Schließlich kam er in die Kabine des Kapitäns und ließ sich dort nieder. Obwohl der Königssohn den Kapitän bis in alle Einzelheiten befragte, gab sich dieser auf keine Weise zu erkennen. Der Königssohn verliebte sich sofort in den Kapitän und konnte seinen Blick nicht von seinen Augen abwenden. Als es schließlich Abend wurde, erhob sich der Königssohn wohl oder übel und fuhr zu seinem Palast.

Wir wollen zum Kapitän kommen. Er schickte dem Hafenaufseher der dortigen Gegend Nachricht, und durch seine Vermittlung brachte man das unter seinem Kommando stehende Schiff ins Hafenbecken. Sie nahmen auch die Einrichtungsgegenstände mit. Vor dem Palast lag ein riesiges Gebäude, das sie mieteten. Dort ließen sie sich nieder und begannen, sich freundschaftlich zu unterhalten.

Wir kommen wieder zu dem Königssohn. Am nächsten Morgen, als es Tag geworden war, geht er zu der Stelle, wo das Schiff gelegen hatte, und sieht, daß keine Spur mehr davon vorhanden ist. Mit einem Wehruf schlug er seinen Kopf auf den Boden. Er kam zu seinem Erzieher und fragte ihn. Als der Erzieher ihm alles, eins nach dem anderen, erklärt hatte, wurde dem Königssohn wieder froh ums Herz, und er ging zum Palast zurück. Als er vom Gartenhaus auf die Fenster des erwähnten Gebäudes schaute, fiel sein Blick auf das Mädchen, und er geriet in Verwirrung. Bei dem Gedanken: »Wer ist es wohl? Ist es vielleicht die Frau des Kapitäns?« fühlte er innere Unruhe und Argwohn. Sie war ein einzigartiges und auf der Welt unvergleichliches Wesen, das solche Schönheit besaß und dessen Locken nach zwei Seiten gescheitelt waren.

Als nun auch das Mädchen den Königssohn erblickte, schloß sie das Fenster und zog sich ins Innere zurück. Da verliebte sich der Prinz von neuem in sie. Nach allen vier Seiten streifte er um das Gebäude herum in dem Gedanken: »Ach, wenn ich jene Schöne noch einmal sehen könnte!« Als es schließlich Nacht geworden war, zog sich der Königssohn in sein Zimmer zurück und jammerte.

Am anderen Morgen kommt er zum Gartenhaus und sieht, daß niemand am Fenster ist. Da er es nicht mehr aushalten konnte, ging er zu seiner Mutter und sagte: »Ach Mutter, in dem uns gegenüberliegenden Gebäude wohnt die Frau des Kapitäns, ich habe sie am Fenster gesehen und mich in sie verliebt. Nimm diese edelsteinbesetzten Holzschuhe und bringe sie ihr zum Geschenk. Ich möchte noch einmal ihre Schönheit sehen, sonst werde ich mich umbringen.«

Wohl oder übel erhob sich die Mutter und ging zum Gebäude des Kapitäns. Nachdem sie eingetreten war und den Gruß entboten hatte, überreichte sie dem Mädchen die Holzschuhe. Das Mädchen nahm die Schuhe und gab sie den Sklavinnen in der Küche. Die arme Sultanin wunderte sich und sagte zu dem Mädchen: »Meine Prinzessin, der Königssohn läßt seinen besonderen Gruß entbieten und wünscht, Eure gesegnete Schönheit zu sehen, aber ach, was geruht Ihr zu antworten?« Da gab das Mädchen überhaupt keine Antwort. Nachdem sie noch einige Zeit verweilt hatte, ging sie zum Palast zurück und sprach zornig zum Königssohn: »Ich habe jenem Mädchen die edelsteinbesetzten Schuhe gegeben. Sie nahm sie und gab sie den Sklavinnen in der Küche. Darüber habe ich mich sehr aufgeregt, und obwohl ich ihr deinen Zustand geschildert habe, hat sie überhaupt keine Antwort gegeben. Dann bin ich von dort aufgebrochen und hierhergekommen. Was du auch immer für einen Kummer hast, du mußt selbst damit fertig werden!«

Jetzt ging der Königssohn in sein Zimmer und seufzte und jammerte bis zum Morgen. Dann ging er zu seiner Mutter und küßte ihr die Hand mit den Worten: »Ach, liebe Mutter! Nur du allein kannst helfen.«

Die Sultanin hatte eine sehr wertvolle Perlenkette. Als ihr diese in den Sinn kam, sagte sie: »Mein lieber Sohn, ich habe von meinen Vorfahren eine Perlenkette im Kasten. Dir zuliebe will ich sie hingeben. Wir wollen einmal sehen, wie sie wirkt.«

Der Prinz war erfreut und küßte seiner Mutter wiederum die Hand. Die Sultanin erhob sich und ging zum Gebäude des Mädchens. Als sie eingetreten war und den Gruß des Königssohnes übermittelt hatte, überreichte sie dem Mädchen jene Perlen. Das Mädchen hatte einen Papagei, der in einem Käfig an der Decke hing. Sie nahm die Perlen der Sultanin und gab sie dem an der Decke aufgehängten Papagei als Futter. Das Tier fraß sie knackend und krachend auf.

Diesmal öffnete die Dame vor Staunen ihren Mund und sprach zu sich selbst: »Schau, der Papagei dieses Frauenzimmers frißt Perlen statt Futter!« Danach stand sie auf und ging zum Palast zurück. Als der Prinz voller Eifer fragte: »Mutter, was hast du erreicht?«, antwortete sie: »Ach, mein Sohn, ich habe meine Perlen dem Mädchen gegeben. Sie nahm sie auch, gab sie aber dem an der Decke aufgehängten Papagei als Futter. Das Tier hat sie vor meinen Augen aufgefressen. Als ich das alles ansehen mußte, da grämte ich mich schier zu Tode. Ich wußte nicht, was ich tun sollte, und ich weiß nicht, was nun mit uns werden soll.«

Der Prinz entgegnete ihr: »Mutter, es ist Dummheit von ihr!

Nimm es ihr nicht übel!« In dieser Nacht kam bis zum Morgen kein Schlaf über den Prinzen, da er immer wieder seufzte. Am Morgen ging er geradewegs zu seiner Mutter und sprach: »Ach, liebe Mutter, ich habe einen alten Koran. Bring ihr den! Vielleicht hat sie aus Ehrfurcht vor ihm diesmal Mitleid mit mir und handelt gütig.« Kurz, er überredete seine Mutter und schickte sie wieder hin.

Die Sultanin geht unter einem Vorwand zum Palast und tritt ein. Die Prinzessin kommt herunter, geht ihr mit Ehrenbezeugung entgegen und führt sie hinauf. Die Sultanin wundert sich hierüber. Schließlich holt sie aus ihrem Busen den Koran heraus und überreicht ihn dem Mädchen. Das Mädchen nimmt ihn artig an und legt ihn, nachdem sie ihn dreimal geküßt hat, auf das Bücherbrett. Da sagt die Sultanin zu ihr: »Mein Kind, der Prinz klagt Tag und Nacht unaufhörlich. Zuletzt wird er sich noch umbringen. Um Himmels willen, mein Kind, du allein kannst da nur helfen. Zeige dem Prinzen doch nur einmal dein Gesicht, damit er dich sehen kann und sein Herz etwas Freude hat!«

Das Mädchen antwortete: »Mutter, ich zeige mich nicht für etwas Gewöhnliches!« Da sagte die Sultanin zu ihr: »Ach, mein Kind, was du verlangst, das wollen wir tun!« Darauf entgegnete das Mädchen: »Mutter, ich will es dir geradeheraus sagen. Du sollst jetzt eine goldene Brücke machen lassen und ringsherum alles mit lauter Rosen schmücken. Der Prinz soll an dem einen Ende der Brücke sein Lager aufschlagen und sich hineinlegen, dann werde ich dorthin kommen, und dort soll er mich sehen.«

Danach stand die Sultanin auf und kam wieder in ihren Palast. Als der Prinz fragte: »Ach, Mutter, was hast du erreicht?«, da entgegnete sie: »Mein Sohn, jenes Mädchen hat kurz und bestimmt geantwortet: ›Eine goldene Brücke sollst du machen lassen und alles ringsum mit lauter Rosen schmücken. Der Prinz soll an dem einen Ende sein Lager aufschlagen und mich erwarten. Ich werde dorthin kommen, und er kann mich sehen.‹ Wenn du das vermagst«, fuhr sie fort, »laß es machen.«

Kurz und gut, der Prinz ließ wirklich eine Brücke machen, wie sie das Mädchen beschrieben hatte, und schmückte sie ringsum mit Rosen. An dem einen Ende der Brücke schlug er sein Lager auf und ließ sich dort nieder. Dem Mädchen schickte man nun Nachricht. Sie kleidete sich und schmückte sich und kam mit allem Prunk und Pomp zur Brücke. Während sie aber über die Brücke ging, stach sie sich an einem Rosendorn ins Gesicht und schrie: »O weh, mein Gesicht!« und kehrte wieder zu ihrem Palast zurück.

Der Prinz sieht, daß sie kommt, und denkt bei sich: »Jetzt werde ich sie sehen.« Als er bemerkt, daß das Mädchen umkehrt und zurückgeht, sagt er zu seiner Mutter: »Um Gottes willen, Mutter, ich habe sie nicht sehen können; sie ist fortgegangen.«

Die Sultanin geht geradewegs zum Haus des Mädchens. Als sie zu ihr sagt: »Meine Tochter, warum bist du nicht zum Prinzen gegangen?«, entgegnet das Mädchen: »Mutter, ein Rosendorn ist mir ins Gesicht gedrungen. Nun könnt Ihr die Brücke und auch den Prinzen behalten.«

Darauf erwiderte die Sultanin: »Meine Tochter! Was sollen wir tun? Du wendest für alles eine List an!« Nun sprach das Mädchen: »Mutter, ich will dir die Wahrheit sagen. Ihr sollt jetzt eine goldene Brücke bauen lassen und auf der einen Seite einen goldenen und auf der anderen Seite einen silbernen Leuchter aufstellen. Danach soll der Prinz sterben. Ihr sollt an dem anderen Ende ein Grab für ihn graben und ihn hineinlegen. Dann will ich kommen und zu seinen Häuptern sitzen. Dort soll er mich nach Herzenslust anschauen!«

Zornig stand die Sultanin auf, ging zum Palast und sagte: »Mein Sohn, dem Mädchen ist ein Dorn ins Gesicht gedrungen. Darum kehrte sie um und ging wieder nach Hause.« Als der Prinz fragte: »Mutter, was sollen wir jetzt tun?«, antwortete sie: »Mein Sohn, das Mädchen hat ihre letzte Antwort gegeben: ›Du sollst auf die frühere Art und Weise eine Brücke machen lassen und auf beiden Seiten einen goldenen und silbernen Leuchter aufstellen. Danach soll der Prinz sterben, und man soll an dem einen Ende der Brücke sein Grab bereiten. Darin soll er mich erwarten. Ich werde kommen und mich zu seinen Häuptern niederlassen. Dort soll er mich nach Herzenslust anschauen.‹ So sprach sie, und das war ihre Antwort.« Der Prinz sagte: »Mutter, ich werde dem Anschein nach sterben, mich ins Grab legen und sie erwarten. Wir wollen sehen, was für eine List sie diesmal anwenden wird.«

Also handelten sie. Am folgenden Tage stellte man auf der einen Seite der Brücke einen goldenen Leuchter und auf der anderen Seite einen silbernen Leuchter auf. Der Prinz legte sich in das Grab und erwartete das Mädchen.

Wir wenden uns wieder dem Mädchen zu. In jener Nacht ließ sie das Schiff aus dem Hafenbecken ziehen, nahm alle Einrichtungsgegenstände, die in dem Haus waren, sowie ihre Sklavinnen mit sich und brachte sie aufs Schiff. Alles war in Bereitschaft. Als es Morgen wurde, kam das Mädchen geradewegs zur Brücke und ging zu dem Grab, wo der Prinz war, und sagte: »Sieh, hier ist das Schiff, und hier ist ein günstiger Wind nach Istanbul!« Nach diesen Worten bestieg sie das Schiff und fuhr ab.

Der Prinz steht sofort auf und sieht, daß das Schiff unverzüglich abfährt. Wehklagend eilt er zu seiner Mutter: »Ach, Mutter, was ich getan habe, ist meine Schuld.« Nun verstand er die Handlungsweise des Mädchens. Darauf begab er sich zu seinem Vater und küßte ihm die Hand mit den Worten: »Mein lieber Vater! Gib mir die Erlaubnis, ich möchte fortgehen!« Der Vater war damit einverstanden und gab ihm die Erlaubnis. Der Prinz küßte auch seiner Mutter die Hand und sprach: »Mutter, nun hat sich der rechte Weg für mich aufgetan. Jetzt muß ich gehen.« Damit holte er sich auch die Erlaubnis von seiner Mutter.

Dann ging er, bestieg ein Schiff und machte sich auf den Weg. In Istanbul verließ er das Schiff und ging zu dem erwähnten Palast. Die Prinzessin kam ihm mit den Sklavinnen entgegen. Man führte ihn nach oben ins Zimmer. Als er zu ihr sagte: »Meine Prinzessin! Tut es dir nicht leid um mich, daß du mir so viel angetan hast?«, da entgegnete ihm das Mädchen: »Oh, mein Prinz, hast du denn vergessen, was du mir angetan hast? Du bist mit dem Schiff gekommen, hast mich in Flammen gesetzt und bist dann fortgegangen. War das vor Gott zu verantworten?«

Da sagte er: »Ach, meine Prinzessin, willst du mir mein Vergehen verzeihen und es mir nicht nachtragen? Die Schuld liegt an mir!«

Danach umarmten sie sich innig. Die beiden Liebenden erreichten ihren Wunsch und gelangten zur Vereinigung. Dann ging die Prinzessin zu ihrem Vater und erklärte ihm alles, was ihr zugestoßen war. Ihr Vater war zufrieden und dankte Gott. Am folgenden Tag wurde der Ehevertrag geschlossen, und vierzig Tage und vierzig Nächte wurde Hochzeit gefeiert. In der einundvierzigsten Nacht betraten sie das Brautgemach, und die beiden Liebenden wurden vereinigt.

Der Becher war leer, und Bahar brachte ihn zur Ältesten, damit sie ihn füllen konnte. Dann ließ sie ihn kreisen, und als er wieder bei ihr ankam und auch sie selbst einen Schluck genommen hatte, sagte sie: »Die Nacht ist heute kurz, und so bleibt mir nicht mehr viel Zeit. Aber die Geschichte von der Perlmuttermaid will ich euch noch erzählen.«

Die Perlmuttermaid

Als die Kamele noch Ausrufer, die Läuse noch Barbiere waren, als ich die Wiege meiner Mutter quietschend schaukelte, da lebte ein Padischah. Dieser Padischah hatte drei Söhne und eine Tochter. Selbst wenn man ihrem Vater die ganze Welt schenken würde, hätte er sie nicht hergegeben; denn er schätzte sie höher als Krone und Thron ... In den Augen ihrer Mutter waren die Söhne süßer als der erste Honig, und ihre Tochter war der Rahm auf dem Honig. Die arme Frau aber ging dahin, ohne daß sie vom Honig und Rahm satt geworden wäre. Der große Palast war ganz in Schwarz gehüllt. Da sagte der schwarze Wesir: »Majestät, der Tag wird ja nicht immer schwarz bleiben. Nun haben Sie eine Mutter nötig, die ihre zehn Finger alle für die Kinder aufopfert.«

Der Wesir schmückte seine Tochter und gab sie dem Padischah zur Frau. Er gab sie zwar, aber welche Finger würde sie aufopfern! Denn aus jedem der zehn Finger kam bei der Wesirstochter ein Unheil. Gott behüte uns vor dem Übel derartiger Menschen wie sie! Bis sie den Padischah in ihre Hand bekommen hatte, lachte sie den Dienerinnen zwar ins Gesicht, aber ganz langsam betrieb sie hinter dem Rücken Heimlichkeiten und ließ keinen aus, den sie nicht beschmutzt hätte, vor allem ihre Stieftochter nicht, bei der sie das üble Schwarz so dick auftrug, daß man es mit dem Wasser aus vierzig Bächen nicht hätte abwaschen können. So sind es denn Verleumdungen, die höher sind als der bekannte Berg Kaf. Sie beraubte sie sogar des Vertrauens ihres Vaters und erniedrigte sie zu Küchenarbeiten.

Eins ist natürlich, daß nämlich Bruder und Schwester wie eine Lunge sind. Wie könnte man sie voneinander trennen? Des Nachts taten sie sich zusammen. Während sie ihr Schicksal besprachen, gab ein Wort das andere.

Eines Tages, als sie wieder ihr Leid klagten, kam heimlich ihre böse Stiefmutter, und wie sollte sie nicht an Tür und Tor lauschen! Wie ein Rabe stürzte sie sich auf sie: »Ach, ihr Plagegeister! Nun habt ihr euch wieder zusammengetan. Was für Pläne schmiedet ihr gegen mich? Wartet mal, ich will euch einen solchen Streich spielen, daß sogar das Schicksal daran Spaß haben soll.«

Nun hing an den zehn Fingern der Tochter des schwarzen Wesirs nicht nur zehnmal Unheil, sondern sie verstand sich auch auf die Hexerei. Auf irgendeine Weise verhexte sie die Brüder. In aller Frühe wurden alle drei Königskinder Vögel, und warum sollten sie nicht fortfliegen? Ihre vom Unglück betroffene Schwester wußte nicht, was ihr zugestoßen war. Die Augen nach oben gewandt, wartete sie in einem fort, aber weder das Geräusch eines Flügels noch der Atem eines Bruders war zu vernehmen ... Alle Vögel waren zu ihren Nestern heimgekehrt, nur sie nicht. Von nun an wurde ihr der Palast zum Gefängnis. »Entweder streife ich von Berg zu Berg und suche sie, oder ich sterbe auf den Wegen, indem ich überall suche. Ich bin zur Welt gekommen, aber was habe ich eigentlich davon gehabt!«

Nach diesen Worten lief sie in jener Nacht, ihr Leben aufopfernd, davon und machte sich auf den Weg. Sie ging und ging, sie wanderte über Berg und Tal, sechs Monate und einen Sommer lang ging sie weiter. Nach langer Wanderung gelangte sie zum Gipfel eines Berges. Sie fragte die weißen und schwarzen Vögel nach ihrem Bruder, aber sie flogen scharenweise davon und gaben weder einen Laut noch ein Zeichen von sich. Als sich ihre Hoffnungen nicht erfüllt hatten, vergaß sie dicke Tränen aus ihren Augen und begann zu klagen und zu jammern. Dieses unglückliche Mädchen, das doch ein Herz hatte, konnte das nicht mehr ertragen, und wie sollte sie es auch?

Auf einmal – es war ein Geschick Allahs – sah sie, was sollte sie sehen? Drei Vögel, drei weiße Vögel, sie kreisten über ihr. Sogleich streckte sie ihre Arme aus, aber keiner kam und ließ sich darauf nieder. Immer wieder kreisten sie über ihr ...

Das ist ja ein Zauber. Ihre Stiefmutter hatte sie in Vögel verwandelt, in solche Vögel, daß, wenn die Sonne unterging und die Gewässer dunkel wurden, sie Fleisch und Knochen annahmen und zu Menschen wurden. Wenn aber die Sonne aufging und die Umwelt hell wurde, nahmen sie wieder Gefieder an, schlugen mit den Flügeln und flogen davon.

Nun, eines Tages, als der Abend hereingebrochen war, wurden diese drei Vögel, vom vielen Kreisen ermattet und todmüde heimkehrend, wieder die drei Brüder und kamen in die Gegend ihrer Schwester. Sie schmiegten sich eng aneinander, küßten sich gegenseitig und begannen alles zu erzählen, was mit ihnen geschehen war; sollte da nun Schlaf in ihre Augen kommen?

Als die Morgendämmerung anbrach, sagten sie: »Schwester, warum sollen wir an diesen Orten wohnen, wo kein Vogel vorüberfliegt und keine Karawane vorbeizieht? Auf der anderen Seite dieses Berges befindet sich ein See, in der Mitte des Sees eine Insel, in der Mitte der Insel ein Raum, angefüllt mit Tannenduft und Vogelgezwitscher. Niemand würde ihn gegen einen Palast eintauschen. Wie wäre es, wenn wir dich, sobald der Tag angebrochen ist, auf unsere Flügel nähmen und dorthin brächten? Fürchte auf keinen Fall, daß wir, wenn wir uns über Berg und Tal befinden, dich in einen Abgrund werfen. Die Flügel, auf die du gestiegen bist, sind die Flügel der Brüder, nicht aber die Finger der Stiefmutter!«

Dies war um so besser für die Perlmuttermaid. Am frühen Morgen wurden die drei Brüder wieder zu Vögeln und legten Flügel an Flügel. Sie setzte sich nun auf die Flügel, und sie flogen gen Himmel. Bevor man ein Auge schließen und wieder öffnen kann, glitten sie hinab zu dem Ort, wohin sie wollten! Es war wirklich ein Platz wie das Paradies, aber das arme Mädchen streckte weder ihre Hand zu den dichtästigen Bäumen aus noch zu den zuckersüßen Früchten.

Blitzschnell stiegen ihre Brüder nun in die Lüfte, und sie stürzte sich selbst in die Wasser des Sees. Zufällig bedeutete das Wasser dieses Sees ein Heilmittel für jedes Leid und eine Genesung für jede Krankheit.

Sobald das Perlmuttermädchen einmal untertauchte, um sauber zu werden, da blieb weder ihre Stirn noch ihr Gesicht schwarz. Sobald nun ihre Vogelbrüder aus der Öde und Wildnis zurückkehrten und sie weißer als Milch und reiner als Wasser sahen, wurden sie vor Freude ganz verrückt und riefen: »Schwester, Schwester, weißer als alles Weiß! Wenn Allah, der dich von den Quälereien und Mißhandlungen der Stiefmutter befreit hat, auch uns von unserem Federkleid erlöst, werden wir unser ganzes Leben lang in diesem Smaragdschloß und jeden Tag mit Rosen verbringen und mit Nachtigallen feiern!«

Wer weiß, was sie da einander noch alles erzählten, später aber, sobald Schlaf in ihre Augen kam und diese langsam vor Müdigkeit zufielen, legte sich jeder an seinem Platz nieder.

Man sagt, mit welcher Einbildung der Mensch sich zu Bett legt, das begegnet ihm im Traum wieder. War es einer von den ›Sieben‹ oder von den ›Vierzig‹, der dem Mädchen erschien und sagte: »Mein Mädchen, wenn du aus Queckenpflanzen für jeden ein Hemd strickst und es deinen Brüdern anziehst, zerbricht mit Gottes Hilfe ihre Verzauberung, sie werden wieder Menschen und gehen unter die Menschen, aber unter einer Bedingung: Bis du es für sie fertiggestrickt hast, darfst du mit niemandem ein Wort sprechen. Wohlauf denn, wenn du darauf vertraust, was du verstanden und gehört hast, dann sag ›Bismillah‹ und fang an!«

Die Perlmuttermaid erwachte und glaubte an ihren Traum. Könnte sie nunmehr diese Gelegenheit vorübergehen lassen? Sobald ihre Brüder fortgeflogen waren, sammelte sie Hände voll Quecken und begann die Hemden, eins nach dem anderen, zu flechten. Als die Brüder am Abend zurückkehrten und sie so schweigend und stumm fanden, konnten sie das nicht verstehen und sagten: »Die schwarze Hexe, unsere Stiefmutter, hat ihre Finger allerorts drin und führt mit ihrer Zunge überall böse

Reden. Ob sie nicht eine neue Hexerei nach der ersten gemacht hat, indem sie dachte, wenn das Schwarze aus dem Gesicht des Mädchens abgewischt wird, soll an ihrer Zunge eine Wunde entstehen.«

Sie setzten sich wie Bienen auf die Blumen, übersahen kein Kraut, das als Heilmittel diente, und rissen es aus, aber ihre Schwester gab weder ihre Strickarbeit auf, noch kam ein Wort aus ihrem Mund.

Ihre Vogelbrüder hatten ja keine Ahnung von dem Traum; sie sollen nur weiter nach dem Heilmittel suchen!

Als nun eines Tages ein Königssohn in jener Gegend umherschweifte, erblickte er von dem Abhang die Perlmuttermaid und traute seinen Augen nicht. Sogleich lenkte er sein Pferd nach jener Richtung und suchte in Erfahrung zu bringen, ob es die Rose eines Berges oder die Nachtigall eines Gartens sei. Aber er konnte kein Wort aus ihr herausbringen. Einmal dachte er: »Sie ist eine Fee«, dann wieder: »Sie ist ein Mädchen, das nicht sprechen kann.« Wie dem auch sei, der Königssohn war in die Perlmuttermaid derart verliebt, daß er beschloß, sie zu heiraten, und ließ sie mit eigener Hand aufs Pferd steigen. Unterwegs erschienen drei Vögel und begannen über ihrem Haupte zu fliegen, als ob sie wünschten, sie vor Tag und Sonne zu schützen. Da der Königssohn nicht wußte, daß diese drei Vögel drei Brüder waren, kam ihm das seltsam vor. Nun, sie ritten und ritten, stiegen über Berg und Tal, unaufhörlich, Tag und Nacht, und gelangten zum Palast.

Wie sollte sich der Padischah den Wunsch seines Sohnes zweimal sagen lassen? Dazu noch, da er an dem Glück seines Kindes seine Freude haben würde. Noch an jenem Abend wurden die Trommeln geschlagen und die Hochzeitsfeierlichkeiten begannen, aber – kommen wir nun zur Perlmuttermaid! Sie zog weder rote noch grüne Kleider an, noch legte sie Henna auf ihre Perlmutterhaut, vielmehr strickte sie eine Masche nach der anderen und knüpfte ein Hemd nach dem anderen, wobei sie dachte: »Wenn nur einmal der Tag kommt und mein Traum in Erfüllung geht.«

Nun hielt eine von den Hofdamen ein Auge auf sie und schrieb alles, was sie machte, nieder. Zur Abendzeit ging sie zu dem Königssohn und sprach: »Mein Königssohn! Dieses Mädchen, das deine Verlobte werden soll, ist weder eine Fee noch eine Frau, die nicht reden kann. Da gibt es nichts anderes: entweder ist sie eine Hexe oder eine Zauberin. Am Tage kommen drei Vögel und klopfen ans Fenster, des Nachts sagen sie: Komm in den Palastgarten! Sie geht dann zu jener Stunde hinaus, und später sammelt sie Quecken und kommt zurück, sie kommt zurück, aber wer weiß, was für Ränke sie gegen dich schmiedet.«

Der Königssohn wollte nichts auf die Perlmuttermaid kommen lassen, aber er wartete drei Tage und drei Nächte. Als er gesehen hatte, daß das, was gesagt wurde, Wort für Wort richtig war, da wußte er nicht, was ihm zugestoßen war. Sogleich rief man sie und stellte ihr allerlei Fragen, aber das arme Mädchen ließ weder die Strickarbeit aus den Händen, noch kam ein Wort aus seinem Mund. Bei jeder Frage kamen Tränen in die Augen der Unglücklichen. Aber wer kümmert sich schon um ihre Augen und ihre Tränen! »Schweigen bedeutet Geständnis«, lautet ein Sprichwort. Man sprach sie der Hexerei schuldig. Eines solch schönen Mädchens Schönheit sollte sie um ihren Kopf bringen! Man forderte vom Henker ihren Kopf.

Der Henkermeister fragte das Mädchen nach seinem letzten Willen, aber wieder kam kein Laut aus seinem Mund. Nun sprach er: »Mach dich auf deine letzte Stunde bereit!« Aber sie ließ das Strickzeug nicht aus der Hand. Da begannen drei Vögel über ihrem Haupt zu kreisen. Der Henkermeister war ratlos. Während er überlegte, was er machen und wie er verfahren solle, hatte die Perlmuttermaid die Hemden fertiggestrickt; sie nahm sie und warf sie einzeln auf die Vögel. Nach Gottes Ratschluß wurden alle drei Vögel zu Jünglingen wie Sprößlinge und fielen dem Mädchen um den Hals. Diejenigen, die das sahen, glaubten, daß es Hexerei sei, und sperrten Mund und Nase auf.

Eben in diesem Augenblick löste sich die Zunge der Perlmuttermaid. Sie sprach: »Henkermeister, der Henkerstein bleibt an seiner Stelle. Zuallererst führe mich zur Audienz beim Padischah. Ich möchte ihm nun der Reihe nach erzählen, was ich erlebt habe. Wenn er dann noch einen Befehl für meinen Kopf gibt, was können wir tun? Dann ist mein Hals dünner als ein Haar.«

Sie ging und erzählte unter strömenden Tränen dem Padischah, was sie von ihrer Stiefmutter erduldet hatte.

Der Padischah verstand nun, daß die Perlmuttermaid ein Mädchen reiner als Perlmutter war, und nahm sie für seinen Sohn zur Frau. Darüber hinaus gab er seine drei Töchter den drei Brüdern der Perlmuttermaid zur Frau. Während sie vierzig Tage und vierzig Nächte Hochzeit feierten, sollte da nicht die Nachricht kommen, daß auf der anderen Seite die Tochter des schwarzen Wesirs, die ja ihre Stiefmutter war, den Tod durch vierzig Maultiere oder vierzig Messer zu wählen hatte? Ja, derjenige, der Böses sät, erntet auch Böses; wer das nicht tut, dem werden seine Wünsche erfüllt.

Bahar hob den Kopf und sah die Mondfrauen an. »Drei Äpfel fielen noch vom Himmel«, schloß sie ihre Geschichte, »und die sollen für diejenigen sein, die den anderen kein Unheil angetan haben!«

Als Bahars Worte verklungen waren, deutete Anamaque zum Waldrand im Westen, und die Blicke der Frauen folgten ihrem Fingerzeig. Mit andächtigem Schweigen beobachteten sie, wie der letzte Silberschein des Mondes hinter den Wipfeln der Bäume verschwand. Dann wandten sie sich wieder einander zu und bedankten sich bei Bahar für die Geschichten, die sie ihnen erzählt hatte. Anamaque ließ ein letztes Mal den Becher kreisen, und als er wieder bei ihr ankam, gab sie ihn an Mardschana weiter, die ihn mit Dank und Ehrerbietung annahm.

So ging auch die vierte Mondnacht vorüber, und die Frauen verschwanden im Moor, so wie sie gekommen waren.

DIE FÜNFTE NACHT

Mardschana erzählt Märchen aus dem Orient

Mardschana hatte sich sehr früh auf den Weg gemacht, denn sie wollte als erste am Tanzplatz sein. Es dämmerte noch nicht, als sie beim ›Moorfels‹ ankam, dort, wo einst die Ahninnen der Moorfrauen geheime Zeichen ins Gestein geritzt hatten, die der Großen Mutter galten. Mardschana blieb vor dem Felsen stehen, legte ihr Bündel ab und wollte ein Stück nach oben klettern. Da entdeckte sie eine rötliche Schlange, mit einem wunderschönen Zickzackband vom Kopf bis zum Schwanz.

»Du trägst das Halsband der Göttin auf deinem Rücken«, sagte sie leise und betrachtete das Tier, das aufgerollt und noch träge vom Winterschlaf etwa zwei Meter vor ihr lag. Mardschana wußte, daß die Schlange sehr giftig war, und hielt deshalb Abstand, obwohl sie sie gerne berührt und gestreichelt hätte. Eine Weile lang sahen sich die beiden an, dann verschwand die Schlange blitzschnell in einer Felsspalte.

Mardschana nahm ihr Bündel wieder auf und ging weiter. Nach etwa einer Stunde Fußmarsch kam sie am Tanzplatz an, und wirklich, sie war die erste! Sie legte ihr Bündel ab, stellte den Heiligen Becher auf die Felsplatte nahe dem Platz der Ältesten und begann damit, Holz zu sammeln.

Nach und nach kamen die anderen, und als sich hinter dem Hochfels der erste Silberschimmer zeigte, traf auch Anamaque ein.

Nachdem alle Rituale vollzogen waren, setzten sich die Frauen ums Feuer, und Mardschana begann zu erzählen:

Die listige Dalilah

Zur Zeit des Kalifen Harun al Raschid lebten zwei so schlaue und listige Männer, die ganz außerordentliche Taten vollbrachten, daß der Kalif sie als Polizeipräfekten anstellte und jedem von ihnen eine Wache von vierzig Mann zur Seite gab. Außerdem schenkte er ihnen je ein Ehrenkleid und gestand ihnen ein monatliches Gehalt von tausend Dinar nebst freier Tafel zu.

Als dies Seinab, die Tochter des verstorbenen Polizeipräfekten, hörte, sagte sie zu ihrer Mutter Dalilah: »Sieh doch einmal, wie der Kalif diese Männer begünstigt, mit Ehren und Reichtum überschüttet, während er uns in Armut und Unansehnlichkeit leben läßt, als hätte er die Dienste, die mein Vater ihm zeitlebens geleistet hat, ganz und gar vergessen.«

Dalilah, die durch ihre List und Schlauheit eine Schlange aus ihrem Neste zu locken wußte und bei der ein Iblis selbst noch hätte Unterricht nehmen können, antwortete ihrer Tochter: »Habe nur Geduld, ich werde Dinge ins Werk setzen, die meinen Ruf bald über den der beiden neugebackenen Polizeipräfekten Ahmed Denf und Hasan Schuman erheben werden, so daß der Kalif nicht wird umhin können, mir das Gehalt meines seligen Gatten weiter zu bezahlen.«

Sie verschleierte sich hierauf, zog ein wollenes Kleid mit einem breiten Gürtel an, wie es die Frauen zu tragen pflegten, die sich Gott weihen wollen, nahm eine Waschkanne und füllte sie mit Wasser, in das sie einige Goldmünzen legte, die sie mit Palmenblättern zudeckte. In die andere Hand nahm sie eine ungeheuer lange Gebetsschnur, schulterte eine Stange, die sie mit lauter bunten Lappen behängte, und ging so in den Straßen Bagdads umher, fromme Sprüche vor sich hinmurmelnd, während sie in ihrem Herzen auf Trug und Verrat sann. Endlich blieb sie vor dem Hause des Obersten der Leibwache des Kalifen stehen. Dieser Mann war unermeßlich reich, und das Haus, welches er mit seinem Harem bewohnte, war eines der schönsten Bagdads. Doch hatte er einen großen Kummer, denn seine Gattin, die er sehr liebte, gebar ihm kein Kind, und er hatte ihr in der Hochzeitsnacht schwören müssen, daß er nie neben ihr eine zweite heiraten wolle. Gerade an dem Tage, da Dalilah vor seinem Hause stand, hatte er, als einige seiner Freunde mit ihren gut geratenen und hübschen Kindern den Harem besuchten, seiner Gattin bittere Vorwürfe gemacht, daß sie ihn den Eid hatte schwören lassen, und war in übler Laune gegangen. Nun stand seine Frau am Fenster, geschmückt wie eine Braut, Edelsteine an Hals, Ohren und Fingern. Als Dalilah sie sah, sagte sie zu sich: »Diese Frau muß ich aus dem Hause ihres Gatten entführen und ihr ihren Schmuck abnehmen.«

Sie fing dann an, Gott zu loben und zu preisen, bis die junge Frau auf sie aufmerksam wurde und in der Hoffnung, vielleicht durch ihren Segen von Gott mit einem Kinde beschenkt zu werden, ihrem Pförtner befahl, die Türe zu öffnen und die fromme Frau hereinzuführen.

Der Pförtner, ein armer Mann, der von seinem Herrn schon drei Monate keinen Lohn erhalten hatte, öffnete die Tür und bat Dalilah um Wasser aus ihrer geweihten Kanne. Sie schüttelte diese so, daß die Palmenblätter wegflogen und einige Goldmünzen herausfielen, und als der Pförtner sie ihr zurückgeben wollte, sagte sie: »Die hat Gott dir beschert, ich habe nichts mit irdischen Gütern zu schaffen.«

Er führte hierauf Dalilah zu seiner Herrin, die Dalilah freundlich begrüßte, sie willkommen hieß und befahl, ihr etwas zu essen zu bringen.

Dalilah aber sagte: »Ich faste beinahe das ganze Jahr, bis auf fünf Tage, und auch des Abends esse ich nur von den Speisen des Paradieses, die mir einige Heilige, mit denen ich sehr gut stehe, verschaffen. Aber du, edle Frau, siehst sehr betrübt aus. Was fehlt dir denn, da du doch von Glanz und Reichtum umgeben und noch so jung und schön bist?«

»O Mutter«, antwortete die junge Frau, »ich habe einen großen Kummer. In meiner Hochzeitsnacht ließ ich meinen Gatten schwören, daß er neben mir nie eine andere Frau nehmen würde. Begreiflicherweise aber wünscht er Kinder zu haben, und es liegt nicht in meiner Macht, ihm welche zu schenken. So droht er mir, bei seiner Rückkehr von einer Reise, die er eben unternommen hat, ungeachtet seines Eides noch eine andere zu heiraten. Tut er dies aber, und erhält er Kinder von dieser, so werden sie alle seine Güter und Schätze einst erben, und ich werde in meinem Alter arm und verlassen dastehen.«

»Hast du denn noch nichts von dem Heiligen Abu Hamlat gehört«, fragte Dalilah im Tone des Erstaunens, »den noch keine unfruchtbare Frau besucht hat, ohne bald danach Kinder zu gebären?«

»Ich habe seit meiner Vermählung weder zur Freude noch zur Trauer mein Haus verlassen«, versetzte die junge Frau, »und weiß nichts von Abu Hamlat.«

»So folge mir sogleich«, versetzte Dalilah, »ich will dich zu ihm führen und ihn bitten, daß er all seine Frömmigkeit aufbiete, um von Gott die Erfüllung deines Wunsches zu erlangen. Du aber mußt mir versprechen, daß du, wenn du einen Sohn oder eine Tochter gebärst, sie in Frömmigkeit und Gottesfurcht erziehen wirst.«

Leicht ließ sich die Frau überreden, mit Dalilah zu gehen, und als sie mitsammen auf der Straße waren, dachte diese nur daran, ihr die kostbaren Kleider und den reichen Schmuck durch List abzunehmen. Bald kamen sie am Laden eines jungen Kaufmanns vorüber, der Hasan hieß und noch unverheiratet war. Dieser sah der schönen Frau mit verlangendem Blicke nach, was Dalilah wohl bemerkte. Sie hieß die Frau des Obersten auf einer Bank vor dem Laden Hasans sich niederlassen, so daß dieser sie gut sehen konnte, trat dann zu ihm in den Laden und fragte ihn: »Bist du der Kaufmann Hasan, der Sohn Muhsins?«

»Der bin ich«, antwortete Hasan, »doch woher kennst du meinen Namen?«

»Gute Leute«, versetzte Dalilah, »haben mich mit deinem Namen bekannt gemacht. Wisse, dieses Mädchen ist meine Tochter. Ihr Vater ist vor kurzem gestorben, er war ein reicher Kaufmann und hat ihr ein ansehnliches Vermögen hinterlassen. Da sie nun das Alter erreicht hat, wo Mädchen zu heiraten pflegen, sagte mir mein Herz, ich sollte dich zu meinem Schwiegersohn wählen. Was meinst du dazu?«

»Schon oft«, erwiderte Hasan, »schlug mir meine Mutter diese und jene als Braut vor, aber ich konnte mich niemals entschließen, mich zu verloben, ohne meine Braut vorher gesehen zu haben. Daher werde ich auch deinen Antrag nur annehmen, wenn du mir gestattest, deine Tochter zu entschleiern.«

»Dem steht nichts im Wege«, versetzte Dalilah, »folge mir nur in einiger Entfernung.«

Hasan schloß seinen Laden und steckte für alle Fälle einen Beutel mit tausend Dinar zu sich. Die Alte ging voran, ihr folgte die Frau des Obersten und dann Hasan, bis sie vor den Laden eines Färbers kamen, von dem Dalilah wußte, daß er eine Wohnung zu vermieten habe. Hier blieb sie stehen, grüßte ihn und sagte zu ihm: »Da in meinem Hause einige Ausbesserungsarbeiten vorgenommen werden müssen und ich vernommen habe, daß du ein Haus zu vermieten hast, bin ich zu dir gekommen, um dich zu fragen, ob du es mir auf einige Zeit überlassen willst.«

»Recht gern«, antwortete der Färber, »jedoch nur unter der Bedingung, daß ein Zimmer des Hauses für unsere gemeinschaftlichen Gäste frei bleibe.«

»Schicke mir nur so viele Gäste, wie du willst, sie sollen eine freundliche Aufnahme und gute Bewirtung bei mir finden.«

Der Färber übergab ihr die Schlüssel zu seinem Haus, das sehr weit von der Färberei lag. Dalilah führte nun zuerst die Frau des Obersten in das gemietete Haus, wobei sie sagte: »Hier wohnt der Scheich Abu Hamlat«, und schloß sie in ein Zimmer ein. Dann holte sie Hasan, der vor der Türe wartete, führte ihn in ein anderes Gemach und sagte zu ihm: »Warte hier, ich werde bald meine Tochter zu dir bringen, dann kannst du sie entschleiert sehen.«

Hierauf kehrte sie wieder zur Frau des Obersten zurück und sagte: »Wisse, meine Tochter, du kannst nicht so mit eitlem Tand geschmückt vor dem Scheich Abu Hamlat erscheinen, sondern wenn du seinen Segen erlangen willst, mußt du demütig und bescheiden in einem einfachen Unterkleide kommen.«

Sogleich legte die Frau des Obersten ihren Schmuck, ihren Gürtel und ihr Oberkleid ab, und Dalilah nahm alles und verbarg es hinter der Treppe.

Hierauf ging sie wieder zu Hasan, und als er sie fragte: »Wo ist denn meine Braut?«, schlug sie sich auf die Brust und schrie: »Gott verdamme alle bösen Nachbarn! Gebe es doch keine neidischen Menschen! Höre, als die Nachbarn mich mit dir in meine Wohnung kommen sahen und von meiner Tochter hörten, du solltest ihr Bräutigam werden, sagten sie zu ihr, du seiest aussätzig, so daß sie schwur, nicht eher einwilligen zu wollen, bis sie deine Arme und deine Brust entblößt gesehen habe. Ich bitte dich daher, ziehe dein Oberkleid aus, damit sie sieht, was es mit der Verleumdung dieses bösen Menschen auf sich hat.«

Hasan tat, was Dalilah von ihm verlangte, und diese verließ ihn mit dem Oberrock, in welchem der Beutel mit den tausend Dinar steckte, nahm schnell Schmuck und Kleider der Frau, die sie hinter der Treppe verborgen hatte, band alles zusammen und lief zu dem Färber.

»Nun«, fragte dieser, »wie gefällt dir mein Haus?«

»Nicht schlecht«, antwortete Dalilah, »ich werde sogleich all meine Habseligkeiten dahin bringen lassen. Du würdest mir aber einen großen Gefallen erweisen, wenn du in meine Wohnung gehen wolltest, um zugegen zu sein, wenn die Träger meine Möbel, mein Bett und Weißzeug bringen. Hier hast du einen Dinar, kaufe dafür einige Speisen und verzehre sie mit den Trägern.«

Der Färber beauftragte seinen Jungen, auf den Laden achtzugeben, und ging mit dem Dinar fort. Als er aber ferne war, sagte Dalilah zu dem Jungen, er solle seinem Herrn nachgehen, und erbot sich, solange den Laden zu bewachen. Sobald sie nun allein in der Färberei war, packte sie alle Stoffe und Kleider, die sie hier fand, zusammen, rief einen Eseltreiber an, der eben vorüberging, und sagte zu ihm: »Warte hier in der Färberei, bis ich mit dem Esel zurückkehre, ich will nur diese Sachen nach Hause bringen, denn der arme Färber hier, mein Sohn, ist verschuldet, und der Kadi wird heute noch alles, was sich hier befindet, pfänden lassen. Zerstöre du einstweilen die Kessel und Öfen und alles, was zur Färberei gehört, damit diese Leute nichts von Wert mehr hier vorfinden.«

Der Eseltreiber vertraute Dalilah seinen Esel an, und so machte sie sich mit dem Esel auf, beladen mit dem Besten, was in der Färberei zu finden war, mit den tausend Dinar Hasans und seinen und der Frau des Obersten Kleidern und Schmuck, und begab sich in ihre Wohnung, um ihrer Tochter Seinab zu erzählen, auf wie glückliche Weise sie vier Streiche ausgeführt hatte.

Der Färber aber, der, ehe er in seine vermietete Wohnung ging, Fleisch und Brot einkaufte und damit wieder bei seiner Färberei vorbeikam, war höchst betroffen, als er einen Eseltreiber fand, der alles Geschirr kurz und klein schlug, und als er feststellte, daß die zum Trocknen und Färben aufgehängten Stoffe nicht mehr zu sehen waren.

»Wie kommst du daher, und was tust du hier?« fragte er den Eseltreiber, außer sich vor Zorn.

»Ich bin auf Befehl deiner Mutter hier«, antwortete der Eseltreiber, »die, um deine Waren vor dem Kadi zu retten, sie auf meinem Esel in ihr Haus bringt. Sie hat mir den Auftrag gegeben, alles im Haus zu zerstören, damit nichts von Wert in die Hände des Gerichts falle.«

Als der Färber dies hörte, schlug er sich auf die Brust und schrie: »Gott verdamme alle Spitzbuben! Meine Mutter ist längst tot, und ich bin niemandem etwas schuldig. Wehe mir, meine Stoffe!«

Da fing der Eseltreiber zu weinen an und schrie: »Wehe mir, mein Esel! Von dir fordere ich ihn!«

Der Färber hingegen forderte seine Waren von dem Eseltreiber, und so zankten sie miteinander herum, bis alle Nachbarn zusammenliefen und mit ihnen zu dem gemieteten Hause gingen, in dem sich Hasan und die Frau des Obersten befanden. Nachdem diese lange Zeit vergeblich Dalilah erwartet hatte, ging sie allein in Hasans Zimmer, der sie schon mit Sehnsucht erwartet hatte.

Er freute sich sehr und fragte sie nach ihrer Mutter. »Meine Mutter«, antwortete sie, »ist längst tot, was wünschest du von der?«

»Ist denn die Alte, die mich hierhergeführt, um mich mit dir zu verloben, nicht deine Mutter?« fragte Hasan erstaunt.

»Keine Rede davon«, erwiderte die Frau, »mir sagte sie, du seiest der Scheich Abu Hamlat, der unfruchtbaren Frauen zu Kindern verhilft.«

»O Gott«, rief da Hasan, »ich habe sie heute zum ersten Mal

gesehen! Gewiß ist sie eine Gaunerin, die nur meine Kleider und mein Geld haben wollte. Von dir aber fordere ich alles zurück, denn hätte ich dich nicht bei ihr gesehen, so wäre ich ihr nie gefolgt.«

Die Frau hingegen sagte: »Du mußt mir meine Kleider und meinen Schmuck ersetzen, denn du bist mit der Listigen im Einverständnis.«

So stritten sie miteinander, als der Färber und der Eseltreiber zu ihnen hereintraten und sie nach ihrer Mutter fragten. Als sie aber hörten, daß auch sie von der Alten betrogen worden waren, liefen sie mitsammen zum Gouverneur und erzählten ihm alles, was ihnen widerfahren war.

»Was kann ich tun«, sagte der Gouverneur, »es gibt so viele alte Weiber in Bagdad. Geht und sucht sie auf, und wenn ihr sie herbringt, so will ich sie bestrafen und euch das eurige rückerstatten.«

Während sie nun in der ganzen Stadt herumliefen, um Dalilah zu suchen, saß diese ruhig bei ihrer Tochter Seinab und sagte zu ihr: »Mich gelüstet nach neuen Streichen.«

»Wie«, sagte Seinab, »du wagst es, nach deinen letzten Streichen dich noch in Bagdad zu zeigen?«

»Ich fürchte nichts«, antwortete Dalilah, »Unkraut verdirbt nicht, und mir schadet weder Feuer noch Wasser.«

Sie kleidete sich hierauf wie eine Dienerin eines vornehmen Hauses und sah sich in der Stadt um, bis sie vor ein Haus kam, vor dem eine Amme mit einem Kind auf dem Arme stand, das ein golddurchwirktes Kleid trug, eine goldene Kette mit Edelsteinen um den Hals und einen mit Perlen besetzten Tarbusch auf dem Kopfe hatte. Es war dies der Sohn des Obersten der Kaufleute, in dessen Haus die Verlobung seiner einzigen Tochter gefeiert wurde.

»Ich höre Gesang und Musik da oben«, sagte Dalilah zur Amme. »Warum stehst du denn vor der Türe?«

»Meine Herrin«, antwortete die Amme, »hat mich heruntergeschickt, weil viele Damen bei ihr sind, um ihr zur Verlobung ihrer Tochter Glück zu wünschen. Das Kind aber ist so eigenwillig, daß es, sobald es seine Mutter sieht, ihren Arm nicht verlassen will.«

»Also wohnt hier der Oberaufscher der Kaufleute?« versetzte Dalilah. »Geh zu deiner Herrin, grüßte sie von meiner Gebieterin Um Alchair und sage ihr, sie lasse ihr Glück wünschen und werde sie am Hochzeitstage besuchen, um ihre Putzfrauen zu beschenken.« Zugleich gab sie ihr ein falsches Goldstück für die Sängerinnen.

»So nimm einstweilen du das Kind«, sagte die Amme in ihrer Einfalt, »denn ich bringe es sonst nicht mehr von seiner Mutter weg.«

Genau das hatte Dalilah gewünscht, und sobald die Amme weggegangen war, nahm sie dem Kind seine goldene Kette, sein golddurchwirktes Kleid und seinen perlenbesetzten Tarbusch ab. Dann überlegte sie, daß das Kind ihr doch wenigstens noch tausend Dinar einbringen könnte. Sie nahm es daher auf den Arm und ging damit auf den Basar der Goldarbeiter, trat in den Laden eines Juden und sagte zu ihm: »Die Schwester dieses Kindes, die Tochter des Obersten der Kaufleute, ist heute verlobt worden und bedarf eines Schmuckes. Gib mir Ohrringe, Fußringe, Gürtel, Armbänder, Ringe und eine Kette für sie, alles zusammen ungefähr für tausend Dinar. Ich will es meiner Gebieterin zeigen, und wenn es ihr gefällt, dir das Geld bringen. Behalte du einstweilen das Kind.«

Da der Jude das Kind kannte, machte er keine Schwierigkeiten und gab Dalilah das Schönste und Wertvollste, das er im Laden hatte. Sie aber lief zu ihrer Tochter und erzählte ihr, auf welche Weise sie zu so kostbarem Schmuck gelangt war.

Inzwischen war die Amme zu ihrer Herrin gegangen und hatte ihr Um Alchairs Glückwünsche überbracht und den Sängerinnen das falsche Geld übergeben. Als diese es aber für Messing erkannten, lief sie schnell wieder hinunter, um ihr Kind zu holen. Dalilah war jedoch längst mit ihm verschwunden. Nun fing die Amme an zu weinen und zu schreien und erzählte der Herrin, was geschehen war. Darüber geriet das ganze Haus in die größte Bestürzung, und alle Festesfreude verwandelte sich in Trauer. Nachdem man vergebens das ganze Haus durchsucht hatte, machte sich der Oberste der Kaufleute mit seinem ganzen Hausgesinde auf den Weg, um alle Straßen Bagdads zu durchstreifen, bis er endlich sein Kind halbnackt in dem Laden des

Juden erblickte. Da sprach er zu dem Juden: »Das ist ja mein Sohn!«

»Jawohl, mein Herr«, antwortete der Jude. Der Kaufmann, außer sich vor Freude, sein Kind wiedergefunden zu haben, nahm es auf den Arm, ohne zu bemerken, daß es halbnackt war, und wollte damit fortgehen.

Da sagte der Jude: »Mein Herr, eine alte Frau, die das Kind hier ließ, hat für tausend Dinar Schmuck von mir für deine Tochter mitgenommen und mir das Kind als Unterpfand gegeben. Nimmst du das Kind weg, so verschaffe mir meinen Schmuck oder tausend Dinar.«

»Ich weiß nichts von einem Schmuck, noch von einer Alten. Du bist betrogen worden.«

Da schrie der Jude: »Oh, ihr Muselmanen, helft mir, mir geschieht unrecht!«

Der Kaufmann aber, der jetzt erst entdeckte, daß sein Sohn all seiner Kostbarkeiten beraubt worden war, forderte sie vom Juden zurück. Als sie miteinander stritten, kamen der Färber, der Eseltreiber und Hasan vorüber, die noch immer nach Dalilah suchten. Sobald sie die Unruhe des Streites zwischen dem Juden und dem Kaufmann vernahmen, sagten sie: »Gewiß ist das ein Streich derselben Alten, die auch uns betrogen hat.«

Der Kaufmann aber sagte: »Ich freue mich so sehr, mein Kind wieder zu haben, daß ich seine Kleider leicht verschmerze.«

Der Jude aber schloß sich den anderen Betrogenen an, um Dalilah zu suchen, er riet ihnen aber, sich zu trennen, damit man sie um so eher finden könne.

»Bei dem Barbier Mahmud«, sagte er, »wollen wir, jeder von einem anderen Wege, wieder zusammenkommen.«

Der Eseltreiber war kaum eine Straße weit allein gegangen, als er die Alte in einer anderen Verkleidung erblickte. Er erkannte sie jedoch wieder, sprang auf sie zu und forderte seinen Esel von ihr.

»Dein Esel«, antwortete sie ganz ohne jede Verlegenheit, »steht bei dem Barbier Mahmud samt dem Mietlohn. Folge mir nur, so will ich ihm sagen, daß er ihn dir geben soll.«

Sie ging eine Strecke weit voran, und ehe noch der Eseltreiber ihr nachgekommen war, sagte sie zu dem Barbier: »Mein

Freund, hier kommt mein Sohn, der unglücklich verliebt ist und deshalb seinen Verstand verloren hat. Wo immer er steht, sitzt oder geht, ruft er: ›Mein Esel! Mein Esel!‹ Nun haben einige Ärzte mir geraten, ihm zwei Backenzähne ausreißen zu lassen, das würde ihn vielleicht von dieser Krankheit heilen. Hier ist ein Dinar, ich bitte dich, wenn er seinen Esel fordert, reiße ihm zwei Zähne aus und schicke ihn wieder fort.«

Dalilah blieb vor dem Laden des Barbiers stehen, bis der Eseltreiber darin verschwunden war, dann entfernte sie sich rasch. Sobald der Eseltreiber von dem Barbier seinen Esel forderte, führte dieser ihn in ein Nebenzimmer, rief seine beiden Gehilfen und befahl ihnen, den Mann zu binden. Inzwischen holte er eine glühende Zange, riß ihm zwei Backenzähne aus und sagte zu ihm: »Hier hast du deinen Esel!«

Als der Eseltreiber nun den Barbier fragte, weshalb er ihm mit Gewalt zwei Zähne ausgezogen habe, antwortete dieser: »Ich habe es auf Befehl deiner Mutter getan und hoffe, daß du dadurch von deiner Geisteskrankheit genesen wirst.«

Da schrie der Eseltreiber: »Ich habe keine Mutter, und du mußt für den Verlust meiner Zähne und meine erlittenen Schmerzen Schadenersatz leisten, komm nur mit mir zum Kadi!«

Der Barbier hatte aber gar keine Lust, ihm zu folgen, und so zankten sie sich eine Weile auf der Straße herum, während Dalilah wieder in den Laden schlich, das Wertvollste, das sie darin fand, stahl und sich zu ihrer Tochter Seinab begab, um ihr von ihren weiteren Streichen zu erzählen.

Als der Barbier wieder in seinen Laden kam und verschiedenes daraus vermißte, packte er seinerseits den Eseltreiber und forderte von ihm den Ersatz dessen, was ihm entwendet worden war. Der Eseltreiber begriff nun, daß sie wiederum beide hintergangen worden waren, und erzählte dem Barbier alle Streiche, die die Alte schon ausgeführt hatte.

In diesem Augenblick stellten sich auch der Jude, der Färber und Hasan ein, und da sie des Eseltreibers Aussage bestätigten, blieb dem Barbier nichts übrig, als seinen Laden zu schließen und mit ihnen zu gehen, um nach der Alten zu fahnden. Da sie aber diesmal mit mehr Vorsicht zu Werke gehen wollten, erbaten sie sich vom Gouverneur zehn Soldaten, um, wenn sie sie träfen, sie sogleich ergreifen zu lassen.

Die Alte ließ sich von Seinab jedoch nicht abhalten, auf neue Beute auszugehen, und sie ging gerade um eine Ecke, als der Eseltreiber mit seinen zehn Soldaten vor ihr stand.

»Dieses Mal«, rief er siegesbewußt, »sollst du mir nicht entkommen!« und befahl den Soldaten sogleich, sie in ihre Mitte zu nehmen und vor den Gouverneur zu führen.

Es war schon Abend, und der Gouverneur war ausgeritten, daher mußten sie im Hofe warten, wohin auch bald der Jude, der Färber, Hasan und der Barbier gelangten. Da der Gouverneur noch lange ausblieb und die Soldaten die ganze vorhergehende Nacht durchwacht hatten, schliefen sie ein, die Ankläger aber saßen beisammen in der Nähe des Haustors.

Als Dalilah dies sah, schlich sie leise auf das Haremsgebäude zu, welches im Hinterhofe lag und eine kleine Tür nach einer anderen Straße hatte. Sie fragte nach der Herrin des Harems, und als diese erschien, sagte sie zu ihr: »Mein Gatte ist Sklavenhändler und führte eben fünf Sklaven auf den Markt, als dein Gemahl, der Gouverneur, ihm begegnete, sie für tausend Dinar kaufte und ihm befahl, sie hierherzubringen. Da mein Gatte aber abreisen mußte, beauftragte er mich, sie hierherzuführen.«

Da der Gouverneur tatsächlich seiner Frau wenige Tage vorher tausend Dinar für einen Sklavenkauf gegeben hatte, so zweifelte die Frau nicht an Dalilahs Aussage, um so weniger, da auf ihre Frage, wo denn die Sklaven seien, Dalilah ihr vom Fenster aus den Eseltreiber, den Färber, den Barbier, den Juden und Hasan zeigte, welche alle recht stattlich aussahen und der Frau des Gouverneurs gut gefielen. Sie öffnete daher ihre Kiste und gab Dalilah tausend Dinar als Kaufpreis und schenkte ihr noch zweihundert Dinar dazu. Dalilah bat sie nun, ihr die geheime Tür öffnen zu lassen, weil sie sich dadurch einen großen Umweg ersparen würde, und so entkam sie ungesehen wieder aus dem Haus und eilte zu ihrer Tochter Seinab, welche mit Erstaunen hörte, auf wie listige Weise ihre Mutter nicht nur der Gefahr entronnen war, sondern sogar mit neuer Beute heimkehrte.

Als der Gouverneur bald danach nach Hause kam, sagte seine

Frau zu ihm: »Ich habe eine große Freude mit den Mamelucken, die du gekauft hast.«

»Was denn für Mamelucken?« fragte der Gouverneur erstaunt, »bei dem Leben meines Hauptes, ich habe keinen einzigen Mamelucken gekauft.«

»Du scherzest«, versetzte die Frau, »die Alte war bei mir, und ich bezahlte ihr tausend Dinar. Die Mamelucken sitzen da unten im Hofe, ich habe den Pförtner beauftragt, sie zu bewachen.«

Der Gouverneur begab sich in den Hof und sah dort die fünf Ankläger Dalilahs sitzen, und als er den Pförtner nach den fünf Mamelucken fragte, sagte dieser, er wisse nichts von Sklaven, es sei nur eine Sklavin aus dem Harem gekommen, die ihm sagte, er möge auf die fünf Menschen achtgeben, und das habe er auch getan.

Als der Gouverneur dies hörte, sagte er zu den Anklägern: »Nun seid ihr meine Sklaven, denn ihr habt die Alte hergebracht, und ohne euch hätte sie meiner Frau kein Geld entlocken können.«

Da schrien die fünf Leute voll Entrüstung: »Von dir fordern wir, was die Alte uns entwendet hat, denn wir brachten sie gefangen her, deine Soldaten sind eingeschlafen, und deine Gattin hat sie entschlüpfen lassen!«

Auch der Oberste der Leibwache, der inzwischen von seiner Reise zurückgekehrt war und von seiner Frau hörte, wie sie ihren Schmuck und ihre Kleider verloren hatte, eilte jetzt herbei und sagte zum Gouverneur: »Du mußt mir alles ersetzen, denn an dir ist es, dafür zu sorgen, daß keine solche Spitzbübin sich in Bagdad herumtreiben könne.«

»So wartet nur einige Tage«, sagte der Gouverneur, »wir wollen sie schon ergreifen, und dann lasse ich sie sogleich hängen.«

Am folgenden Morgen gab er dem Eseltreiber, der sie am besten kannte, wieder zehn Soldaten mit und befahl ihm, die Alte zu suchen. Gegen Mittag begegnete er ihr auf der Straße, ließ sie ergreifen und abermals zum Gouverneur führen. Da dieser gerade ausreiten wollte, befahl er dem Kerkermeister, sie einzusperren. Dieser sagte aber: »Ich übernehme keine Verantwortung, dieses Weib ist ein wahrer Teufel, sie wird mir entkommen, und dann muß ich für sie büßen.«

Der Gouverneur ritt deshalb selbst mit der Alten und den Soldaten ans Ufer des Tigris und befahl dem Scharfrichter, sie an den Haaren aufzuhängen. Der Scharfrichter tat, wie ihm befohlen worden war, und die zehn Soldaten blieben zu ihrer Bewachung zurück. Diese schliefen aber bald wieder ein und glaubten dies um so eher tun zu können, da es Dalilah unmöglich wäre, sich allein zu befreien.

Da kam jedoch ein Beduine vorübergeritten, der zu sich selbst sagte: »Wie froh bin ich, daß ich doch auch einmal nach Bagdad komme, es wässert mir schon der Mund nach Bagdader Honigkuchen!«

Als Dalilah dies hörte, sagte sie: »Schütze mich, o verehrter Scheich der Araber!«

»Du stehst unter Gottes Schutz«, antwortete der Beduine, »doch hast du gewiß ein Verbrechen begangen, weil du so da hängst.«

»Mein Vergehen ist sehr gering«, erwiderte Dalilah. »Ich wollte bei einem Zuckerbäcker, der mein Feind ist, etwas kaufen, da spuckte ich aus und traf einen Honigkuchen, worauf der Zuckerbäcker mich bei dem Richter verklagte. Der Richter sprach: ›Diese Frau muß hängend zehn Pfund Honigkuchen essen und so lange hängen bleiben, bis sie sie verzehrt hat.‹ Da ich aber keinen Honigkuchen hinunterbringen kann, muß ich hier sterben, wenn du mir nicht hilfst.«

Froh sagte hierauf der Beduine zu Dalilah: »Gib mir den Kuchen her, ich will ihn gleich für dich essen.«

»Gern«, versetzte Dalilah, »aber es hilft nur, wenn du ihn hängend ißt, sonst wird mir meine Strafe nicht erlassen.«

Der Beduine legte hierauf seine Kleider ab, zog das Gewand der Alten an und ließ sich an den Haaren von ihr aufhängen. Sie aber nahm schnell seine Kleider und seine Kopfbinde, setzte sich auf sein Pferd und sprengte davon zu ihrer Tochter Seinab.

Als der Beduine eine Weile da hing und die Alte mit dem Kuchen nicht kommen wollte, rief er: »Wo bleibt denn der Kuchen?«

Dadurch erwachten die Soldaten aus ihrem Schlafe und sahen den Beduinen am Baum hängen. Sie fragten ihn: »Was tust du hier, und wo ist die Alte hingekommen?«

»Ich habe die Alte losgebunden«, antwortete der Beduine, »weil ich statt ihr den Honigkuchen essen will, den sie nicht verdauen kann.«

Sie merkten nun, daß die Alte sie abermals hintergangen hatte, und waren eine Weile unschlüssig, ob sie den Beduinen hier länger bewachen oder die Flucht ergreifen sollten, als auf einmal der Gouverneur erschien und zu ihnen sagte: »Bindet Dalilah los und führt sie vor Gericht!«

»Hast du den Honigkuchen?« fragte ihn der Beduine. Als der Gouverneur ihn darauf ansah und statt der alten Frau ein junges Männergesicht erblickte, sagte er zu seinen Soldaten: »Was habt ihr getan?«

Sie erzählten ihm hierauf, wie sie eingeschlafen seien und beim Erwachen den Beduinen an Dalilahs Stelle fanden. Gleichzeitig baten sie ihren Herrn um Gnade.

»Ihr habt nichts zu fürchten«, sagte der Gouverneur, »mit dieser Gaunerin kann es niemand aufnehmen. Bindet nur den armen Beduinen los.«

Sobald dieser frei war, fiel er dem Gouverneur zu Füßen und sagte: »Gott beschütze um deinetwillen den Kalifen! Verschaffe mir doch mein Pferd und meine Kleider wieder, ich wußte ja nicht, daß diese Frau eine Spitzbübin ist, sonst hätte ich sie niemals losgebunden.«

Bald darauf erschienen auch der Färber, der Jude, Hasan, der Barbier, der Eseltreiber und der Oberste der Leibwache, um zu sehen, wie Dalilah für ihre Schandtaten bestraft würde, und als sie hörten, daß sie wieder entronnen sei, fielen sie über den Gouverneur her, forderten von ihm, daß er ihnen ihre Verluste ersetze, und drohten, ihn beim Kalifen zu verklagen. Sie gingen auch tatsächlich in das Schloß des Kalifen, und ein jeder erzählte diesem, wie er von Dalilah bestohlen worden war.

Da sagte der Kalif zu dem Gouverneur: »Womit kannst du dich entschuldigen?«

»Damit«, antwortete er, »daß sie mich zuletzt selbst um zwölfhundert Dinar geprellt hat, indem sie meiner Frau diese fünf freien Menschen als Sklaven verkaufte.«

»Du mußt mir diese Alte zur Stelle schaffen«, sagte der Kalif. »Ich fordere sie von dir als Gouverneur.«

»Fordere lieber mein Leben«, versetzte der Gouverneur, »als diese Alte, die schon an einem Baum hing und sich wieder zu befreien wußte. Das ist ein Geschäft für Ahmed Denf oder Hasan Schuman, die ein Gehalt von zwölfhundert Dinar jährlich beziehen und einundvierzig geheime Agenten zu ihrer Verfügung haben, deren jeder ein Monatsgehalt von hundert Dinar bekommt.«

»Du hast recht«, sagte der Kalif, »es ist die Sache meiner Polizeipräfekten, ihrer habhaft zu werden«, und sogleich ließ er Ahmed Denf rufen und befahl ihm, die Alte zu bringen, die alle diese Männer bestohlen hatte. Ahmed, der Dalilah nicht genau kannte, wollte seinen Kollegen Hasan Schuman zu Rate ziehen, aber einer seiner Leute hielt ihn davon ab und verbürgte sich ihm für die Gefangennahme Dalilahs.

Ahmed teilte nun seine Leute in vier Abteilungen, und sie zogen zu je zehn in der Stadt herum, um Dalilah zu suchen. Da man bald in der ganzen Stadt von nichts anderem sprach, so erfuhr auch Dalilah, daß man hinter ihr her sei, aber Seinab, weit entfernt, sich zu fürchten, sagte zu ihrer Mutter: »Dieses Mal will ich es mit der Polizei aufnehmen; Kleider und Waffen Ahmeds und seiner vierzig Leute sollen heute noch meine Beute werden.«

Sie zog sich sorgfältig an, ging zu einem Spezereihändler, der eine Wohnung mit doppeltem Eingang zu vermieten hatte, gab ihm einen Dinar und sagte zu ihm: »Vermiete mir für dieses Geld deine Wohnung nur bis heute abend.«

Er gab ihr die Schlüssel, und sie ließ Speisen und Getränke, einen Diwan und Teppiche hereinbringen. Dann stellte sie sich nur halb verschleiert vor die Türe, bis Ali, einer von Ahmeds Unteroffizieren, mit seinen zehn Polizeibeamten vorüberkam. Da trat sie auf ihn zu und küßte ihm die Hand. Ali sah ihr ins Gesicht, und da er sie sehr hübsch fand, fragte er freundlich, was sie denn begehre.

»Bist du Ahmed Denf?« fragte Seinab ihn in verschämtem Tone.

»Nein«, antwortete Ali, »aber er ist mein Vorgesetzter, und wenn du irgendein Anliegen hast, so kannst du es mir ebensogut vortragen wie ihm. Wer bist du denn?«

»Mein Vater war Wirt in Mossul«, antwortete Seinab, »und hinterließ mir bei seinem Tode ein so großes Vermögen, daß ich aus Furcht vor dem Gericht mit meinem Geld hierher floh. Hier möchte ich mich gern des Schutzes Ahmed Denfs versichern, denn ich hörte, daß er nach dem Kalifen die mächtigste Person in Bagdad sei.«

»Du kannst dich ganz auf ihn verlassen«, sagte Ali.

»Wenn du wahr sprichst«, versetzte Seinab, »so wirst du mit deinen Leuten mir wohl die Ehre erweisen, einen Bissen bei mir zu essen und einen Trunk Wein dazu zu nehmen.«

Sie führte hierauf die Soldaten in ein Gemach und gab ihnen zu trinken, bis sie halb berauscht waren. Dann mischte sie einen Schlaftrunk in den Wein, und sie sanken einer nach dem anderen wie tot zu Boden.

Hierauf stellte sie sich wieder vor die Tür, bis die anderen zehn vorüberkamen, lockte sie in ein anderes Zimmer und verfuhr mit ihnen wie mit den ersten. Dasselbe tat sie auch mit der dritten und vierten Abteilung, an deren Spitze Ahmed Denf selbst stand. Sie beraubte dann einen nach dem anderen seiner Kleider und Waffen, lud sie auf den Esel des Eseltreibers und ging damit zu ihrer Mutter.

Als Ahmed erwachte und sich und seine Leute halb nackt sah, schrie er: »Wehe mir, ich ging aus, um die listige Dalilah gefangenzunehmen, nun hat sie mich und alle meine Leute zum besten gehalten! Mit welchem Gesichte werde ich nun vor dem Kalifen erscheinen?«

Es blieb ihm nichts weiter übrig, als sich an Hasan Schuman zu wenden und diesen um seinen Beistand anzuflehen.

Hasan sagte zu ihm: »Sei ohne Sorge, vor Abend bringe ich die Alte vor den Kalifen, aber er muß mir erst versprechen, daß er sie begnadigen wird, denn diese Frau ist keine Diebin, sie hat all diese Streiche gewiß nur vollbracht, um ihre Gewandtheit und Schlauheit unter Beweis zu stellen.«

Sie begaben sich hierauf alle mitsammen zum Kalifen, und als er Ahmed fragte, wo die Alte sei, antwortete dieser: »Ich kann sie nicht finden. Beauftrage Hasan, sie gefangenzunehmen, der kennt sie besser als ich.«

»Ich bürge für alles, was den Leuten von Dalilah entwendet

worden ist«, sagte Hasan, »und bringe dir Dalilah her, wenn du sie begnadigst, denn sie ist keine gewöhnliche Diebin.«

»Bei meinen Ahnen«, schwor der Kalif, »wenn sie den Leuten zurückgibt, was ihnen gehört, so will ich sie begnadigen. Hier hast du ein Gnadentuch für sie, bringe es ihr!«

Hasan verließ den Kalifen, und in wenigen Stunden hatte er Dalilahs Wohnung ausgeforscht. Er begab sich mit einigen seiner Leute vor ihr Haus und klopfte an die Türe. Seinab fragte: »Wer ist da?«

»Hasan Schuman«, antwortete er. »Im Namen des Kalifen, wo ist deine Mutter?«

Als Dalilah, welche oben war, dies hörte, sagte sie zu Seinab: »Jetzt sitzen wir in der Falle, gegen Hasan Schuman komme ich nicht auf. Sage ihm nur die Wahrheit, die wird uns noch am besten frommen.«

»Meine Mutter ist hier!« rief Seinab vom Fenster hinunter. »Was wünschst du von ihr?«

»Sie soll mit mir zum Kalifen kommen und alles mitbringen, um was sie die Leute betrogen hat, dann wird der Kalif sie begnadigen. Weigert sie sich aber, dies zu tun, so mag sie sich nur selbst die Schuld zuschreiben, wenn es ihr schlimm ergeht.«

Bei diesen Worten zeigte er das Gnadentuch, und Dalilah kam herunter, nahm ihm das Tuch aus der Hand und band es sich um den Hals. Dann lud sie die entwendeten Kleider und Stoffe auf den Esel des Eseltreibers und das Pferd des Beduinen, steckte einen Beutel voll Gold in die Tasche und wollte Hasan folgen. Hasan untersuchte alles, da er aber noch die Kleider und Waffen Ahmeds und seiner Leute vermißte, fragte er sie, warum sie diese zurückgelassen habe.

»Die hat meine Tochter an sich genommen«, antwortete sie, »nicht ich.«

Nun gingen sie miteinander zum Kalifen und legten alles vor ihn hin, was dem Juden, dem Obersten der Leibwache, dem Färber, dem Barbier, dem Beduinen, dem Eseltreiber und Hasan gehörte, und jeder nahm das Seinige zurück. Der Färber aber rief: »Wer ersetzt mir meine zugrunde gerichtete Färberei?«

Auch der Eseltreiber schrie: »Wer bezahlt mir meine erlittenen Schmerzen, und wer erstattet mir meine Zähne wieder?«

Da lachte der Kalif und ließ jedem hundert Dinar auszahlen. Dann fragte er Dalilah: »Weshalb hast du denn alle diese Leute so betrogen?«

»Nicht aus Habgier«, antwortete Dalilah, »nicht weil es mich nach dem Besitz der anderen gelüstete, sondern weil ich so viel von der Gewandtheit und Geschicklichkeit Ahmeds und Hasans gehört hatte, daß ich zeigen wollte, daß ich ihnen an Schlauheit und List nicht nachstehe.«

»Und was wünschest du von mir?« fragte der Kalif.

»Mein Vater«, antwortete Dalilah, »war Richter in Bagdad, während ich mich damit beschäftigte, Tauben zu Briefträgern zu erziehen. Mein Gatte aber war Polizeipräfekt. Ich möchte nun für mich das Gehalt meines Vaters und für meine Tochter das meines Gatten beziehen.«

»Und was wollt ihr dafür leisten?« fragte der Kalif.

»Ich will die Oberaufseherin deines großen Chans sein.« Der Kalif hatte nämlich einen Chan für Kaufleute errichten lassen, welcher dreißig Wohnungen enthielt. Vierzig Sklaven waren zur Bewachung und zur Bedienung der darin wohnenden Kaufleute angestellt, und vierzig Hunde wurden unterhalten, um jeden Einbruch bei Nacht abzuwehren. Auch war ein eigener Koch da, um die Sklaven und Hunde zu füttern. »Meiner Tochter aber, welche sich noch besser auf die Taubenpost versteht, räume das Schlößchen vor dem Chan ein, daß sie sich dort mit der Erziehung der Tauben beschäftige und die Versendung deiner geheimen Briefe besorge.«

Der Kalif ernannte sogleich Dalilah zur Oberaufseherin des Chans und vertraute Seinab die Leitung der Taubenpost an.

»Soweit die Streiche der listigen Dalilah«, schloß Mardschana. »Eine Frau im Hammam von Badgad hat sie mir erzählt und mich nach dem Bad mit in ihr Haus genommen, wo sie mich mit Wein und Früchten bewirtete und wo wir zu Flötenmusik tanzten und Lieder sangen. Ich blieb auch die Nacht bei ihr, dann zog ich weiter ins Bergland, wo mir eine junge Hirtin folgende Geschichte erzählte:

Die Geschichte von der Sklavin, die Sultan wurde

Vor Zeiten lebte in der Stadt Chorasan ein junger Kaufmann namens Ali Schir, der von seinem Vater ein großes Vermögen ererbt hatte. Er war aber verschwenderisch und dachte: »Mein Vater hat dieses Vermögen für mich gesammelt, wem soll ich es hinterlassen? Bei Allah, ich will die Worte des Dichters beherzigen, der da sagte: Wenn du dein ganzes Leben lang einsammelst, wann willst du das Gesammelte genießen?«

So zehrte er an seinem Vermögen Tag und Nacht, und es ging ihm bald wie jenem anderen, von dem der Dichter spricht: »Wer immer ausgibt, ohne zu rechnen, der wird arm, ohne es zu wissen.« So mußte Ali Schir bald seinen Laden und seine Häuser verkaufen, zuletzt auch seine Kleider, so daß ihm nur noch ein einziges übrigblieb. Als er eines Tages nicht mehr so viel hatte, um sich ein Frühstück zu kaufen, erwachte er aus seinem Rausche, und sein bisheriges Leben reute ihn. Er ging zu seinen Freunden, um sie um Hilfe anzusprechen. Aber sie verbargen sich vor ihm, so daß er fast verhungerte.

Darauf ging er nach dem Bazar, wo sich eine große Menschenmenge zusammengerottet hatte. Er wurde neugierig, weshalb die Leute hier einen Knäuel bildeten, und erblickte eine Sklavin von schönem Wuchs und mit rosigen Wangen, ganz so, wie sie ein Dichter geschildert hat:

> »Sie ist aus der Prägeform der Schönheit vollkommen hervorgegangen. Weder zu groß noch zu klein, weder zu füllig noch zu mager. Der Mond ist ihre Stirne, der schlanke Zweig eines Baumes ihr Wuchs, und ihre Haut ist wie aus Perlenwasser gegossen.«

Ali Schir fand diese Sklavin so über die Maßen herrlich, daß er sich gelobte, nicht eher von der Stelle zu weichen, bis er wisse, wer sie kaufe und was für sie geboten werde. So stellte er sich zu den übrigen Kaufleuten, welche meinten, auch er sei ein Kauflustiger, denn sie wußten, wieviel er von seinem Vater ererbt hatte, und ahnten noch nicht, daß er sein ganzes Vermögen verloren hatte.

Der Makler rief aus: »Oh, ihr Kaufleute und reichen Herren, was bietet ihr für diese Sklavin, welche ist wie die Herrin des Mondes, wie eine leuchtende, undurchbohrte Perle, wie ein kostbarer Smaragd, ein Ziel des Verlangenden, die Ergötzung der Sehnsucht!«

Da huben die Kaufleute an zu bieten, der Makler aber fragte den Herrn des Mädchens, ob er sie für tausend Dinar verkaufen wolle.

Er antwortete: »Ich habe geschworen, sie nur einem Mann zu verkaufen, der ihr gefällt, und frage sie bei jedem Käufer erst, ob sie ihm gehören will.«

Der Makler zeigte ihr einen Alten, der schon geboten hatte. Sie aber sprach: »Dem will ich nicht verkauft werden. Ein alter Dichter hat einst gesagt:

> ›Ich forderte einen Kuß von meiner Geliebten. Sie aber sah mein graues Haar und wandte sich weg von mir, obwohl ich sehr reich war, und sagte: ›Nein, bei Allah, ich habe keine Freude an einem weißen Barte. Soll ich mir denn beim Kusse den Mund mit Baumwolle stopfen?‹‹«

Als der Makler das hörte, sprach er: »Bei Allah, du hast nicht unrecht«, und zu den Kaufleuten: »Sie will diesen Alten nicht.«

Da trat jemand anders hervor und sagte: »Ich will tausend Dinar geben.« Sie aber betrachtete ihn und fand, daß er sich den Bart gefärbt hatte, und sprach folgende Verse:

> »Sage dem Unbesonnenen, der sich färbte: ›Was hat diese List zu bedeuten? Du gehst mit einem Barte weg und kommst mit einem anderen wieder, als wärest du ein Schattenspieler!‹«

Nach diesem boten noch viele andere, aber die Sklavin wollte keinen von ihnen, und sie ergrimmten, als die Sklavin für jeden von ihnen einen passenden Vers wußte.

Da sagte der Makler: »Sieh dich doch einmal um und sage mir, wer von den Anwesenden dir gefällt?«

Die Sklavin überschaute den ganzen Kreis, und als ihr Blick auf Ali Schir fiel, fühlte sie tausendfaches Weh im Herzen, denn er glich einer Gazelle und war zarter als ein Zephir. Sie sagte zu dem Makler: »Ich will nur diesem jungen Mann mit dem schönen Gesicht und dem feinen Wuchs verkauft werden. Denn von ihm hat der Dichter gesagt:

>Der Wächter des Paradieses hat ihn aus seiner Wohnung verjagt, weil er Furcht hegte, er möchte die Jungfrauen des Paradieses verführen. Ich will keinen anderen als den mit lockigen Haaren und rosigen Wangen.<«

Als der Makler das hörte, sagte er zu ihrem Herrn: »Deine Sklavin hat nicht ihresgleichen unter den Weibern mit ihrer Schönheit, Beredtsamkeit und ihrer Kenntnis der Dichter. Sie ist wohl tausend Dinar wert.«

Der Eigentümer versetzte: »Ich kann dir noch mehr von ihr sagen: Sie kennt die sieben Schriftarten und liest den Koran nach den sieben Lesarten. Ihre Hände sind Gold und Silber. Auch hat sie noch nie bei einem Manne gelegen. Oh, welch ein Glück, eine solche Sklavin im Hause zu haben. Doch sollst du sie nur dem verkaufen, den sie will.«

Da ging der Makler zu Ali Schir und sprach zu ihm: »Herr, kaufe diese Sklavin, denn sie hat dich gewählt.«

Ali Schir schlug die Augen nieder, lachte voller Bitterkeit und dachte: »Bei Allah, ich habe noch nicht einmal gefrühstückt.« Er schämte sich aber, vor den Kaufleuten zu sagen, er hätte nicht soviel Geld.

Die Sklavin sah ihn an und sagte zu dem Makler: »Stelle mich ihm vor, damit er Gefallen an mir findet, denn ich will nur ihm verkauft werden.«

Ali schaute sie an und sagte: »Kann man zu einem Kaufe gezwungen werden? Du bist mir zu teuer.«

»So kaufe mich«, sprach sie, »für neunhundert Dinar.«

»Auch das kann ich nicht zahlen«, sagte Ali.

Sie ging Schritt für Schritt herunter bis auf hundert Dinar, aber Ali sagte: »Ich habe nicht einmal hundert Dinar. Bei Allah, ich besitze keine weiße und keine rote Münze. Suche dir einen anderen Käufer!«

»So ergreife meine Hand«, sprach die Sklavin, »als wolltest du mich in einem Seitengäßchen untersuchen«, und als Ali dies tat, gab sie ihm heimlich einen Beutel mit tausend Dinar und sagte zu ihm: »Bezahle neunhundert Dinar an meinen Herrn und behalte hundert für uns.«

Das tat Ali und führte die Sklavin in seine Wohnung. Als sie ein leeres Zimmer fand, ohne Bett, ohne Decke und ohne Gefäße, gab sie ihm wieder tausend Dinar und sprach: »Geh auf den Bazar und kaufe Bett und Hausgerät dafür. Dann gehe auf den Markt und kaufe Speisen und Getränke, auch ein Stück Seidenstoff für einen Vorhang, Gold- und Silber- und Seidenfaden von sieben Farben.«

Als Ali alles das getan hatte, legte sie die Diwane und Teppiche zurecht, setzte sich zu Tisch und unterhielt sich mit Ali bis tief in die Nacht. Und Ali Schir reute sein Kauf nicht, denn sie gab ihm alle Liebe, die sie für ihn verspürte.

Am folgenden Morgen nahm die Sklavin den Vorhang und stickte mit farbiger Seide und Goldfaden um den Rand herum allerlei Vögel, und in der Mitte jede Gattung wilder Tiere, und arbeitete so acht Tage lang. Als der Vorhang fertig war, gab sie ihn ihrem Herrn und sprach: »Verkaufe ihn einem hiesigen Kaufmanne! Hüte dich aber, ihn an einen umherziehenden zu geben, sonst ist unsere Trennung nahe, denn du hast Feinde, deren Augen auf uns gerichtet sind.«

Ali verkaufte den Vorhang für vierzig Dinar, kaufte wieder Seidenzeug, Faden und Lebensmittel ein und brachte das übrige Geld zurück. Sie aber stickte jede Woche einen Vorhang, den Ali auf dem Bazar verkaufte.

So verfloß ein ganzes Jahr. Als er aber am Anfange des zweiten Jahres den neuen Vorhang wie gewöhnlich einem Makler zum Ausrufen gab, kam ein Christ vorüber, der sechzig Dinar bot. Der Makler wollte ihn nicht hergeben, aber der Christ bot immer mehr, bis auf hundert Dinar, und bestach noch den Makler mit zehn Dinar. Da ging der Makler zu Ali und sagte zu ihm: »Dieser Christ will den Vorhang kaufen. Was hast du von ihm zu befürchten?« Auch alle anderen Kaufleute drangen in ihn, bis er mit zitterndem Herzen dem Christen den Vorhang verkaufte, sein Geld nahm und wegging. Der Christ aber folgte ihm.

Da fragte ihn Ali: »Was gehst du mir nach?« Er aber antwortete: »Ich habe oben in dieser Straße etwas zu tun.«

Als Ali Schir vor sein Haus kam und den Christen noch

immer hinter sich sah, fragte er ihn wieder: »Was folgst du mir, du ungläubiger Hund?«, und der Christ antwortete: »Herr, ich habe Durst, gib mir zu trinken.«

Ali dachte: »Bei Allah, ich will den Christen nicht beschämen, der einen Trunk Wasser von mir fordert«, ging ins Haus und holte einen Becher Wasser. Da fragte ihn die Sklavin: »Hast du den Vorhang verkauft? Einem Hiesigen oder einem Durchziehenden? Schon ahnt mein Herz die Trennung.« Ali ging indessen mit dem Becher hinaus. Da bat ihn der Christ noch um ein Stück Brot und Zwiebel, und als Ali sagte, er habe nichts im Haus, gab er ihm Geld, damit er auf dem Markte etwas einkaufe. Darauf lud er ihn ein, mit ihm zu speisen.

Ali weigerte sich, aber der Christ sprach zu ihm: »Mein Sohn, kennst du nicht den Spruch der Weisen: Wer seinen Gast allein essen läßt, ist ein schlechter Mensch?«

Da sah sich Ali genötigt, mit dem Christen einiges zu essen.

Als sie satt waren, nahm der Ungläubige eine Banane, teilte sie in zwei Hälften, tat heimlich in die eine Hälfte etwas Opiumpulver, das einen Elefanten eingeschläfert hätte, tauchte sie in Honig ein und bot sie Ali, indem er sagte: »Bei deinem Glauben, du mußt das annehmen.«

Ali wollte ihn nicht falsch schwören lassen, aß die Banane und stürzte wie tot um. Der Christ machte sich schnell auf und lief zu seinem gottlosen Bruder Raschid Eddin, der sich nur zum Scheine für einen Muselmann ausgab. Dieser war es, welcher zuerst die Sklavin für tausend Dinar hatte kaufen wollen, und als er seinem Bruder erzählte, daß sie ihn verschmäht hatte, tröstete er ihn und sagte: »Warte nur, ich will sie schon durch List ohne Geld bekommen.« Darauf tat er, was eben berichtet worden ist.

Die beiden Brüder brachen danach in Alis Wohnung ein, schleppten die Sklavin fort und ließen Ali im Gange liegen. Als Raschid Eddin die Sklavin bei sich zu Hause hatte, drohte er ihr unter allen möglichen Martern, sie solle ihrem Glauben abschwören und Christin werden. Sie aber beugte sich nicht. Da ließ er sie in die Küche werfen und befahl, ihr nichts zu essen zu geben. Darauf begab er sich auf eine Reise, denn er fürchtete die Häscher.

Ali lag bis zum anderen Tage bewußtlos in seinem Hause. Erst nach und nach schwand die Wirkung des Schlafpulvers. Er öffnete die Augen und rief nach Sumurd – welches bedeutete ›Die Smaragdene‹ –, so nämlich hieß seine Sklavin. Als er keine Antwort bekam und das Zimmer leer fand, fiel ihm der Christ und die Warnung seiner Geliebten ein. Er weinte und bereute seinen Ungehorsam. Aber es war zu spät.

Drei Tage lief er wie ein Rasender durch die Stadt und suchte, aber er fand sie nicht. Da sah ihn eine fromme alte Frau und fragte voll Mitleid nach dem Grunde seiner Betrübnis. Er erzählte ihr alles, was zwischen ihm und dem Christen vorgefallen war.

Da sprach die Alte: »Ich will dir helfen. Kaufe mir einen Korb, wie ihn Goldarbeiter haben, und fülle ihn mit Ringen, Armbändern und allerlei Frauenschmuck. Ich will damit herumgehen, bis ich, so Allah will, Kunde von ihr erhalte.«

Das tat Ali. Sie aber verkleidete sich in eine Hausiererin und ging in der ganzen Stadt herum, bis Allah sie vor das Haus des verruchten Christen führte. Da hörte sie Weinen und Jammern und erfuhr von den Mägden, daß der Herr des Hauses eine junge Sklavin in die Küche eingesperrt habe und ihr nichts zu essen gäbe. Da bestach die Alte die Sklavinnen mit den Schmuckstücken, daß sie sie zu der Gefangenen ließen, und sprach heimlich zu ihr: »Gelobt sei Allah! Er wird dir bald helfen. Ich komme von Ali Schir. Sei bereit morgen um Mitternacht. Da wird dich dein Herr an der Bank vor dem Haus erwarten und dir durch einen Pfiff ein Zeichen geben. Laß dich an einem Seil vom Fenster herunter. Er wird dich auffangen und fortbringen.«

Darauf ging die Alte zu Ali Schir und erzählte ihm, was sie mit Sumurd verabredet hatte. Ali dankte ihr und wartete ungeduldig auf der Bank vor dem Hause, die ihm die Alte bezeichnet hatte. Weil er aber vor Kummer nicht lange geschlafen hatte, überkam ihn nun eine große Müdigkeit. Gepriesen sei der, welcher nie schläft!

Nun führte das Schicksal gerade an diesem Abend einen Dieb zu der Bank, auf welcher Ali lag. Der stahl Ali seinen Turban vom Kopfe und setzte sich ihn selber auf. In diesem Augenblicke schaute Sumurd vom Fenster herunter, und da es sehr dunkel war, hielt sie den Dieb für ihren Geliebten. Sie pfiff, und der Dieb tat das gleiche. Da nahm sie einen härenen Sack, den sie für die Flucht heimlich mit Gold und Edelsteinen gefüllt hatte, ließ ihn an einem Seil aus dem Fenster und kletterte selber nach. Als der Dieb erst den schweren Sack und danach das schöne Mädchen in die Arme nahm, sprach er bei sich: »Das ist ein wundersames Abenteuer.« Er hütete sich aber wohl, seine Verwunderung laut werden zu lassen, nahm vielmehr Mädchen und Sack und floh schnellfüßig von dannen.

Als Sumurd ihn so über die Maßen schnell laufen sah, sprach sie verwundert: »Die Alte hat mir gesagt, du seiest wegen unserer Trennung sehr krank, nun aber läufst du wie ein Affe.« Aber der Dieb gab ihr keine Antwort.

Da griff sie ihm ins Gesicht, fand einen rauhen Bart, erschrak und fragte: »Wer bist du?«

Der Dieb antwortete: »Ich bin Jawan, einer von den vierzig Kurden der gefürchteten Räubergesellschaft Achmed Dannafs, die heute nacht alle ihre Freude an dir haben werden.«

Als sie dies hörte, weinte sie, dann sie merkte, daß das Schicksal sie abermals hintergangen und daß sie von einem Unglück ins andere gestürzt war. Doch ergab sie sich in Allahs Ratschluß.

Der Räuber aber hatte auf seinem Raubzug einen Soldaten erschlagen, ihm die Kleider abgenommen und sein Pferd in einer wenig belebten Straße an ein Haus gebunden. Dorthin führte er Sumurd, bestieg das Roß und ritt mit ihr in die Wüste zu einer Höhle, in der die Räuber sich zu versammeln pflegten.

Als sie dort ankamen, fanden sie nur die Mutter des Räuberhauptmannes, welche in der Höhle saß und für die Räuber das Essen bereitete. Ihr übergab der Kurde seine gesamte Beute und machte sich auf, seinen Gefährten nachzusetzen.

Als sie allein waren, klagte Sumurd: »Was soll nun hier aus mir werden?«

Die Alte antwortete: »Warte nur, bis die Räuber von ihrem Zuge heimkommen, dann wirst du wie ein Schiff im Meere schwimmen.«

Da sprach Sumurd zu der Alten: »Komm heraus ins Freie, ich

will dich kämmen und dich in der Sonne vom Ungeziefer reinigen.«

»Recht gern«, erwiderte die Alte. »Bei Allah, meine Tochter, du hast recht. Ich war schon lange nicht mehr im Bade. Die Schweine ziehen immer mit mir herum von einem Ort zum anderen.«

Sumurd aber lauste und kämmte die Alte, bis sie einschlief. Dann machte sie sich auf, zog die Kleider des getöteten Soldaten an, gürtete sich mit seinem Schwert und setzte seinen Turban auf, daß sie ganz wie ein Mann aussah. Sie schwang sich auf das Pferd, nahm den Sack mit Gold, den sie aus dem Hause des Christen mitgebracht hatte, und empfahl sich dem Schutze des Allbeherrschers. Sie überlegte sich aber: »Wenn ich jetzt in die Stadt zurückkehre, dann trifft mich vielleicht einer von den Verwandten des Soldaten und erkennt Pferd und Kleider und läßt mich in den Kerker werfen.«

So wandte sie sich in die einsame Wüste und ritt zehn Tage weit, während derer sie sich von den Früchten der Bäume und den Pflanzen der Erde nährte.

Am elften Tage kam sie vor eine schöne, befestigte Stadt, vor deren Toren sie viele Truppen mit ihren Befehlshabern sah, auch waren alle Bewohner auf den Beinen. Als sie näher geritten kam, marschierten die Truppen ihr entgegen, die Reiter stiegen von ihren Pferden, warfen sich vor ihr auf die Erde und riefen: »Allah verleihe dir den Sieg, o Sultan, und segne deine Ankunft.«

Als Sumurd erstaunt fragte, was das zu bedeuten habe, sprach der Oberstkämmerer: »Allah, der mit seiner Gnade nicht geizt, hat dich zum Sultan dieser Stadt erhoben. Wisse, wenn bei uns ein Sultan ohne Erben stirbt, so ziehen die Truppen drei Tage lang vor die Stadt. Wer zuerst aus der Richtung kommt, aus der du gekommen, der wird unser Sultan. Gelobt sei Allah, der uns einen so schönen jungen Sultan gegeben! Denn auch einen schlechteren als dich hätten wir anerkennen müssen.«

Die kluge Sumurd erwiderte ihnen: »Glaubt nicht, daß ich zur niederen Klasse der Menschen gehöre. Ich bin von vornehmer Abkunft, habe mich aber mit meinen Verwandten entzweit und sie verlassen. Seht nur meinen Sack mit Gold, aus dem ich schon auf meiner Reise den Armen Almosen gespendet habe.«

Bei sich aber dachte sie: »Bin ich erst einmal Sultan, so werde ich mich, so Allah will, auch wieder mit meinem Herrn vereinigen!«

Sie zog an der Spitze der Truppen in die Stadt, ließ sich huldigen, verteilte Geschenke, und alle Herzen verehrten sie ob ihrer Freigebigkeit. Sie regierte weise, schenkte den Gefangenen die Freiheit und schaffte alles Unrecht ab, so daß jedermann sie liebgewann. Wenn sie aber an ihren Herrn dachte und an die glücklichen Tage, die sie mit ihm verlebt hatte, dann weinte sie und war voller Trauer.

Im Schlosse bestimmte sie allen Sklavinnen und allen Favoritinnen ein gutes Gehalt, hielt sich aber von ihnen getrennt und ließ sich nur von jungen Verschnittenen bedienen. Sie gab vor, sie wolle sich dem Dienste Allahs weihen.

So lebte sie ein ganzes Jahr. Dann ließ sie in der Stadt verkünden, daß alle Neumond die Leute der Stadt und alle Fremdlinge, die zu dieser Zeit dort weilten, an der königlichen Tafel speisen sollten. Zu diesem Zwecke wurde ein Zelt errichtet, und sie sah von ihrem Throne aus zu, wie alle am Tische saßen und aßen, soviel jeder Lust hatte. Und die Menschen sprachen: »Gelobt sei Allah! Unser Sultan hat ein Herz für die Armen.«

Danach begab sich Sumurd wieder ins Schloß, freute sich dessen, was sie getan, und dachte: »So Allah will, werde ich auf diese Weise Nachricht von meinem Herrn erhalten.«

Als am folgenden Neumonde wieder jedermann beim Sultan zu Gast war, betrachtete Sumurd die Gäste einen nach dem anderen und bemerkte auch den Christen, der einst den Vorhang gekauft und sie ihrem Herrn entrissen hatte. Sie dachte bei sich: »Nun beginnt schon die Erfüllung meiner Wünsche.«

Der Christ streckte eben die Hand nach einer Schüssel voller Reis mit Zucker, die so weit von ihm stand, daß er sich vordrängen mußte.

Da sprach sein Nachbar zu ihm: »Warum issest du nicht, was vor dir steht. Schämst du dich nicht, nach einer Schüssel zu greifen, die so weit von dir steht?«

Der Christ erwiderte: »Ich will von dieser und von keiner anderen Schüssel essen.«

»Nun, so iß davon«, versetzte sein Nachbar, »Allah lasse es dir übel bekommen.«

Ein armer Mann aber, der daneben saß und einer von denen war, die sich mit Haschisch berauschen, sprach: »Lasse ihn, ich will auch mit ihm essen.«

Der andere erwiderte: »Diese Speise ist nicht für deinesgleichen, du verdammter Haschischfresser. Das ist ein Gericht für Emire. Laß es stehen, bis es zu denen gelangt, für die es bestimmt ist.«

Der Christ hörte nicht darauf, nahm schnell einen Bissen aus der Schüssel, steckte ihn in den Mund und wollte schon nach einem zweiten greifen, da rief Sumurd einige Soldaten und sprach zu ihnen: »Bringt mir den Mann her, der eine Schüssel mit Reis vor sich hat, und reißt ihm den Bissen aus der Hand.«

Vier Soldaten vollzogen ihren Befehl und brachten den Mann vor den Sultan. Als die Leute das sahen, hörten sie auf zu essen, und der Tischnachbar des Christen sagte: »Es geschieht ihm recht. Warum mußte er nach einer Schüssel greifen, die nicht für ihn war?«

Der Haschischfresser aber sagte: »Gelobt sei Allah, daß ich noch nichts gegessen hatte, auch mich gelüstete es danach!«

Sumurd aber sprach: »Wehe dir, du Blauäugiger! Wie heißt du, und wie kommst du hierher?«

Der Christ, welcher einen weißen Turban auf dem Haupte trug, wo es doch Christen und Juden in den Ländern des Islams nur gestattet ist, farbige Turbane zu tragen, verleugnete seinen Namen und sprach: »Ich heiße Ali, bin ein Weber und in Handelsgeschäften hier.«

Sumurd ließ sich eine astrologische Tafel bringen, schrieb mit einem kupfernen Griffel ein paar Zeichen, blickte eine Weile darauf und sprach dann: »Du lügst, du Hund! Du bist ein Christ und trägst einen weißen Turban und heißest Bersum und hast ein ganz anderes Geschäft vor. Sage die Wahrheit, oder ich lasse dir, bei Allah, den Hals abschneiden.«

Der Christ erbleichte, und alle Anwesenden sprachen: »Unser Sultan kann wahrsagen!« Der Ungläubige aber fiel auf die Knie und rief: »Gnade, o Sultan, du hast wahr gesprochen. Ich bin ein Christ.«

Da ließ ihn Sumurd hinrichten und seine Leiche in eine Grube mit Unrat werfen. Als das die Leute erfuhren, sprachen sie: »Es geschieht ihm recht, daß ihm der Bissen so schlecht bekommen ist.« Und ein anderer sagte: »Ich will von meiner Frau geschieden werden, wenn ich je wieder gezuckerten Reis esse.«

Am nächsten Neumond wurde wieder der Tisch gedeckt, und wieder war die ganze Stadt beim Sultan zu Gast. Die Leute aber mieden die Stelle, an der die Reisschüssel stand, und einer sagte zum anderen: »Hüte dich wohl, davon zu essen, sonst wirst du gehängt.«

Als alle Leute den Wink des Sultans erwarteten, um die Mahlzeit zu beginnen, sah Sumurd von ihrem Throne herab einen Mann eilig herbeikommen, und siehe, es war der Räuber, der sie gestohlen und der den Soldaten umgebracht hatte. Er hatte, als er am Abend die Höhle leer und weder die Sklavin noch den Geldsack gefunden hatte, geschworen, er werde die Entflohene suchen und sie ergreifen, und wäre sie in der Schale einer Pistazie verborgen.

So kam er auch in diese Stadt und erfuhr, daß alle Männer beim Sultan zu Gaste seien. Er fand aber keinen leeren Platz mehr als den, wo der Reis aufgestellt war. Dorthin setzte er sich. Doch die Leute riefen ihm zu: »Was willst du tun? Du wirst gehängt.«

Der Räuber antwortete: »Ich will mich an dieser Schüssel sattessen.«

Sein Nachbar, der Haschischfresser, wurde nüchtern, verließ seinen Platz, setzte sich weit weg und sprach: »Ich will mit dieser Schüssel nichts zu tun haben.«

Der Kurde aber griff zu und begann zu essen. Er nahm dann noch einen zweiten Bissen, als er aber nach dem dritten Bissen langte, befahl Sumurd ihren Soldaten: »Bringt mir den Mann her!« Sie griffen ihn und schleppten ihn vor den Sultan. Die Leute aber riefen alle: »Es geschieht ihm recht, wir haben ihn gewarnt, aber er wollte keinen Rat annehmen.«

Sumurd fragte den Kurden: »Wie heißt du? Was ist dein Handwerk, und was tust du hier?« Er antwortete: »Ich heiße Osman, bin ein Gärtner und suche etwas Verlorenes.«

Da ließ der Sultan die Tafel bringen, schrieb etwas darauf, schaute hinein und sprach: »Wehe dir, denn du lügst! Diese Tafel sagt mir: du heißest Djewan, bist ein Dieb, ein Kurde, ein Mörder. Sage die Wahrheit, du Schwein, sonst lasse ich dir den Kopf abhauen.«

Da ward der Kurde bleich und gestand. Sumurd aber ließ ihn hinrichten wie den Christen.

Am vierten Neumond kam auch der gottlose Raschid Eddin in die Stadt. Er aß von dem Reis, wurde ergriffen, gab sich für einen Derwisch aus, wurde aber auf die gleiche Weise entlarvt und ebenfalls hingerichtet.

Sumurd aber regierte am Tage, und in der Nacht dachte sie an ihren Herrn Ali Schir und weinte und betete zu Allah, er möge sie doch bald wieder mit ihm vereinigen. Am fünften Neumond kam wieder ein Fremder zum Gastmahl des Sultans, der sah krank und schwach aus, aber Sumurd erkannte in ihm doch ihren Herrn Ali Schir.

Die Sehnsucht nach seiner geliebten Sklavin hatte ihn so krank werden lassen, daß die Ärzte schon an seinem Schicksal verzweifelten. Aber die Alte, die ihm einst auch geholfen, Sumurd zu finden, hatte ihn gepflegt und getröstet und ihm nach einem Jahr geraten, auf die Reise zu gehen und seine Geliebte zu suchen.

So kam er in die Stadt und ging wie alle Fremden zum Gastmahl des Sultans. Wie alle, die die Gebräuche nicht kannten, setzte er sich an die Reisschüssel und aß davon. Seine Tischnachbarn aber bemitleideten ihn und sprachen: »Iß nicht davon, sonst wirst du dein Leben hergeben müssen.«

Er aber erwiderte: »Laßt mich essen! Sie mögen mit mir tun, was sie wollen, vielleicht bekomme ich so Ruhe vor diesem qualvollen Leben.«

Er aß die ganze Schüssel leer, denn Sumurd wollte ihn nicht rufen lassen, ehe er sich gesättigt hatte. Alle Leute aber waren begierig zu sehen, was mit ihm geschehen würde.

Als er sich sattgegessen hatte, sprach der Sultan zu seinem Leibdiener: »Gehe hin zu dem jungen Mann, der Reis gegessen hat, und sage ihm: Der Sultan will zu deinem Besten mit dir sprechen.«

Als Ali vor Sumurd geführt wurde, schrien alle Leute: »Es gibt keinen Schutz und keine Macht, außer bei Allah, dem Erhabenen! Wie wird es ihm wohl ergehen?« Einer aber sprach: »Es wird ihm gutgehen, sonst hätte der Sultan nicht gewartet, bis er sich sattgegessen.«

Ali verbeugte sich vor dem Sultan und grüßte ihn. Sumurd erwiderte freundlich seinen Gruß und fragte: »Wie heißt du? Was ist dein Geschäft, und warum bist du hierhergekommen?«

Da antwortete Ali Schir: »O Sultan, mein Name ist Ali Schir. Ich bin ein Kaufmann aus Chorasan und suche meine Sklavin. Das ist meine Geschichte.«

Da ließ sich Sumurd wieder die Tafel und die Feder bringen, schrieb etwas hinein und sagte: »Du hast wahr gesprochen. Allah wird dich bald mit ihr vereinen. Verzage nicht!«

Sie befahl dann ihren Dienern, ihn ins Bad zu führen und nachher auf einem von des Sultans Pferden ins Schloß zu bringen. Viele Leute sagten spottend untereinander, denn sie wußten, daß der Sultan den Weibern fernblieb: »Das ist schön! Der Sultan ist mit einem Bettler zusammen.«

Manche sagten auch: »Gewiß geschieht es, weil der Fremde so schön ist. Ich wußte es gleich, sonst hätte der Sultan nicht gewartet, bis der Fremde sich gesättigt hatte.«

Sumurd aber wartete im Schloß auf die Nacht, die sie mit dem Geliebten ihres Herzens vereinigen würde. Als endlich der Mond zu leuchten anfing, ließ sie ihn holen und empfing ihn auf dem Throne, vor welchem Wachslichter brannten und den die Sterne beschienen. Ali verbeugte sich vor ihr und wünschte ihr Glück. Sie aber wollte noch eine Weile ihren Scherz mit ihm treiben, weil er sie so gar nicht zu erkennen schien. Sie sagte also zu ihm: »Iß etwas von dem Fleisch und dem Huhn und trinke Wein mit Zucker, denn du bist müde. Und dann komm her.«

Als er gegessen und getrunken hatte, rief sie ihn zu sich und forderte ihn auf, sich zu ihr auf den Throndiwan zu setzen, und setzte sich nahe an seine Seite. Er sträubte sich, aber sie umarmte ihn und sprach: »Wo ist dein liebendes Auge, da du mich für einen Mann hältst? Ich bin deine Sklavin Sumurd!«

Und sie blieben beieinander in heißer Liebe die ganze Nacht.

Am folgenden Morgen ließ Sumurd die Befehlshaber der

Truppen und die Großen des Reiches hervortreten und sprach zu ihnen: »Ich will eine Reise nach dem Lande dieses Mannes machen, wählt einen Stellvertreter, der bis zu meiner Rückkehr über euch regiere.«

Als die Wahl vorüber war, ließ sie Kamele mit Lebensmitteln, Gold und allerlei Kostbarkeiten beladen, reiste mit Ali Schir in seine Heimat, ging in sein Haus, teilte viele Geschenke aus, gab reichlich Almosen, gebar ihm mehrere Kinder und lebte sehr glücklich mit ihm, bis der Zerstörer jeglicher Freude, der alles trennende Tod, sie überfiel.

Mardschanas Geschichten waren lang, und als der Becher zum drittenmal kreiste, war die Nacht schon fast vorüber. Sie warf einen Blick zum absteigenden Mond, dann sagte sie: »Wenn ich mich eile, dann reicht uns die Zeit gerade noch für eine kurze Geschichte«, und sie begann zu erzählen:

Die Geschichte von der Weiberlist

In der Stadt Bagdad lebte einst ein anmutiger Jüngling von schönem Antlitz und schlankem Wuchse, der zu den vornehmen Leuten gehörte; der besaß einen Laden, in dem er Handel trieb. Als er eines Tages in seinem Laden saß, kam eine Tochter der Fröhlichkeit an ihm vorbei; die hob dort ihr Haupt empor und sah, daß über der Ladentür zwei Zeilen geschrieben standen; das waren diese Worte: *Es gibt keine List als die List der Männer, denn sie übertrifft die List der Frauen.* Da ward sie zornig und sprach in ihrem Herzen: Bei meinem Haupte, ich will ihn ein Wunder erleben lassen, das die Inschrift über seinem Laden zuschanden macht! Darauf ging sie nach Hause.

Am nächsten Tag aber kam sie zu dem Laden, mit prächtigen Gewändern angetan und mit kostbaren Schmucksachen geziert; auch hatte sie eine Sklavin bei sich, die ein Bündel in der Hand trug. Sie begrüßte den Kaufmann, setzte sich in seinen Laden und verlangte von ihm einige Stoffe. Da holte er ihr mancherlei hervor; sie nahm die Stoffe in die Hand und wendete sie hin und her, indem sie mit ihm plauderte. Schließlich sagte sie zu ihm: »Sieh doch mal, wie schön ich von Wuchs und Gestalt bin! Kannst du an mir einen Fehl entdecken?«

Er gab zur Antwort: »Nein, meine Herrin!«

Dann enthüllte sie vor ihm einen Teil ihres Busens, und als er ihre Brüste sah, ward sein Herz durch sie erregt, und er rief: »Verhülle sie! Allah schütze dich!«

Doch sie erwiderte: »Ist es recht, daß irgendeiner von meinen Reizen häßlich redet?«

»Nein«, rief er wieder. »Wie könnte jemand deine Reize schmähen, da du doch die Sonne der Schönheit bist!«

Nun streifte sie auch die Ärmel von ihren Unterarmen auf und sprach zu dem Jüngling: »Schau her; kannst du hier einen Fehl entdecken?«

Er entgegnete: »Nein; wie wäre das möglich? Sie sind ja Arme von Kristall!« Und er fuhr fort: »Was veranlaßt dich, meine Herrin, mir diese schönen Glieder und diese liebliche Gestalt zu zeigen: Tu mir die Wahrheit kund! Ich gebe mein Leben für dich hin!« Und er sprach diese Verse:

> *Die weiße Wange wird vom Haar umrahmt*
> *Und ist verborgen in der schwarzen Pracht.*
> *Die Wange gleicht dem hellen Tageslicht,*
> *Das Haar ist gleichsam wie die finstre Nacht.*

Nun sagte die Dame zu dem jungen Kaufmann: »Wisse, mein Gebieter, ich bin ein Mädchen, dem vom eigenen Vater unrecht geschieht; denn er verleumdet mich und sagt zu mir: ›Du bist häßlich von Ansehen und Gestalt, und es ist nicht nötig, daß du prächtige Kleider trägst; du und die Sklavinnen, ihr seid vom gleichen Range, zwischen euch ist kein Unterschied!‹ Und dabei ist er reich und sehr wohlhabend.«

Da fragte der Jüngling: »Wer ist den Vater? Was für einen Beruf hat er?«

Sie antwortete: »Mein Vater ist der Großkadi von dem bekannten obersten Gerichtshof.« Und der Mann glaubte es ihr.

Darauf nahm sie Abschied von ihm und ging davon. Aber in seinem Herzen regte sich eine tausendfache Sehnsucht nach ihr, und die Liebe zu ihr erfüllte ihn ganz; doch er wußte nicht, wie er sie gewinnen sollte. Er verschloß die Tür seines Ladens und begab sich zum Gerichtshof; dort trat er zu dem Kadi ein und begrüßte ihn. Der gab ihm den Gruß zurück, erwies ihm hohe Ehre und ließ ihn an seiner Seite sitzen. Darauf hub der Kaufmann an: »Ich komme zu dir, da ich dein Eidam werden möchte!«

»Herzlich willkommen«, erwiderte der Kadi, »aber meine Tochter taugt nicht für deinesgleichen, mein Freund!«

Der Jüngling entgegnete jedoch: »Das ist gleich! Ich bin mit ihr zufrieden.«

Da nahm der Kadi seine Werbung an und setzte die Eheurkunde für ihn an Ort und Stelle auf mit der Bestimmung, daß er als Brautgeld sogleich fünfundzwanzig Goldstücke und später als zweiter Teil der Brautgabe ebensoviel bezahlen solle. Darauf ging der Kaufmann nach Hause, und nun wurde von beiden Seiten zur Hochzeit gerüstet.

Am Abend des dritten Tages ward die Braut im Hochzeitszuge dem Kaufmann zugeführt; er sprach das Abendgebet und trat zu ihr ins Gemach. Als er aber den Schleier von ihrem Antlitz hob und das Kopftuch zurückschlug, da entdeckte er eine ekelhafte, häßliche Gestalt und ein mit allen Fehlern behaftetes Wesen. Und nun bereute er, als ihm die Reue nichts mehr nutzte, und er sah ein, daß jene Frau ihn betrogen hatte. Der unglückliche Kaufmann blieb jene Nacht über bis zum Morgen dort, wach und voll trüber Gedanken, und er ruhte bei seiner Gattin wider Willen. Doch sobald der Morgen dämmerte, erhob er sich und ging zum Badehaus. Nachdem er dort die Waschung für die Unreinheit vorgenommen hatte, zog er seine Werktagskleider wieder an, begab sich ins Kaffeehaus, trank eine Tasse Kaffee und kehrte dann zu seinem Laden zurück. Er schloß die Tür auf und setzte sich nieder; aber der Kummer verzerrte sein Antlitz. Nach einer Weile kamen seine Freunde und Gefährten zu ihm, um ihm Glück zu wünschen; und lachend sprachen sie zu ihm: »Zum Segen! Zum Segen! Wo sind die Süßigkeiten? Wo ist der Kaffee? Es scheint, du hast uns vergessen! Die Reize deiner jungen Frau haben dich wohl so vergeßlich gemacht. Nun ja, wohl bekomm's! Wohl bekomm's!« So verspotteten sie ihn, während er ihnen keine Antwort gab und vor Wut nahe daran war, sich die Kleider zu zerreißen und zu weinen.

Dann gingen sie wieder fort; und als es Mittag ward, siehe da, da kam seine trügerische Freundin einher mit rauschender Schleppe. Sie trat heran, setzte sich in dem Laden nieder und sprach:

»Zum Segen, mein Gebieter! Allah gebe, daß es eine Hochzeit des Glücks und der Freude sei!«

Er aber runzelte die Stirn und sprach zu ihr: »Was hab' ich dir zuleide getan, daß du mir so vergelten mußtest?«

Sie erwiderte: »Du hast mir nichts zuleide getan. Doch jene Inschrift dort über der Tür deines Ladens ist an allem schuld. Wenn es dir möglich ist, sie zu ändern, so will ich dich aus diesem Elend erretten.«

Da sagte er: »Was du forderst, ist leicht; es soll herzlich gern geschehen.« Und alsbald erhob er sich, löschte die Inschrift über seiner Tür und schrieb an ihrer Statt mit goldenen Buchstaben: *Es gibt keine List als die List der Frauen; denn ihre List ist die größte.*

Dann fragte er sie: »Ist dein Herz nun zufrieden?«

»Jawohl«, erwiderte sie; »geh du sogleich zu den Tänzern und Trommlern und sprich zu ihnen: ›Kommt morgen mit euren Trommeln und Pfeifen zum Gerichtshof des Kadis, während ich dort sitze: dann tretet zu mir heran und sagt zu mir: Zum Segen, Vetter! Unsere Seele freut sich über das, was du getan hast.‹ Dann wirf du ihnen Dinare und Dirhems zu.«

»Ja, der Rat ist gut«, antwortete er, schloß den Laden und begab sich zu den Tänzern und Trommlern; er tat ihnen den Plan kund und versprach ihnen eine große Belohnung. Sie nahmen seine Worte entgegen, indem sie sprachen: »Wir hören und gehorchen!«

Am folgenden Tage ging er nach dem Frühgebet zu Seiner Exzellenz dem Kadi. Der empfing ihn mit Hochachtung und ließ ihn an seiner Seite sitzen. Dann wandte er ihm sein Angesicht zu und begann mit ihm zu plaudern; er fragte ihn, wie es mit dem Handel stehe und wie hoch die Preise der Waren seien, die von überallher nach Bagdad eingeführt wurden, und der Kaufmann antwortete ihm auf alles, was er fragte. Während sie so miteinander sprachen, kamen plötzlich die Tänzer und Trommler mit ihren Trommeln und Pfeifen; einer von ihnen hielt eine lange Fahne in der Hand und schritt ihnen voran, unter allerlei seltsamen Rufen und Bewegungen. Als sie zu dem Gerichtsgebäude kamen, rief der Kadi: »Ich nehme meine Zuflucht zu Gott vor diesen Teufeln!« Der Kaufmann lachte und schwieg.

Da traten die Leute ein, grüßten Seine Exzellenz den Kadi und küßten die Hand des Kaufmanns; dann sprachen sie: »Zum Segen, Vetter, unsere Herzen haben sich gefreut über das, was du getan hast, und wir flehen zu Allah, daß er unserem Herrn Kadi dauerndes Ansehn verleihe, ihm, der uns durch Verwandtschaft geehrt hat und uns an seinem hohen Rang und Stand hat teilnehmen lassen!«

Als der Kadi diese Worte hören mußte, da ward er verwirrt und sprachlos, und sein Gesicht ward rot vor Zorn. Dann aber fragte er seinen Eidam: »Was sollen solche Worte bedeuten?«

Der erwiderte ihm: »Weißt du nicht, hoher Herr, daß ich auch zu dieser Zunft gehöre? Der da ist mein Vetter von Mutters Seite, und der andere mein Vetter von Vaters Seite; ich werde freilich zu den Kaufleuten gerechnet!«

Der Kadi erbleichte, wie er solches vernahm; er ward von Schmerz und wildem Zorn erfüllt, und er war nahe daran, vor Wut zu bersten. Dann sprach er zu dem Kaufmann: »Allah verhüte, daß dies Ding sich vollende! Wie sollte es erlaubt sein, daß die Tochter des Kadis der Gläubigen bei einem Manne verbleibe, der zu den Tänzern gehört und niedriger Herkunft ist? Bei Allah, wenn du dich nicht im Augenblick von ihr scheidest, so lasse ich dich peitschen und auf immer bis zu deinem Tode ins Gefängnis werfen. Hätte ich eher gewußt, daß du zu den Leuten da gehörst, so hätte ich dich mir nicht nahe kommen lassen, ja, ich hätte dir nicht einmal ins Gesicht gespuckt; du bist ja unreiner als ein Hund oder ein Schwein.« Darauf riß er ihn mit dem Fuß von seinem Sitz herab und befahl ihm, die Scheidung auszusprechen.

Aber der Kaufmann rief: »Sei besonnen, o Gebieter! Denn Allah ist besonnen, und Er übereilt sich nicht; ich kann mich von meiner Frau nicht scheiden, wenn du mir auch das Königreich Irak schenktest!«

Nun war der Kadi ratlos; denn er sah ein, daß der Zwang nicht erlaubt ist nach der heiligen Satzung. So sprach er ihm denn mit milderen Worten zu: »Schütze meine Ehre, Allah soll dich schützen! Wenn du dich nicht von ihr scheidest, so wird diese Schmach für alle Zeiten an mir haftenbleiben.«

Doch dann übermannte ihn wieder die Wut, und er schrie ihn an: »Wenn du dich nicht freiwillig von ihr scheidest, so lasse ich dir sofort den Kopf abschlagen, und dann nehme ich mir selbst das Leben – lieber im Höllenbrande als in Schande!«

Der Kaufmann dachte eine Weile nach; dann sprach er öffentlich die Scheidung von seiner Frau aus, und so befreite er sich durch diesen Streich von dem Unheil. Darauf kehrte er in seinen Laden zurück.

Nach einigen Tagen aber vermählte er sich mit jener Jungfrau, die ihm ihren Streich gespielt hatte; sie war die Tochter des Scheichs der Schmiede. Und er führte mit ihr ein Leben in Fröhlichkeit, in Herrlichkeit und Seligkeit.

Als Mardschana geendet hatte, versank der Mond bereits hinter den Wipfeln der Kiefern, und das Feuer war fast niedergebrannt. Die Frauen zogen fröstelnd ihre Wolltücher um die Schultern und bedankten sich bei Mardschana für die Geschichten, die sie ihnen erzählt hatte. Dann gab Anamaque den Becher an Danai weiter, die ihn dankend annahm, und die Frauen küßten einander zum Abschied und verschwanden im Moor.

DIE SECHSTE NACHT

Danai erzählt Märchen vom Balkan

Nun war die kalte Jahreszeit endgültig vorüber. Alles blühte und grünte, die Libellen flogen, und die Vögel brüteten. Danai, deren Weg am See vorbeiführte, zog ihre Schuhe aus und ging ein Stück im Wasser.

Als sie zum Tanzplatz kam, war schon alles vorbereitet, und auch Anamaque traf kurz nach ihr ein. Gwendolyn und Bahar warfen neues Holz aufs Feuer, die Flammen schlugen gen Himmel und ließen die Funken tanzen. Ein Ah und Oh ging durch die Reihe, dann nahmen sich die Frauen an den Händen und stampften und sangen. Als die Dämmerung hereinbrach, setzten sie sich, und die Älteste goß Wein in den Heiligen Becher, verrichtete das Ritual und ließ ihn schließlich kreisen.

»Es ist noch kaum dunkel, und der Mond ist schon aufgegangen«, sagte Danai, »also wird es eine lange Nacht werden. Aber ich bin weit gewandert und habe mir so viele Geschichten angehört, daß ich euch dennoch nur ein paar davon erzählen kann, bevor der Morgen graut und wir uns wieder trennen müssen.«

Sie sah die Mondfrauen an, eine nach der anderen, so wie der Becher kreiste.

»Also, laßt uns beginnen!« rief sie und erzählte als erstes die Geschichte vom Schlangenkind.

Das Schlangenkind

Es war einmal ein König, der bekam keine Kinder, er hatte aber einen Wesir, der drei Mädchen hatte, und die Frauen der beiden hatten einander sehr lieb. Da geschah es eines Tages, daß sie zusammen in einen Garten gingen, um daselbst den Tag zu verbringen, und während sie dort miteinander aßen und tranken, sprach die Königin zur Wesirfrau: »Du hast drei Mädchen, und wenn ich nur einen Sohn hätte, würden wir nicht Schwägerschaft miteinander machen, da wir uns so lieb haben?« Und jene antwortete: »Ach ja, das wäre sehr schön, wenn du nur einen Sohn hättest, aber leider hat dir unser Herrgott keinen geschenkt.« Da rief die Königin: »Ach, ich wollte, daß mir Gott einen Sohn schenkte, und wenn es auch eine Schlange wäre.«

An demselben Abend schlief die Königin bei dem König, und ihr Leib wurde gesegnet, und als ihre Zeit kam, gebar sie eine Schlange, so wie sie sich es gewünscht hatte. Diese wuchs schnell heran und sprach eines Tages zu ihrer Mutter: »Höre, Mutter, erinnerst du dich, was du mit der Wesirfrau verabredet hast, als ihr zusammen in jenem Garten wart? Ich will eine von ihren Töchtern zur Frau, gehe also hin und werbe für mich um die älteste.«

Da machte sich die Mutter auf und ging zur Wesirsfrau und sprach: »Ich wünschte deine älteste Tochter zur Schwiegertochter für meinen Sohn.« Da erwiderte jene: »Was, ich sollte meiner Tochter eine Schlange zum Manne geben? Das wird nimmer geschehen, gehe deiner Wege und sprich nicht mehr davon.« Da kehrte die Königin ganz traurig zu ihrem Sohn zurück und sprach: »Sie will dich nicht.«

Darüber vergingen ein paar Jahre, dann aber sprach die Schlange wiederum zu ihrer Mutter: »Höre, Mutter, gehe noch einmal zur Wesirsfrau und sage ihr, daß sie mir ihre zweite Tochter zur Frau geben solle.« Da machte sich die Mutter wiederum auf, ging zu der Wesirsfrau und sprach: »Mein Sohn schickt mich und hält um deine zweite Tochter an.«

Über diesen Antrag aber wurde jene sehr ungehalten und sprach: »Schere dich deiner Wege und sprich mir nicht mehr davon, daß ich meinen Töchtern eine Schlange zum Manne geben solle.«

Da kehrte die Königin betrübt nach Hause zurück und sagte zu ihrem Sohne: »Sie will dich nicht.«

Als nun wieder ein paar Jahre vorüber waren, da sprach die Schlange zu ihrer Mutter: »Höre, Mutter, gehe noch einmal zur

Wesirsfrau und sage ihr, sie solle mir ihre dritte Tochter geben, und wenn sie das nicht täte, so würde ich eines Nachts in ihr Haus kommen und sie alle umbringen.«

Da machte sich die Mutter auf, ging zur Wesirsfrau und richtete ihr unter vielen Tränen den Auftrag ihres Sohnes aus. Als die Wesirsfrau das hörte, erschrak sie sehr und wußte nicht, was sie tun sollte, denn gibt sie das Mädchen nicht her, so kommt die Schlange und bringt sie alle ums Leben, und gibt sie es her, so fürchtet sie, dasselbe in den Tod zu schicken. Sie riefen also das Mädchen herbei und fragten sie: »Höre, mein Kind, willst du die Schlange der Königin zum Manne nehmen?« Das Mädchen aber erwiderte: »Ich will es mir überlegen.«

Darauf ging das Mädchen zu einer klugen alten Frau, erzählte ihr den Hergang und fragte sie, was sie tun solle. Die Alte aber sprach: »Sage ja, mein Töchterchen, denn das ist gar keine Schlange, sondern ein Mann, der in der ganzen Welt seinesgleichen nicht hat. In der Brautnacht mußt du aber vierzig Hemden anziehen, denn die Schlange hat vierzig Häute, und wenn ihr dann zu Bette geht und sie zu dir sagt: ›Ziehe dich aus‹, so mußt du antworten: ›Ziehe dich auch aus.‹ Da wird dein Mann eine Haut ausziehen, und du mußt es mit dem obersten Hemde ebenso machen, und so mußt du fortfahren, bis er die vierzigste Haut abgezogen hat, dann sollst du sehen, was für ein schöner Mann vor dir steht.«

Als das Mädchen von der Alten zurückkam, sagte es zu seiner Mutter: »Liebe Mutter, ich will die Schlange zum Manne nehmen.« Und diese rief: »Ei, ei, mein Töchterchen! Fürchtest du dich denn nicht, bei einer Schlange zu schlafen?« Das Mädchen aber sprach: »Laß dich das nicht kümmern.« Als die Mutter sah, daß es ihrer Tochter Ernst sei, schickte sie zur Königin und ließ ihr sagen, daß sie die Verlobungs- und Hochzeitsfeier zurichten lassen solle, und an einem Sonntage machten sie sich auf, nahmen die Ringe und die Schlange mit, die zu einem großen Ringel gerollt in einem Korbe lag, und hielten Verlobung und Hochzeit.

Als darauf die Brautleute zu Bette gingen, da sprach die Schlange zur Braut: »Entkleide dich.« Und diese erwiderte: »Entkleide dich auch.« Und so zogen sie nacheinander die vierzig Hemden und die vierzig Häute ab, und als die Schlange ganz ausgezogen, war sie ein junger Mann, von dessen Schönheit die ganze Stube erglänzte. Darauf schliefen sie miteinander, und der Leib der jungen Frau wurde gesegnet.

Am andern Morgen schlüpfte der Mann wieder in die vierzig Schlangenhäute und sprach zu der jungen Frau: »Hüte dich wohl, irgend jemand zu erzählen, daß ich ein Mann bin, bis du geboren hast, denn dann wird es bekannt werden, doch wenn du es früher tust, so schlüpfe ich in ein Loch und gehe davon, und du hast mich verloren.« Die junge Frau sprach: »Sei unbekümmert, ich verrate dich gewiß nicht.« Sie hatte aber ihre Last mit ihrer Mutter, denn diese quälte sie ohne Unterlaß, sie möge ihr doch sagen, wie sie mit der Schlage lebe und wie sie schwanger geworden sei. Die junge Frau antwortete stets nur, daß es ihr gutgehe, und hielt sich acht Monate lang gegen alle Angriffe; da setzte ihr aber eines Tages die Mutter so lange zu, bis sie sich nicht mehr halten konnte und herausplatzte: »Ei, Mutter, ist denn das etwa eine Schlange, oder ist es ein Mann, wie es auf der Welt keinen andern gibt?« Kaum hatte sie dies gesagt, so bereute sie freilich ihre Schwatzhaftigkeit, aber es war zu spät; denn in derselben Nacht verschloß ihr die Schlange den Schoß und ging weg.

Die junge Frau wartete die ganze Nacht, den folgenden Tag, eine Woche, einen Monat, aber ihr Mann kam nicht zurück. Da verfiel sie in große Betrübnis, sie klagte, weinte und jammerte und wußte nicht, was sie anfangen sollte. Endlich faßte sie den Entschluß, ihren Mann aufzusuchen. Sie zog also Nonnenkleider an und wanderte aufs Geratewohl in die Welt hinein. Nachdem sie eine Weile gewandert war, begegnete sie einer alten Frau, und die fragte sie: »Wo willst du hin, mein Kind?«

Da sagte ihr die junge Frau: »So und so ist es mir ergangen, mein Mann hat mich verlassen, und nun gehe ich, um ihn aufzusuchen.« Die Alte sprach darauf: »Steige da hinauf, auf jenen Berg, da oben ist eine Quelle mit faulem Wasser, in dem Würmer und Ungeziefer schwimmen; von diesem mußt du trinken und dabei sagen: ›Ach, was ist das für gutes Wasser.‹ Und während du an dem Rande der Quelle stehest, sage dreimal: ›Erde, öffne dich und verschlinge mich, wie du auch meinen Mann verschlungen hast.‹ Dann wird sich die Erde öffnen, und du mußt hinuntersteigen, und unten wirst du die Schwestern der Sonne finden, und die werden dir sagen, wo dein Mann ist.«

Da stieg die junge Frau auf den Berg, den ihr die Alte gezeigt hatte, und fand jene faule Quelle. Sie trank von dem Wasser und sagte dazu: »Ach, was für gutes Wasser ist das, wie Kristall!« Und dann rief sie dreimal: »Öffne dich, Erde, und verschlinge mich, wie du auch meinen Mann verschlungen hast.« Da öffnete sich die Erde, und sie stieg hinunter und kam zu der jüngeren Schwester der Sonne. Die stand an dem Ofen und wollte Brot backen, und um ihn auszuwischen, brauchte sie ihre Brüste, und ihre Hände dienten ihr statt der Ofenschaufel. Als die junge Frau das sah, hatte sie Mitleid mit ihr; sie suchte daher so lange, bis sie ein Wischtuch und eine Ofenschaufel fand, und brachte sie der Schwester der Sonne. Darüber freute sich diese sehr und fragte die Frau: »Was soll ich dir für das Gute geben, das du mir erwiesen hast?« – »Ich verlange weiter nichts, als daß du mir sagen sollst, wie ich meinen Mann wiederfinden kann, denn er hat mich verlassen, und so und so ist es mir mit ihm ergangen.« Darauf erwiderte die Schwester der Sonne: »Gehe ein Stückchen höher hinauf, dort wirst du meine ältere Schwester antreffen, und die wird dir sagen, wo dein Mann ist.«

Da stieg die Frau etwas weiter aufwärts und fand jene Schwester der Sonne, wie sie gleich ihrer Schwester den Backofen mit ihren Brüsten und ihrer Zunge reinigte. Da lief sie so lange herum, bis sie ein Wischtuch und eine Ofenschaufel fand, und brachte es ihr. Darüber freute sich die Schwester der Sonne und sprach: »Sage mir, mein liebes Leben, was ich dir für die Wohltat geben soll, die du mir erwiesen hast?« Und die Frau antwortete: »Ich verlange weiter nichts, als daß du mir sagen sollst, wo mein Mann ist, denn er ist mir davongegangen, und ich kann ihn nicht wiederfinden.«

Da gab ihr die Schwester der Sonne eine Nuß, eine Haselnuß und eine Mandel und sprach: »Da nimm das und gehe noch etwas höher hinauf, da wirst du an ein Haus kommen; dort wohnt dein Mann und ist mit einer andern verheiratet.« Die Frau ging darauf noch eine Strecke bergauf, bis sie an jenes Haus kam. Sie ging hinein, trat vor die Hausfrau und sprach:

»Höre, liebe Frau, hast du nicht irgendein kleines Häuschen, in dem ich als Nonne leben könnte?« Da ließ ihr jene eine kleine Hütte geben, in deren Nähe ein Kupferschmied wohnte.

Am folgenden Morgen zerschlug die Nonne die Nuß, welche sie von der Schwester der Sonne bekommen hatte, und daraus kam eine Gluckhenne mit goldenen Küchlein hervor, die hin und her liefen und tsiu, tsiu piepten. Als die Magd jener Frau diese Tierchen erblickte, lief sie schnell nach Hause und sprach zu ihrer Herrin: »Ach, Frau, was hat die fremde Nonne für eine schöne Gluckhenne mit goldenen Küchlein! Wie sind die lieb und niedlich! Die wollen wir kaufen; was tut jene Gottesbraut damit?« Als das die Frau hörte, wurde sie neugierig und sprach: »Gehe hin und frage sie, wieviel sie dafür haben will.«

Da ging die Magd zur Nonne und sprach: »Höre, meine Liebe, wieviel verlangst du für deine Gluckhenne?« Jene aber versetzte: »Für Geld ist sie mir nicht feil, aber ich gebe sie Euch, wenn Ihr mir eine Nacht lang den Herrn gebt.« Darauf kehrte die Magd zu ihrer Herrin zurück, erzählte ihr, was sie von der Nonne zur Antwort erhalten hatte, und sprach: »Wir wollen ihr den Herrn auf eine Nacht geben, sie wird ihn ja nicht fressen, wir geben ihm vorher einen Schlaftrunk ein.« Die Frau wollte anfangs nichts davon wissen, aber die Magd redete ihr so lange zu, bis sie es zufrieden war.

Als sich der Herr am Abend zu Bette legte, gaben sie ihm einen Schlaftrunk ein, und als er eingeschlafen war, trugen sie ihn in die Hütte der Nonne und erhielten von ihr die Gluckhenne mit den Küchlein.

Die ganze Nacht hindurch, wo der Herr bei der Nonne schlief, rief diese nichts anderes als: »Gib mir den silbernen Schlüssel, damit ich das goldene Kind gebären kann.« Doch all ihr Rufen war vergeblich, der Herr wachte nicht auf, und bei Tagesanbruch schickte die Frau zur Nonne und ließ ihren Mann abholen.

Darauf zerschlug die Nonne die Haselnuß, und daraus kam ein goldener Papagei hervor, und als den die Magd sah, lief sie zu ihrer Herrin: »Ach, Frau, was die fremde Nonne für einen schönen Papagei hat! Der ist ganz von Gold. Den wollen wir kaufen, was braucht die einen Papagei?« Die Frau erwiderte:

»Gehe hin und frage sie, was sie dafür haben will.« Da ging die Magd hin und fragte die Nonne, und diese antwortete wie das erstemal: »Ich will den Herrn für eine Nacht.« Da gaben sie dem Herrn am Abend wieder einen Schlaftrunk ein, trugen ihn zu der Nonne und erhielten dafür den Papagei. Die Nonne aber rief abermals die ganze Nacht hindurch: »Gib mir den silbernen Schlüssel, damit ich das goldene Kind gebären kann.« Doch all ihr Rufen war abermals vergebens, der Herr wachte nicht auf, und bei Tagesanbruch schickte die Frau und ließ ihn wieder abholen.

Der Kupferschmied, welcher in der Nähe der Nonne wohnte, hatte aber von dem Geschrei, was diese die zwei Nächte durch vollführte, nicht schlafen können. Er ging also am andern Morgen zu dem Herrn und sprach: »Lieber Herr, verzeihe mir die Freiheit, ich habe dir aber etwas zu sagen. Die fremde Nonne läßt mich schon zwei Nächte lang nicht schlafen und macht mich taub mit ihrem ewigen Geschrei, denn sie ruft in einem fort: ›Gib mir den silbernen Schlüssel, damit ich das goldene Kind gebären kann!‹ Was mag das wohl zu bedeuten haben?«

Der Herr aber antwortete: »Wer kann wissen, was für ein Leid die Ärmste haben mag.« Doch die Worte des Kupferschmieds gingen ihm im Kopfe herum, und er begann zu ahnen, wer die Nonne sei.

An diesem Morgen zerschlug die Nonne die Mandel, welche sie von der Schwester der Sonne erhalten hatte, und daraus kam eine goldene Wiege hervor. Als die Magd die Wiege sah, lief sie zu ihrer Herrin und sprach: »Ach, Frau, was hat die fremde Nonne für eine schöne goldene Wiege, man kann sich gar nicht satt an ihr sehen. Die wollen wir für unsere Kinder kaufen. Denn was tut eine Nonne mit einer Wiege?«

»So gehe hin und frage sie, was wir ihr dafür geben sollen.« Da ging die Magd zur Nonne und sagte: »Wieviel verlangst du für deine Wiege?« Und jene erwiderte: »Ich verlange kein Geld dafür, sondern heute nacht mit deinem Herrn zu schlafen.« Da kam die Magd zurück und sprach: »Sie verlangt kein Geld dafür, sondern will wieder heute nacht mit dem Herrn schlafen.«

Als das die Frau hörte, ward sie zornig und rief: »Sie soll

zum Henker gehen, den Herrn gebe ich ihr nicht mehr!« Aber die Magd redete ihr zu und sprach: »Für die goldene Wiege könnten wir ihr ihn schon noch einmal geben, liebe Frau, sie hat ihn ja die beiden Male, wo sie bei ihm schlief, nicht gefressen.« Und sie ruhte nicht eher, bis die Herrin sprach: »Meinetwegen, sie soll ihn noch einmal haben.« Da ging die Magd hin und sagte es der Nonne und brachte dafür die Wiege zurück.

Als sie aber den Herrn am Abend zu Bett brachten und ihm den Schlaftrunk gaben, da gedachte er der Geschichte, die ihm der Kupferschmied erzählt hatte, er drehte sich auf die Seite, ließ den Trank auf einen Schwamm laufen und versteckte denselben. Darauf stellte er sich schlafend, und sie trugen ihn in die Hütte der Nonne. Als diese allein mit ihm war, fing sie wieder an und rief: »Gib mir den silbernen Schlüssel, damit ich das goldene Kind gebären kann.« Er ließ sie eine Weile rufen und sprach dann: »Schweige still und zieh dich an, wir wollen fort.«

Darauf führte er sie in den Stall, zog zwei gute Pferde heraus, setzte sie auf das eine, stieg auf das andere und ritt mit ihr bis dahin, wo sich die Erde öffnet. Er rief dreimal: »Öffne dich, Erde, wir wollen hinaus.« Da öffnete sich die Erde und ließ sie hinaus. Sobald sie auf der Oberwelt angekommen waren, öffnete er ihren Schoß, und sie gebar einen Knaben, von dessen Schönheit die Erde erglänzte und der bereits neun Jahre alt war.

Darauf ritten sie zum Palaste des Vaters der Frau.

Dort stellten sie eine große Hochzeit an, aßen und tranken und leben zusammen bis auf den heutigen Tag.

Inzwischen war die Dunkelheit gänzlich übers Moor gezogen, und auch der Mond stand schon eine Handbreit über dem Hochberg. Vom Waldrand drüben klang das hohe, spitze Bellen eines Fuchses; und irgendwo schrie eine Sumpfohreule. Gioconda warf ein paar Äste ins Feuer, das sofort auflöderte, und Bahar holte eine Schale mit süßem Gebäck, das sie für die Frauen mitgebracht hatte. Sie reichte es herum, und die Mondfrauen tranken und aßen, während Danai die nächste Geschichte erzählte:

Der Drache

Es war einmal und zu einer gewissen Zeit ein König, der ging eines Tages auf die Jagd. Als er so seines Weges hinzog, gewahrte er von weitem einen Hirsch. Dem setzte er nach und lief so immer weiter und weiter. Da sprang der Hirsch in einen Wald. Auch der König sprang hinein, und indem er bald dahin, bald dorthin eilte, kam er endlich in einen Garten. Hier im Garten verlor er den Hirsch aus den Augen, und nun wußte er selbst auch nicht, wo er den Ausgang finden sollte. Da er niemanden im Garten bemerkte, so öffnete er eine Tür, welche er vor sich sah, und trat durch sie in einen andern Garten ein, dessen Bäume waren von Gold und seine Kräuter von Diamanten. Da war auch eine Rose, und es kam ihm die Lust, sie abzuschneiden. Aber als er sie schnitt, sprang ein langer Faden heraus und wickelte sich so fest um den König, daß er sich nicht mehr bewegen konnte. Nun wußte der Unglückliche gar nicht, was er tun sollte, und fing an, kläglich zu weinen. Da vernahm er auf einmal ein Getöse, wovon die Erde zitterte, und plötzlich kam aus dichtem Gestrüpp ein gewaltiger Drache hervor. Der näherte sich dem König, beroch ihn und sprach zu ihm: »Du riechst nach königlichem Blut, und ich will dich nicht fressen, aber ich sage dir, daß du mir in einem Monat eine von deinen Töchtern bringen mußt, die will ich mir zum Weibe nehmen.«

Der arme König versprach das, und nachdem ihn der Drache von dem Faden befreit, ihm einen Weg gezeigt und nochmals ihn erinnert hatte, daß er seine Tochter nicht vergessen möge, ging er zitternd hinweg. Nach langer Wanderung kam er auf seinem Schlosse an und begrüßte seine Kinder – er hatte nämlich drei Töchter und einen Sohn –, sagte aber weiter nichts zu ihnen, denn er war sehr traurig. Allein es rückte die Zeit heran, zu welcher er die Tochter dem Drachen bringen mußte, und da ward er noch viel trauriger. Da sprachen seine Kinder zu ihm: »Warum, lieber Vater, bist du so niedergeschlagen?« Er weigerte sich anfangs, es ihnen zu gestehen, aber nachher erzählte er ihnen die Sache. Die eine von seinen Töchtern nun wollte unter keinen Bedingungen zum Drachen gehen. Und mit der zweiten war's ebenso. Die dritte dagegen sagte: »Für dich, lieber Vater, geb' ich selbst meinen Kopf dahin.«

Als nun die Zeit gekommen war, machte sich der König mit dieser auf den Weg zum Drachen. Sobald sie dort angelangt waren, kam der Drache, in Gewänder von Gold und Silber gekleidet, mit seinem ganzen Gefolge auf sie zu, nahm das Mädchen in seinen Arm und führte es in einen stattlichen Palast. Der war auf folgende Weise eingerichtet: Jedes Zimmer war mit goldenen Tapeten und mit herrlichen Hausgeräten aus Gold, Silber und Brillanten versehen. Und das Schlafgemach war so prächtig, daß es in der Nacht von selber leuchtete; auch das Bett war von größter Pracht, aber ganz mit Glocken behangen. Man hörte aber in diesem Schlosse immer ein dumpfes, von fern her kommendes Stöhnen. Es fand nun die Hochzeit statt, und der König zog darauf wieder heim, nachdem ihm der Drache vier Rosse mit Gold und acht mit Brillanten beladen und ihn gebeten hatte, recht oft zu kommen und seine Tochter zu besuchen. Der Drache nun verließ jeden Tag sein Schloß und übergab deshalb sämtliche Schlüssel seiner Frau; dabei sagte er ihr, daß sie im ganzen Haus umhergehen dürfe, ein einziges Zimmer ausgenommen, das am Ende des Schlosses lag. Es verging lange Zeit, ohne daß die Königstochter jemals sich unterfangen hätte, das verbotene Zimmer zu öffnen. Eines Tages aber, da der Drache fortgegangen war, um drei Monate auszubleiben, trieb sie die Neugier – denn sie hörte ein Stöhnen von dort herausdringen –, das Zimmer zu öffnen, und sie trat ein. Da sah sie einen tiefen Abgrund vor sich, und auf seinem Grunde einen Jüngling, der wehklagte und jammerte. Kaum hatte sie ihn erblickt, als sie den Beschluß faßte, ihn zu erretten. Sie fand ein langes Seil und warf das eine Ende dem Jüngling hinunter. Der band sich daran fest, und die Königstochter zog ihn herauf. Als sie ihn heraufgezogen hatte, was sah sie da? Einen Prinzen, der vom Drachen verwundet und in den Abgrund geworfen worden war.

Die Königstochter ging nun sogleich daran, seine Wunden zu heilen, und sie heilte sie so gut, daß er in drei Wochen wieder hergestellt war. Da sprach sie zu ihm: »Geh jetzt fort von hier und tue, was ich dir sagen werde, um auch mich retten zu können. Laß einen goldenen Schrank machen, der sich von innen öffnet, bring ihn hierher und biet ihn feil. Ich werde ihn kaufen und hineinsteigen, und so wird der Drache glauben, er habe mich verloren, und in seinem Zorn darüber den Schrank, ohne zu ahnen, daß ich darin stecke, samt allem anderen, was ich angeschafft habe, verkaufen, um die Sachen nicht mehr vor Augen zu haben und an mich erinnert zu werden. Du aber, der du jetzt in deine Heimat zurückkehrst, erlaube deiner Mutter nicht, dich zu küssen, denn so sie dich küßt, wirst du mich vergessen.«

Der Jüngling schied betrübt von ihr und gelangte in seiner Heimat an. Am ersten Tage ließ er durchaus nicht zu, daß seine Mutter ihn küßte, auch ging er gleich hin und bestellte den goldenen Schrank. Allein in der Nacht, während er schlief, schlich sich seine Mutter ganz leise in sein Zimmer und gab ihm einen Kuß. Am andern Morgen hatte der Prinz alles vergessen. Einige Tage darauf brachte ihm der Goldschmied den Schrank, er aber jagte ihn mit Gewalt aus dem Hause, indem er rief, das seien Lügen, er habe keinen Schrank bei ihm bestellt. Der Goldschmied, der ganz in Verzweiflung war, nahm den Schrank und machte sich, von vielen Leuten begleitet, auf den Weg, um ihn an einem andern Orte zu verkaufen. Wohin, wohin sollte er aber gehen? Der Zufall führte ihn an den Ort, wo der Drache wohnte. Und hier traf die Königstochter mit den Leuten zusammen und kaufte den Schrank. Zugleich befahl sie ihnen, in zwei Monaten an demselben Tage wiederzukommen, den Schrank zurückzukaufen, ihn in den Ort des Prinzen zu bringen, den sie gerettet hatte, und an diesen um jeden, auch den geringsten Preis zu verkaufen; sie werde ihnen das schon vergelten. Nachdem sie hierauf die Leute mit Gold und Silber reichlich beschenkt hatte, gingen diese fort.

Als nun die Zeit heranrückte, da der Drache nach Hause zurückkehren mußte, da schloß sich die Prinzessin, nachdem sie sich mit einigen Lebensmitteln versehen hatte, in den Schrank ein. Der Drache kam, stieg die Treppe hinauf und trat in sein Schloß ein, bemerkte aber nirgends seine Frau. Da sah er eilig zu, ob der Prinz noch in dem Abgrunde sich befände, und als er sich überzeugt hatte, daß er nicht mehr darin war, da lief er und durchsuchte das ganze Haus. Da er nun seine Gemahlin nirgends fand, so rief er seine Diener herbei und befahl ihnen, alle

Sachen seiner Frau zu nehmen und sie so schnell als möglich loszuschlagen. Die Diener nahmen die Sachen, und als sie in der Nähe des Schlosses die Kaufleute gewahrten, welche die Königstochter dorthin bestellt hatte, verkauften sie alles an diese. Die nahmen nun den Schrank und trugen ihn, nachdem sie die anderen Sachen weggeworfen, zu dem Königssohne. Der hatte keine Lust, ihn zu kaufen, aber sie peinigten ihn so sehr, daß er ihn doch für einen sehr geringen Preis nahm. Er stellte ihn in sein Zimmer. Da nun der Prinz außerhalb des Hauses Unterricht hatte, so pflegte ihm seine Mutter eine Schüssel mit Essen auf sein Zimmer zu stellen. Da trat die Prinzessin in seiner Abwesenheit ganz leise aus dem Schrank heraus und verzehrte das Gericht. Und so blieb der Königssohn nüchtern. Den ersten und zweiten Tag ertrug er das, am dritten aber erzählte er die Sache seiner Mutter. Wie nun die Mutter hörte, daß ihr Sohn ohne Speise geblieben war, sprach sie zu ihm: »Bleib einen Tag zu Hause, mein Kind, um zu erfahren, wer dir dein Essen verzehrt.« Er blieb also zu Hause und versteckte sich in seinem Zimmer, und da sah er, wie das Mädchen aus dem Schrank herauskam und sein Essen verzehrte. Da eilte er aus seinem Versteck hervor und faßte das Mädchen, und in dem Augenblick, da er ihm ins Antlitz blickte, erinnerte er sich seiner auf einmal wieder und fiel ihm zu Füßen und bat es um Verzeihung, daß er es vergessen hätte. Darauf ersuchte er seine Mutter, ihm täglich eine doppelte Portion von der Suppe und den andern Gerichten zu schicken. Die Mutter tat das, und so verging eine lange Zeit. Da mußte der Prinz in ein anderes Land in den Krieg ziehen. Ehe er fortging, sagte er zu seiner Mutter, sie möchte fortfahren, eine Schüssel mit Essen in sein Zimmer zu stellen, und sich hüten, den Schrank von seiner Stelle zu rücken. Hierauf zog er betrübten Herzens fort.

Lassen wir jetzt den Königssohn und kommen wir auf seine Tante! Die hatte eine Tochter, die sie mit dem Prinzen zu verheiraten wünschte. Sie hatte aber bemerkt, daß er seit der Zeit, da er den Schrank bekommen, sie nicht mehr besuchte und auch um ihre Tochter sich nicht mehr kümmerte. Darum argwöhnte sie, daß irgend etwas in dem Schrank stecken müsse. Sie veranstaltete also ein Gastmahl und bat des Prinzen Mutter, ihr den

Schrank für diesen Tag zu leihen. Die Mutter des Prinzen gewährte ihre Bitte, da sie eng mit ihr befreundet war. Aber kaum hatte die Tante den Schrank erhalten, als sie den Befehl erteilte, ihn ins Feuer zu werfen. Als das Mädchen im Schrank das hörte, öffnete sie ihn eilig, verwandelte sich auf einmal in einen Vogel und flog davon. Da nun die Tante sah, daß das Mädchen fort war, gab sie den Schrank der Mutter des Prinzen zurück, und die stellte ihn wieder an seine frühere Stelle. Als der Königssohn zurückkehrte und den Schrank offen sah, fragte er seine Mutter deswegen. Die antwortete ihm ängstlich, sie habe den Schrank nirgendhin gegeben. Nun verfiel der Prinz in große Schwermut, und jeden Morgen saß er an seinem Fenster und weinte. Da vernahm er eines Tages ein großes Geräusch, sein Zimmer erglänzte, und er sah einen Vogel hereinfliegen, der sich auf einmal in das Mädchen verwandelte, das im Schrank gewesen war. Des Prinzen Freude hierüber war groß. Er fragte nach diesem und jenem, und sie erzählte ihm das Geschehene. Da rief er sofort den Priester und den Brautführer herbei und ließ sich heimlich mit dem Mädchen trauen. Hierauf sagte er zu seiner Tante, er werde ihre Tochter heiraten, und die Hochzeit solle in wenigen Tagen stattfinden.

Es kam der Hochzeitstag heran, und am Abend saß die Braut, der Trauung gewärtig, neben ihrem Bräutigam. Aber auch des Prinzen Frau war anwesend. Als nun der Priester den Bräutigam aufforderte, seine Braut vor ihn zu führen, erhob er sich, aber anstatt die Tochter seiner Tante zu nehmen, führte er seine Gemahlin herbei, stellte sie allen als sein Weib vor, erzählte auch die übrige Geschichte und erklärte seiner Tante – denn auch sie war eine Königin – den Krieg. Er besiegte sie und schnitt ihr und den Ihrigen die Köpfe ab. Sein Weib aber, die Königstochter, erhielt nach ihres Vaters Tod auch noch dessen Thron, da ihre Geschwister alle gestorben waren.

Der Mond stand inzwischen hoch am Himmel. Danai betrachtete ihn eine Weile und dachte nach, mit welcher Geschichte sie fortfahren sollte. Noch vier, die sie gerne erzählen wollte, davon eine, die sie ganz besonders mochte. Das war die Geschichte von der unglücklichen Prinzessin, und sie beschloß, diese als nächste zu nehmen:

Die unglückliche Prinzessin

Es war einmal eine Königin, die hatte drei Töchter, und sie konnte sie nicht versorgen. Die Königin hatte großen Kummer, weil alle anderen jungen Mädchen heirateten, und ihre, die doch Königstöchter waren, sollten womöglich ohne Mann alt werden.

Eines Tages ging eine Bettlerin am Schloß vorbei und bat um ein Almosen. Als sie die Königin so bedrückt sah, fragte sie sie, was ihr fehle, und sie erzählte ihren Kummer. Darauf sagte die Bettlerin: »Höre, was ich dir sage. Nachts, wenn deine Töchter schlafen, mußt du sie beobachten und sehen, wie sie liegen. Und das mußt du mir sagen.«

Das tat die Königin. Nachts beobachtete sie die Mädchen und sah, daß ihre älteste Tochter die Hände über dem Kopf hielt, die zweite gekreuzt über der Brust und die dritte zusammengelegt zwischen den Knien.

Als am nächsten Tag die Bettlerin kam und sie fragte, erzählte sie ihr, was sie beobachtet hatte. Da sagte die Bettlerin zu ihr: »Höre mich, Frau Königin. Die dritte, die im Schlaf die Hände zusammengelegt zwischen den Knien hielt, die hat das schlimme Schicksal. Und deren Schicksal steht auch dem Schicksal der anderen im Weg.«

Als die Bettlerin fortgegangen war, blieb die Königin in Gedanken versunken. »Ich will dir etwas sagen, Mutter«, sagte die jüngste Tochter zu ihr, »sorge dich nicht, ich habe gehört und verstanden, daß ich auch für meine beiden Schwestern das Hindernis für ihre Heirat bin.«

Die Königin wollte sie nicht ziehen lassen und sagte zu ihr: »Wohin willst du denn gehen, meine liebe Kleine?« Aber sie hörte nicht. Sie kleidete sich als Nonne und brach auf, nachdem sie von ihrer Mutter Abschied genommen hatte. Als sie durch das Tor des Schlosses davonging, kamen zwei Freier für ihre Schwestern herein.

Die Unglückliche ging und ging, bis sie am Abend in ein Dorf kam. Dort klopfte sie an die Tür eines Händlers und bat ihn, sie in seinem Haus die Nacht verbringen zu lassen. Der sagte ihr, sie möchte in seine Wohnung hinaufsteigen, aber sie lehnte ab und bestand darauf, im Keller zu bleiben.

In der Nacht nun kam ihre Schicksalsfrau und fing an, die Stoffe, die dort unten aufbewahrt wurden, in Fetzen zu reißen, und brachte alles durcheinander, obwohl das Mädchen sie inständig bat, Ruhe zu halten. Aber wie hätte die Schicksalsfrau darauf hören sollen? Sie drohte ihr vielmehr, daß sie auch noch sie selbst zerreißen würde.

Als es Tag wurde, kam der Händler herab, um nach der Nonne zu sehen, aber als er all das Unheil sah, all seine Ware verdorben und alles auf den Kopf gestellt, sagte er zu dem Mädchen: »Oh, Frau Nonne! Was hast du mir Schlimmes angetan! Du hast mich zugrunde gerichtet! Was soll jetzt aus mir werden?«

»Sei nur ruhig«, sagte sie, öffnete ihren Rocksaum, holte Golddukaten heraus und sagte zu ihm: »Genügt dir das?«

»Genug, genug ...«

Und so nahm sie Abschied von ihm und machte sich wieder auf den Weg. Sie ging und ging, bis sie wieder von der Nacht überrascht wurde und im Haus eines Glaswarenhändlers blieb.

Dort wieder dasselbe. Sie bat, im Keller bleiben zu dürfen, und wieder kam nachts ihre Moira und ließ nichts heil.

Am andern Morgen kam der Händler, um nach der Nonne zu schauen, und sah die Katastrophe. Er fing an zu schreien und zu klagen, aber als sie auch ihm die Hände mit Golddukaten füllte, gab er Ruhe und ließ die Nonne ziehen.

Wieder machte sich die Unglückliche auf den Weg, bis sie zum Königsschloß jenes Landes kam. Dort verlangte sie, die Königin zu sehen, und bat sie, ihr Arbeit zu geben. Die Königin, als kluge Frau, die sie war, merkte gleich, daß sich unter der Kutte eine Herrentochter verbarg, und fragte sie, ob sie die Perlenstickerei verstünde. Sie antwortete, daß sie sehr gut mit Perlen arbeiten könne, und so behielt die Königin sie bei sich. Aber als die Unglückliche saß und stickte, stiegen die Gestalten aus den Bildern von den Wänden herab, nahmen ihr die Perlen weg, quälten sie und ließen ihr keinen Augenblick Ruhe.

Das alles sah die Königin und bekam Mitleid mit ihr, und oft, wenn die Mägde sich beklagten, daß nachts das Tafelgeschirr zerspränge, und behaupteten, daß jene es zerbräche, sagte die Königin zu ihnen: »Seid ihr still, seid still, denn sie ist eine Prinzessin und Herrentochter, aber die Arme hat ein böses Schicksal.«

Schließlich sagte eines Tages die Königin zu ihr: »Höre, liebes Kind, was ich dir sagen möchte. Auf diese Weise kommst du mit deinem Leben nicht zurecht, da dich deine Moira hetzt, du mußt vielmehr sehen, einen Weg zu finden, daß sie dir ein neues Schicksal zuteilt.«

»Aber was soll ich machen?« sagte das Mädchen. »Was muß ich denn tun, daß sie mir ein neues Schicksal zuteilt?«

»Komm, ich will es dir sagen. Siehst du den hohen Berg, den man in der Ferne erkennt? Dort sind alle Schicksalsfrauen der Welt versammelt. Dort ist ihr Schloß, und das ist der Weg, den du nehmen mußt. Geh auf die Spitze des Berges, um deine Moira zu finden, und reiche ihr das Brot, das ich dir mitgeben werde. Dann sage zu ihr: ›Liebe Moira, die du mir mein Schicksal zugeteilt hast, tausch es mir um‹, und du darfst nicht fortgehen, was sie dir auch antun mag, sondern mußt zusehen, daß sie das Brot in ihren Händen behält.«

So tat denn auch die Prinzessin. Sie nahm das Brot und machte sich auf den Weg, ging den Fußsteig, bis sie oben auf die Spitze des Berges kam. Sie klopfte an die Gartenpforte, und ein wunderschönes, wohlgepflegtes Mädchen öffnete und trat heraus. »Oh, du gehörst nicht zu mir«, sagte sie und ging wieder hinein.

Nach kurzer Zeit kam eine andere heraus, ebenso hübsch und schön. »Ich kenne dich nicht, mein liebes Mädchen«, sagte sie zur Prinzessin und ging fort.

Es kam noch eine und noch eine, und viele traten heraus, aber keine erkannte sie als zu ihr gehörig, bis eine ungekämmte, zerlumpte, schmutzige an der Tür erschien. »Was willst du, Kind, warum bist du hierhergekommen?« sagte sie zur Prinzessin. »Pack dich, mach, daß du fortkommst, geh, ich werde dich töten!«

Die Unglückliche gab ihr das Brot und sagte zu ihr: »Liebe Moira, die du mir mein Schicksal zugeteilt hast, tausch es mir um.«

»Weh dir! Geh zu deiner Mutter und laß dich noch einmal zur Welt bringen, laß dich an ihre Brust legen und dich in Schlaf singen, dann kannst du kommen, und ich werde dir dein Schicksal umtauschen.«

Die anderen Moiren sagten zu der schlimmen: »Gib doch der Unglücklichen ein anderes Schicksal! Sie gehört zu dir und taumelt dahin und ist doch eine Königstochter. Gib es ihr, gib es ihr.«

»Ich kann nicht, sie soll machen, daß sie fortkommt!« Und plötzlich nahm sie das Brot und warf es ihr an den Kopf, es fiel hinab und rollte zu Boden.

Das Mädchen hob es auf und trat wieder an sie heran und sagte zu ihr: »Nimm es, meine gute Moira, nimm es und tausche mein Schicksal um.« Aber die trieb sie fort und warf sie mit Steinen.

Zuallerletzt – war es der Zuspruch der einen Moira oder der anderen, war es die Beharrlichkeit des Mädchens, die ihr das Brot reichte – mit einemmal wurde die böse Moira anderen Sinnes und sagte zu ihr: »Gib es mir« und griff nach dem Brot.

Zitternd stand das Mädchen vor ihr, voll Furcht, sie würde es wieder von sich werfen, aber sie hielt es fest und sagte zur Prinzessin: »Höre, was ich dir sage! Nimm dieses Knäuel«, und sie warf ihr ein Knäuel Seide zu, »und bewahre es gut. Du darfst es weder verkaufen noch verschenken, sondern wenn jemand es von dir haben will, darfst du es nur weggeben für das, was es selbst wiegt. Nun geh und mach deine Sache gut.«

Das Mädchen nahm das Knäuel und ging zurück zur Königin. Jetzt störte sie nichts mehr.

Im Nachbarland heiratete der König, und für das Kleid der Braut fehlte es an Seide, die genau zu dem Kleid passen mußte. Die Schloßleute fragten nun überall herum, ob sie irgend etwas Passendes finden könnten. Sie hatten gehört, daß im benachbarten Königreich ein Mädchen war, das ein Knäuel Seide besaß. Also gingen sie zu ihr und baten sie, mit dem Knäuel zum Schloß der Braut zu kommen, damit sie prüfen könnten, ob die Seide zum Kleid passe.

Als sie angekommen waren, hielten sie das Knäuel an das Kleid und sahen, daß es ohne jeden Unterschied genau paßte. Da fragten sie das Mädchen, was sie verlange, denn sie wollten die Seide kaufen. Da antwortete sie, daß sie es nicht verkaufe, sondern nur aufwiegen ließe. Sie legten es also auf die Waage, und auf die andere Seite legten sie Dukaten, aber die Waage rührte sich nicht. Sie legten immer mehr Dukaten dazu, aber umsonst.

Da stieg der Königssohn selbst auf die Waage, und so war die Seide aufgewogen. Nun sagte der Königssohn: »Da nun deine Seide soviel wiegt wie ich selbst, mußt du, damit wir das Seidenknäuel nehmen können, mich nehmen.«

Und so geschah es. Der Königssohn heiratete die Prinzessin, und sie feierten ein großes Fest und lebten gut für alle Zeit.

»Diese Geschichte«, sagte Danai, »hat mir einst meine Großmutter erzählt, und ich wollte sie immer wieder von neuem hören. ›Aber warum denn‹, fragte sie mich genauso oft und fuhr mir dabei lachend übers Haar, ›du hast doch eine gute Moira.‹ Doch ich bestand darauf, und heute weiß ich, was mich so daran faszinierte: Ich wollte hören, daß wir niemals ganz verloren sind, nicht einmal dann, wenn uns vom Schicksal Schlimmes vorherbestimmt ist.«

Da nickte Anamaque und sagte: »How«, und alle Frauen stimmten ein. Dann erzählte Danai die Geschichte von der Bärenprinzessin:

Die Bärenprinzessin

Es war einmal eine arme Witwe, die hatte eine Tochter. Redlich plagte sie sich ab, um diese großzuziehen. Bald wurde aus dem stillen Kind eine zarte, bleiche Jungfrau mit langem, glitzerndem, feuerrotem Haar; deshalb wurde sie Flammenhaar genannt. Ihre schwarzen Augenbrauen bildeten einen einzigen langen Bogen. Ihre Augen jedoch hatte noch niemand gesehen, da sie diese stets niederschlug. Schamhaftigkeit ist die beste Zier eines Mädchens, und da Flammenhaar auch diese nicht entbehrte, war sie weit und breit die Schönste. Kaum zwölf Lenze alt, hatte sie schon viele Freier. Aber sie mochte keinen, sprach selten ein Wort und blickte stets nur so vor sich hin.

Da wurde die Witwe recht böse und schalt ihre Tochter: »Du bist jetzt erwachsen, und ich habe es satt, für dich zu sorgen.

Wähle daher einen deiner Freier. Ist dir aber keiner recht, so gehe in den Wald, und heirate einen Bären. Du magst dann Bärenkönigin werden. Bis dahin jedoch siehe zu, daß du in den Wald kommst, und arbeite tüchtig.«

Die bleiche Jungfrau schwieg und ging in den Wald, um dürres Holz zu suchen. Dabei verlief sie sich und fand aus dem wilden Gebirge keinen Ausweg mehr. Traurig ließ sie sich auf einer Waldblöße nieder und gedachte der harten Worte, die ihre Mutter an sie gerichtet hatte. Während die Sonnenstrahlen mit dem wehenden Flammenhaar spielten, das wie eine brennende Fackel in das Waldesdunkel hineinleuchtete, fühlte sie sich plötzlich weich umarmt, und als sie aufblickte, sah sie sich in der Gewalt eines mächtigen Bären, der ein winziges Krönlein über der breiten Stirn trug. Der Bär sah sie freundlich und mit klugen Menschenaugen an, hob sie vorsichtig empor und trug sie in seine Höhle, wo er die Müde auf ein Lager aus weichem Moos bettete. Dann ging er fort, um Obst und Honig für sie zu holen, schob jedoch zunächst einen Felsblock vor den Eingang, damit sie nicht entweiche. Sie dachte indes gar nicht daran, sondern saß still und ruhig da, als ob sich jetzt ihr Schicksal erfüllt hätte. Allmählich lernte sie das Gebrumm des Bären als dessen Sprache verstehen, und er lehrte sie vieles, was sonst nur die Tiere des Waldes wissen und was dem Menschen wie ein Zauber erscheint.

So wurde sie die Frau des Bärenkönigs ganz nach der Mutter Wort. Nach einiger Zeit bekam sie ein wunderschönes kleines Töchterlein mit goldenem Haar und den hellen, klugen Augen des Bärenkönigs. Dieser blickte das Kind traurig an und sprach zu seiner Frau: »Jetzt ist es vorbei, jetzt muß ich sterben. Hättest du mir einen Sohn geschenkt, so wäre er mir an Gestalt gleich geworden und hätte das Erbe meines Reiches angetreten. Ein menschliches Wesen dagegen kann das Bärenreich nicht regieren; meine Tochter wird daher in einem Reich der Menschen Königin werden. Hüte sie gut vor meinem Nachfolger, denn der Bärenkönig darf nur ein Menschenwesen freien; nimmt er aber eines Bärenkönigs Tochter und schenkt ihm diese keinen Sohn, so muß sie selbst sterben. So gehe ich denn für immer von euch.«

Er nahm Abschied von der bleichen Frau und legte sein Krönlein dem Kind in die Wiege. Dann kamen auch schon in großen Scharen die Bären des Reiches daher, setzten ihn auf einen aus Zwergkiefern geflochtenen Thron und trugen ihn feierlich zu einem Felsspalt, der tief hinein in das Berginnere führte. Der Bärenkönig blickte sich noch einmal um; dann betrat er stumm das tiefe Dunkel. Vor dem Felsspalt häufte man gewaltige Steine übereinander, und so ward er begraben, noch ehe er tot war, denn die Tiere des Waldes verbergen stets ihren Tod.

Die Witwe des Bärenkönigs legte daraufhin allen Schmuck ab und hüllte sich in weiße Kleider, die ihre feurigen Locken ganz verbargen. Sie lebte weiterhin still in der Höhle und pflegte ihr Töchterlein, das rasch zu einem schönen Mädchen aufwuchs. Sie hütete es sorgsam, und sooft sie tiefer in den Wald hineingehen mußte, um Obst und Kräuter zu holen, verwandelte sie das Mädchen in eine Kröte und befahl dieser, sich unter einem Stein zu verstecken.

Während nun die Tochter des Bärenkönigs in der Waldhöhle heranwuchs, wuchsen dem König, dem das ganze Land gehörte, auch drei Söhne heran. Da erkrankte eines Tages die Königin schwer. Sie rief ihren Gemahl zu sich an ihr Lager und sprach zu ihm: »Ich bitte dich bei Gott, verheirate den ältesten deiner Söhne nicht eher, als bis auch die beiden jüngeren alt genug sind, um sich ein Weib zu nehmen. Laß sodann alle drei auf einmal Hochzeit feiern. Wenn du diesen meinen Willen nicht zu erfüllen gedenkst, so kann ich dich nicht segnen.«

Mit diesen Worten verschied sie. Der König beschloß, nach ihrem Willen zu handeln. Als auch der jüngste Sohn heiratsfähig war, rief er alle drei zu sich und sprach zu ihnen: »Ihr seid nunmehr erwachsen, und es ist der Wille eurer verstorbenen Mutter, daß ihr euch gleichzeitig vermählt. Geht also hinauf auf den alten Turm unserer Burg, und der älteste möge dort ein Brett aus dem Schwarzen Dach heben. Schnitzt euch aus diesem Brett drei gleiche Bogen und drei gleiche Pfeile, und schießt diese durch jene Lücke im Dach ab. Dort, wo eure Pfeile niedergehen, werdet ihr eure Frauen finden. Also geht und laßt sehen, was euer Glück ist.«

Die Söhne folgten dem Rat ihres Vaters und schossen nacheinander ihre Pfeile ab. Die Pfeile des ältesten und des zweiten Sohnes flogen in die Königsschlösser zweier benachbarter Reiche. Der Pfeil des Jüngsten aber verschwand in einem großen Wald. Da ging der König hin und freite die Töchter seiner Nachbarn für seine beiden ältesten Söhne. Zu seinem jüngsten Sohn aber sagte er: »Geh nun selbst in den Wald und such dein Glück.«

Der jüngste Prinz schnürte also sein Ränzlein und ging in den Wald. Drei lange Tage suchte er kreuz und quer vergeblich nach seinem Pfeil. Das Brot in seinem Rucksack war aufgezehrt, und er war müde und hungrig. Er schämte sich, unverrichteterdinge heimzukehren, sonst wäre er längst umgekehrt. Doch da er nachsann, was zu tun sei, sah er oben in einer Fichte seinen Pfeil stecken, dessen Schaft mit einem goldgestickten Freierstüchlein umwunden war. Er blickte um sich, ob sich ein Haus in der Nähe befand. Da bemerkte er, daß die Fichte vor dem Eingang einer Höhle stand. Der Platz davor war sauber gekehrt, und drinnen fand er den Herd und das Geschirr in Ordnung. Indes war keine Seele zu sehen. Er suchte nun auch draußen umher und sah dabei eine große Kröte im Grase. Schon erhob er das Bein, um sie zu zertreten, da sprach eine feine Stimme:

»Tu mir nichts zuleide, denn ich bin dein Glück.«

Da erschrak er, faßte aber Mut und sprach: »Wenn du wirklich mein Glück bist, so mußt du mit mir kommen!« Dann hob er die Kröte auf, steckte sie in den Rucksack und trug sie heim. Zu Hause hatte er ein eigenes Zimmer, und er legte die Kröte darin in einen Wandschrank. Niemandem erzählte er von seinem Erlebnis. Doch der alte König mußte etwas bemerkt haben, denn er sagte zornig zu seinem Jüngsten: »Ist wohl was Rechtes, dieses dein Glück!«

Traurig antwortete der Sohn: »Ich will meinen Brüdern nicht im Wege stehen; sie mögen Hochzeit feiern, der Mutter Fluch aber will ich auf mich nehmen.« Doch der König gedachte noch eine Weile zu warten.

Nun geschah es, daß der jüngste Prinz niemals etwas Ordentliches zu essen bekam. Der Koch stellte ihm das Mittagessen und das Abendessen stets in sein Zimmer, doch ehe der Prinz zum Essen kam, war alles durcheinandergeworfen, und die

Hälfte fehlte. Der Prinz schalt den Koch: »Worin bin ich schlechter als meine Brüder, daß du mich so nachlässig bedienst?«

Als nun der Koch sagte, er bereite das Essen so sorgfältig zu wie ehedem, hieß ihn der Prinz vor seinen eigenen Augen die Speisen zuzubereiten, sie auf das Zimmer zu bringen und hieß ihn hierauf das Zimmer sofort zu verlassen. Der Koch tat wie befohlen. Der Prinz wartete nun eine Weile vor der Tür und betrat dann unvermutet das Zimmer. Hier saß ein schönes Mädchen mit einer kleinen Krone auf dem goldenen Haar an der Tafel und leerte eine Schüssel nach der anderen. Erschrocken sprang sie auf und wollte sich im Wandschrank verstecken. Er aber kam ihr zuvor, öffnete den Schrank und fand darin eine Krötenhaut, die er ins Feuer warf. »O weh! O weh!« jammerte sie und schlug sich auf die Knie. »Ich muß nun immerzu in dieser Gestalt weiterleben.«

»So ist es mir auch ganz recht«, meinte der Prinz. Darauf erzählte sie ihm, sie sei die Bärenprinzessin, und er nahm sie an der Hand und führte sie zu seinem Vater. Dieser überlegte hin und her, was er nun tun solle. Dann schickte er einen Zug von Hochzeitsgästen nach den beiden Königstöchtern. Als diese ankamen, sagte er, daß nunmehr Hochzeit gefeiert werden solle; vorher möchten sich jedoch alle drei noch zu einem gemeinsamen Mahle niedersetzen. Das taten sie denn auch, und er sah, wie die beiden Königstöchter immerzu einen Bissen in der Kehle, einen zwischen den Zähnen und einen zwischen den Fingern hatten, und als sie aufstanden, schüttelten sie die Brotkrumen von ihrem Schoß auf den Teppich. Die Bärenprinzessin dagegen schluckte immer einen Bissen hinunter, bevor sie den andern nahm, und als sie aufstand, schüttelte sie die Krumen von ihren Kleidern auf einen Teller, und diese verwandelten sich in Dukaten.

Da dachte der König: ›So etwas kann ich immer brauchen‹ und forderte seinen jüngsten Sohn auf, ihm das Mädchen zu überlassen, da er es selbst heiraten wolle. Da der Prinz davon nichts hören wollte, sprach der König:

»Gut, so soll sie aus einem einzigen Stück Stoff für alle meine Soldaten Kleider nähen! Kann sie das nicht, so sollst auch du sie nicht zur Frau haben.«

Daraufhin weinte der Prinz bitter, und als ihn die Bärenprinzessin nach dem Grund fragte, klagte er: »Mein Vater hat ein hartes Wort gesprochen«, und er erzählte ihr sodann alles. Da fing sie an zu lachen und sprach: »Geh dorthin, wo du mich fandest, und ruf dreimal vor der Höhle aus: ›Flammenhaar, erscheine!‹ Sodann wird meine Mutter erscheinen, und du wirst zu ihr sagen: ›Deine Tochter grüßt dich, du mögest ihr für eine Weile das Stück Stoff schicken, aus dem du immer deine Kleider nähst!‹«

Der Prinz tat, wie ihn das Mädchen geheißen hatte. Nachdem er dreimal gerufen: »Flammenhaar, erscheine!«, da erschien eine bleiche Frau in weißem Kleid und fragte mit weicher Stimme: »Was wünschst du, Schwiegersohn?«

Er aber ließ sie wissen, was ihn hergeführt hatte. Daraufhin gab sie ihm, was er begehrte, grüßte die Tochter und verschwand wie ein Nebelstreif. Die Bärenprinzessin nähte nun aus einem kleinen Stoffrest Röcke für das ganze Heer, und schließlich blieb ein ebenso großes Stück übrig wie dasjenige, mit dem sie begonnen hatte. Der König dachte: So etwas kann man immer brauchen, schloß sich in sein Zimmer ein, um sich die Sache zu überlegen, und schließlich sprach er zu seinem Sohn: »Du mußt mir das Mädchen geben, oder sie soll in einem einzigen Kessel so viel Maisbrei kochen, daß mein ganzes Heer davon satt wird.«

Da weinte der Prinz abermals und sagte zu der Bärenprinzessin: »Mein Vater hat ein hartes Wort gesprochen. Jetzt werden wir wohl keinen Ausweg mehr finden.«

Sie aber lachte auch jetzt und sandte ihn zu ihrer Mutter.

Vor der Höhle angelangt, rief er dreimal aus: »Flammenhaar, erscheine!« Wieder erschien die bleiche Frau, gab ihm einen kleinen Kessel, in dem sie immer den Mundvorrat kochte, grüßte die Tochter und verschwand. So kochte denn die Bärenprinzessin in dem kleinen Kessel Maisbrei für das ganze Heer, und es blieb noch viel übrig.

Der Kessel gefiel dem König ganz besonders. Er dachte eine Weile lang über all das nach und meinte schließlich: »So etwas kann man wirklich immer brauchen.« Danach sprach er zu seinem Sohn: »Ich muß das Mädchen allen Ernstes haben und werde sie nur freigeben, wenn sie mir den Ring wiederbringt, den meine Frau, die Königin, in jene Welt mitgenommen hat.«

Der Prinz aber wehklagte: »Ach, was nützt mir mein ganzes Leben!« Auch die Bärenprinzessin lachte diesmal nicht, sondern sagte nur: »Geh noch einmal zu meiner Mutter und bitte sie, uns zu dem Ring zu verhelfen, wenn sie es vermag, oder sie möge auf andere Weise ihrem Kind durch einen Rat beistehen.«

So ging denn der Prinz wieder vor die Höhle im Wald und rief nach Flammenhaar. Als er der bleichen Frau alles berichtet hatte, sagte sie: »Fasse mich am Saum meines Kleides und folge mir, ohne nach der Seite zu blicken oder den Kopf zu wenden.«

So schritten sie durch die Höhle. Dann betraten sie einen Weg, der weiter durch die Erde führte. Sie kamen durch grünlich und bläulich glitzerndes Felsengewölbe, in dem sie schreckliche Dinge sahen. Da kroch eine eklige Schlange aus einer Ecke in die andere und trank gierig Eier aus. »Das ist«, flüsterte die bleiche Frau, »ein Mädchen, das seiner Mutter Eier aus der Speisekammer stahl und diese austrank. Deshalb hat sie der liebe Gott in eine Schlange verwandelt. So muß sie nun bis zum Jüngsten Gericht Eier stehlen.« Dann sahen sie einen Mann und ein Weib an den Beinen aufgehängt, die unaufhörlich mit den Rücken gegeneinander schlugen, daß es nur so dröhnte: »Das ist ein Ehepaar, das sich auf Erden nicht vertrug«, erklärte die bleiche Frau. Dann kamen sie an zwei Männern vorüber, die aufgespießt waren. Unter ihnen brannte ein Feuer, so groß wie in einem Kalkofen. Und indem sie einander gegenseitig drehten, fragte der eine fortwährend zähneklappernd: »Friert dich, Freund?«, worauf der andere stets antwortete: »Uhuhuhuhu, es friert mich fürchterlich!« – »Diese beiden haben zu Lebzeiten ganze Zäune gestohlen und sich damit ein Feuer bereitet.« Dem Jüngling graute es so sehr, daß es ihm schwerfiel, den Kopf nicht abzuwenden. Deshalb glitt die bleiche Frau rascher dahin, und kaum den Boden berührend folgte er ihr auf eine weite, lichte Fläche, auf welcher in unzähligen großen Zisternen siedendes Wasser brodelte. In diesem wälzten sich jammernde Menschen. Bei einer solchen Zisterne hielt die bleiche Frau inne und sagte: »Dort ist deine Mutter!«

Entsetzt blickte er hin und sah wirklich seine Mutter in dem siedenden Wasser. Sie streckte die Hand mit dem Ring heraus und rief: »Zieh ihn schnell ab, mein Sohn, denn sie lassen mir keine Zeit! Und dann sag dem König, daß ich ihn grüße, und er möge die dreißig Pfund Kirschen bezahlen, die ich schuldig bin. Wenn es nicht wegen der Kirschen ist, so weiß ich nicht, weshalb mich Gott in das Fegefeuer geworfen hat!«

Dann tauchte sie unter. Der Jüngling ergriff von neuem den Saum des weißen Kleides und schloß die Augen. Rasch glitten sie denselben Weg zurück und waren bald wieder in der Felsenhöhle. Dort sprach die bleiche Frau: »Nun trag deinem Vater den Ring hin und sage ihm einen Gruß von mir, und er möge dich endlich mit meiner Tochter vermählen, sonst wird sich sein Wortbruch rächen.«

Als der Prinz dem König alles berichtet hatte, da erschrak dieser und ließ sogleich alle seine Untertanen und sein ganzes Heer zusammenrufen. Es wurden auf einer großen Wiese Ochsen und Lämmer am Spieß gebraten, und bis zur Mittagsstunde durften sich alle gütlich tun und nach Herzenslust singen. Dann aber befahl der Ausrufer im Namen des Königs Stillschweigen. Sodann wurde der aufgerufen, dem die verstorbene Königin dreißig Pfund Kirschen schuldig geblieben war. Endlich meldete sich ein armer Mann. Er wurde vor den König geführt, dieser zog dreißig Dukaten heraus und wollte sie ihm geben. Darauf entgegnete der Arme:

»Mächtiger König, ich nehme nicht mehr als dreißig Heller, so wie ich es mit der Königin ausgemacht hatte.«

Der König gab ihm die dreißig Heller und sagte: »Ich bitte dich, wie meinen leiblichen Bruder, segne nun ihr Andenken.«

Und der Mann erwiderte: »Hätte ich das gewußt, ich hätte sie trotzdem hundertmal am Tage gesegnet. Möge ihre gute Seele alle Freuden des Paradies schauen!«

Der König und das Volk beteten hierauf, und dann ging jeder still nach Hause. Zehn lange Tage schloß sich der König in sein Zimmer ein, um nachzudenken. Dann eröffnete er seinem Jüngsten, daß er der Bärenprinzessin entsage und daß nun alle drei Brüder Hochzeit feiern sollten. Doch der Prinz war traurig und entgegnete, er wolle vorher noch nach der Mutter sehen, wie es ihr geht. Er hängte sich also wieder den Rucksack um, ging in den Wald zur Felsenhöhle und rief dort dreimal: »Flammenhaar erscheine!« Da trat wieder die bleiche Frau heraus, und er erzählte ihr seinen Kummer. Sie antwortete ihm gütig: »Halt dich nur an dem Saum meines Kleides fest, Schwiegersohn, und du sollst deine Mutter sehen.« Und wieder glitten sie durch die Höhle dahin und durch das Erdreich und über die weite Fläche mit den dampfenden Zisternen. Dann kamen sie an einen großen See mit siedendem Wasser und flüssigen Steinen. Die bleiche Frau streckte die Hand aus, in der sie einen goldenen Stab hielt, und über dem See entstand eine hohe Brücke. Sie schwebten hinüber auf das andere Ufer, und dort prangte eine gewaltige, herrliche Burg. Flammenhaar winkte nochmals mit dem goldenen Stab, und das Tor sprang auf. »Weiter dürfen wir nicht«, sagte sie, »aber du kannst von hier aus deine Mutter sehen, die jetzt mit den übrigen frommen Seelen ein Loblied Gottes singt.« Da kam auch schon die Königin auf ihren Sohn zu, in einem Kleid wie aus Mondschein gewoben, und ringsum duftete alles, und es war Licht und Seligkeit. »Hab Dank, mein Sohn!« sprach die Erlöste. »Grüß meinen Herrn, den König, und sag ihm, daß meine Seele in demselben Augenblick in das Paradies flog, als er die dreißig Pfund Kirschen bezahlte. Ich segne ihn. Er möge meine Schwiegertochter von Herzen ehren und lieben.«

Der junge Prinz kehrte nach Hause zurück, und die Hochzeit der drei Brüder wurde mit großem Glanz gefeiert. Hernach sprach der König zu der Frau des Jüngsten: »Höre, meine liebe Schwiegertochter! Ich will, daß von nun an du in meinem Reiche regierst.«

Sie erwiderte: »Wie kann ich das, lieber Vater? Ich habe nur einen Weiberkopf. Regiere du nur weiter wie bisher.«

Er aber sagte: »Man fragt nicht, wer den Kopf trägt, wenn man mit dem, was dieser Kopf ausdenkt, zufrieden ist. Der Erfolg entscheidet! Also regiere jetzt ein Jahr lang, und dann wollen wir weitersehen.«

Die Bärenprinzessin regierte nunmehr das Land ein volles Jahr lang ganz allein und eroberte in dieser Zeit zwei große Reiche, so daß jeder der drei Brüder König werden konnte.

»Und damit«, schloß Danai, »waren alle sehr zufrieden.«

Sie hob den Kopf und betrachtete den Mond, der sich bereits dem Horizont zuneigte. Schon wurde die Nacht hell, und der Himmel färbte sich rot. So ging auch die sechste Mondnacht zu Ende, und Anamaque gab den Heiligen Becher, den Danai ihr brachte, an die zierliche, schlitzäugige Yamiy weiter. Yamiy verneigte sich vor der Ältesten so weit, daß ihre Stirn den Boden berührte, dann nahm sie lächelnd den heiligen Becher und ging der aufgehenden Sonne entgegen.

DIE SIEBTE NACHT

Yamiy erzählt Märchen aus China

Als Yamiy den See erreichte, dämmerte es bereits. Sie setzte sich auf die Wurzel eines umgestürzten Baumes, um sich ein wenig auszuruhen. Ihren Blick auf den See gerichtet und ganz in Gedanken versunken, träumte sie eine Weile vor sich hin.

Plötzlich ließ sie ein seltsames Geräusch aufhorchen. Sie sah zum Himmel hinauf und entdeckte über sich eine Sumpfohreule, die im Flug ihre Flügel unter sich zusammenschlug. Es war ein Männchen, das auf diese Weise um sein Weibchen balzte.

Yamiy lachte. »Viel Glück bei deiner Brautschau«, wünschte sie dem Vogel, dann stand sie auf und ging weiter.

Mit sicheren Schritten folgte sie dem Weg durchs Moor, den bereits ihre Mutter gegangen war. Er führte vorbei am heiligen Felsen, am Birkenhain, am Balzplatz der Birkhähne, und dann sah sie auch schon das Feuer vom Tanzplatz herüberleuchten.

Taranga und Jing-Mei kamen ihr entgegen, begrüßten sie und nahmen ihr das Bündel ab. »Du bist spät dran«, sagte Jing-Mei, »der Mond ist schon aufgegangen, wir haben uns Sorgen gemacht.«

»Was hätte mir passieren sollen?« fragte Yamiy.

»Na, zum Beispiel hätten dich die Füchse jagen können, um dir ein Stück aus deinem hübschen Hintern zu beißen«, sagte Taranga und kniff Yamiy lachend in den Arm.

»Aber nein, die Füchse würden mir nie etwas tun! Ich bin doch eine Nachfahrin der Fuchsfee, wißt ihr das denn nicht?«

Inzwischen waren sie bei den anderen angekommen, und die Frauen umringten Yamiy. »Eine Nachfahrin der Fuchsfee? Das mußt du uns erzählen!«

Yamiy nickte. »Das habe ich mir ohnehin vorgenommen. Ich werde euch von der Fuchsfee erzählen, aber es ist eine traurige Geschichte.«

Später, als sie im Licht des aufsteigenden Mondes gesungen, getanzt und gestampft hatten und der Heilige Becher zum erstenmal kreiste, sagte Yamiy:

»Ihr wolltet die Geschichte von der Fuchsfee hören, also, hier ist sie!« Yamiy verneigte sich vor der Ältesten und begann:

Die Fuchsfee

In der Stadt Sian, die damals noch Changan hieß, was soviel wie ›Ewiger Friede‹ bedeutet, lebte vor langer, langer Zeit ein junger Scholar mit Namen Yin. Da er Geld besaß und ein wenig leichtsinnig war, hatte er schon längst die Lust an den trockenen Büchern verloren und widmete seine Zeit lieber den schönen Mädchen in den Blumenhöfen.

Yin hatte einen entfernten Verwandten namens Wang, der wie er Wein und Weib mehr als die Wissenschaften liebte. Beide waren Freunde und unzertrennlich, wenn es um Vergnügen und frohe Zechereien ging.

An einem schönen warmen Sommerabend ritten sie wieder einmal miteinander zu einem Trinkgelage, Yin auf einem edlen Schimmel, Wang aber hatte nur einen grauen Esel, denn er war arm. Nach einer Weile sagte Wang, er habe noch etwas zu besorgen in einem östlich gelegenen Stadtteil, und Yin solle nur schon vorausreiten. Er werde, so schnell er könne, nachkommen. Also ritt Wang ostwärts weiter, während Yin den Weg nach Süden einschlug.

Wang war noch nicht weit gekommen auf seinem Eselchen, als er drei jungen Frauen begegnete, die zu Fuß unterwegs waren.

Die in der Mitte trug ein glänzend weißes Seidenkleid und war von überwältigender Schönheit. Als Wang sie nur anschaute, war er sofort bezaubert von ihr. Er ritt an den drei Mädchen vorbei, dann kehrte er wieder um und kam ihnen erneut entgegen. Das machte er so ein paarmal, hatte aber nie den Mut, sie anzusprechen. Doch bei jeder Begegnung warf ihm die Weißgekleidete so liebevolle Blicke zu, daß er sich schließlich ein

Herz faßte und sie fragte: »Wie kommt es, daß ein so schönes Mädchen zu Fuß unterwegs ist?«

Sie gab neckend zur Antwort: »Wahrscheinlich deshalb, weil ein gewisser Jemand mir nicht sein Reittier überläßt.«

»Mein armes Eselchen ist gar nicht würdig, einer solchen Schönheit wie Euch als Reittier zu dienen. Doch wenn Ihr wollt, werde ich es Euch gern überlassen und Euch zu Fuß begleiten.«

So bestieg nun das Mädchen den Esel, und unter Lachen und Scherzen und den vielsagenden Blicken der beiden Begleiterinnen zogen sie weiter und kamen, als sich die Nacht herabsenkte, an einen prächtigen Palast mit einem breiten Eingangstor, umgeben von einer hohen Mauer.

Jetzt bat die Schöne, ein wenig zu warten, und verschwand in dem majestätischen Gebäude. Neugierig fragte Wang die beiden Dienerinnen, wer das entzückende Mädchen sei, und erhielt zur Antwort: »Es ist Fräulein Ren, eine Tochter der Familie, der dieses Haus gehört.«

Es dauerte nicht lange, und er wurde hereingerufen von seiner Angebeteten. Sie gab Befehl, Kerzen anzuzünden und Speis und Trank aufzufahren. Beide ergötzten sich an süßem Wein und gerieten schnell in ausgelassene Stimmung. Spät in der Nacht begaben sie sich gemeinsam zur Ruhe. Von dem schönen Mädchen ging ein solcher Reiz aus, daß es Wang schien, als sei sie nicht von dieser Welt.

Am nächsten Morgen aber schickte Fräulein Ren ihren Geliebten fort. Sie sagte, ihre Brüder kämen bald nach Hause, und die dürften ihn nicht bei ihr finden.

Also machte sich der junge Mann wohl oder übel auf den Weg. Als er ans Stadttor kam, war es noch verschlossen. In der Nähe gab es einen Bäckerladen, dort trat Wang ein, um auf das morgendliche Trommelzeichen zu warten, bei dem alle Stadttore geöffnet wurden.

Beiläufig fragte er den Bäcker: »Was ist denn das für eine Familie, die den schönen Palast dort im Osten mit dem großen, breiten Eingangstor bewohnt?«

»Wo denn? Dort gibt es doch gar kein Haus, geschweige denn einen solchen Palast«, sagte der Bäcker erstaunt.

»Aber ich war doch in der vergangenen Nacht dort, und es

war ein prachtvoller Palast mit vielen Gemächern. Nur von der Familie habe ich außer einer jungen Frau niemand gesehen.«

Mit einemmal ging dem Bäcker ein Licht auf: »Jetzt weiß ich, was Ihr meint. Das ist eine verlassene Ruine, wo eine Fuchsfee haust, die gern junge Männer anlockt. Gestern nacht wart Ihr, scheint's, der Glückliche!«

Wang wollte gar nicht glauben, was ihm der Bäcker erzählt hatte, und als es hell geworden war, suchte er sogleich jenen Ort auf, wo der Palast gestanden hatte. Aber er traute seinen Augen kaum, als er zwar die dicken Mauern und das große Tor wiederfand, dahinter aber nur Unkraut, durch das der Wind pfiff.

Ganz verwirrt kehrte er nach Hause zurück und mußte lange und immer wieder an die schöne Ren in ihrem weißen Seidenkleid denken.

Ein paar Wochen waren ins Land gezogen, da spazierte Wang eines Tages über den Westmarkt. Plötzlich entdeckte er in einem Tuchladen die bezaubernde Ren mit ihren beiden Dienerinnen. Er rief sie an, doch sie versteckte sich und entwischte ihm durch eine Seitentür. Im Gedränge des Marktes hoffte sie, ihm zu entkommen. Doch er lief ihr nach, bis er sie eingeholt hatte.

Zaghaft fragte sie: »Warum läufst du mir noch nach, nun du doch weißt, wer ich bin?«

Da gestand ihr Wang seine große Liebe und daß er ohne sie nicht mehr leben könne. Es kümmere ihn nicht, daß sie eine Füchsin sei.

Bei diesen Worten wurde Ren sehr vergnügt und strahlte ihn so mit ihren pechschwarzen Augen an, daß Wang ein wohliger Schauer überlief. Sie versprach, ihm eine getreue Ehefrau zu sein, wenn er sich nicht vor ihr graue und ekle.

Ein Haus, in dem sie gemeinsam wohnen wollten, war bald gefunden, und Möbel könne er sich, so meinte Ren, vielleicht von seinem Freund Yin leihen.

Anderentags ging also Wang zu seinem Freund, erzählte ihm von dem schönen Mädchen, das jetzt seine Frau geworden sei, und bat ihn um ein paar Möbel, Vorhänge und Teppiche, um das neue Haus auszustaffieren.

Yin borgte dem Freund gern alles, was dieser wollte, und

schickte einen Diener mit, den er hieß, die Augen offen zu halten. Besonders die Geliebte Wangs sollte er sich ansehen, ob sie wirklich so schön sei.

Als der Diener zurückkam, berichtete er wahre Wunderdinge von dem Liebreiz dieser Frau, so daß Yin sehr neugierig wurde und sich selbst auf den Weg zum Haus seines Freundes machte.

Dort angekommen, traf er Wang nicht an, er war gerade ausgegangen, aber als er eines der Zimmer betrat, erblickte er darin Fräulein Ren, die sich schamhaft hinter einem Fächer verbarg. Yin war so überwältigt von ihrer Schönheit – sein Diener hatte wirklich nicht zuviel versprochen –, daß ihn die Leidenschaft übermannte und er sie in seine Arme reißen wollte.

Ren aber wehrte ihn ab und bat, sie doch nicht in Versuchung zu führen. Sie sprach: »Ihr seid ein schöner, reicher Mann und könnt viele andere Frauen haben, Wang aber ist arm und hat nur mich. Ihr habt ihm die Ausstattung unseres Hauses geliehen, und es schmerzt mich, daß wir nun von Euch abhängig sind. Bitte nutzt das nicht aus! Ich liebe Wang und habe ihm Treue geschworen, und mein Wort will ich auch halten.«

Im Grunde hatte Yin einen guten, edlen Charakter und ein starkes Rechtsempfinden. So schwor er ihr, sie nie wieder zu bedrängen und in Zukunft ihnen beiden ein treuer, verläßlicher Freund zu sein. So schieden sie in bestem Einvernehmen.

In der Folgezeit versorgte Yin das junge Paar mit allem, was es brauchte, ob es nun Reis, Fleisch oder Feuerholz war. Von allem ließ er ihnen reichlich bringen und geizte mit nichts.

Doch seine Liebe zu Ren konnte er nicht unterdrücken, sie wurde im Gegenteil immer stärker und inniger. Er hätte alles für sie getan.

Ren blieb das natürlich nicht verborgen, und eines Tages sagte sie zu ihm: »Wir empfangen von Euch soviel Gutes, und ich kann es Euch nicht mit meiner Zuneigung lohnen. Wenn Ihr wollt, so werde ich Euch statt meiner ein anderes schönes Mädchen, das Euch gefällt, zuführen, und Ihr mögt sie zu Eurer Frau machen.«

Da Yin ihrem Angebot zustimmte, wurde der Handel schon nach weniger als zwei Wochen perfekt.

Doch obwohl Yin nun auch eine schöne junge Frau in seinem Hause hatte, gehörte seine Liebe weiterhin der bezaubernden Ren. Daß sie in Wahrheit eine Füchsin war, ahnte er aber nicht.

So vergingen die Wochen und Monate, und alle lebten in Frieden und Beschaulichkeit.

Eines Tages bat die Fuchsfee Yin, neue Kleider für sie zu besorgen. Sofort ging er hin und kaufte die herrlichsten Seidenstoffe und Brokat. Doch als er ihr all dies vorlegte, war sie sehr verlegen und sagte zögernd: »Oh, ich meinte fertig genähte Kleider, keinen Stoff!«

Den Grund für diesen merkwürdigen Wunsch verriet sie ihm aber nicht, das sollte ihr Geheimnis bleiben.

Fast ein ganzes Jahr war inzwischen vergangen, seit Wang die Fuchsfee zur Frau genommen hatte. Da geschah es, daß er zum Offizier der Grenztruppen ernannt wurde – er hatte die Militärlaufbahn nach seinem Studium eingeschlagen – und den Befehl erhielt, sich in das Feldlager zu begeben. Er bat Ren, ihn dorthin zu begleiten, aber zu seinem großen Erstaunen weigerte sie sich auf das entschiedenste.

»Oh, bitte, laß mich hier in der Stadt bleiben, und ich will treu und brav auf deine Heimkehr warten.«

Wang flehte sie an, doch sie blieb fest: »Ich muß hier bleiben; denn eine Wahrsagerin hat mir prophezeit, daß eine Reise westwärts mir großes Unglück bringen würde.«

Aber Wang lachte nur über so viel Aberglauben, und auch sein Freund Yin bestürmte sie, doch mit auf die Reise zu gehen, so daß sie schließlich, wenn auch schweren Herzens, zustimmte.

Yin besorgte ein prächtiges Pferd für sie, begleitete die beiden noch bis weit hinter die Stadt und kehrte dann erst um.

Die Fuchsfee ritt an der Spitze des Zuges auf ihrem Pferd, hinter ihr Wang, der immer noch sein altes Reittier, den Esel, hatte, dann folgten die Diener und Dienerinnen.

So zogen sie dahin und waren bereits zehn Tage unterwegs, als sie in eine Flußniederung kamen. Dort richteten Jäger des kaiserlichen Hofes Jagdhunde ab, und eines dieser Tiere, ein großer, bissiger Rüde, sprang unvermutet das Pferd an, auf dem die Fuchsfee saß. Da sah Wang zu seinem Entsetzen, wie sich seine Frau geschmeidig vom Pferd gleiten ließ und in ihrer wahren Gestalt als Füchsin blitzschnell davonstob. Der Hund jagte ihr laut bellend hinterher.

Wang schrie und versuchte, den Hund zurückzupfeifen, doch es war zu spät – der Jagdhund hatte die Füchsin bereits in seinen Fängen und zerrissen.

Wang war untröstlich und weinte viele bittere Tränen um seine kleine Fuchsfee. Schließlich begrub er ihren Leichnam an der Stelle, wo sie der Tod ereilt hatte. Als er zurück zu den Reittieren kam, hingen am Sattel ihres Pferdes noch ihre Kleider wie die leere Hülle einer Zikade. Das war alles, was ihm von seiner Fuchsfee geblieben war!

Als Wang nach einigen Wochen wieder in die Stadt zurückkehrte, besuchte ihn bald darauf Yin und erkundigte sich nach Rens Befinden.

Unter Tränen berichtete ihm der Freund, sie sei tot, von einem scharfen Hund zerrissen.

Yin wollte es nicht glauben. »Ein Hund, und sei er noch so wild, kann doch keinen Menschen zerreißen!«

Da erst gestand ihm der Freund, daß Ren ja auch kein Mensch, sondern eine Füchsin gewesen sei. Nun wußte Yin, warum er so von ihr behext war.

Gemeinsam ritten beide noch einmal zu jener Flußniederung, wo das Unglück geschehen war, und weinten lange an ihrem Grab.

»Das also war die Geschichte von der Fuchsfee«, schloß Yamiy, »und weil sie mit dem Tod endet, will ich euch als nächstes von den Blumenelfen erzählen, durch deren Hilfe ein Gelehrter meines Landes die Unsterblichkeit erlangte.«

Die Blumenelfen

Es war einmal ein Gelehrter, der hatte sich von der Welt zurückgezogen, um geheimen Sinn zu erlangen. Er lebte einsam in der Verborgenheit. Um sein Häuschen herum hatte er allenthalben Blumen und Bambus und andere Bäume gepflanzt. Ganz versteckt lag es da im dichten Blumenhain. Nur einen Knaben hatte er bei sich als Diener, der wohnte in einer besonderen Hütte, um seine Befehle auszuführen. Ungerufen durfte er nicht eintreten. Der Gelehrte liebte die Blumen wie sein Leben. Nie setzte er den Fuß über die Grenzen seines Gartens hinaus.

Nun war einmal ein schöner Frühlingsabend. Blumen und Bäume standen in voller Blüte, es wehte ein frischer Wind, und der Mond schien hell. So saß er bei einem Becher Wein und freute sich des Lebens.

Plötzlich sah er im Mondschein ein Mädchen in dunklen Kleidern herbeitrippeln. Sie machte ihm eine tiefe Verbeugung, begrüßte ihn und sprach: »Ich bin deine Nachbarin. Es ist hier eine Gesellschaft von Mädchen, die sind unterwegs, um die achtzehn Tanten zu besuchen. Sie möchten hier in diesem Hofe ein wenig rasten und lassen um Erlaubnis bitten.«

Der Gelehrte merkte, daß es sich um etwas Außerordentliches handelte, darum stimmte er freudig zu. Das Mädchen bedankte sich und ging.

Nach einer kleinen Weile brachte sie eine ganze Schar von Mädchen, die Blumen und Weidenzweige trugen. Sie begrüßten alle den Gelehrten. Sie waren hübsch und fein im Gesicht und schlank und zart von Gestalt. Wenn sie die Ärmel bewegten, so strömten sie einen lieblichen Duft aus. Es gab nicht ihresgleichen in der Menschenwelt.

Der Gelehrte lud sie ein, im Zimmer ein wenig zu sitzen. Dann fragte er sie: »Wer gibt mir eigentlich die Ehre? Kommt ihr aus dem Schloß der Mondfee oder von der Nephritquelle der Königinmutter des Westens?«

»Wie könnten wir uns so hoher Abkunft rühmen«, sprach lächelnd ein Mädchen in grünem Gewande. »Ich heiße Salix.« Dann stellte sie eine andere, Weißgekleidete vor und sagte: »Das ist Fräulein Prunophora«, dann eine Rosagekleidete: »und diese hier ist Persica«, schließlich eine in tiefrotem Gewande: »und das ist Punica. Wir alle sind Schwestern und wollen heute die achtzehn Zephirtanten besuchen. Heute abend scheint der Mond so schön, und es ist so reizend hier im Garten. Wir sind recht dankbar, daß du dich unser angenommen hast.«

»Ja, ja«, sagte der Gelehrte.

Da meldete plötzlich die dunkel gekleidete Dienerin: »Die Zephirtanten sind auch schon gekommen.«

Sogleich standen die Mädchen auf und gingen ihnen an die Tür entgegen.

»Eben wollten wir die Tanten besuchen«, sagten sie lächelnd. »Der Herr hier hat uns ein wenig zum Sitzen eingeladen. Wie hübsch trifft es sich, daß die Tanten nun auch hierherkommen. Es ist heute so eine schöne Nacht, da müssen wir einen Becher auf das Wohl der Tanten leeren.«

Darauf befahlen sie der Dienerin, die notwendigen Dinge zu bringen.

»Kann man sich hier setzen?« fragten die Tanten.

»Der Hausherr ist sehr gut«, erwiderten die Mädchen, »und der Ort ist still und verborgen.«

Darauf stellten sie ihnen den Gelehrten vor. Er redete mit den achtzehn Tanten ein paar freundliche Worte. Sie hatten etwas Unbeständiges und Luftiges in ihrem Wesen. Ihre Worte sprudelten sie nur so heraus, und in ihrer Nähe fühlte man einen fröstelnden Hauch.

Unterdes hatte die Dienerin schon Tisch und Stühle herbeigebracht. Die achtzehn Tanten saßen obenan, die Mädchen folgten, und der Gelehrte setzte sich zu ihnen auf den untersten Platz. In kurzem stand der ganze Tisch voll mit den köstlichsten Speisen und herrlichsten Früchten, und duftender Wein füllte die Becher. Es waren Genüsse, die die Menschenwelt nicht kennt. Der Mond schien hell, und die Blumen sandten betäubende Düfte aus. Als sie vom Wein heiter geworden, standen die Mädchen auf und tanzten und sangen. Lieblich klangen die Töne durch die dämmernde Nacht, und ihr Tanz glich Schmetterlingen, die um Blumen flattern. Vor Entzücken wußte der Gelehrte nicht mehr, ob er im Himmel oder auf Erden sei.

Als der Tanz zu Ende war, setzten sich die Mädchen wieder an den Tisch und tranken bei kreisendem Becher auf das Wohl der Tanten. Auch des Gelehrten wurde in einem Trinkspruch gedacht, und er erwiderte in zierlichen Worten.

Die achtzehn Tanten aber waren in ihrem Wesen etwas leichtsinnig. Auch begann der Wein schon zu wirken. Als eine daher den Becher erhob, zitterte sie ein wenig mit der Hand, und ehe sie sich's versah, goß sie der Punica etwas Wein auf die Kleider. Punica, die jung und feurig war und ein reinliches Wesen hatte, stand ärgerlich auf, als sie ihr rotes Kleid von dem Wein befleckt sah.

»Ihr seid doch gar zu unvorsichtig«, sagte sie zürnend. »Die andern Schwestern haben Angst vor euch, ich fürchte euch nicht.«

Da wurden die Tanten auch böse und sagten: »Wie kann das junge Ding da wagen, uns zu beleidigen!«

Damit rafften sie ihre Kleider zusammen und standen auf.

Alle Mädchen drängten sich um sie und sprachen: »Die Punica ist jung und unerfahren. Sie hat sich betrunken und weiß nicht, was sie tut. Ihr müßt es ihr nicht übelnehmen. Morgen soll sie sich mit einer Rute bei euch einfinden und ihre Strafe entgegennehmen.«

Doch die achtzehn Tanten hörten nicht auf sie und gingen. Darauf verabschiedeten sich auch die Mädchen, zerstreuten sich in den Blumenbeeten und verschwanden. Noch lange saß der Gelehrte in traumverlorener Sehnsucht da.

Am andern Abend kamen die Mädchen alle wieder.

»Wir wohnen alle in deinem Garten«, sagten sie zu ihm. »Jedes Jahr werden wir von bösen Winden übel gequält und haben darum immer die achtzehn Tanten gebeten, uns zu beschützen. Gestern wurden sie von der Punica beleidigt, und wir fürchten, daß sie uns künftig nicht mehr helfen werden. Wir wissen aber von dir, daß du uns Schwestern schon immer freundlich zugetan warst, wofür wir dir von Herzen dankbar sind. Wir haben nun eine große Bitte: daß du jedesmal am Neujahrstag eine kleine, scharlachrote Flagge anfertigst, darauf Sonne, Mond und die fünf Planeten malst und sie im Osten des Gartens aufstellst. Dann haben wir Schwestern Frieden und sind vor allem Leid geborgen. Da diesmal aber Neujahr schon vorüber ist, so bitten wir dich, daß du sie am einundzwanzigsten dieses Monats aufrichtest; denn da kommt der Ostwind, und durch die Flagge sind wir dann geschützt.«

Der Gelehrte versprach es ihnen bereitwillig, und die Mädchen sagten wie aus einem Munde: »Wir danken dir für deine große Güte und wollen's dir vergelten.« Damit schieden sie, und ein süßer Duft erfüllte den ganzen Garten.

Der Gelehrte aber machte eine solche rote Flagge, und als an dem genannten Tag frühmorgens tatsächlich der Ostwind zu wehen anfing, da stellte er sie schnell im Garten auf.

Plötzlich erhob sich ein wilder Sturm, der die Wälder beugte und die Bäume brach. Nur im Garten die Blumen bewegten sich nicht.

Da merkte der Gelehrte, daß Salix die Weide war, Prunophora die Pflaume, Persica der Pfirsich und die vorlaute Punica der Granatapfel, dessen kräftigen Blüten der Wind nichts anhaben kann. Die achtzehn Zephirtanten aber waren die Geister des Windes.

Am Abend darauf kamen die Blumenelfen alle und brachten ihm zum Dank leuchtende Blumen dar.

»Du hast uns gerettet«, sprachen sie, »wir haben sonst nichts, das wir dir schenken könnten. Iß diese Blumen, so wirst du lange leben und das Alter meiden. Wenn du uns dann alljährlich schirmst, so werden auch wir Schwestern lang am Leben bleiben.«

Der Gelehrte tat nach ihren Worten und aß die Blumen. Da verwandelte sich seine Gestalt, und er ward wieder jung wie ein zwanzigjähriger Jüngling. Im Laufe der Zeit erlangte er geheimen Sinn und ward unter die Unsterblichen versetzt.

Die Frauen nickten, und Jing-Mei erzählte, daß es auch in ihrem Lande Blumenelfen gäbe und daß sie über ganz ähnliche Kräfte verfügten.

Yamiy wandte den Kopf und sah zu den Birken hinüber. Ein leiser, lauer Windhauch spielte mit den Blättern; sie raschelten, und das Silberlicht des Mondes spiegelte sich im Glanz von Yamiys schwarzen Augen. Gioconda, die neben ihr saß, war plötzlich ganz ergriffen. Sie beugte sich zu Yamiy und küßte sie zart auf die Stirn.

Dann verneigte sich Yamiy wieder vor der Ältesten und erzählte die Geschichte von einer wilden jungen Frau, die, wie die meisten Töchter ihres Volkes, über Zauberkräfte verfügte.

Schwarze Künste

Die Wilden im Südwesten üben viele Schwarze Künste. Häufig locken sie mit ihren Töchtern Leute aus dem Mittelreiche an, indem sie diese ihnen zur Ehe versprechen. Die armen Leute müssen dann Arbeit für sie tun, und die Ehe kommt schließlich doch nicht zustande. So war einmal ein Sohn aus armer Familie, der versprach sich als Schwiegersohn bei einem Wilden. Drei Jahre mußte er Arbeit tun, dann ward ihm die Tochter zur Ehe versprochen. Die Hochzeit wurde gefeiert und ihnen ein besonderes Häuschen als Hochzeitsgemach hergerichtet. Die Braut war über alle Maßen schön und mochte etwa achtzehn oder neunzehn Jahre zählen. Sie ging der Sitte gemäß mit brennender Laterne ins Gemach voran. Als aber der Bräutigam die Bettvorhänge aufhob und das Lager besteigen wollte, da war das Mädchen verschwunden und nirgends zu finden. Tür und Fenster waren wohlverschlossen wie zuvor, und er wußte nicht, wo sie hingekommen war. So ging es über einen Monat lang. Tags war sie da, nachts war sie weg. Aber auch untertags sprach sie kein einziges Wort mit ihm. Da wurde im Bräutigam der Argwohn wach.

Nun war noch ein kleines Schwesterchen im Hause, das kam beständig in den Hof zum Spielen. Als sich Gelegenheit ergab, da fragte er sie einmal über die Geschichte aus. Erst wollte sie nichts verraten, doch mit der Zeit wußte er sie an sich zu gewöhnen durch manche Süßigkeit, die er ihr gab. Da gestand sie ihm, es sei ein Zauberkunststück. Wenn er aber in die vier Ecken des Hauses Blut von Hühnern und Hunden sprenge und rasch die Braut beim Kleid ergreife, so könne sie ihm nicht entwischen. Er tat, wie ihm das Schwesterchen gesagt, und als zur Dämmerungszeit die junge Frau herbeikam, die Tür schloß und ins Bett stieg, da trat er rasch herzu und griff nach ihrem Ärmel. Sie kam in große Not; doch konnte sie ihm nicht entwischen.

Da sprach sie lächelnd: »Das hat dir sicher die flinke Zunge des Schwesterchens verraten. Doch war es ja nicht mein Wunsch, dir keine Gattin zu sein, sondern der Eltern Befehl, den zu übertreten ich mich nicht getraute. Da es aber nun so gekommen ist, sind wir vom Himmel füreinander bestimmt.«

So wurden sie denn wirklich Mann und Frau und gewannen sich von Tag zu Tag lieber. Die Eltern wußten um die Sache und haßten ihn darob im stillen.

Eines Tages sprach seine Frau zu ihm: »Morgen früh ist meiner Mutter Geburtstag, da mußt auch du ihr deinen Glückwunsch bringen. Nun werden sie dir sicher Wein und Essen geben. Den Wein darfst du wohl trinken, doch vom Essen darfst du nichts berühren. Denk fest daran!«

Am andern Tag ging die Frau mit ihrem Mann in den Saal, und sie brachten ihre Wünsche dar. Die beiden Eltern schienen hocherfreut und warteten mit Wein und Süßigkeiten auf. Der Eidam trank, doch aß er nichts. Mit milden Worten und freundlichen Gebärden forderten ihn die Schwiegereltern beständig auf, zuzulangen. Der Eidam wußte nicht, wie er sich retten sollte. Schließlich dachte er, daß sie es wohl nicht böse mit ihm meinen würden. Und wie er so vor sich auf dem Teller die frischen und schönen Garnelen und Krebse sah, da aß er ein ganz klein wenig. Seine Frau warf ihm einen tadelnden Blick zu. Er schützte Betrunkenheit vor und wollte sich verabschieden.

Die Schwiegermutter aber sprach: »Heute ist mein Geburtstag. Du mußt doch auch von den Geburtstagsnudeln kosten!«

Darauf stellte sie eine große Schüssel vor ihn hin, mit Nudeln wie Silberfäden anzusehen, mit fettem Fleisch, mit duftenden Pilzen gewürzt. Der Eidam hatte während der drei Jahre, die er im Hause war, noch nie solch köstliche Speise genossen. Verführerisch stieg ihm der Duft in die Nase, und er konnte sich's nicht versagen, die Eßstäbchen zu erheben. Seine Frau schielte nach ihm; er tat, als sähe er's nicht.

Sie hustete bedeutungsvoll; er tat, als hörte er's nicht. Endlich stieß sie ihn unter dem Tisch mit dem Fuße an. Da erst kam er wieder zur Besinnung.

Er hatte noch nicht zur Hälfte ausgegessen und sagte: »Nun bin ich satt!«

Darauf ging er mit seiner Frau zusammen weg.

»Das ist eine schlimme Geschichte«, sagte seine Frau. »Du hast nicht auf meine Worte gehört, jetzt mußt du sicher sterben.«

Er aber glaubte noch nicht daran, bis er plötzlich im Leibe heftige Schmerzen spürte, die sich bald ins Unerträgliche steigerten, so daß er bewußtlos zu Boden fiel. Eilig hängte ihn nun seine Frau mit den Füßen nach oben und dem Kopf nach unten am Balken der Zimmerdecke auf und stellte eine Kohlenpfanne mit glühenden Kohlen unter seinen Leib und ein großes Gefäß mit Wasser, in das sie Sesamöl gegossen, vor das Feuer, gerade unter seinen Mund. Als nun das Feuer ihm tüchtig den Leib erwärmte, da gab es in seinem Innern ein donnerähnliches Geräusch, er öffnete den Mund und begann, sich heftig zu erbrechen. Und was für Sachen kamen da heraus! Durcheinander wühlten sich giftige Würmer, Tausendfüßler, Kröten und Kaulquappen hervor, die alle in dem Gefäß mit Wasser untertauchten. Darauf band sie ihn wieder los, trug ihn ins Bett und gab ihm Wein mit Realgar zu trinken. Da ward ihm wieder besser.

»Was du gegessen hast als Garnelen und Krebse«, sprach die Frau zu ihm, »das waren alles Kröten und Kaulquappen, und die Geburtstagsnudeln waren giftige Würmer und Tausendfüßler. Aber noch gilt's vorsichtig zu sein! Die Eltern wissen, daß du nicht gestorben bist, sie werden sicher andere Ränke schmieden.«

Nach einigen Tagen sprach der Schwiegervater zu ihm: »Am Felshang vor der Höhle, da wächst ein großer Baum. Dort ist ein Phönixnest. Du bist noch jung und kannst klettern. Geh rasch dorthin und hole mir die Eier!«

Der Eidam ging nach Hause und sagte es seiner Frau.

»Nimm lange Bambusstangen«, sprach sie, »und binde sie zusammen, und oben dran mußt du ein Sichelschwert befestigen. Ich gebe dir hier neun Brote und sieben mal sieben Hühnereier. Die nimmst du in einem Korbe mit. Wenn du an jene Stelle kommst, so wirst du oben in den Zweigen ein großes Nest erblicken. Klettere nicht auf den Baum, sondern schlage es mit dem Sichelschwert herunter! Dann wirf die Stange weg und laufe, was du kannst! Wenn dann ein Ungetüm herankommt und dir folgt, so wirf die Brote nach ihm, drei jedesmal, zum Schlusse wirf die Eier auf die Erde und komm, so rasch du kannst, nach Hause! So magst du der Gefahr entgehen.«

Der Mann merkte sich alles genau und ging hin. Und richtig sah er da ein Vogelnest – groß wie ein runder Pavillon. Da band er sein Sichelschwert an die Stange und schlug es mit aller Kraft herunter. Dann legte er die Stange auf die Erde, sah sich nicht um und lief. Plötzlich hörte er das Brüllen eines Donnersturms, das sich über seinem Haupte erhob. Als er aufblickte, da sah er einen großen Lindwurm, der war wohl viele Klafter lang und hatte an zehn Fuß im Umfang. Die Augen blitzten wie zwei Lampen, und aus dem Rachen spie er Feuer und Flammen. Er streckte zwei Fühler tastend nach unten. Da warf der Mann rasch die Brote in die Luft. Der Lindwurm fing sie auf, und es dauerte eine Weile, bis er sie gefressen hatte. Aber kaum war er ein paar Schritte von ihm weg, da kam der Lindwurm wieder hinter ihm hergeflogen. Da warf er wieder nach ihm mit den Broten, und als die Brote dann zu Ende waren, da leerte er den Korb um, daß die Eier auf die Erde rollten. Der Lindwurm hatte sich noch nicht sattgefressen und sperrte weit den hungrigen Rachen auf. Als er nun plötzlich die Eier sah, da ließ er sich herab, und weil die Eier ringsumher zerstreut lagen, so dauerte es eine Zeitlang, bis er sie alle ausgesogen hatte. Unterdessen gelang es dem Manne, nach Hause zu entkommen.

Als er ins Zimmer trat und seine Frau sah, da sprach er schluchzend zu ihr: »Mit knapper Not bin ich davongekommen, daß ich dem Wurm nicht seinen Bauch gefüllt. Wenn das unaufhörlich so weitergeht, so ist es noch mein Tod.«

Mit diesen Worten kniete er nieder und bat die Frau flehentlich, ihm das Leben zu retten.

»Wo ist denn deine Heimat?« sprach die Frau zu ihm.

»Meine Heimat ist von hier wohl hundert Meilen weit im Land der Mitte. Es lebt mir noch eine alte Mutter. Es macht mir nur zu schaffen, daß wir so arm sind.«

Die Frau sprach: »Ich will mit dir entfliehen und deine Mutter suchen. Sei nicht traurig über deine Armut!«

Damit nahm sie, was an Perlen und Edelsteinen im Haus vorhanden war, tat es in einen Sack und hieß den Mann ihn um die Lenden binden. Dann gab sie ihm noch einen Regenschirm, und tief in der Nacht überstiegen sie die Mauer auf einer Leiter und gingen weg.

Sie sagte noch zu ihm: »Nimm den Regenschirm auf den Rücken und laufe, so rasch du kannst! Öffne ihn nicht und sieh dich auch nicht um! Ich will dir im verborgenen folgen.«

So wandte er sich nach Norden und lief aus Leibeskräften. Einen Tag und eine Nacht war er gelaufen, wohl hundert Meilen weit, und hatte schon der Wilden Grenze überschritten, da ermatteten ihm die Beine, und er ward hungrig. Vor ihm lag ein Bergdorf. Er blieb am Eingang dieses Dorfes stehen, um zu ruhen, holte etwas Wegzehrung aus der Tasche und aß. Dann blickte er sich um, ohne seine Frau zu sehen.

Da sprach er bei sich selbst: »Am Ende hat sie mich betrogen und kommt gar nicht.«

Als er fertig gegessen hatte, nahm er noch einen Trank aus einer Quelle, dann schleppte er sich mühsam weiter. Wie der Tag eben am heißesten war, da brach plötzlich ein heftiger Bergregen los. In der Eile vergaß er, was die Frau ihm befohlen hatte, und öffnete den Schirm zum Schutze vor dem Regen. Da fiel seine Frau aus dem Schirm heraus, ganz nackt, auf die Erde.

Sie machte ihm Vorwürfe: »Du hast wieder nicht auf mich gehört. Nun ist das Unheil da!«

Rasch hieß sie ihn nach dem Dorfe gehen, um einen weißen Hahn, sieben schwarze Tassen und ein halbes Stück von rotem Nesseltuch zu kaufen.

»Spare die Silberstücke in der Tasche nicht!« rief sie ihm noch nach.

Er ging ins Dorf, besorgte alles und kam wieder zurück. Die Frau zerriß das Tuch, machte einen Rock daraus und zog ihn an. Kaum waren sie einige Meilen gegangen, da sah man im Süden eine rote Wolke heraufkommen, rasch wie ein fliegender Vogel.

»Das ist meine Mutter«, sagte die Frau.

Im Augenblick war sie auch schon zu ihren Häupten. Da nahm sie die schwarzen Tassen und warf nach ihr. Sieben warf sie, und sieben fielen herunter. Da hörte man die Mutter in der Wolke weinen und schelten, dann verschwand sie wieder.

Wieder gingen sie etwa vier Stunden lang. Da hörten sie hinter sich einen Ton, wie wenn man Seide reißt, und schon sahen sie eine Wolke, schwarz wie Tusche, die dem Wind entgegenkam.

»Wehe, das ist mein Vater!« sagte die Frau. »Da geht's auf Leben und Tod. Der läßt nicht von uns ab. Aus Liebe zu dir muß ich nun die heiligsten Gebote verletzen.«

Mit diesen Worten nahm sie rasch den weißen Hahn, riß ihm den Kopf ab und warf ihn in die Luft. Da zerfloß die schwarze Wolke, und ihres Vaters Leichnam fiel, getrennt von seinem Kopfe, am Rand der Straße nieder. Da weinte die Frau bitterlich, und als sie ausgeweint hatte, begruben sie den Leichnam. Dann gingen sie zusammen weiter nach der Heimat des Mannes. Dort trafen sie die alte Mutter noch am Leben. Sie nahmen nun ihre Perlen und Kostbarkeiten hervor, kauften ein gutes Stück Land, bauten ein schönes Haus und wurden reich und angesehen in der ganzen Gegend.

Schon neigte sich die Nacht dem Tage zu, und der Mond schickte sich an, hinter dem Waldrand am Horizont zu verschwinden. Yamiy sah die Mondfrauen an, eine nach der anderen, so wie der Heilige Becher von Lippe zu Lippe kreiste. Dann, als er bei ihr angekommen war und sie ebenfalls einen Schluck des Honigweines getrunken hatte, fuhr sie fort:

»*Noch zwei kurze Geschichten habe ich euch mitgebracht. Zuerst werde ich euch vom grausamen Panther erzählen, dann die Geschichte von der Höhle der Tiere.*«

Der Panther

Es war einmal eine Witwe, die hatte zwei Töchter und einen kleinen Sohn.

Eines Tages sagte die Mutter zu den Töchtern: »Verwahrt mir das Haus gut! Ich will zur Großmutter gehen mit eurem kleinen Bruder.«

Die Töchter versprachen es. Dann ging die Mutter weg. Unterwegs begegnete ihr ein Panther und fragte, wohin sie gehe.

Sie sprach: »Ich will mit meinem Kind zu meiner Mutter gehen.«

»Willst du nicht ein bißchen ausruhen?« fragte der Panther.

»Nein«, sprach sie, »es ist schon spät, und der Weg ist weit zu meiner Mutter.«

Aber der Panther ließ nicht ab, ihr zuzureden, und schließlich gab sie nach und setzte sich am Rand des Weges nieder.

»Ich will dir deine Haare ein bißchen kämmen«, sprach der Panther.

So ließ sich die Frau vom Panther die Haare kämmen. Wie er ihr aber mit seinen Krallen durch die Haare fuhr, da riß er ihr ein Stück Haut ab und fraß es.

»Halt!« schrie die Frau. »Das tut weh, wie du mich kämmst!«

Aber der Panther riß ihr ein noch viel größeres Stück Haut ab. Nun wollte die Frau um Hilfe rufen, da packte sie der Panther und fraß sie auf. Dann wandte er sich zu ihrem Söhnchen und biß es auch tot. Er zog die Kleider der Frau an und tat die Knochen des Kindes, die er noch nicht gefressen hatte, in ihren Korb.

So ging er zu dem Haus der Frau, wo die beiden Töchter waren, und rief zur Tür herein: »Macht auf, ihr Töchter! Eure Mutter ist gekommen.«

Sie aber sahen zu einer Spalte hinaus und sprachen: »Unsre Mutter hat keine so großen Augen.«

Da sagte der Panther: »Ich war bei der Großmutter und habe gesehen, wie ihre Hühner Eier legen; das hat mich gefreut, und deshalb habe ich so große Augen bekommen.«

»Unsre Mutter hat keine solchen Flecke im Gesicht.«

»Die Großmutter hatte kein Bett, und da mußte ich auf Erbsen schlafen; die haben sich mir ins Gesicht gedrückt.«

»Unsre Mutter hat nicht so große Füße.«

»Dummes Gesindel! Das kommt vom langen Laufen. Macht jetzt rasch auf!«

Da sagten die Töchter zueinander: »Es muß wohl unsre Mutter sein«, und machten auf. Als aber der Panther hereinkam, da sahen sie, daß es doch nicht ihre rechte Mutter war.

Abends, als die Töchter schon im Bett waren, da nagte der Panther noch an den Knochen des kleinen Jungen, die er mitgebracht.

Da fragten die Töchter: »Mutter, was ißt du da?«

»Ich esse Rüben«, war die Antwort.

Da sagten die Töchter: »Mutter, gib uns auch von deinen Rüben! Wir haben solchen Hunger.«

»Nein«, war die Antwort, »ich gebe euch keine. Seid ruhig und schlaft!«

Die Töchter aber baten so lange, bis die falsche Mutter ihnen einen kleinen Finger gab. Da sahen die Mädchen, daß es der Finger von ihrem Brüderchen war, und sie sagten zueinander: »Wir wollen eilig fliehen, sonst frißt sie uns auch noch.«

Damit liefen sie zur Tür hinaus, kletterten auf einen Baum im Hof und riefen der falschen Mutter zu: »Komm heraus! Wir können sehen, wie der Nachbarsohn Hochzeit macht.« Es war aber mitten in der Nacht.

Da kam die Mutter heraus, und wie sie sah, daß sie auf dem Baum saßen, da rief sie ärgerlich: »Ich kann ja doch nicht klettern.«

Da sagten sie: »Setz dich in einen Korb und wirf uns das Seil zu, so wollen wir dich heraufziehen!«

Die Mutter tat, wie sie gesagt. Als aber der Korb in halber Höhe war, da schwangen sie ihn hin und her und stießen ihn gegen den Baum. Da mußte sich die falsche Mutter wieder in einen Panther verwandeln, damit sie nicht herunterfiel. Der Panther sprang aus dem Korb und lief weg.

Allmählich wurde es Tag. Die Töchter stiegen herab, setzten sich vor ihre Tür und weinten um ihre Mutter. Da kam ein Nadelverkäufer vorüber, der fragte, warum sie weinten.

»Ein Panther hat unsre Mutter und unsern Bruder gefressen«, sagten die Mädchen. »Jetzt ist er weg, aber er kommt sicher wieder und frißt uns auch.«

Da gab der Nadelverkäufer ihnen ein paar Nadeln und sagte: »Steckt sie in das Kissen auf dem Stuhl mit der Spitze nach oben.« Die Mädchen bedankten sich und weinten weiter.

Dann kam ein Skorpionfänger vorüber, der fragte sie, warum sie weinten.

»Ein Panther hat unsre Mutter und unsern Bruder gefressen«, sagten die Mädchen. »Jetzt ist er weg, aber er kommt sicher wieder und frißt uns auch.«

Da gab ihnen der einen Skorpion und sagte: »Setzt den hinter den Herd in der Küche!« Die Mädchen bedankten sich und weinten weiter.

Da kam ein Eierverkäufer vorüber, der fragte, warum sie weinten.

»Ein Panther hat unsre Mutter und unsern Bruder gefressen«,

sagten die Mädchen. »Jetzt ist er fort, aber er kommt sicher wieder und frißt uns auch.«

Da gab er ihnen ein Ei und sprach: »Legt das in die Asche unter den Herd!« Die Mädchen bedankten sich und weinten weiter.

Da kam ein Schildkrötenhändler vorüber, und sie erzählten ihre Geschichte. Da gab er ihnen eine Schildkröte und sagte: »Setzt sie in das Wasserfaß im Hof!«

Da kam ein Mann vorüber, der hölzerne Keulen verkaufte. Er fragte sie, warum sie weinten. Und sie erzählten ihm die ganze Geschichte. Da gab er ihnen zwei hölzerne Keulen und sagte: »Die hängt auf über dem Tor an der Straße!« Die Mädchen bedankten sich und taten, wie die Männer gesagt.

Als es Abend wurde, kam der Panther nach Hause. Er setzte sich auf den Stuhl im Zimmer. Da stachen ihn die Nadeln im Kissen. Dann lief er in die Küche, wollte Feuer machen und sehen, was ihn so gestochen; da schlug ihm der Skorpion seinen Stachel in die Hand. Und als das Feuer schließlich brannte, da platzte das Ei und sprang ihm ins Auge, und er ward auf einem Auge blind. Da lief er in den Hof und tauchte seine Hand ins Wasserfaß, um sie zu kühlen. Da biß ihm die Schildkröte die Hand ab. Vor Schmerz rannte er zum Tor hinaus auf die Straße, da fielen ihm die hölzernen Knüppel auf den Kopf und schlugen ihn tot.

Das Feuer war heruntergebrannt, nur noch ein wenig Glut glomm vor sich hin. Als Taranga Holz nachlegen wollte, sagte Yamiy: »Laß es sein, Schwester, es würde sich nicht mehr lohnen, denn meine letzte Geschichte ist ohnehin nur ganz kurz.« Und so fuhr sie fort zu erzählen.

Die Höhle der Tiere

Es war einmal eine Familie, die hatte sieben Töchter. Eines Tages ging der Vater aus, Holz zu suchen; da fand er sieben Wildenteneier. Er brachte sie nach Hause und dachte nicht daran, sie seinen Kindern zu geben. Er wollte sie selber mit seiner Frau essen. Abends wachte die älteste Tochter auf und fragte, was die Mutter da koche. Die Mutter sagte: »Ich koche Wildenteneier. Ich gebe dir eins; aber du mußt es nicht deinen Geschwistern verraten.« Und sie gab ihr eins. Da wachte die zweite Tochter auf und fragte die Mutter, was sie da koche. Sie sagte: »Wildenteneier. Wenn du's deinen Schwestern nicht verrätst, so will ich dir eins geben.« Und so ging es fort. Schließlich hatten die Töchter die Eier aufgegessen, und es waren keine mehr da.

Am Morgen war der Vater sehr böse auf die Kinder und sagte: »Wer geht mit zur Großmutter?« Er wollte aber die Kinder in die Berge führen und da von den Wölfen auffressen lassen. Die ältesten Töchter merkten es und sagten: »Wir gehen nicht mit.« Aber die zwei jüngsten sagten: »Wir gehen mit.« Sie fuhren mit dem Vater fort. Als sie lange gefahren waren, sagten sie: »Wann sind wir denn bei der Großmutter?« Der Vater sagte: »Gleich.« Und als sie ins Gebirge gekommen waren, sagte der Vater: »Wartet hier! Ich will voraus ins Dorf und es der Großmutter sagen, daß ihr kommt.« Da fuhr er mit dem Eselswagen weg. Und sie warteten und warteten, und der Vater kam nicht. Endlich dachten sie, daß der Vater sie nicht mehr holen würde und sie allein im Gebirge gelassen hätte. Und sie gingen immer tiefer ins Gebirge hinein und suchten ein Obdach für die Nacht. Da sahen sie einen großen Stein. Den suchten sie sich aus als Kopfkissen und rollten ihn an die Stelle, wo sie sich zum Schlafen hinlegen wollten. Da sahen sie, daß der Stein die Tür einer Höhle war. In der Höhle war ein Lichtschein, und sie gingen hinein. Das Licht kam von vielen Edelsteinen und Kleinodien aller Art. Die Höhle gehörte einem Wolf und einem Fuchs. Die hatten viele Töpfe mit Edelsteinen und Perlen, die bei Nacht leuchteten. Da sagten sie: »Das ist aber eine schöne Höhle; wir wollen uns gleich in die Betten legen.« Denn es standen zwei goldne Betten mit goldgestickten Decken da. Und sie legten sich hin und schliefen ein. Nachts kamen der Wolf und der Fuchs nach Hause. Und der Wolf sprach: »Ich rieche Menschenfleisch.« Der Fuchs sagte: »Ach was, Menschen! Hier können doch keine Menschen hereinkommen in unsre Höhle. Die ist doch so gut verschlossen.« Da sagte der Wolf: »Gut, dann wollen wir uns in unsre Betten legen und schlafen.« Der Fuchs sagte: »Wir wollen uns in die Kessel auf dem Herd legen. Da ist es noch ein bißchen warm vom Feuer.« Der eine Kessel war aus Gold, der andere aus Silber. Da legten sie sich hinein.

Als die Mädchen früh aufstanden, da sahen sie den Fuchs und den Wolf liegen und bekamen große Angst. Und sie deckten die Kessel zu und taten viele große Steine darauf, so daß der Wolf und der Fuchs nicht mehr heraus konnten. Dann machten sie Feuer. Der Wolf und der Fuchs sagten: »Oh, wie schön warm wird es am Morgen! Wie kommt das bloß?« Endlich wurde es ihnen zu heiß. Sie merkten, daß die zwei Mädchen Feuer gemacht hatten, und sie riefen: »Laßt uns heraus! Wir wollen euch viele Edelsteine und viel Gold geben und wollen euch nichts tun.« Die Mädchen aber hörten nicht auf sie und machten das Feuer nur immer größer. Da starben der Wolf und der Fuchs in den Kesseln.

So lebten die Mädchen viele Tage glücklich in der Höhle. Den Vater aber ergriff wieder Sehnsucht nach seinen Töchtern, und er ging ins Gebirge, sie zu suchen. Er setzte sich gerade auf den Stein vor der Höhle, um auszuruhen, und klopfte die Asche aus seiner Pfeife. Da riefen die Mädchen von innen: »Wer klopft an unsre Tür?« Da sagte der Vater: »Ist das nicht die Stimme meiner Töchter?« Die Töchter riefen: »Ist das nicht die Stimme unseres Vaters?« Da rollten sie den Stein beiseite und sahen, daß es ihr Vater war, und der Vater freute sich, daß er sie wiedersah. Und er wunderte sich, wie sie in diese Höhle voll Perlen und Edelsteinen gekommen seien. Und sie erzählten ihm alles. Da holte der Vater Leute herbei, die sollten ihm die Edelsteine nach Hause tragen helfen. Und als sie zu Hause ankamen, verwunderte sich die Frau, wo sie denn alle diese Schätze her hätten. Da erzählten der Vater und die Töchter alles, und sie wurden eine sehr reiche Familie und lebten glücklich bis an ihr Ende.

»Das war es«, sagte Yamiy, »was ich euch zu erzählen hatte.« Sie stand auf und brachte den Heiligen Becher zu Anamaque, verbeugte sich und küßte den Boden vor ihr.

»Wir danken dir«, sagte Anamaque. Sie strich mit ihrer alten, knöchernen Hand über das schwarze Haar Yamiys, dann sah sie hinauf zum Himmel, sah, wie das Morgenrot heraufzog und drüben, über dem Moor, die Nebel sich lichteten. »Wieder eine Mondnacht vorbei«, flüsterte sie, und dann noch leiser: »Allzu viele werden mir nicht mehr beschieden sein.«

Eine Weile war es still, keine der Frauen rührte sich oder sagte etwas, bis Anamaque ihren Blick auf Gwendolyn richtete und ihr den Heiligen Becher übergab. »In viermal sieben Nächten treffen wir uns wieder, und dann, meine Tochter, wirst du uns von deinen Ahninnen erzählen.«

DIE ACHTE NACHT

Gwendolyn erzählt Märchen aus Britannien

Gwendolyn hob ihren Rock und watete am Rand des Sees entlang, dabei sang sie ein Lied, das von den rauhen Wintern des Hochlandes ihrer Insel erzählte. Eine Schäferin hatte es ihr beigebracht, bei der sie auf ihrer Wanderung für ein paar Tage eingekehrt war.

Plötzlich stand Yamiy neben ihr und begrüßte und umarmte sie voller Freude. »Ich habe dich schon von weitem singen gehört«, sagte sie, »es ist wirklich ein wunderschönes Lied!«

Gwendolyn sang es ihr noch einmal vor, und Yamiy versuchte, es nachzusingen. Aber diese ihr fremden, manchmal ein wenig harten Klänge konnte Yamiys Kehle nicht formen, und so hörte es sich eher seltsam an, und die beiden mußten lachen.

Als die Abendröte verschwunden war und die Nacht sich bereits dunkelblau schminkte, gingen die beiden weiter. Ihr Weg führte vorbei am Birkenhain, dann kamen sie zum Balzplatz der Birkhähne, und Yamiy erzählte: »Ich hatte großes Glück, als ich letztens durchs Moor zurückging. Da konnte ich im Morgengrauen die Birkhähne bei ihrer Balz beobachten. Es waren wohl an die fünfundzwanzig, und es war ein Schauspiel ganz besonderer Art. Mit hochgestellten, weit aufgefächerten Schwänzen und seitlich vom Körper abgehobenen Flügeln, mit gesträubten Kopffedern und aufgeblähten Hälsen tanzten sie herum und ließen dabei seltsame Zisch- und Kullerlaute hören. Es war so wild und so laut, daß ich mir die Ohren zuhielt. Und wenn einer dem anderen zu nahe kam, passierte es schon mal, daß sie kämpften und die Federn flogen!«

»Es muß ein großartiges Schauspiel gewesen sein!« sagte Yamiy, und Gwendolyn nickte. »Ja, wirklich, das war es.«

Sie trafen fast gleichzeitig mit Danai und Gerswind am Tanzplatz ein, und weil sie die ersten waren, begannen sie, Holz zu sammeln und *für das Feuer aufzuschichten. Dann kamen nach und nach auch die anderen dazu, und als sie alle dreizehn beieinander waren, gaben sie sich die Hände und fingen an, rund um das knisternde Feuer herum zu stampfen und dabei zu singen. Linksherum tanzten sie, und ihr ›aiihii, ohua‹ war weit über das Moor zu hören.*

Als sich der Mond über dem Hochberg zeigte, gab Anamaque das Zeichen, sich zu setzen, und schenkte den Heiligen Becher ein, um ihn kreisen zu lassen. Dann wandte sie sich an Gwendolyn und bat sie zu erzählen.

»Im Süden meines Landes gibt es große Menhire. Meine Urahnen und Ahninnen haben sie nach bestimmten geheimen Regeln aufgerichtet, um sie als Kalendersteine zu benutzen. Und ganz in der Nähe dieser mächtigen Bauwerke begegnete mir eine Frau, die Kräuter sammelte und mir folgende Geschichte erzählte ...«

Magdalenchen und Kati

Es war einmal ein König, dessen Frau war gestorben, und sie hatte ihm eine einzige Tochter hinterlassen, die er zärtlich liebte. Die kleine Prinzessin hieß Magdalenchen, und sie war so gut und mild und herzig, daß sie alle Untertanen gern mochten. Aber da der König meist mit den Staatsgeschäften zu tun hatte, führte das kleine Mädel ein recht einsames Leben und wünschte sich oft, es hätte ein Schwesterchen, mit dem es spielen und das ihm Gesellschaft leisten könnte.

Da der König das vernahm, entschloß er sich, eine Gräfin von mittleren Jahren zu heiraten, die er an einem benachbarten Fürstenhofe getroffen hatte. Sie hatte nämlich eine Tochter namens Kati, die grad ein wenig jünger als Magdalenchen war. Er glaubte, das gäbe eine liebe Spielgesellin für seine Tochter.

So geschah nun alles, und in einer Hinsicht lief der Plan auch recht gut, denn die beiden Mädchen liebten sich innig und pflegten alles miteinander zu teilen, als ob sie wirkliche Schwestern wären.

Aber nach der anderen Seite schlug es sehr bös aus, denn die neue Königin war eine grausame und ehrgeizige Frau, und sie wollte, ihre eigene Tochter sollte es einmal ebenso haben wie sie, eine prunkvolle Hochzeit feiern und vielleicht ebenfalls Königin werden. Als sie aber sah, daß Magdalenchen zu einem sehr schönen jungen Mädchen heranwuchs – bei weitem schöner als ihre eigene Tochter –, da stieg in ihr der Haß auf, und sie wünschte, jene verlöre auf irgendeine Weise ihre Schönheit.

Denn, so dachte sie bei sich, welcher Freier wird sich um meine Tochter kümmern, solange ihr die Stiefschwester zur Seite steht?

Nun war aber unter den Dienern und Gefolgsleuten in ihres Mannes Schloß ein altes Hühnerweib, von dem die Leute glaubten, es sei mit den bösen Luftgeistern im Bunde und es sei geschult in der Bereitung von Zaubermitteln, Säften und Liebestränken.

Vielleicht kann es mir bei meinen Absichten behilflich sein, sagte sich die böse Königin; und eines Nachts, als es schon schummrig wurde, hüllte sie sich in einen weiten Mantel und machte sich auf den Weg zur Hütte des alten Hühnerweibes.

»Schick mir die Dirne morgen früh, bevor sie gefrühstückt hat«, erwiderte die Alte, als sie erfuhr, was ihre Besucherin von ihr wollte. »Ich will schon ein Mittel finden, ihrer Schönheit eins auszuwischen!« Und die böse Königin ging befriedigt wieder heim.

Am nächsten Morgen in der Frühe ging sie ins Zimmer der Prinzessin, die gerade beim Anziehen war, und gab ihr den Auftrag, noch vor dem Frühstück loszugehen und die Eier zu holen, welche die Hühnerfrau gesammelt. »Und sieh zu«, so mahnte sie nochmals, »daß du vor dem Weggehen keinen Bissen issest, denn nichts malt die Wangen eines jungen Mädchens rosiger, als wenn es einen Fastengang in die frische Morgenluft hinaus unternimmt.«

Prinzessin Magdalenchen versprach, alles getreulich zu befolgen und die Eier zu holen, wie ihr geheißen war. Aber da sie nie gern aus der Tür ging, ohne einen Happen zu essen, und da sie außerdem befürchtete, ihre Stiefmutter könnte einen arglistigen Grund für den ungewöhnlichen Rat haben – denn sie traute deren versteckten Absichten nicht –, schlüpfte sie erst noch in die Speisekammer treppabwärts und versah sich mit einem großen Stück Kuchen. Als sie es aufgegessen, machte sie sich stracks auf den Weg zur Hütte der alten Hühnerfrau und fragte nach den Eiern.

»Hebt einmal den Deckel von jenem Topf dort auf, Eure Hoheit, und Ihr werdet sie dann sehen«, sagte die alte Frau und wies auf einen breitbauchigen Topf in der Ecke, in dem sie sonst ihr Hühnerfleisch kochte. Die Prinzessin tat es und fand einen Haufen Eier darin liegen, die sie in ihren Korb tat, während die alte Frau sie mit seltsamem Lächeln beobachtete.

»Geh heim zu deiner Frau Mutter, mein Honigkind«, sagte sie schließlich, »und bestelle ihr von mir, sie solle die Schranktür besser verwahren.«

Die Prinzessin ging heim und richtete ihrer Stiefmutter die sonderbare Botschaft aus; sie war selbst neugierig, was das wohl bedeuten mochte.

Aber wenn sie die Worte der Hühnerfrau nicht verstand, die Königin verstand sie nur zu gut. Denn sie entnahm daraus, daß die Prinzessin den Zauber der alten Hexe umgangen hatte.

So schickte sie am nächsten Morgen ihre Stieftochter noch einmal mit dem gleichen Auftrag fort, begleitete sie aber persönlich bis zum Schloßtor, so daß das arme Mädchen keine Gelegenheit mehr fand für einen Besuch in der Speisekammer. Aber als sie auf der Lindstraße, die zur Hütte führte, dahinging, spürte sie solchen Hunger, daß sie beim Vorübergehen ein paar Landleute, die am Wegrande Erbsen pflückten, um eine Handvoll bat.

Die gaben sie ihr, und sie aß die Erbsen. Und so kam es, daß schließlich dasselbe geschah wie gestern.

Die Hühnerfrau ließ sie nach den Eiern schauen; aber sie vermochte mit ihrem Zauber nichts auszurichten, weil sie ihr Fasten gebrochen hatte. So ließ die alte Frau sie wieder heimgehen und gab der Königin die gleiche Botschaft mit.

Als die Königin das vernahm, wurde sie sehr ärgerlich, denn sie fühlte, daß das Mädchen sie durch diese Unfolgsamkeiten überlistete. Sie beschloß also, obwohl sie kein Freund des Frühaufstehens war, sie am nächsten Morgen persönlich zu begleiten, um sich zu vergewissern, daß sie unterwegs nichts zu essen bekam.

So lief sie am nächsten Morgen mit der Prinzessin zur Hütte

des Hühnerweibes, und wie zweimal zuvor schickte die Alte die Königstochter an den Topf in der Ecke, damit sie den Deckel abnähme und die Eier herausholte.

In demselben Augenblick aber, als das die Prinzessin befolgte, sprang ihr das liebliche Haupt vom Halse, und ein grober Schafskopf setzte sich an dessen Stelle.

Da dankte die böse Königin der grausamen alten Hexe für den Dienst, den sie ihr geleistet hatte, und ging nach Haus, hoch erfreut über das glückliche Gelingen ihres Anschlages. Indes hob die arme Prinzessin ihr eigen Haupt vom Boden auf, legte es mit den Eiern zusammen in ihren Korb und ging weinend heim. Sie verbarg sich unterwegs überall hinter den Hecken, so sehr schämte sie sich über ihren Schafskopf, und war ängstlich darum besorgt, daß sie nur ja niemand sah.

Nun erzählte ich schon, wie sehr die Stiefschwester der Prinzessin, Kati, sie liebte, und als sie sah, was für eine grausame Tat gegen sie verübt worden war, war sie so erregt, daß sie erklärte, sie würde keine Stunde mehr in dem Schlosse bleiben. Sie sagte: »Wenn meine hohe Mutter eine solche Tat vollführen lassen kann, was sollte sie daran hindern, eine andere folgen zu lassen. Daher dünkt mich, es ist besser für uns beide, dahin zu gehen, wo sie uns nicht erreichen kann.«

So wickelte sie ein schönes Tuch ihrer armen Stiefschwester um den Kopf, daß niemand mehr erkennen konnte, wie sie aussah, legte den richtigen Kopf in den Korb, nahm sie bei der Hand, und so machten sich beide auf, ihr Glück zu versuchen.

Sie wanderten und wanderten, bis sie einen strahlenden Palast erreichten, und als sie herangekommen waren, wollte Katharina gleich beherzt hinaufgehen und an das Tor pochen.

»Vielleicht finde ich hier eine Arbeit«, erklärte sie, »und verdiene Geld genug, um uns beide sorgenfrei zu stellen.«

Am liebsten hätte die arme Prinzessin sie zurückgehalten. »Sie werden nichts von dir wissen wollen«, flüsterte sie, »wenn sie sehen, daß du eine Stiefschwester mit einem Schafskopf hast.«

»Und wer sollte das erfahren, daß du einen Schafskopf hast?« fragte Katharina. »Nur mußt du deinen Mund halten und dir das Tuch dicht um den Kopf wickeln, das übrige kannst du mir überlassen!«

So stieg sie hinauf und pochte an die Küchentür, und als die Hausmeisterin kam, um nachzusehen, fragte sie, ob sie nicht irgendeine Arbeit für sie hätte. »Denn ich habe«, so sagte sie, »eine kranke Schwester, die so arg von Kopfschmerzen geplagt wird, und ich würde gern ein ruhiges Unterkommen für sie finden, wo sie zur Nacht bleiben kann.«

»Verstehst du etwas von Krankheiten?« fragte die Hausmeisterin, die recht betroffen war über Katis sanfte Stimme und edle Art.

»Gewiß«, erwiderte Kati, »denn wenn man eine Schwester hat, die von Kopfschmerzen geplagt wird, dann lernt man leise auftreten und jeden Lärm vermeiden.«

Nun wollte es der Zufall, daß des Königs ältester Sohn, der Kronprinz, im Palast an einer seltsamen Krankheit daniederlag, die sein Gehirn in Mitleidenschaft gezogen zu haben schien. Denn er war so aufgeregt, besonders des Nachts, daß immer jemand bei ihm Wache halten mußte, damit er sich kein Leid antat.

Und dieser Zustand hatte nun schon so lange angehalten, daß jedermann ganz erschöpft war.

Und die alte Hausmeisterin dachte, das wäre eine gute Gelegenheit, wieder zu ruhigem Nachtschlaf zu kommen, wenn man diese Fremde mit der Wache beim Prinzen betrauen könnte.

Sie ließ sie also an der Tür stehen und ging zum König, um sich Rat zu holen. Und der König kam heraus und sprach mit Kati. Auch er freute sich über ihre Stimme und ihr Auftreten und gab deshalb die Anweisung, es sollte für sie und ihre kranke Schwester im Schlosse ein abgelegenes Zimmer hergerichtet werden. Dazu versprach er ihr für den nächsten Morgen als Belohnung einen Beutel voll Silbertaler, wenn sie in der Nacht beim Prinzen Wache halten und ihn vor allem Harm schützen wolle.

Katharina willigte gern in den Handel. Denn, dachte sie, wenigstens ist's ein Unterkommen zur Nacht für die Prinzessin; und außerdem – einen Beutel voll Silbergeld bekommt man auch nicht alle Tage.

So ging die Prinzessin schlafen in dem schmucken Zimmer, das für sie hergerichtet war, und Katharina bereitete sich zur Nachtwache bei dem kranken Prinzen.

Er war ein hübscher, stattlicher Jüngling, der in einer Art Fieber zu liegen schien. Denn sein Geist war nicht ganz klar, und er warf und wälzte sich von einer Seite auf die andere. Dabei starrte er ängstlich vor sich hin und streckte die Hände aus, als ob er etwas greifen wolle.

Und um zwölf Uhr mitternachts, gerad als Katharina glaubte, er würde nun in erfrischenden Schlaf verfallen, erhob er sich zu ihrem größten Schrecken aus dem Bett, kleidete sich eilends an, öffnete die Tür und schlich die Treppe hinunter, als ob er nach jemand Ausschau halten wolle.

»Das muß etwas Seltsames sein«, sagte sich das Mädchen. »Mir scheint, ich tue gut daran, ihm zu folgen, um zu sehen, was geschieht.«

So stahl sie sich aus dem Zimmer, und heimlich folgte sie dem Prinzen unbehelligt treppabwärts. Wie groß war aber ihr Erstaunen, als sie entdeckte, daß er augenscheinlich einen weiteren Weg vorhatte. Denn er griff zu Hut und Reitjacke, schloß die Tür auf, wandte sich über den Hof zum Stalle und begann sein Pferd zu satteln.

Als er damit fertig war, führte er es heraus, stieg auf, pfiff leise nach einem Hund, der in der Ecke schlief, und machte sich auf, davonzureiten.

»Ich muß auch mitgehen und das Weitere beobachten«, sagte Katharina mutigen Herzens, »denn es scheint mir, er ist verhext. Ein Kranker vermag das nicht.«

Also, da das Pferd gerade lostraben wollte, schwang sie sich leicht auf seinen Rücken und richtete sich ganz behaglich hinter dem Reiter ein, der sie gar nicht bemerkt hatte.

Dann ritt dies seltsame Paar fort durch die Wälder, und unterwegs pflückte Katharina die Haselnüsse, die in dichten Stauden ihr Gesicht streiften. Denn, sagte sie sich, weiß der Himmel, wo ich wieder etwas zu essen bekomme.

Weiter und weiter ritten sie, bis sie den grünen Wald weit hinter sich ließen und an ein offenes Moorgelände kamen. Alsbald erreichten sie einen Hügel, und dort zog der Prinz die Zügel an, sprang herab und rief in einem seltsamen, unheimlichen Flüsterton: »Grüner Hügel, tu dich auf, tu dich auf und laß uns ein, den Prinzen, Pferd und Hund.«

»Und«, flüsterte Katharina schnell hinterher, »laß auch seine Frau hinter ihm ein.«

Zu ihrer größten Verwunderung schien sich der Gipfel des Erdhügels im Nu aufzukippen, und es blieb für die kleine Gesellschaft eine genügend große Öffnung zum Eintreten. Dann schloß er sich wieder allmählich hinter ihnen.

Sie befanden sich in einer prächtigen, weiten Halle, und Hunderte von strahlenden Kerzen steckten in Leuchtern an den Wänden. In der Mitte des Gemaches stand eine Gruppe der schönsten Mädchen, die Katja jemals in ihrem Leben gesehen hatte. Alle waren in schimmernde Ballgewänder gekleidet und trugen Kränze von Rosen und Veilchen im Haar. Auch waren da muntere Herren, die mit diesen schönen Mädchen zum Takt einer feenhaften Musik getanzt hatten.

Als die Mädchen den Prinzen sahen, rannten sie ihm entgegen und führten ihn mitten in ihre Lustbarkeiten. Und an ihren Händen schien sogleich seine Schwermut zu schwinden, er wurde der heiterste in der ganzen Schar und lachte und tanzte und sang, als ob er nie gewußt, was Krankheit heißt.

Da sich niemand um Katharina kümmerte, setzte sie sich ruhig auf einen Felsenvorsprung und wartete, was geschähe. Und als sie so wartete, gewahrte sie ein ganz kleines Kindchen, das dicht vor ihren Füßen mit einer zierlichen Rute spielte.

Es war ein herziges kleines Kind, und grad dachte sie daran, mit ihm sich anzufreunden, da kam eins von den schönen Mädchen vorüber, und als es die Rute sah, sagte es bedeutsam zu seinem Gefährten: »Drei Streiche mit jener Rute geben jedem ein hübsches Gesicht.«

Das war aber eine Botschaft! Katharina atmete schwer und hastig, mit zitternden Fingern holte sie ein paar Nüsse aus ihrer Tasche und rollte sie wie unabsichtlich dem Kinde zu. Das schien nicht oft Nüsse zu bekommen, denn sofort ließ es seine kleine Rute los und streckte die zierlichen Händchen nach den Nüssen aus.

Eben das hatte sie erwartet. Sie ließ sich von ihrem Sitz auf den Boden herabgleiten und rückte ein wenig näher heran. Dann warf sie wieder ein oder zwei Nüsse ihm in den Weg, und als das Kind sie aufsammelte, brachte sie es fertig, die Rute unbemerkt zu entwenden und unter ihrer Schürze zu verbergen. Danach kroch sie vorsichtig wieder an ihren Platz zurück. Und das war auch nicht einen Augenblick zu früh, denn gerade krähte der Hahn, und bei dem Geschrei verschwanden sämtliche Tänzer – alle außer dem Prinzen, der schleunigst zu seinem Pferd eilte und es so eilig mit dem Aufbruch hatte, daß Kati sich alle Mühe geben mußte, hinter ihm aufzusitzen, bevor sich der Hügel auseinandertat; schleunigst ritt er wieder in die Welt draußen hinein. Während sie im grauen Morgenlicht heimwärts ritten, knackte sie ihre Nüsse und aß sie gierig auf, denn ihre Abenteuer hatten sie erstaunlich hungrig gemacht. Als sie mit ihrem seltsamen Patienten wieder das Schloß erreicht hatte, wartete sie noch, bis er zu Bett ging und sich wieder zu wälzen und zu werfen begann wie vorher; dann aber stürzte sie zu ihrer Stiefschwester ins Zimmer und fand sie in tiefstem Schlafe. Ihr armer mißgestalteter Kopf ruhte friedlich auf dem Kissen. Sie versetzte ihm nun drei kleine, scharfe Schläge mit der Feenrute, und seht und schaut: der Schafskopf war verschwunden, und dafür hatte die Prinzessin ihr eigenes schönes Antlitz wieder.

Am Morgen kamen der König und die alte Hausmeisterin, um nachzuforschen, wie der Prinz die Nacht verbracht hätte. Kati berichtete, er hätte eine treffliche Nacht gehabt. Denn sie war ängstlich darauf bedacht, noch länger bei ihm zu bleiben. Hatte sie nun herausgefunden, daß die Elfenmädchen in dem Grünen Hügel einen Zauber über ihn verhängt hatten, so war sie auch entschlossen herauszufinden, wie der Zauber zu brechen war.

Und das Glück war ihr günstig: Der König war erfreut darüber, daß er eine so treffliche Wärterin für den Prinzen gefunden hatte, und er war auch von den holden Blicken ihrer Stiefschwester gebannt, die so blank und hehr wie in alten Tagen aus ihrer Kammer trat und erklärte, ihr Kopfschmerz sei nun ganz gewichen, und auch sie täte jetzt gern jede Arbeit, die ihr die Hausmeisterin aufgäbe, so daß er Kati inständig bat, noch ein wenig länger bei seinem Sohn zu verweilen. Er fügte hinzu, wenn sie dazu willens sei, würde er ihr einen Beutel voll goldener Dukaten schenken.

Gern war Kati bereit. Und in der Nacht wachte sie wieder beim Prinzen wie zuvor. Um zwölf Uhr stand er auf, kleidete sich an und ritt zu dem Feenhügel, gerade so, wie sie erwartet hatte; denn sie war sich dessen nun ganz gewiß, daß der Jüngling verzaubert war und nicht am Fieber litt, wie alle anderen dachten. Und seid gewiß, sie begleitete ihn wieder, ritt unbemerkt hinter ihm mit und pflückte sich Nüsse unterwegs.

Als sie den Feenhügel erreichten, sprach er die gleichen Worte wie die Nacht zuvor: »Grüner Hügel, tu dich auf, tu dich auf, und laß uns ein, den Prinzen, Pferd und Hund!« Und da sich der Grüne Hügel öffnete, fügte Kati leise hinzu: »Laß auch seine Frau hinter ihm ein.« So kamen sie alle zusammen hinein.

Kati setzte sich auf einen Stein und schaute um sich. Dieselben Lustbarkeiten wie in der Vornacht huben an, und der Prinz war bald im tollsten Betriebe, er tanzte und lachte wild. Das Mädchen beobachtete ihn scharf, voller Erwartung, ob sie herausbekommen könnte, wie man ihn wieder zu gesunden Sinnen brächte. Und wie sie ihn so beobachtete, kam wieder das Kindchen, das mit der Zauberrute gespielt hatte, zu ihr. Nur spielte es diesmal mit einem Vögelchen.

Und wie es damit spielte, kam eine der Tänzerinnen vorüber, wandte sich zu ihrem Gefährten und sagte leichthin: »Drei Bissen von jenem Vögelchen würden dem Prinzen die Krankheit nehmen und ihn so munter machen, wie er jemals war.« Dann kehrten sie wieder in das Getriebe der Tanzenden zurück. Kati aber saß hochaufgerichtet auf dem Stein und bebte vor Erregung.

Wenn sie nur des Vogels habhaft werden könnte, dann wäre der Prinz geheilt! Ganz vorsichtig schüttete sie wieder einige Nüsse aus ihrer Tasche und rollte sie über den Boden dem Kinde zu. Das hob sie eifrig auf und ließ dabei den Vogel fahren; blitzschnell hatte ihn Kati gefaßt und verbarg ihn unter ihrer Schürze.

Nicht lange danach krähte der Hahn, und sie und der Prinz machten sich auf den Heimritt. Aber an diesem Morgen knackte sie keine Nüsse, sondern tötete und rupfte den Vogel, dessen Federn sie über die Straße verstreute, und sowie sie das Zimmer des Prinzen erreicht hatte und ihn wohlbehalten im Bett wußte, steckte sie den Vogel über dem Feuer auf einen Spieß und briet ihn. Und alsbald begann er zu brutzeln und braun zu werden und köstlich zu duften, so daß der Prinz in seinem Bett in der Ecke die Augen aufschlug und schwach ihr zuraunte: »Wie sehr wünschte ich, ein Stückchen von jenem Vogel zu bekommen!«

Als Katharina diese Worte hörte, hüpfte ihr Herz vor Freude, und sobald der Vogel gebraten war, schnitt sie ein Stückchen aus seiner Brust und steckte es dem Prinzen in den Mund.

Als er es gegessen hatte, schien ein wenig seiner alten Kraft zurückzukehren, denn er stützte sich auf den Ellbogen und sah seine Pflegerin an. »Oh, hätte ich doch noch ein Stück von dem Vogel!« sagte er. Und seine Stimme klang schon kräftiger.

So gab ihm Kati ein zweites Stück, und als er es gegessen hatte, saß er aufrecht in seinem Bett

»Oh, hätte ich doch nur noch ein drittes Stück von dem Vogel!« rief er. Und nun kehrte seine Gesichtsfarbe zurück, und seine Augen fingen an zu leuchten.

Diesmal brachte ihm Kati alles übrige von dem Vogel. Und gierig aß er es auf und löste mit den Fingern auch den letzten Fetzen Fleisch von den Knochen. Als er fertig war, sprang er aus dem Bett, kleidete sich an und setzte sich ans Feuer.

Als morgens der König und hinter ihm die alte Hausmeisterin kamen, um zu sehen, wie es mit dem Prinzen stünde, fanden sie ihn, wie er zusammen mit seiner Pflegerin Nüsse knackte, denn Kati hatte in ihrer Schürzentasche noch eine ganze Menge mitgebracht.

Der König war so voll Freude über die Heilung seines Sohnes, daß er Kati die höchsten Ehren angedeihen ließ und sofort Order gab, daß der Prinz sie heiraten solle.

»Und sein jüngerer Bruder«, schloß Gwendolyn, »der heiratete das Magdalenchen. So ging alles aufs beste aus, und jedermann war voll Freuden.«

Es war eine lange Geschichte gewesen, und so war Gwendolyn über dem Erzählen der Mund trocken geworden. Sie hob den Becher und nahm einen herzhaften Schluck von dem köstlichen Wein, dann ließ sie ihn kreisen und erzählte weiter.

»Ich wanderte in den Norden, wo das Wetter rauh ist und das Frühjahr später einzieht also sonstwo auf der Insel. Dort traf ich eine alte

Schäferin, und bei ihr blieb ich ein paar Tage. Sie hieß Faye, was Fee bedeutet, und sie erzählte mir zwei Geschichten, von denen die erste heißt«:

Die Hexe und ihr Ehemann

Vor langer Zeit lebten in Schottland ein alter Mann und seine Frau. Der Alte war friedfertig und gut und bei jedermann beliebt. Die Frau aber war wankelmütig und sonderbar. Die Nachbarn sahen sie schief an und flüsterten einander zu, sie sei eine Hexe. Ihr Mann befürchtete das auch, denn von Zeit zu Zeit verschwand seine Frau in der Dämmerung und blieb die ganze Nacht fern von daheim. Wenn sie morgens heimkehrte, sah sie ganz blaß und erschöpft aus, als sei sie weit fort gewesen oder habe harte Arbeit hinter sich. Obwohl er sie sorgsam beobachtete und zu ergründen suchte, wohin sie eigentlich gehe, gelang ihm das niemals. Immer schlüpfte sie aus der Tür, wenn er einmal nicht achtgab, und bevor er ihr folgen konnte, war sie verschwunden. Als er schließlich die Ungewißheit nicht länger ertragen wollte, fragte er sie geradeheraus: »Bist du eine Hexe oder nicht?«

Das Blut gerann ihm in den Adern vor Schrecken, als sie ihm ohne zu zögern antwortete: »Ja, ich bin eine Hexe, und wenn du mir versprichst, daß du es niemandem weitererzählst, werde ich dir nach dem nächsten Hexenausflug alles berichten.« Der gute Mann versprach es, denn er wollte so viel wie nur möglich über die Zauberkünste seiner Frau erfahren.

Er brauchte nicht lange zu warten. In der folgenden Woche war Neumond, und jeder weiß ja, daß Neumond die beste Zeit für die Hexen ist. In der ersten Neumondnacht schon verschwand die Alte und kehrte erst bei Morgengrauen wieder zurück.

Als er sie fragte, wo sie gewesen, fing sie fröhlich an zu erzählen: »In der alten Heide hinter der Kirche traf ich mich mit meinen vier Gefährtinnen. Wir bestiegen grüne Lorbeerzweige und Schierlingstengel. Diese verwandelten sich sogleich in Pferde, und wir ritten auf ihnen schnell wie der Wind über das

Land, um Füchse, Wiesel und Eulen zu jagen. Danach durchschwammen wir eine Furt und erreichten den Gipfel des Bell-Lomond. Dort sprangen wir von den Pferden und tranken Bier, das in keiner irdischen Brauerei gebraut, aus Hörnern, die keine sterbliche Hand geformt. Danach kam ein winzig kleines Männchen unter einem bemoosten Stein hervor, das einen zierlichen Dudelsack unter dem Arm trug. Das Männchen blies so schön, daß die Forellen aus dem Wasser hochschnellten und die Hermeline aus ihren Löchern hervorhuschten. Und die Raben und die Reiher kamen im Finstern und setzten sich auf die Bäume, um zu lauschen. Wir Hexen tanzten, bis wir müde wurden und kaum mehr auf unsern Rössern reiten konnten, als wir vor dem Hahnenschrei heimkehren sollten.«

Schweigend lauschte der brave Mann der langen Geschichte. Mehrmals schüttelte er den Kopf und sagte: »Ihr hättet es daheim gemütlicher gehabt. Was habt ihr nur von all dem Getanze?«

Beim nächsten Neumond verschwand die Alte wiederum zur Nacht, und als sie bei Morgengrauen zurückkehrte, erzählte sie: »Dieses Mal haben wir Herzmuschelschalen als Boote genommen und sind über die stürmische See bis Norwegen gesegelt. Dort besiegten wir unsichtbare Sturmpferde und sind über Berge, Schluchten und Gletscher bis ins Land der Lappen geritten, wo noch Schnee lag. Hier aber feierten alle Elfen, Feen und Meerfrauen des Nordens ein Fest mit den Zwergen, Zauberern und Kobolden, die noch nie ein menschliches Auge erblickt hatte. Sogar der wilde Jäger selbst ist zu dem Fest gekommen. Und wir Hexen tanzten, schlemmten und sangen mit ihnen. Auch lernten wir neue Zauberworte von ihnen, Worte, die durch die Lüfte tragen, alle Riegel und Schranken sprengen und zu jedem Ort Zutritt verschaffen, an den man sich wünscht. Trunken von all der neuen Weisheit sind wir dann heimgekehrt.«

»Wie seid ihr nur auf ein solches Land verfallen«, brummte der Alte. »In euren Betten wär's ein gut Teil wärmer gewesen.«

Doch als die Frau von ihrem nächsten Abenteuer heimkehrte, wurde er aufmerksamer auf ihr Treiben. Sie erzählte ihm nämlich, daß sie und ihre Freundinnen in einer Hütte zusammengekommen wären, und dort sei ihnen zu Ohren gekommen, daß der Lordbischof von Carlisle einige seltene Weine in seinem Keller liegen habe. Rasch hätten sie ihre Füße auf den großen Haken gesetzt, an dem der Wasserkessel im Kamin hing, und die Zauberformeln von Lappland gesprochen. Und ehe sie sich's versahen, flogen sie wie Rauchschwaden durch den Kamin und segelten wie Federwölkchen durch die Lüfte. Schneller als es sich berichten ließe, seien sie zum Bischofspalast gekommen. Riegel und Schranken seien zurückgewichen, sie seien in den Keller hinabgestiegen und hätten den Wein gekostet. Doch beim ersten Hahnenschrei seien sie nüchterner als andere alte Weiber zurückgekommen.

Als der Alte dies hörte, erhob er sich von seinem Stuhl, denn er liebte guten Wein über alles, fand aber selten Gelegenheit, welchen zu kosten.

»Meiner Treu!« rief er. »Du bist wahrlich ein Weib, auf das man stolz sein kann. Sage mir doch die Zauberworte, denn ich will mich auch aufmachen und seiner Lordschafts Wein persönlich versuchen.«

Doch die Frau schüttelte den Kopf und sprach: »Nein, nein, das darf ich nicht. Täte ich's, so sagtest du es weiter, und bald würde die ganze Welt auf dem Kopf stehen. Jedermann würde seine Arbeit im Stich lassen, über die Erde dahinfliegen und nach den Leckerbissen der andern gierig sein. Sei zufrieden, Alter, du hast genug und kommst schon durchs Leben mit dem, was du weißt.«

Obgleich der Mann versuchte, sie mit den zärtlichsten Beteuerungen zu überreden, wollte sie ihm ihr Geheimnis nicht preisgeben. Aber der Alte war schlau, und der Gedanke an den Wein des Bischofs ließ ihn nicht ruhen. So ging er Nacht für Nacht zu jener Hütte, denn er hoffte, seine Frau und ihre Gefährtinnen würden sich dort wieder treffen.

Eine lange Zeit hindurch war alles vergeblich. Aber endlich, eines Abends, versammelten sich die fünf Weiber wieder, liefen zur Feuerstelle, kletterten eine nach der andern auf einen Stuhl und setzten ihren Fuß auf den rußigen Haken im Kamin. Darauf flüsterten sie die Zauberformel, und hui wie der Blitz verschwanden sie den Rauchfang hinauf, bevor der Alte nur Atem schöpfen konnte.

Das kann ich auch, sagte sich der Alte, kroch aus seinem Versteck hervor und lief zur Feuerstelle. Hier setzte er seinen Fuß auf den Haken, wiederholte die Zauberworte, und hinauf ging's durch den Schornstein, und er flog durch die Lüfte, seiner Frau und ihren Hexen nach. Da Hexen nie über die Schultern sehen, bemerkten sie ihn erst, als sie den Bischofspalast erreicht hatten und in den Keller schlüpften. Sie waren höchst verwundert und nicht allzu erfreut, ihn zwischen sich zu finden. Immerhin half nun alles nichts, und sie ließen sich mit ihm zusammen nieder, zapften erst dieses Faß und dann jenes, tranken von jedem ein wenig, doch nicht zuviel, denn sie waren vernünftige Weiber und wußten, daß sie klare Köpfe behalten mußten, um beim ersten Hahnenschrei zurückzufliegen. Doch der Alte war nicht so weise. Er schlürfte und schlürfte und trank, bis er ganz schläfrig wurde. Und zuletzt fiel er auf den Boden nieder und schlief ein. Als seine Frau dies sah, meinte sie, das sei eine gerechte Bestrafung für seine Neugierde, und als der Hahn krähte, machten sich die fünf Weiber auf, ohne ihn zu wecken.

Indessen schlief er friedlich einige Stunden, und als zwei Diener des Bischofs in den Keller kamen, um Wein für ihres Herrn Tafel zu holen, wären sie in der Dunkelheit fast über ihn gefallen. Höchst erstaunt, ihn hier vorzufinden, da der Keller fest verschlossen war, schleppten sie ihn ans Tageslicht, schüttelten und knufften ihn und fragten ihn, wie er durch die verschlossenen Türen gekommen sei. Der arme Alte war so verwirrt von alledem. In seinem Kopf drehte sich alles, und er stammelte, er sei mit dem mitternächtlichen Wind gekommen.

Als die Diener dies hörten, schrien sie, das sei ein Zauberer, und zerrten ihn vor den Bischof. Und da die Bischöfe in jenen Tagen einen Schrecken vor Zauberern und Hexen hatten, wollte ihn der Bischof lebendig verbrennen lassen. Als das Urteil verkündet wurde, bebte und zitterte der arme alte Mann und wünschte sich, er wäre lieber daheim in seinem Bett geblieben, als des Bischofs Wein zu kosten. Aber nun war es zu spät, sich das zu wünschen. Die Knechte legten ihn in Ketten, trugen ihn hinaus auf den Hof und fesselten ihn an einen großen eisernen Pfahl. Dann schichteten sie Reisigbündel um seine Füße und zündeten sie an.

Als die ersten Flammen emporzüngelten, glaubte der arme

Alte, seine letzte Stunde sei gekommen. Doch hatte er bei dem Schrecken völlig vergessen, daß seine Frau eine Hexe war. Gerade als die Flammenspitzen begannen, seine Kleider zu versengen, erhob sich ein Sausen und Flattern in der Luft, und am Himmel erschien ein großer grauer Vogel mit ausgebreiteten Schwingen. Im Schnabel trug er eine kleine rote Nachtmütze. Der Vogel stieß herab, setzte sich auf die Schultern des Mannes und stülpte zum Erstaunen aller dem Gefangenen die Mütze über. Dann ließ er ein grimmiges Krächzen hören und flog wieder davon. Aber für des Alten Ohren war dies Gekrächze die schönste Musik, die er je gehört, denn er erkannte, daß dies nicht das Krächzen eines irdischen Vogels war, sondern die Stimme seiner Frau, die ihm Zauberworte zuraunte. Kaum hatte er diese wiederholt, da fielen seine Ketten ab, und er stieg in die Lüfte, höher und höher, während ihm die Blicke der Zuschauer in ehrfürchtigem Schweigen folgten.

Er flog geradewegs nach Hause, ohne ihnen Lebewohl zu sagen, und als er sich wieder geborgen zu Hause fand, versuchte er nie wieder – das könnt ihr glauben –, die Geheimnisse seiner Frau auszuforschen, und in Zukunft ließ er sie allein bei ihren Künsten.

Das gefiel den Mondfrauen. Sie klatschten in die Hände und lachten; dann diskutierten sie eine Weile, bis Anamaque die Hand hob und um Ruhe bat, damit Gwendolyn weitererzählen konnte.

Tam Lin

Die schöne Janet war die Tochter eines Grafen aus dem Unterland, der in seinem grauen Schloß inmitten grüner Wiesen wohnte.

Eines Tages wurde es dem Mädchen zu langweilig, immer nur in ihrem Zimmer zu nähen oder mit den Hofdamen ihres Vaters Schach zu spielen. So nahm sie einen grünen Umhang über die Schulter, flocht ihr gelbes Haar zu Zöpfen und ging aus, um die Wälder von Carterhaugh zu durchstreifen.

Sie wanderte bei Sonnenschein durch ruhige, grasbewachsene Täler voller grüner Schatten, wo Heckenrosen wucherten und Glockenblumen wuchsen. Sie streckte ihre Hand aus, pflückte eine blasse Rose und steckte sie an ihre Hüfte. Kaum aber hatte sie die Blume vom Strauch gebrochen, da trat ein junger Mann auf den Pfad vor ihr.

»Wie kannst du es wagen, die Rosen von Carterhaugh zu pflücken und hier ohne Erlaubnis herumzulaufen?« fragte er Janet.

»Ich habe mir nichts Böses gedacht«, antwortete ihm das Mädchen.

»Ich bin der Wächter dieser Wälder und muß aufpassen, daß niemand ihren Frieden stört«, sagte der junge Mann.

Dann lächelte er so wie jemand, der lange Zeit nicht gelächelt hat, brach eine rote Rose ab und steckte sie zu der weißen, die das Mädchen abgepflückt hatte.

»Jemandem, der so hübsch ist wie du, würde ich alle Rosen von Carterhaugh geben«, sagte er.

»Wer bist du?« fragte Janet

»Mein Name ist Tam Lin«, antwortete der junge Mann.

»Von dir habe ich schon gehört. Du bist doch ein Feenritter!« rief das Mädchen und warf die Blume, die er in ihren Gürtel gesteckt hatte, hastig von sich.

»Du brauchst keine Angst zu haben, schöne Janet«, sagte Tam Lin, »wenn man mich auch den Feenritter nennt, so bin ich doch als sterblicher Mensch geboren worden wie du selbst auch.«

Janet hörte verwundert zu, als er ihr seine Geschichte erzählte:

»Mein Vater und meine Mutter starben, als ich noch ein Kind war. Mein Großvater, der Graf von Roxburgh, nahm mich zu sich. Eines Tages waren wir in diesem Wald hier auf der Jagd, als ein seltsam kalter Wind aus Norden aufkam. Ich wurde sehr müde, blieb hinter meinen Gefährten zurück und stürzte schließlich vom Pferd. Als ich erwachte, befand ich mich im Reich der Feen. Die Feenkönigin war gekommen, um mich zu stehlen, als ich schlief.«

Hier hielt Tam Lin inne, und es war, als denke er an das grüne, verzauberte Land.

»Von da an«, fuhr er fort, »stehe ich unter dem Bann, den die Feenkönigin über mich verhängt hat. Am Tage bewache ich die Wälder von Carterhaugh, und in der Nacht kehre ich ins Feenland zurück. O Janet, wie gern würde ich wieder das Leben eines gewöhnlichen Sterblichen führen. Ich wünschte von ganzem Herzen, ich käme aus der Verzauberung los.«

Er sagte das so unglücklich, daß Janet ausrief: »Und gibt es denn keine Möglichkeit, den Zauber zu brechen?«

Da faßte Tam Lin sie bei den Händen und sagte: »Heute nacht ist Halloween, Janet, und das ist die Nacht der Nächte, wenn man es versuchen will. Zu Halloween reitet das Feenvolk aus, und ich reite mit ihnen.«

»Sag mir, was ich tun soll, um dir zu helfen?« fragte Janet. »Denn gar zu gern würde ich das.«

»Wenn Mitternacht kommt«, sagte Tam Lin zu ihr, »mußt du zum Kreuzweg gehen und dort warten, bis der Zug der Feen vorbeikommt. Reitet die erste Gruppe heran, so kümmere dich nicht um sie, sondern laß sie vorüber, auch die zweite Gruppe mußt du nicht beachten. Ich werde in der dritten Gruppe reiten. Mein Pferd ist eine milchweiße Stute, und auf dem Kopf trage ich einen goldenen Reif. Dann lauf auf mich zu, reiß mich vom Pferd und nimm mich fest in die Arme, so fest, daß ich deine Brüste spüren kann. Was immer dann auch mit mir geschieht, halte mich fest und laß mich nicht los, so kannst du mich zu den Sterblichen zurückholen.«

Kurz nach zwölf in dieser Nacht eilte die schöne Janet zum Kreuzweg und wartete dort im Schatten eines Dornbusches. Die Bäche glitzerten im Mondlicht, die Büsche warfen seltsame Schatten, und der Wind ratterte unheimlich im Laub der Bäume. Ganz schwach hörte sie den Klang der Hufe und das Geräusch des Lederzeugs. Da wußte sie, daß Feenpferde unterwegs waren.

Sie fror, zog ihren Mantel fester um die Schultern und schaute die Straße hinunter. Zuerst sah sie das Blitzen eines silbernen Zaumzeugs, dann den weißen Blitz auf der Stirn des Pferdes, das zuerst kam. Bald war der ganze Feenzug zu sehen. Die Reiter hatten ihre bleichen Gesichter zum Mond gewandt, und Feenlocken wehten hinter ihnen drein, als sie dahinritten.

Als die erste Abteilung vorbeikam, bei der sich die Feenkönigin auf einer schwarzen Stute befand, verhielt sie sich ganz still. Auch bei der zweiten Gruppe rührte sie sich nicht. Dann kam die dritte Abteilung, und sie entdeckte das milchweiße Pferd, auf dem Tam Lin saß, und sah auch den Goldreif in seinem Haar. Da sprang sie aus dem Schatten hervor, griff den Zügel, zerrte den Mann aus dem Sattel, nahm ihn in ihre Arme und preßte seinen Kopf an ihre Brüste.

Sofort erhob sich Geschrei:

»Tam Lin ist verschwunden!«

Auf ihrem Rappen kam die Feenkönigin angeprescht. Sie wandte sich um und richtete ihre schönen, unmenschlichen Augen auf Janet und Tam Lin.

Der Zauber der Feenkönigin traf Tam Lin, er wurde kleiner und kleiner, und plötzlich merkte die schöne Janet, daß sie eine Eidechse an ihrem Busen hielt.

Aus der Eidechse wurde eine schlüpfrige Schlange. Sie hatte Mühe, das Tier festzuhalten.

Der Schreck rann ihr durch alle Glieder, als sich die Schlange in ein Stück rotglühendes Eisen verwandelte. Tränen der Furcht rannen Janet über die Wangen, aber sie drückte Tam Lin an sich und ließ ihn nicht gehen.

Da wußte die Feenkönigin, daß sie Tam Lin verloren geben mußte, weil er die unnachgiebige Liebe eines sterblichen Weibes gewonnen hatte, und sie verwandelte den Ritter wieder in seine ursprüngliche Gestalt zurück. Janet hielt plötzlich einen Mann umfangen, der war nackt, so wie er in diese Welt gekommen war aus dem Schoß seiner Mutter. Der Feenzug hielt noch einmal an. Eine schmale grüne Hand hob sich und führte die milchweiße Stute fort, die Tam Lin geritten hatte. Dabei brach die Feenkönigin in bitteres Wehklagen aus: »Der schönste Ritter aus meinem Zug«, so rief sie, »ist verloren an die Welt der Sterblichen! Adieu, Tam Lin! Hätte ich gewußt, daß sich eine sterbliche Frau in dich verlieben würde, ich hätte ihr das Herz aus der Brust gerissen und ihr ein Herz aus Stein dafür eingesetzt. Hätte ich gewußt, daß die schöne Janet nach Carterhaugh kommt, ich hätte ihr ihre hübschen grauen Augen aus dem Kopf gekratzt und ihr statt dessen ein Paar Holzaugen angehext.«

Als sie das rief, begann es hell zu werden, und mit einem unheimlichen Schrei gaben die Reiter ihren Pferden die Sporen und verschwanden.

Tam Lin aber küßte Janets verbrannte Hände, und zusammen liefen sie zu dem grauen Schloß, wo Janets Vater wohnte.

»So hat die schöne Janet also den Prinzen erlöst«, endete Gwendolyn.

Die Frauen ließen den Becher kreisen und sahen zu, wie Mardschana ein paar dicke Äste so heftig ins Feuer warf, daß die Funken flogen und die Flammen aufloderten. Dann, als auch Mardschana wieder im Kreis saß und ihre Aufmerksamkeit Gwendolyn zuwandte, erzählte diese die Geschichte von:

Miezchen Pfiffig

Es war einmal ein Mann und eine Frau, die hatten so viele Kinder, daß sie sie nicht satt machen konnten; da nahmen sie die drei jüngsten und führten sie in den Wald und ließen sie da allein. Die Kinder wanderten fort und fort und erblickten nirgends ein Haus. Es wurde dunkel, und sie waren sehr hungrig. Endlich sahen sie ein Licht und gingen darauf zu; es kam aus einem Hause. Sie klopften an die Tür, und eine Frau kam und fragte: »Was wollt ihr?« Sie antworteten: »Bitte, laßt uns herein und gebt uns etwas zu essen.« Die Frau sagte: »Das kann ich nicht tun, denn mein Mann ist ein Riese; er würde euch töten, wenn er nach Hause kommt.« Aber sie baten: »Laßt uns ein kleines Weilchen hier ausruhen, wir wollen auch wieder weggehen, ehe er kommt.« Da nahm sie sie mit herein und hieß sie sich am Feuer niedersetzen und gab ihnen Milch und Brot; aber kaum hatten sie mit Essen angefangen, da klopfte es laut an der Tür, und eine schreckliche Stimme sprach:

> Fi, Fei, Fo Fann,
> Ich wittre das Blut von 'nem irdischen Mann.

»Wen hast du da, Frau?«

»Ach«, sprach die Frau, »bloß drei arme erfrorene hungrige

Mädchen, sie wollen gleich wieder weggehen. Du wirst ihnen doch nichts tun, Mann!«

Er antwortete nichts, aß ein großmächtiges Abendbrot und sagte, sie dürften die Nacht über bleiben. Nun hatte er auch drei kleine Mädchen, die sollten mit den fremden im selben Bette schlafen. Die jüngste von den drei fremden Mädchen hieß Miezchen Pfiffig und war sehr schlau. Sie merkte, daß der Riese, ehe sie schlafen gingen, ihr und ihren Schwestern Strohketten um den Hals band und seinen eigenen Töchtern goldene Ketten. Da gab Miezchen acht und schlief nicht ein, sondern wartete, bis alle fest schliefen. Dann schlüpfte sie aus dem Bett und nahm sich und ihren Schwestern die Strohketten ab und den Töchtern des Riesen die goldenen Ketten. Und dann band sie den Töchtern des Riesen die Strohketten um und sich und ihren Schwestern die goldenen und legte sich wieder hin.

Mitten in der Nacht stand der Riese auf, nahm eine große Keule und tastete nach den Strohketten. Es war ganz dunkel. Er ergriff seine eigenen Töchter, warf sie aus dem Bett auf den Boden und schlug sie tot; dann legte er sich wieder hin und dachte, das hätte er fein gemacht.

Miezchen fand es nun an der Zeit, daß sie und ihre Schwestern sich davon machten; sie weckte sie, befahl ihnen, leise zu sein, und sie schlüpften aus dem Haus. Glücklich kamen sie ins Freie und rannten und rannten und hielten nicht einmal an bis zum Morgen, als sie ein prächtiges Haus vor sich sahen. Es war eines Königs Haus; da ging Miezchen hinein und erzählte dem König ihre Geschichte.

Er sprach: »Du bist ein schlaues Mädchen, Miezchen, und hast deine Sache gut gemacht. Aber wenn du sie noch besser machen willst, dann geh zurück und stiehl des Riesen Schwert, das hinten an seinem Bett hängt. Wenn du das kannst, geb ich deiner ältesten Schwester meinen ältesten Sohn zum Manne.«

Miezchen sagte, sie wolle es versuchen. So ging sie denn zurück in des Riesen Haus und kroch unter sein Bett. Der Riese kam heim, aß ein mächtiges Abendbrot auf und ging schlafen. Miezchen wartete, bis er fest schlief, kroch dann heraus, langte über den Riesen weg und holte das Schwert herunter; aber grade als sie es herunterholte, klirrte es, und der Riese sprang auf. Miezchen lief mit dem Schwert aus der Tür und rannte, und er rannte, bis sie zu der ›Brücke aus einem Haar‹ kam; sie lief hinüber, aber er konnte nicht nach und sprach: »Weh dir, Miezchen Pfiffig, kommst du einmal noch zu mir.« Und sie sprach: »Zweimal, Männchen«, sprach sie, »komm' ich noch zu dir.« Und Miezchen brachte das Schwert dem König, und ihre Schwester bekam den Königssohn zum Manne.

Der König spricht: »Du hast deine Sache gut gemacht, Miezchen; aber wenn du sie noch besser machen willst, dann stiehl des Riesen Geldbeutel, der unter seinem Kopfkissen liegt. Wenn du das kannst, geb ich deiner zweiten Schwester meinen zweiten Sohn zum Mann.«

Miezchen sagte, sie wolle es versuchen. So machte sie sich denn auf nach des Riesen Haus und schlüpfte hinein und kroch wieder unter das Bett und wartete, bis der Riese sein Abendbrot gegessen hatte und fest einschlief und schnarchte. Sie kroch hervor und schob ihre Hand leise unter das Kopfkissen und zog den Geldbeutel heraus. Aber grade als sie an der Tür war, wachte der Riese auf und rannte hinter ihr her. Und sie rannte, und er rannte, bis sie zu der ›Brücke aus einem Haar‹ kam; sie lief hinüber, aber er konnte nicht nach und sprach: »Weh dir, Miezchen Pfiffig, kommst du einmal noch zu mir!« Und sie sprach: »Einmal, Männchen«, sprach sie, »komme ich noch zu dir.« Und Miezchen brachte den Geldbeutel dem König, und ihre zweite Schwester bekam den zweiten Königssohn zum Mann.

Danach sprach der König zu Miezchen: »Miezchen, du bist ein schlaues Mädchen. Aber willst du deine Sache noch besser machen, so stiehl dem Riesen den Ring, den er trägt, vom Finger. Wenn du das kannst, geb ich dir meinen jüngsten Sohn zum Manne.«

Miezchen sagte, sie wolle es versuchen. So ging sie denn noch einmal zurück zum Haus des Riesen und versteckte sich unter dem Bett. Es dauerte nicht lange, da kam der Riese nach Hause, aß ein großmächtiges Abendbrot, legte sich schlafen, und bald schnarchte er laut. Miezchen kroch heraus und langte übers Bett, ergriff des Riesen Hand und zog und zog, bis sie den Ring abbekam; aber als sie ihn grade herunter hatte, erwachte der Riese, kriegte sie zu packen und sprach: »Nun hab' ich dich erwischt, Miezchen Pfiffig, und wenn ich dir soviel Böses zugefügt hätte, wie du mir, was würdest du dann mit mir machen?«

Miezchen antwortete: »Ich würde dich in einen Sack stecken, und die Katze und den Hund dazu, und eine Nadel und Zwirn und eine große Schere, und würde dich an die Wand hängen und würde in den Wald gehen und mir den dicksten Stecken suchen, den ich finden könnte, und würde wiederkommen und dich herunterholen und dich prügeln, bis du tot wärst.«

»Gut, Miezchen«, sagte der Riese, »das will ich mit dir machen.«

Da nahm er einen Sack und steckte Miezchen hinein und den Hund und die Katze dazu und eine Nadel und Zwirn, und eine große Schere, und hing sie an die Wand und ging in den Wald, sich einen Stecken suchen.

Miezchen ruft aus dem Sack heraus: »Ach, wenn du sähst, was ihr hier sehe!«

»Ach«, sprach des Riesen Frau, »was siehst du denn, Miezchen?«

Aber Miezchen ruft bloß immerzu: »Ach, wenn du sähst, was ich sehe!«

Da bat des Riesen Frau, die sehr neugierig war, Miezchen solle sie doch zu sich in den Sack lassen, damit sie auch sehen könne, was Miezchen sah. Miezchen schnitt mit der großen Schere ein Loch in den Sack, nahm die Nadel und den Zwirn mit und sprang heraus.

Dann half sie des Riesen Frau in den Sack hinein und nähte das Loch wieder zu.

Des Riesen dumme Frau sah gar nichts und bat Miezchen, sie wieder herauszulassen. Aber Miezchen fiel das gar nicht ein, sondern sie versteckte sich hinter der Tür. Der Riese kam nach Hause und trug einen mächtigen Stecken in der Hand, nahm den Sack herunter und begann drauflos zu schlagen. Seine Frau schrie: »Ich bin's ja, Mann«, aber der Hund bellte und die Katze miaute, so daß er ihre Stimme nicht hören konnte. Da kam aber Miezchen hinter der Tür hervor, und als der Riese sie sah, lief er – hastdunichtgesehen – hinter ihr her. Und er rannte, und sie rannte, bis sie zu der ›Brücke aus einem Haar‹ kamen, und sie lief hinüber, aber er konnte nicht nach. Und er sprach: »Weh dir, Miezchen Pfiffig, kommst du einmal noch zu mir.«

»Nie mehr, Männchen«, sprach sie, »komm' ich her zu dir.«

Und Miezchen brachte dem König den Ring und bekam den jüngsten Königssohn zum Mann, und den Riesen sah sie niemals wieder.

Gwendolyn sah, daß sich der Mond dem Horizont zuneigte. »Uns bleibt nicht mehr viel Zeit«, sagte sie, »aber eine letzte kurze Geschichte möchte ich euch noch erzählen. Ich fuhr mit einem Fischer aufs Meer hinaus, ein Sturm kam auf, und der Mann verlor die Kontrolle über sein Boot. Es war eine lange und kalte Nacht, und ich muß gestehen, ich hatte Angst. Aber am nächsten Morgen strandeten wir, ohne Schaden genommen zu haben, auf der kleineren Nachbarinsel. Wir blieben dort ein paar Tage, um wieder zu Kräften zu kommen, und die Frau, die uns beherbergte und versorgte, erzählte mir folgende Geschichte ...«

Der Mutter Fluch und Segen

Vor langer Zeit lebte einmal eine arme Frau mit ihren drei Töchtern. Eines Tages bat ihre älteste Tochter: »Mutter, schlachte mir einen Hahn und backe mir einen Kuchen. Ich will hinausziehen in die Welt, um mein Glück zu suchen.«

Die Mutter schlachtete den Hahn, und sie buk ihrer Tochter einen Kuchen, und dann fragte sie: »Was willst du haben, meine Tochter? Die Hälfte mit meinem Segen oder das Ganze mit meinem Fluch?«

»Sei's drum«, antwortete die Tochter, »das Ganze ist ja schon wenig genug.« So zog sie fort, und wenn die Mutter ihr auch nicht ihren Fluch mit auf den Weg gab, so gab sie ihr auch nicht ihren Segen. Das Mädchen wanderte und wanderte, bis es schließlich müde und hungrig war. Und als es sich niedergesetzt hatte und seine Wegzehrung verspeiste, da kam ein kleines Weiblein vorbei und bat es um ein wenig Essen.

»Scher dich zum Teufel«, schrie das Mädchen, »es reicht kaum für mich selber, wie soll ich dir noch etwas abgeben!« Da zog das Weiblein traurig und bekümmert weiter.

Zur Nacht fand das Mädchen Herberge auf einem Bauernhof. Als sich gerade alle niederlegen wollten, da versprach ihm die Bäuerin einen Spaten voller Gold und eine Schaufel voller Silber, wenn es ihr einen Dienst erweisen wolle. Das wolle sie für diesen Lohn schon machen, versicherte das Mädchen, aber was müsse sie denn dafür tun?

»Du mußt die ganze Nacht hindurch am Leichnam meines Sohnes Wache halten«, antwortete die Bäuerin.

Das Mädchen setzte sich ans Feuer und warf von Zeit zu Zeit einen Blick auf den aufgebahrten Toten.

Als es Mitternacht schlug, erhob sich der Tote langsam und sprach: »Was tust du hier so ganz allein, schönes Mädchen?«

Sie war starr vor Schrecken und wagte kaum zu atmen. Als er sie zum drittenmal gefragt hatte, da berührte er das Mädchen, und es verwandelte sich in einen grauen Stein.

Nach einiger Zeit machte sich die zweite Tochter auf den Weg, um ihr Glück zu suchen. Sie achtete den Segen der Mutter so gering wie ihre Schwester, und so geschah ihr auch das gleiche. Sie wurde in einen grauen Stein verwandelt.

Endlich wollte sich die jüngste Tochter auf den Weg machen, um ihre beiden Schwestern zu suchen. Sie aber ließ die Hälfte der Wegzehrung bei ihrer Mutter zurück und zog mit dem Segen der Mutter fort. Auch teilte sie ihr Mahl mit dem alten Weiblein, und das versprach ihr beim Abschied, ihr in der Not beizustehen. Die Jüngste fand, ebenso wie ihre Schwestern, Herberge auf demselben Bauernhof, und sie versprach der Bäuerin, Wache bei dem Toten zu halten. Sie setzte sich also mit Hund und Katze ans Feuer und briet die Äpfel und knackte die Nüsse, die ihr die Bäuerin gegeben hatte. Als sie den Leichnam ansah, da bedauerte sie es sehr, daß der Aufgebahrte ein Toter war, denn er war ein schöner und stattlicher junger Mann gewesen.

Wieder erhob sich der Tote um Mitternacht und sprach: »Was tust du hier so ganz allein, schönes Mädchen?«

Sie aber antwortete sogleich:

»So ganz alleine bin ich nicht;
bei mir ist Fips der Hund und Puß die Katz,
an Äpfeln und Nüssen es mir nicht gebricht,
so ganz alleine bin ich nicht!«

»Hoho!« sprach er. »Du hast wirklich Mut, schönes Mädchen! Aber hast du auch soviel Mut, mir jetzt zu folgen? Ich muß den schwankenden Sumpf und den flammenden Wald durchqueren, die Höhle des Schreckens durcheilen und den gläsernen Berg erklimmen, und zuletzt werde ich von seinem Gipfel hinunterspringen ins tote Meer.«

»Ich will dir folgen«, antwortete sie, ohne zu zögern, »denn ich habe versprochen, heute nacht bei dir zu wachen.«

Er wollte sie daran hindern, aber so stark er auch war, so war sie doch noch ein klein wenig stärker als er.

Sie folgte ihm, bis sie zu den grünen Hügeln kamen, und dort sprach er: »Öffnet euch, ihr grünen Hügel, und laßt das Licht hindurch!«

Die Hügel öffneten sich, und sie wanderten beide hindurch, bis sie an den Rand des schwankenden Sumpfes kamen. Leicht schritt er über den Sumpf hinweg. Sie aber zögerte, und während sie noch darüber nachdachte, wie auch sie hinüberkommen solle, erschien das alte Weiblein, mit dem sie einst ihr Mahl geteilt hatte, und berührte ihre Füße mit ihrem Stock. Nun gelangte das Mädchen leicht über den schwankenden Sumpf. Am Ende des Sumpfes begann jedoch der flammende Wald. Als das Mädchen dort stand und wieder zögerte, kam abermals das alte Weiblein und legte dem Mädchen einen dichten, feuchten Mantel um. Nun durcheilte das Mädchen die Flammen, ohne sich auch nur ein einziges Haar zu versengen. Vor der Höhle des Schreckens verstopfte ihr die Alte die Ohren mit Wachs, und so durchschritt sie hinter dem Toten die Höhle, ohne das schaurige Schreien dort zu hören. Als sie heraustraten, erhob sich vor ihnen der Glasberg. Wieder berührte die Alte die Füße des Mädchens mit ihrem Stock, und so gelang es ihr, den Gipfel des Glasberges zu erklimmen. Eine Meile unter ihnen lag nun das tote Meer.

»Geh nach Hause zu meiner Mutter«, sprach der Leichnam,

»und berichte ihr, wie weit du mir gefolgt bist. Lebe wohl, schönes Mädchen!« Mit diesen Worten sprang er kopfüber ins Meer. Ohne einen Augenblick zu zögern, folgte ihm das Mädchen. Sie wurden von einem mächtigen Strudel umschlungen und hinabgezogen, immer weiter, bis auf den Grund des Meeres. Dort lagen sie beide auf einer schönen Wiese, und das Meer wölbte sich wie ein grüner Himmel über ihnen. Schläfrig lehnte sie ihren Kopf an seine Seite und fiel in einen tiefen, tiefen Schlummer.

Als sie endlich zu sich kam, lag sie daheim in ihrem Bett, und der junge Mann und seine Mutter saßen an ihrer Seite und wachten bei ihr.

Ja, wie war denn das alles gekommen? – Eine Hexe grollte dem jungen Mann, weil er sie nicht heiraten wollte. So brachte sie ihn in ihre Gewalt und hielt ihn in einem Zustand zwischen Leben und Tod, bis einmal eine junge Frau den Mut finden sollte, all die Prüfungen und Schrecknisse zu bestehen und ihn damit zu erlösen. Die beiden jungen Leute fielen sich nun in die Arme und hatten sich von Herzen lieb, und bald schon wurde die Hochzeit mit großer Pracht gefeiert.

Auf Bitten der Frau erhielten ihre beiden Schwestern ihre frühere Gestalt zurück und wurden wieder zu ihrer Mutter geschickt, mit ihren Spaten voll Gold und ihren Schaufeln voll Silber.

In diesem Augenblick bemerkte Gwendolyn, daß der Morgen anbrach, und sie beschloß die Geschichte mit den Worten: »Vielleicht sind sie nach alledem besser geworden, aber es ist zu bezweifeln.«

Das Feuer war niedergebrannt, über dem Moor hingen Nebelschwaden, und vom Hochberg her war der Schrei eines Raubwürgers zu hören. Anamaque bedankte sich bei Gwendolyn und gab den Heiligen Becher an Gioconda weiter. So war wieder eine Mondnacht vergangen, und die Frauen machten sich auf, den Weg zurück durchs Moor anzutreten.

DIE NEUNTE NACHT

Gioconda erzählt Märchen aus Südeuropa

Gioconda war vom langen Gehen müde, und so setzte sie sich am Moorfelsen, um sich ein wenig auszuruhen. Eine seltsame Unruhe erfaßte sie plötzlich, ein Gefühl, daß etwas Schlimmes passieren würde. Und dann sah sie es auch schon – ein paar Steinwürfe von ihr züngelten Flammen über den ausgetrockneten Torf. Das Entsetzen packte sie. Ein Moorbrand war in der trockenen Jahreszeit eine heimtückische Sache und schwer zu bekämpfen.

Gioconda kletterte in Windeseile auf den Felsen und schrie aus Leibeskräften. »Feuer – hier beim Moorfelsen! Kommt her und helft!«

Sie schrie es zwei- und dreimal, und dann sah sie auch schon, wie Bahar und Lavra von rechts und Gerswind und Danai vom See herüberkamen. »Dem Himmel sei Dank, sie haben mich gehört«, murmelte sie, kletterte wieder herunter und machte sich auf den Weg zum Brandherd. Ein umgestürzter Baum, der quer über dem Pfad lag, hielt sie auf. Als sie ihn beiseite geräumt hatte und endlich zu der Stelle kam, waren die anderen schon dabei, den Brand zu löschen. Sie hatten ihre Röcke ausgezogen und schlugen damit auf die Flammen ein, und nach einer Viertelstunde hatten sie das Feuer besiegt.

»Es war ein Glück«, sagte Lavra später, als sie der Ältesten davon erzählten, »daß Gioconda den Brand sofort entdeckt hat. Ein paar Minuten später, und wir hätten nichts tun können, als hilflos dabei zusehen, wie die Flammen weite Teile des Moores zerstören.«

Es war bereits dunkel, und der Mond stand schon hoch am Himmel, als der Becher zum erstenmal kreiste und Gioconda die erste Geschichte erzählte:

Königin Angelica

Es war einmal ein König, der hatte drei Söhne. Dieser König war blind und befragte alle Ärzte, die in sein Land kamen, aber keiner konnte ihn heilen.

Eines Tages sagte ein Arzt: »Hier hilft kein anderes Mittel als das Wasser der Königin Angelica. Wenn man es finden kann, wird der König sicher geheilt werden.«

»Ich will gehen, es zu suchen«, sagte der älteste Sohn, und wirklich bat er den Vater um seinen Segen, versah sich mit Geld und einem Diener und reiste ab.

Er geht und geht, sucht, fragt – wo das Wasser der Königin Angelica zu finden sei, weiß ihm aber niemand zu sagen. Und doch muß ich es finden, denkt er und schickt den Diener zurück, um zu sagen, wenn man ihn nicht binnen einem Jahr und drei Tagen zurückkehren sähe, sollte man nur annehmen, daß er gestorben sei. – Damit ging er weiter und kam in einen Wald. Es war Nacht und regnete stark. Er bleibt stehen, sieht sich um, und ihm ist, als entdecke er in der Ferne zwischen den Bäumen ein kleines Licht. Er geht in diese Richtung und findet wirklich ein Haus; müde, wie er ist, tritt er ein, um eine Unterkunft zu finden. In diesem Haus waren drei schöne Mädchen, und als sie diesen Herrn ganz durchnäßt sahen, nahmen sie ihn mit den anmutigsten Gebärden auf, ließen ihn sich am Feuer trocknen und gaben ihm Erfrischungen. Nachdem er gegessen hatte, erzählte er den Mädchen seine Geschichte und weshalb er sich in dieser Gegend befände. Die Mädchen hörten ihn an, als er aber sagte, morgen früh wolle er seinen Weg fortsetzen, baten sie so lange, bis er zu bleiben versprach. Und so blieb er und verliebte sich, und an den blinden Vater und die Königin Angelica dachte man nicht weiter.

Indessen verstrich das Jahr und die drei Tage; nach Hause sah man ihn nicht kommen und hielt ihn für tot.

»Nun, dann will ich es versuchen«, sagte der zweite Bruder. Auch er bittet den Vater um seinen Segen, nimmt Geld und einen Diener und reist ab. Aber das Wasser der Königin Angelica findet auch er nicht, schickt ebenfalls den Diener zurück mit derselben Botschaft und setzt dann seinen Weg fort. Auch er kommt in den Wald, sieht das Lichtchen, tritt in das Haus, und ihr könnt euch seine Freude vorstellen, als er seinen Bruder vor sich sieht, den er tot geglaubt hatte. Auch ihn flehten die Mädchen an, daß er bleiben solle, und auch der Bruder ruhte nicht, bis er blieb, und er blieb so lange, daß auch er sich verliebte und wie sein Bruder den blinden Vater und die Königin Angelica vergaß.

Als nun wieder ein Jahr und drei Tage vergangen waren und man zu Hause auch ihn nicht zurückkehren sah, sagte der jüngste Bruder: »Jetzt ist die Reihe an mir« und ging fort, wie die beiden anderen, und kam auch zu dem Haus der drei Mädchen. Diese, im Einverständnis mit den beiden älteren Brüdern, boten alles auf, ihn zurückzuhalten, es war aber nicht möglich. »Ich will fort, ich will fort und will das Wasser der Königin Angelica finden.« – Er macht sich wieder auf den Weg, bei einem Hundewetter, wo es in Strömen regnete, und in diesen Wäldern wußte er nirgends unterzukommen. Endlich entdeckt er ein Haus und findet darin eine Frau, die ihn aufnimmt, dann aber sagt: »Nimm dich in acht! Dies ist das Haus des Menschenfressers, und ich bin seine Frau. Versteck dich; denn wenn er kommt und dich hier findet, frißt er dich auf.« Nach einer Weile kommt der Menschenfresser nach Hause und wittert, wittert. »Hier riecht es nach Menschenfleisch!« sagt er zu seinem Weibe. Die leugnet zuerst, dann erzählt sie ihm alles und sagt ihm, der junge Mann habe ihr Geld gegeben, und bittet ihn so lange, ihm kein Leid anzutun, bis der Menschenfresser verspricht, gut zu sein.

Da kam der Jüngling hervor und erzählte dem Menschenfresser die ganze Geschichte seiner Reise. »Du gefällst mir«, sagte jener, »und ich will dir helfen. Siehst du den Berg dort? Da oben steht ein Palast, und in diesem Palast wohnt die Königin Angelica. Am Eingang wirst du zwei Löwen und zwei Tiger finden; hier aber hast du vier Brote, vier Stück Fleisch und vier Karten. Das alles gib den Löwen und den Tigern, und sie werden einschlafen. Im Palast wirst du die Königin finden, schlafend auf einem Bette. Nimm einen Schlüssel, der unter ihrem Kopfkissen liegt, öffne damit den Schrank in ihrem Zimmer, und dort wirst du das Wasser finden, das du suchst. Nimm es zu dir, geh fort und komm wieder hier vorbei.«

Er ging und tat pünktlich alles, wie es der Menschenfresser

ihm angegeben hatte. Die Königin Angelica fand er schlafend, mit sieben Schleiern zugedeckt. Aus Neugier hob er diese Schleier auf und fand sie so schön, daß er sich nicht enthalten konnte und gab ihr einen Kuß. Dann nahm er einen Schleier und steckte ihn in die Tasche. Als er sich umdrehte, sah er am Boden ein Paar goldene Pantoffeln und schob auch von diesen einen in die Tasche. Dann fand er den Schlüssel, öffnete den Schrank, nahm die Flasche voll Wasser und entfernte sich.

Als er nun zum Menschenfresser zurückkam, nahm er die Flasche, nähte sie ihm in sein Kleid, damit keiner sie finden könnte, und sagte: »Nimm dich in acht, ziehe die Flasche nicht hervor, ehe du in dem Zimmer deines Vaters bist. Hier hast du eine andere Flasche, die kannst du den anderen zeigen statt der echten. Hast du mich verstanden?«

Der Jüngling dankte dem Menschenfresser, machte ihm ein schönes Geschenk an Geld und ging, den Weg nach Hause einschlagend. So kommt er in eine Stadt, hört die Totenglocke läuten und erfährt auf seine Frage, zwei Missetäter gingen zum Tode. Als er hinkommt, sieht er – daß es seine Brüder sind. Er gibt sich zu erkennen und erreicht es als Sohn des Königs, daß die Hinrichtung aufgeschoben wird. Bald erfährt er, daß jene drei Mädchen drei Hexen waren, welche die Brüder zu dem schlechten Leben von Dieben und Mördern verleitet hatten, und soviel Böses hatten sie begangen, daß sie endlich gefangen und zum Tode verurteilt worden waren. Da bemühte sich jener gute Sohn auf alle Weise, sie zu retten, und brachte es mit Bitten und Geld dahin, daß er sie befreite. Er nahm sie mit sich, kleidete sie neu und erzählte ihnen die ganze Geschichte vom Menschenfresser und der Königin Angelica. Dann schlug er vor, sie sollten alle zusammen zum Vater zurückkehren.

Jene beiden, vom Herzen her böse, waren eifersüchtig auf ihn und dachten daran, ihn zu töten. Sie brachen alle drei auf, und unterwegs fingen sie schon an, den Bruder zu mißhandeln und bedrohten ihn, bis er ihnen die Flasche mit Wasser übergab. Dann trennte er sich von ihnen. Die beiden anderen kamen zum Vater, zeigten ihm die Flasche und erzählten ihm alles umgekehrt, als ob sie das Wasser gefunden hätten, vom Bruder aber sagten sie alles Böse, wie wenn er getan hätte, was sie getan hatten. Der Vater segnete sie, und wegen des anderen Bruders gab er Befehl, sobald er sich an den Toren der Stadt zeige, solle man ihn verhaften und in einen gewissen Kerker einsperren, der so voller Unrat und Gestank war, daß man bald darin starb.

Wirklich kam wenige Tage später der dritte Bruder und wurde sofort in jenem Gefängnis eingeschlossen. Doch durch die magische Kraft des Pantoffels, des Schleiers und des Wassers, das er bei sich trug, war das Gefängnis für ihn weder feucht noch lebensgefährlich, und er fand immer Essen für sich bereit, und es fehlte ihm an nichts. Der König indessen hatte das Wasser probiert, das ihm die anderen beiden Söhne gebracht hatten, und es zeigte keine Wirkung.

Schon wollte er dem Thron entsagen und die beiden krönen lassen, da kam Königin Angelica. Die Verzauberung, die sie so schlafend gehalten hatte, war aufgehoben worden, sie war mit einem großen Trupp Soldaten aufgebrochen und näherte sich unter Kanonendonner der Stadt jenes Königs. Durch einen Botschafter ließ dieser sie fragen, was sie wolle, und lud sie in seinen Palast ein.

Als sie dort angekommen war, fragte sie den König: »Wie viele Söhne habt ihr?«

»Zwei.«

»Nicht mehr?«

»Ich hatte noch einen, der muß aber gestorben sein«, und nun erzählte er ihr die Geschichte jenes anderen Sohnes und sagte ihm alles Böse nach, während er die beiden anderen rühmte. Die Königin wollte, man solle nachsehen, ob jener dritte noch lebe. Das sei unmöglich, sagte der König, doch ihr zu Gefallen schickte er hin, und wirklich fand man ihn lebend und frisch wie eine Rose.

Man führte ihn vor die Königin, und sie sagte zu ihm: »Kennst du mich?«

»Und ob ich dich kenne!«

»Und wer bin ich?«

»Die Königin Angelica.«

»Bist du in meiner Kammer gewesen?«

»Ja, gnädige Frau.«

»Also«, sagten die Brüder, »seht ihr, daß er wirklich ein Dieb ist.«

»Und der Pantoffel?« fragte die Königin.

»Ich nahm Euch auch den Pantoffel«, antwortete er, und wieder nannten ihn die Brüder einen Dieb.

»Und tatest du mir nichts?«

»Ich gab Euch einen Kuß.«

Und wirklich hat die Königin noch ein Merkmal von jenem Kusse. Zuletzt fragte sie ihn auch nach dem Wasser.

»Das Wasser nahm ich und hab' es noch bei mir«, und damit zog er den Schleier und den Pantoffel hervor, trennte seinen Rock auf und holte die Flasche mit dem Wasser heraus.

Sofort öffnete die Königin die Flasche, wusch mit dem Wasser die Augen des Königs, und augenblicklich erhielt er die Sehkraft wieder.

Die beiden schlimmen Brüder wußten nicht, wohin sie sich verstecken sollten. Der Jüngste erzählte alles, wie sich's zugetragen hatte, und der Vater blieb ganz bestürzt und wußte nicht, was er tun sollte, jene beiden Schurken zu bestrafen, wie sie es verdienten.

»Wenn Sie damit einverstanden sind«, sagte die Königin, »werde ich die Strafe bestimmen.«

Der König sagte, er überlasse es ihr. Da rief die Königin: »He, Tiger! Zerreiße diesen! He, Löwe! Zerreiße den anderen!« Und es kam ein Tiger und ein Löwe, und jene beiden wurden zerrissen. Dann krönte der König seinen Sohn, der die Königin Angelica heiratete, und sie lebten glücklich und zufrieden.

Gioconda zog die Knie an und stützte sich rückwärts auf die Hände. So saß sie eine Weile in Betrachtung des Mondes versunken, bevor sie eine zweite Geschichte erzählte:

Die drei Schwestern

Es waren einmal drei Schwestern, die standen ganz allein in der Welt und waren sehr arm. Eines Abends saßen diese armen Mädchen am Herd und plauderten. Die eine sagte: »Ich möchte die Kammerfrau unseres Königs sein.«

Die andere sagte: »Ich möchte Seine Majestät bei Tische bedienen.«

»Ich«, sagte die dritte, »möchte die Gemahlin des Königs werden.«

Der König ging gerade an dem Haus vorbei und hörte es. In sein Schloß zurückgekehrt, rief er einen Diener und befahl ihm: »Gehe zu den drei verwaisten Schwestern und sage ihnen, der König will sie sprechen. Sie sollen sogleich kommen.«

Der Diener ging und richtete die Botschaft aus. Die drei Schwestern waren so bestürzt, daß sie zitterten und nicht wußten, was sie tun sollten. Dann aber faßten sie sich ein Herz und gingen.

»Gestern abend, was spracht ihr da von mir in eurem Hause?« fragte der König.

»Nichts, Majestät.«

»Wie, nichts? Lügt nicht! Ich habe alles gehört.«

Da zitterten die drei Schwestern sehr. »Zittert nicht«, sagte der König, »ich will euch Gutes tun, aber sprecht die Wahrheit.«

Da erzählten sie Punkt für Punkt, was geschehen war und was sie gesagt hatten. Der König aber sagte: »Weil ihr nun also Doppelwaisen seid und anständige und fleißige Mädchen, will ich euch genau das bewilligen, was ihr wünscht.«

Und die erste Schwester machte er zu seiner Kammerfrau, die zweite sollte ihn bei Tisch bedienen, und die dritte machte er zu seiner Gemahlin.

Der König war ein trefflicher Jäger und ging oft auf die Jagd. Nun begab es sich, daß seine Frau guter Hoffnung wurde, und als die Geburt nahe bevorstand, ritt der König wieder zum Jagen aus, so daß, als das Kind geboren wurde, der König nicht im Schloß war. Es war aber ein sehr schöner Knabe.

Die Schwestern beneideten die Königin sehr und sprachen unter sich: »Wir sind nur Dienerinnen des Königs, und unsere Schwester ist seine Frau. Wenn jetzt der König von der Jagd heimkehrt und findet, daß sie diesen wunderschönen Knaben geboren hat, wie viel mehr wird er sie noch lieben. Werfen wir das Kindchen doch ins Meer, und dem König sagen wir, die Schwester habe ein Hündchen geboren.«

So taten sie. Sie nahmen ein Kästchen, wattierten es inwendig aus, schlossen die arme, unschuldige Kreatur darin ein und befahlen, das Kästchen ins Meer zu werfen. Dann nahmen sie ein Hündchen und legten es in die Wiege.

Da erschien der König, der auf die Nachricht von der Niederkunft seiner Frau von der Jagd zurückgekehrt war. Die bösen Schwestern sagten zu ihm: »Das ist es, was deine Gemahlin dir geboren hat«, und zeigten ihm das Hündchen. Als der König das sah, war er ganz entsetzt und ließ es fortbringen.

Bald darauf kam die Königin wieder in Hoffnung, und auch diesmal brachte sie einen sehr schönen Knaben zur Welt, als der König gerade wieder auf der Jagd war. Und wieder legten die bösen Schwestern das Würmchen in eine Schachtel mit Baumwolle, ließen es ins Meer werfen und zeigten dem König ein Hündchen.

Als der König das gesehen hatte, wurde er so ergrimmt, daß er sagte: »Wenn es zum drittenmal geschieht, jage ich mein Weib fort.« Und wirklich kam die Ärmste zum drittenmal nieder, da der König auf der Jagd war. Das Kind war ein Mädchen, schön wie die Sonne. Die schändlichen Schwestern taten mit ihm gerade so, wie sie es mit den zwei armen Brüderchen getan hatten; dem König aber zeigten sie diesmal ein Kätzchen.

Als der König das sah, ließ er augenblicklich seine Frau fortbringen und in einen Kerker werfen. Und täglich wurde ihr nichts anderes gereicht als ein Stück Brot und ein Glas Wasser.

Aber glaubt ihr, die drei armen Geschöpfe seien wirklich ertrunken?

Nicht doch! Hört nur, ob sich hier nicht wahrhaftig die Gerechtigkeit Gottes zeigte.

Als die bösen Schwestern das erste Knäblein ins Meer zu werfen befahlen, sank das Kästchen nicht unter, sondern schaukelte auf dem Wasser weiter. Ein reicher Kaufmann kam auf einem Schiff vorüber, sah das Kästchen und ließ es auffischen. Er öffnete es, und als er den wunderschönen Knaben sah, wäre er vor Freude fast gestorben, denn bei all seinem Reichtum fehlten ihm die Kinder. Er nahm also das Kind und zog es mit großer Liebe auf, als wenn es sein eigener Sohn gewesen wäre.

Um es kurz zu machen, will ich gleich sagen, daß es ebenso auch dem zweiten Knaben erging und auch ihrem wunderhübschen Schwesterchen. Als der reiche Kaufmann diese fand, war er froher denn je und sagte: »Jetzt bin ich Vater von drei Kindern. Ich kann sie erziehen und unterrichten und sie dann mein ganzes Vermögen erben lassen.«

Die Kinder waren schon herangewachsen, da brachte sie der Kaufmann zu einem großen Schloß, das er besaß, und sagte: »Das alles ist mein, aber eines Tages wird es euch gehören. Ihr bleibt jetzt hier; es soll euch an nichts fehlen, und ihr könnt euch so belustigen, wie ihr wollt.«

Und damit ging er.

Die drei Geschwister blieben in dem Schloß, und es war eine große Verträglichkeit zwischen ihnen. Die beiden Brüder gingen auf die Jagd, und wenn sie zurückkehrten, eilte die Schwester ihnen entgegen und küßte sie vielmals. Die Brüder liebten sie sehr, schenkten ihr die schönsten Blumen, die sie auf dem Felde pflückten, zierliche Vögelchen und Hasen, welche sie auf der Jagd fingen.

Eines Tages aber, als das schöne Mädchen allein im Hause war, kam eine arme Alte in das Schloß, um zu betteln. Sie klopfte an das Tor. »Wer ist draußen?« fragte das schöne Mädchen.

»Bei den armen Seelen im Fegefeuer, gebt einer armen Alten ein Almosen, liebes Fräulein!«

»Komm nur herein, arme Alte«, sagte das gute Mädchen, »hier hast du einen halben Laib Brot!«

»Wie schön Ihr seid, liebes Fräulein! Selig die Mutter, die Euch geboren hat! Ihr wohnt in diesem Schloß mit solcher Herrlichkeit, Ihr habt so viel Schätze und Reichtümer, aber Ihr kennt euer Glück noch nicht. Euch fehlen noch drei Dinge: das gelbe Wasser, der singende Vogel und der tönende Baum. Wenn Ihr diese drei Dinge nicht findet, werdet Ihr nie Euer Glück kennenlernen.«

Das Mädchen wurde traurig und weinte, da sie an das dachte, was die Alte ihr gesagt hatte. Am Abend ging sie nicht wie sonst den Brüdern entgegen, und die Brüder sahen, daß sie geweint hatte.

Da erzählte das Mädchen ihnen alles, was die alte Bettlerin gesagt hatte.

»Liebe Schwester«, sagte der älteste Bruder, »sei nur getrost, ich werde gehen, das Glück zu finden. Nimm dieses weiße Tüchlein. Solange es weiß bleibt, ist es ein Zeichen, daß ich noch lebe. Wenn es schwarz wird, bedeutet es, daß ich gestorben bin.«

Damit ging er fort.

Er ging und kam mitten in einen großen Wald, wo ein Häuschen stand, darin ein Einsiedler lebte. Als er zu dem Häuschen kam, war es Nacht. Er klopfte an.

»Wer bist du, der an die Türe klopft?« fragte der Einsiedler.

»Ich bin ein guter Christ.«

»Wenn du wirklich ein Mensch bist, stecke den kleinen Finger deiner rechten Hand durch das Schlüsselloch, damit ich dich erkennen kann.«

Der Jüngling tat es, und es wurde ihm geöffnet.

»Mein Sohn, was suchst du in diesen abgelegenen Gegenden?« fragte der Einsiedler.

»Ich gehe«, antwortete der Jüngling, »um das gelbe Wasser, den singenden Vogel und den tönenden Baum zu suchen.«

»Ach, lieber Sohn, wohin willst du gehen! Du gehst in den sicheren Tod. Weißt du nicht, daß schon viele Fürsten und Ritter, die dorthin wollten, nie zurückgekehrt sind?«

»Sei es, wie Gott will, ich werde gehen«, sagte der Jüngling, »und wer weiß, ob das Glück mir nicht zufällt.«

»Da du um jeden Preis gehen willst«, sagte der Einsiedler, »so nimm diese Kugel, setze dich darauf, und sie wird dich bis an den Fuß eines Berges tragen. Da wird die Kugel stehenbleiben. Dann nimm ein Pferd und reite den Berg hinauf. Bist du zur Mitte gekommen, wirst du viel schrecklichen Lärm hören, wie von den Ketten der Hölle. Aber fürchte dich nicht. Reite immer weiter hinauf. Wenn du aber Furcht empfindest, so wirst du dort stehenbleiben und mit deinem Pferd zu einem Bild von Marmor werden.«

»Schön«, sagte der Jüngling. »Ich werde keine Furcht haben.«

Er setzte sich auf die Kugel und flog davon. Am Fuß des Berges hielt, wie ihm der Einsiedler gesagt hatte, die Kugel an, er stieg auf ein Pferd und ritt die Höhe hinan. Der Jüngling kam auch bis zur Mitte, als er aber den Lärm hörte, erschrak er und wurde zu einem Marmorbild. Die Schwester sah nach dem Tüchlein und fand es schwarz. Da fing sie an zu weinen und rief laut: »Bruder! Lieber Bruder!«

Der andere hörte es und eilte herbei. »Was hast du, liebe Schwester? Warum weinst du?«

»Wehe, wehe! Unser Bruder ist tot! Sieh nur das Tüchlein, das er mir gelassen hat, wie schwarz es geworden ist! Was sollen wir tun, lieber Bruder?«

»Weine nicht, liebe Schwester. Ich will gehen, um zu sehen, was ihm zugestoßen ist. Auch ich will versuchen, den Weg zum Glück zu finden. Nimm hier diesen Rubin. Solange er klar bleibt, wird es ein Zeichen sein, daß ich lebe. Wenn er sich trübt, wird er anzeigen, daß ich gestorben bin.«

So machte er sich auf den Weg und ging fort.

Um nicht zu wiederholen, was schon bekannt ist, so will ich nur sagen, daß es ihm genauso erging wie dem anderen. Als er auf dem halben Weg den Berg hinauf den Lärm hörte, wurde er samt seinem Pferd zu einer Marmorstatue. Die arme Schwester fand den Rubin verdunkelt. Stellt euch vor, wie das arme Mädchen weinte.

»Was soll nun aus mir werden, da ich allein geblieben bin?« klagte sie und weinte bitterlich. Dann aber sagte sie: »Ich will gehen und sehen, wie es meinen Brüdern ergangen ist. Möge es mir beschieden sein, das Glück zu finden!« Sie kleidete sich wie ein Mann und ging fort.

Sie ging, ging, ging und kam gleichfalls in dem Wald zum Haus des Einsiedlers, klopfte an und steckte den kleinen Finger der rechten Hand durch das Schlüsselloch. Der Einsiedler öffnete ihr und ließ sie eintreten. Er gab ihr auch die Kugel, wie er sie ihren Brüdern gegeben hatte, und sagte ihr alles andere. »Ich werde keine Furcht haben«, erklärte sie. »Ich werde mir Baumwolle in die Ohren stecken und so den Lärm nicht hören. Und meine Augen verbinde ich fest mit einem Tuch, um nichts zu sehen, und so werde ich mich nicht fürchten.«

»Gut! Recht so!« sagte der Einsiedler.

Das schöne Mädchen setzte sich auf die Kugel und flog davon.

Sie kam an den Fuß des Berges, die Kugel hielt an, sie stieg auf das Pferd und kam bis zur Mitte. Der Lärm war wieder da, aber das Mädchen hörte nichts, sah nichts und hatte keine Furcht. Das Pferd aber lief so geschwind, daß Pfeile es nicht erreicht haben würden, und so kam sie in weniger als drei Minuten oben an. Da nahm sie die Baumwolle aus den Ohren und das Tuch von den Augen und sah eine Kapelle und einen Teich mit gelbem Wasser, das außerordentlich glänzte. An dem Teich war ein sehr schöner Vogel, der sprang hin und her und sang, daß es eine Lust war, und daneben stand ein Baum, der so schön tönte, daß niemand je eine so herrliche Musik gehört hatte. Das war der See der Feen, und der Vogel, der sang, war niemand anderer als eine Fee.

Der Vogel stieg in das gelbe Wasser, sang noch ein wenig und verwandelte sich dann in eine so schöne Jungfrau, daß jeder sich in sie verlieben mußte. Sie näherte sich dem verkleideten schönen Mädchen, das noch zu Pferde saß, und sagte: »Bravo! Du warst mutig und hast gesiegt. Ich bin der Vogel, den du suchst, denn ich muß dich begleiten und dir dein Glück bescheren.

Steige ab, nimm dieses Fläschchen und fülle es mit gelbem Wasser, dann geh zu dem tönenden Baum und brich ein Zweiglein von ihm ab.«

Das Mädchen gehorchte, und die Fee sagte zu ihr: »Bewahre das Fläschchen und den Zweig gut auf. Dann setz dich wieder aufs Pferd, du in der Mitte und ich auf der Kruppe, und dann soll's fortgehen.«

So ritten sie zurück, den Abhang hinunter. Und während sie ritten, erwachten all die Fürsten und Ritter, die zum See der Feen gekommen und aus Furcht zu Marmorstatuen geworden waren, und jeder ritt auf seinem eigenen Pferd hinter dem schönen Mädchen und der Fee einher.

»Oh, welch ein Trost!« rief das Mädchen. »Siehst du, Fee, daß mein ältester Bruder aufgewacht ist?«

»Warte nur ein wenig, und du wirst auch den zweiten sehen.«

»Ja, wirklich, da ist er! Auch mein zweiter Bruder ist aufgewacht. O welche Freude!« Und die Brüder ritten sofort zu ihrer Schwester, und alle drei jubelten und freuten sich miteinander, die Fee aber lachte. Dann kamen sie zu der Hütte des Einsiedlers. Ihr könnt euch denken, wie dankbar ihm die Geschwister waren und wie herzlich er sie und alle Fürsten und Ritter empfing, die von seiner Hütte ausgezogen und nicht zurückgekehrt waren. Es war ein richtiges Fest.

Die Brüder verabschiedeten sich schließlich mit ihrer Schwester und reisten ab, und als sie mit der Fee zu ihrem Schloß gekommen waren, schrieben sie sofort dem Kaufmann, der sie wie seine eigenen Kinder aufgezogen hatte, und erzählten ihm von ihrem Glück. Der Kaufmann, der sie schon tot geglaubt hatte, war sehr froh und eilte sogleich herbei, sie zu umarmen.

»Jetzt«, sagte die Fee, »muß man ein großes Gastmahl bereiten und hundert von den größten Fürsten und Rittern einladen, und auch den König.«

Und dieser König war gerade der Vater der drei Geschwister.

Die Einladung erfolgte. Der König wollte nicht hingehen, aber sie baten ihn so lange, bis er doch kam. Er wurde von den Geschwistern empfangen, und sie sagten zu ihm: »Majestät, wir sind nur arme Waisen, aber gute Leute, und wir wünschen, Ihr möchtet uns mit Eurer Gegenwart beehren.«

»Sei's denn!« sagte der König. »Ich will euren Wunsch erfüllen.«

Man setzte sich an den Tisch, den die Fee gedeckt hatte. Wie glänzte der Eßsaal, in den man das gelbe Wasser gebracht hatte! Und dann tönte der Zweig von dem Baum, der so zauberhaft klang. Und die Fee wurde nun ein wunderschönes Mädchen und bediente bei Tisch. Dann wurde sie wieder ein sehr schöner Vogel, und während das Zweiglein tönte, sang sie zum Entzücken der Gäste. Stellt euch vor, wie herrlich das war.

Gegen Ende des Mahls sagte die Fee: »Meine Herren, ihr seid hundert Eingeladene, und auf der Tafel sind hundert Gedecke von sehr großem Wert. Sorgt dafür, daß sich keines davon verliert.«

»Gewiß wird sich keines verlieren«, antworteten alle. Die Fee aber stahl eines und steckte es heimlich dem König in die Tasche. Dann sammelte sie die anderen ein und zählte sie vor allen, und es fanden sich nur neunundneunzig.

»Hier fehlt ein Besteck«, sagte die Fee. »Man muß die Taschen untersuchen, um zu sehen, wer es genommen hat.«

»Gewiß, gewiß!« sagten alle. »Untersucht muß werden!«

Und erst suchte man in den Taschen der Fürsten und Ritter und fand es nicht. »Jetzt, Majestät«, sagte die Fee, »muß man auch in Euren Taschen suchen, sonst würden sich die anderen Fürsten und Ritter beleidigt fühlen.«

»Freilich«, sagte der König, »ihr habt recht.«

Man suchte in seinen Taschen und fand das Besteck. Stellt euch vor, wie dem König zumute war! »Nein«, sagte er, »ich habe das Besteck nicht gestohlen, ich bin unschuldig.«

»Es ist wahr«, sagte die Frau, »Ihr seid unschuldig, Majestät. Das Besteck habe ich Euch in die Tasche geschoben. Aber wenn Ihr unschuldig seid, so ist es auch Eure Frau, die Ihr seit so vielen Jahren im Kerker leiden laßt. Seht Ihr diese beiden Jünglinge und dieses reizende Mädchen? Das sind Eure Kinder, und Eure Frau hat sie geboren.«

Und nun erzählte sie Punkt für Punkt, wie es mit dem Betrug der beiden bösen Schwestern zugegangen war, und zum Beweis der Wahrheit ließ die Fee noch die beiden Hündlein und das Kätzchen holen, die ihm damals vorgezeigt worden waren.

Der König war sehr erstaunt. Dann aber zeigte er sich sehr erfreut, daß er der Vater dieser lieben und schönen Kinder war.

Er umarmte sie zärtlich und brachte sie sogleich mit großer Freude in seinen Palast.

Sein armes, unschuldiges Weib ließ er aus dem Kerker holen, und er gab ihr die Kinder und hielt sie von nun an immer, wie sie's verdiente, als Königin.

Die beiden bösen Schwestern aber ließ er ergreifen und aus dem Lande jagen.

Gioconda führte den Becher zum Mund und nahm einen Schluck, dann wandte sie sich wieder an die Frauen und sagte: »Diese beiden Geschichten hat mir meine Mutter erzählt, als ich noch ein kleines Mädchen war. Um noch andere Geschichten für euch zu finden, habe ich mich auf Wanderschaft begeben, und am Meer, dort wo die Felsen steil und schroff sind, traf ich eine junge Frau, die mit ihrem Kind unterwegs in eine weit entfernte Stadt war, und sie erzählte mir diese Geschichte, die sie von ihrer Großmutter kannte.«

Die Groac'h von der Insel Lok

In alten Zeiten, als die Wunder in der Bretagne so alltäglich waren, wie es heute Taufen und Begräbnisse sind, lebten in Lanillis ein Jüngling namens Huarn Pogamm und ein junges Mädchen namens Bellah Postik. Die beiden waren nach althergebrachter Sitte versippt, das heißt, ihre Mütter hatten sie in derselben Wiege gewiegt und sie von klein auf so erzogen, wie es üblich ist, wenn Kinder eines Tages – so Gott will – Mann und Frau werden sollen.

So wuchsen auch Huarn und Bellah heran und waren einander von ganzem Herzen zugetan. Dann aber starben ihre Eltern kurz hintereinander und hinterließen den beiden Waisen kein Erbe; so blieb den Kindern nichts anderes übrig, als bei dem gleichen Herrn in Dienst zu treten.

Sie hätten dabei glücklich sein können, aber Verliebte sind wie das Meer, das immer klagen muß.

»Wenn wir wenigstens genug hätten, um uns eine kleine Kuh und ein mageres Ferkelchen kaufen zu können«, sagte Huarn, »dann würde ich unserem Herrn ein Stückchen Land abpachten, der Pfarrer würde uns verheiraten, und wir könnten glücklich miteinander leben.«

»Ja«, erwiderte Bellah mit einem tiefen Seufzer, »aber wir leben in so harten Zeiten! Beim letzten Markt in Ploudalmeso sind die Kühe und die Schweine noch teurer geworden. Gott kümmert sich nicht mehr um den Lauf der Welt.«

»Ich fürchte, wir werden noch lange warten müssen«, klagte der junge Bursche von neuem, »denn niemals bin ich es, der die Flasche leert, wenn ich in der Herberge mal ein Gläschen mit meinen Freunden trinke.«

»Ja, sehr lange«, erwiderte das Mädchen, »denn es ist mir nicht ein einziges Mal geglückt, den Kuckuck rufen zu hören!«

Tag für Tag begannen diese Klagen von neuem, bis Huarn schließlich die Geduld verlor. Eines Morgens kam er zu Bellah, die gerade dabei war, in der Tenne Korn zu dreschen, und sagte ihr geradeheraus, daß er fort wolle, um sein Glück zu suchen. Das junge Mädchen war sehr betrübt, dies zu hören, und tat alles, was es konnte, um ihn zurückzuhalten, aber Huarn, der ein entschlossener Bursche war, wollte nicht auf Bellah hören.

»Die Vögel fliegen so lange geradeaus, bis sie ein Kornfeld finden, und die Bienen, bis sie Blumen finden, um ihren Honig zu machen; ein Mensch kann doch nicht weniger Verstand haben als die fliegenden Tiere! Auch ich will überall suchen nach dem, was mir fehlt, das heißt, nach dem Geld für eine kleine Kuh und für ein mageres Ferkelchen. Wenn du mich liebst, Bellah, wirst du dich nicht länger einem Plan widersetzen, der unsere Heirat beschleunigen soll.«

Das junge Mädchen sah ein, daß es nachgeben mußte, und obgleich sein Herz sich umdrehte, sagte es zu Huarn: »Wenn es denn sein muß, dann geh, und Gott behüte dich! Aber bevor du gehst, will ich das Beste vom Erbe meiner Eltern mit dir teilen.«

Dann führte Bellah den Jüngling an ihren Schrank und nahm ein Glöckchen, ein Messer und einen Stab heraus.

»Diese drei Reliquien sind immer im Besitz meiner Familie gewesen«, sagte sie. »Hier ist zunächst das Glöckchen des heiligen Koledok; es hat einen Klang, der aus jeder Entfernung zu hören ist und unseren Freunden anzeigt, wenn wir uns in Gefahr befinden. Das Messer hat dem heiligen Corentin gehört, und alles, was es berührt, wird von der Macht der Zauberer und der Dämonen befreit. Und schließlich dieser Stab: der heilige Vuga hat ihn getragen. Er führt einen dorthin, wohin man will. Ich gebe dir das Messer, um dich gegen Zaubermacht zu schützen, und das Glöckchen, um mir anzuzeigen, wenn dir Gefahr droht; ich aber behalte den Stab, um dir zu Hilfe zu eilen, falls du sie brauchen solltest.«

Huarn dankte seiner Braut, weinte ein wenig mit ihr, wie es sich gehört, wenn man Abschied voneinander nimmt, dann ging er in der Richtung der Berge davon.

Aber es war damals, wie es heute ist: in allen Dörfern, durch welche Huarn kam, wurde er von Bettlern verfolgt, die ihn für einen Herrn hielten, weil er heile Hosen hatte.

»Wirklich«, dachte er, »dies ist ein Land, in dem ich mehr Gelegenheit habe, Geld auszugeben, als welches zu verdienen. Ich muß weiterziehen.«

Er setzte also seinen Weg fort und stieg zur Küste hinunter, bis er nach Pont-Aven kam, einem Städtchen an einem Fluß, dessen Ufer mit Pappeln bewachsen sind.

Als er dort vor der Tür der Herberge saß, hörte er zwei Salzsieder, die sich beim Beladen ihrer Maulesel unterhielten und von der Groac'h der Insel Lok sprachen. Huarn fragte, was das sei; sie antworteten ihm, so nenne man eine Fee, die in dem See der größten der Glenan-Inseln wohne und von der es heiße, sie sei ganz allein so reich wie alle Könige zusammen. Viele Leute wären schon auf die Insel gefahren, um in den Besitz dieser Schätze zu gelangen, aber keiner wäre zurückgekehrt.

Sofort kam Huarn der Gedanke, auch dorthin zu fahren, um sein Glück zu versuchen. Die Maultiertreiber gaben sich Mühe, ihn von dem Plan abzubringen. Sie hetzten sogar das ganze Volk ringsumher auf und riefen, Christen dürfen nicht zulassen, daß ein Mensch geradewegs seinem Unglück in die Arme laufe. Und man versuchte, den Jüngling mit Gewalt zurückzuhalten. Er dankte für das Interesse und erklärte sich bereit, von seinem Plan abzulassen, wenn man eine Sammlung veranstalte, deren Erlös ihm gestatten würde, eine kleine Kuh und ein mageres Ferkelchen zu kaufen, aber bei diesem Vorschlag zogen sich die Maultiertreiber und die anderen zurück; sie sagten aber noch einmal, er wäre ein Starrkopf und es sei eben nichts mit ihm zu machen. Huarn begab sich also an die Meeresküste zu einem Schiffer, der ihn auf die Insel Lok brachte.

Mühelos fand er mitten auf der Insel den Weiher, dessen Ufer ringsumher mit rosa blühendem Seegras bewachsen ist.

Bei einem Rundgang sah er an einem der äußersten Enden des Sees, im Schatten eines Ginstergebüsches, ein meerfarbenes Boot, das auf dem stehenden Wasser lag. Dieses Boot hatte die Form eines schlafenden Schwanes, der den Kopf unter den Flügeln verbarg. Huarn, der nie dergleichen gesehen hatte, trat neugierig näher und stieg in das Boot, um es besser betrachten zu können. Kaum aber hatte er den Fuß hineingesetzt, als der Schwan erwachte: sein Kopf erhob sich aus den Federn, seine breiten Füße streckten sich im Wasser aus, und plötzlich entfernte er sich vom Ufer. Der Jüngling stieß einen Schrei des Entsetzens aus, aber der Schwan schwamm nur noch schneller der Mitte des Weihers entgegen. Huarn wollte sich ins Wasser werfen, um schwimmend das Ufer zu erreichen; da steckte der Vogel seinen Schnabel ins Wasser und tauchte, indem er Huarn mit hinabriß.

Huarn konnte nicht schreien, ohne das stinkige Seewasser zu schlucken; so mußte er schweigen und gelangte in die Wohnung der Wasserhexe.

Es war ein Muschelpalast, der alles übertraf, was man sich nur vorstellen kann. Über eine kristallene Treppe kam man hinein. Sie war so gemacht, daß jede Stufe, sobald man den Fuß daraufsetzte, wie ein Vogel des Waldes sang. Ringsumher breiteten sich riesige Gärten aus; dahinter wuchsen Wälder aus Wasserpflanzen, von grünen Algenwiesen unterbrochen, die an Stelle von Blumen mit Diamanten übersät waren.

In dem ersten Saal des Schlosses lag auf einem goldenen Lager die Wasserhexe. Sie trug ein meergrünes Gewand, das sich zart und weich wie eine Wolke um ihren Körper schmiegte; ihre schwarzen Haare waren mit Korallen durchflochten und fielen ihr bis auf die Füße hinab, und ihr Gesicht, dessen Haut weiß und rosa schimmerte, sah in seinem Glanz dem Innern einer Muschel ähnlich. Huarn, geblendet von dem Anblick eines so schönen Geschöpfes, blieb stehen. Aber die Wasserfee erhob sich und trat ihm lächelnd entgegen.

Ihr Gang war so leicht, daß man an die weißen Schaumkämme erinnert wurde, die über das Meer gleiten. Sie begrüßte den Jüngling: »Sei willkommen«, sagte sie mit einladender Gebärde. »Hier ist immer Platz für Fremde und für schöne Burschen.«

Beruhigt trat der Jüngling ein.

»Wer bist du, woher kommst du, und was machst du?« fuhr die Groac'h fort.

»Mein Name ist Huarn«, erwiderte er. »Ich komme aus Lanillis und bin auf der Suche nach einem Erwerb, um eine kleine Kuh und ein mageres Ferkelchen kaufen zu können.«

»Je nun, komm nur herein, Huarn«, sagte die Fee, »und mache dir keine Sorgen mehr; denn du sollst alles haben, was dir gefällt.«

Sie hatte ihn in einen zweiten Saal geführt, der ganz mit Perlen ausgelegt war. Dort reichte sie ihm acht Sorten Wein in acht reichverzierten Silberbechern. Huarn probierte die acht Weine und fand sie so gut, daß er noch achtmal von jeder Sorte trank, und bei jedem Schluck fand er die Groac'h schöner.

Diese sprach ihm Mut zu und sagte ihm, er solle nur ja keine Furcht haben, sie zugrunde zu richten, da der See der Insel Lok einen Zugang zum Meer habe, durch welchen alle Reichtümer, die das Meer von den untergegangenen Schiffen verschlinge, durch eine Zauberströmung zu ihr gelangten.

»Bei meinem Heil«, sagte Huarn, den der Wein sehr fröhlich stimmte, »jetzt wundert es mich nicht mehr, wenn die Leute von der Küste Euch schlechtmachen; so reiche Leute wie Ihr haben immer Neider; was mich betrifft, so würde ich mich mit der Hälfte Eures Reichtums begnügen.«

»Das kannst du haben, wenn du willst, Huarn«, sagte die Fee.

»Aber wie?« fragte er.

»Mein Mann war der Korandon; ich bin seine Witwe«, fuhr sie fort, »und wenn ich dir gefalle, werde ich deine Frau.«

Huarn war tief ergriffen von dem, was er hörte. Er sollte die Groac'h heiraten, die so schön war, die einen so reichen Palast besaß und die einem acht Sorten Wein auftischte, von denen man trinken konnte, soviel man wollte! ... Es ist wahr, er hatte eigentlich Bellah versprochen, sie zu heiraten; aber die Männer vergessen leicht diese Art von Versprechen: sie sind darin wie die Frauen.

So gab er der Fee höflich zur Antwort, daß sie nicht geschaffen sei, um abgewiesen zu werden, und daß es ihm eine Freude und eine Ehre sei, ihr Gatte zu werden.

Da rief die Groac'h, daß sie unverzüglich das Willkommensmahl zubereiten wolle. Sie brachte alles auf den Tisch, was Huarn als das Allerbeste kannte, und außerdem viele Gerichte, die er nicht kannte; dann ging sie zu einem kleinen Fischteich, der sich hinten im Garten befand, und rief: »He! Prokurator! He! Müller! He! Schneider! He! Kantor!«

Und bei jedem Ruf kam ein Fisch herbeigeschwommen, den sie in ein Stahlnetz warf. Als das Netz voll war, ging sie in einen Nebenraum und warf alle Fische in eine goldene Pfanne.

Da aber schien es Huarn, als hörte er im Brutzeln der bratenden Fische leise Stimmen flüstern.

»Was flüstert denn da bei der goldenen Pfanne, Groac'h?« fragte er.

»Es ist das Holz, welches so knistert«, sagte sie, indem sie das Feuer schürte. Alsbald aber begannen die leisen Stimmen von neuem zu murmeln.

»Was murmelt denn da so, Groac'h?« fragte der Jüngling.

»Es ist das Bratenfett, welches schmilzt«, erwiderte sie, indem sie die Fische ordentlich schmoren ließ.

Bald aber riefen die Stimmen lauter.

»Was ruft denn da, Groac'h?« fragte Huarn weiter.

»Es ist das Heimchen im Herd«, erwiderte die Fee, während sie so laut sang, daß Huarn nichts mehr hörte.

Aber was geschehen war, hatte ihm zu denken gegeben, und da es ihm unheimlich zumute wurde, meldete sich auch das Gewissen.

»Jesus Maria«, sagte er zu sich selbst, »ist es möglich, daß ich Bellah so schnell um einer Groac'h willen vergessen habe, die wahrscheinlich die Tochter eines Dämons ist? Mit dieser Frau würde ich nicht einmal wagen, meine Abendgebete zu sprechen, und wäre sicher, in die Hölle zu kommen wie die Schweinezungen-Beschauer.«

Während er so zu sich selbst sprach, hatte die Fee die gebratenen Fische aufgetragen und drängte ihn, zu essen; zugleich sagte sie, sie wolle ihm zwölf neue Weinsorten holen.

Huarn zog seufzend sein Messer aus der Tasche und wollte mit der Mahlzeit beginnen; kaum aber hatte die Klinge, welche den Zauber zerstört, den goldenen Teller berührt, als alle Fische sich aufrichteten und wieder kleine Menschen wurden: jeder trug das Kleid seines Standes. Da war ein Prokurator mit Beffchen, ein Schneider mit violetten Strümpfen, ein mehlbestaubter Müller, ein Kantor im Chorhemd, und alle schrien zugleich, während sie im Bratenfett schwammen: »Huarn, rette uns, wenn du selbst gerettet werden willst!«

»Heilige Jungfrau! Wer sind diese Männchen, die in der zerlassenen Butter so schreien?« rief Huarn bestürzt.

»Wir sind Christen wie du«, erwiderten sie, »aber wir waren auf die Insel Lok gekommen, um unser Glück zu versuchen; wir haben eingewilligt, die Groac'h zu heiraten, und am Tage nach der Hochzeit hat sie uns genauso behandelt wie unsere Vorgänger, die in dem großen Fischteich sind.«

»Was?« rief Huarn, »eine so junge Frau ist schon die Witwe aller dieser Fische?«

»Und du wirst bald in demselben Zustand sein und ebenso wie wir Gefahr laufen, von den Neuangekommenen gebraten und gegessen zu werden!«

Huarn machte einen Sprung, als fühlte er sich schon in der goldenen Pfanne, und lief auf die Tür zu, nur von dem einen Gedanken beseelt, zu entfliehen, bevor die Groac'h zurückkehrte. Diese aber trat gerade herein und hatte alles gehört. Sie warf ihr Stahlnetz über Huarn, der sich augenblicklich in einen Frosch verwandelte; dann trug sie ihn in den Fischteich, in dem sich bereits ihre anderen Ehemänner befanden. Im gleichen Augenblick aber läutete das Glöckchen, welches Huarn um den Hals trug, von selbst, und Bellah hörte es in Lanillis, wo sie gerade dabei war, die Milch vom Vortage abzurahmen.

Dieser Klang war für sie wie ein Stich ins Herz. Sie stieß einen Schrei aus und rief: »Huarn ist in Gefahr!«

Und ohne länger zu warten, ohne jemanden um Rat zu fragen, zog sie schnell ihre Kleider und ihre Schuhe für das Hochamt an, legte ihr Silberkreuz um und verließ den Bauernhof mit ihrem Zauberstab in der Hand.

Am Kreuzweg angelangt, stieß sie den Stab in den Boden und murmelte dabei:

> »Des heiligen Vuga gedenke,
> du, Apfelstab, und lenke
> mich über Stock und Stein,
> durch Wasser, Wolken, Luft,
> wohin mich das Glöckchen ruft!«

Auf der Stelle verwandelte sich der Stab in ein rotes Pferdchen des heiligen Thegonec, gestriegelt, gesattelt und aufgezäumt, mit einer Schleife an jedem Ohr und einer blauen Feder auf dem Kopf.

Entschlossen stieg Bellah auf. Das Pferdchen ging zuerst im Schritt, dann lief es im Trab und schließlich im Galopp, so geschwind, daß die Gräben, die Bäume, die Häuser, die Kirchtürme vor Bellahs Augen vorüberzogen wie die Arme einer Garnwinde. Aber sie klagte nicht, da sie ja wußte, daß jeder Sprung sie ihrem geliebten Huarn näher brachte, im Gegenteil, sie spornte das Pferdchen noch an, indem sie in einem fort wiederholte: »Das Pferd ist nicht so schnell wie die Schwalbe, die Schwalbe ist nicht so schnell wie der Wind, der Wind ist nicht so schnell wie der Blitz; du aber, mein Pferdchen, wenn du mich liebst, dann mußt du schneller voran als sie alle, denn ein Teil meines Herzens leidet: der bessere Teil meines Herzens, der in Gefahr ist.«

Das Pferdchen hörte, was Bellah sagte, und lief wie ein Strohhalm, der vom Wirbel davongetragen wird, so daß es alsbald den Fuß des Arrès-Felsens erreichte, den man den Hirschsprung nennt.

Dort aber hielt es an, denn noch nie hatte ein Pferd oder eine Stute diesen Felsen erklommen. Bellah, die verstand, warum das Pferdchen stillstand, begann von neuem:

»Des heiligen Vuga gedenke,
Pferdchen aus Leon, und lenke
mich über Stock und Stein,
durch Wasser, Wolken, Luft,
wohin mich das Glöckchen ruft.«

Kaum hatte Bellah diese Worte gesprochen, da wuchsen Flügel aus den Flanken ihres Reittieres, das ein riesiger Vogel wurde und sie auf den Gipfel des Berges trug. Auf diesem Gipfel befand sich ein Nest aus Töpfererde, mit trockenem Moos ausgelegt. Darauf hockte ein kleiner Korandon, ein Zwerg, der war ganz schwarz und verrunzelt, und als er Bellah sah, rief er: »Da ist ja das hübsche Mädchen, das mich erretten will!«

»Dich erretten?« fragte Bellah. »Wer bist du denn, kleiner Mann?«

»Ich bin Jeannik, der Mann der Groac'h von der Insel Lok; sie hat mich hierhergeschickt.«

»Aber was hast du auf diesem Nest zu schaffen?«

»Ich brüte sechs steinerne Eier aus, und erst wenn sie ausgebrütet sind, bekomme ich meine Freiheit wieder.«

Da mußte Bellah lachen: »Armes, liebes Hähnchen«, sagte sie, »und wie könnte ich dich befreien?«

»Indem du Huarn erlöst, der in der Macht der Groac'h ist.«

»Ach!« rief da die Waise. »Sage mir, was ich tun muß! Und wenn ich auf den Knien um alle vier Bistümer rutschen müßte, so würde ich mich sofort auf den Weg machen.«

»Nun denn, zwei Dinge sind vonnöten«, sagte der Korandon. »Zuerst mußt du dich der Groac'h in Gestalt eines Jünglings vorstellen; dann mußt du ihr das Stahlnetz entwenden, welches sie am Gürtel trägt, und sie darin einsperren bis zum Jüngsten Gericht.«

»Und wo finde ich ein Jünglingsgewand, das mir paßt, geliebter Korandon?«

»Das sollst du gleich erfahren, hübsches Mädchen.«

Bei diesen Worten riß sich der Zwerg vier seiner roten Haare aus und blies sie in den Wind, indem er ganz leise etwas murmelte. Da wurden die vier Haare vier Schneider; der erste hielt einen Kohl in der Hand, der zweite eine Schere, der dritte eine Nadel und der vierte ein Eisen.

Alle vier setzten sich mit gekreuzten Beinen um das Nest und machten sich daran, Bellah vollständig einzukleiden. Aus dem ersten Kohlblatt machten sie einen schönen Leibrock, dessen Nähte alle gesteppt waren; ein anderes Kohlblatt lieferte eine Weste; aber zu den weiten Hosen, die in Leon modern sind, waren zwei Blätter nötig. Schließlich wurde aus dem Innern des Kohlkopfes ein Hut geformt, und aus dem Strunk entstanden Schuhe.

Als Bellah diese Tracht aus grünem Samt mit Futter aus weißer Seide anlegte, hätte man sie für einen Edelmann halten können.

Sie dankte dem Korandon, der ihr noch einige Verhaltensmaßregeln gab. Dann trug sie ihr großer Vogel in einem Zuge auf die Insel Lok. Dort befahl sie ihm, sich in den Apfelstab zurückzuverwandeln, und stieg in das Boot, welches die Gestalt eines Schwans hatte. Sofort wurde sie in den Palast der Groac'h geführt. Als die Fee den samtgekleideten Jüngling aus Leon sah, war sie entzückt.

»Bei Satan, meinem Vetter«, sagte sie zu sich selbst, »dies ist der schönste Bursche, der sich je bei mir gezeigt hat, und ich glaube, den werde ich dreimal am Tag lieben.«

Also tat sie sehr schön mit Bellah und nannte sie ›mein Liebling‹ und ›mein Herzchen‹. Sie trug ihr einen Imbiß auf, und Bellah sah auf dem Tisch das Messer des heiligen Corentin, welches Huarn dort gelassen hatte. Sie nahm es an sich, um es bei Gelegenheit zu benutzen; dann folgte sie der Groac'h in den Garten.

Diese zeigte ihr die Rasenplätze, die mit Diamanten wie mit Blumen übersät waren, die lavendelduftenden Wasserspiele und vor allem den Fischteich, in dem die tausendfarbigen Fische umherschwammen.

Bellah schien so verzaubert von diesen Fischen, daß sie sich auf den Rand des Bassins setzte, um sie besser betrachten zu können.

Die Groac'h benutzte Bellahs Verzücktheit, um sie zu fragen, ob es ihr gefallen würde, immer in ihrer Gesellschaft zu bleiben. Worauf Bellah erwiderte, daß sie sich nichts Besseres wünschen könne.

»So würdest du also einverstanden sein, mich sofort zu heiraten?« fragte die Fee.

»Ja«, erwiderte Bellah, »unter dieser Bedingung, daß du mir erlaubst, einen dieser schönen Fische mit dem Stahlnetz zu fischen, welches du an deinem Gürtel trägst.«

Die Groac'h, die keinen Verdacht hegte, hielt diesen Wunsch für eine Laune des Jünglings; sie reichte Bellah das Netz und sagte lächelnd: »Laß sehen, schöner Fischer, was du fangen wirst.«

»Ich fange den Teufel!« rief Bellah, indem sie der Groac'h das offene Netz über den Kopf warf. »Im Namen des Erlösers der Menschen, verfluchte Hexe, dein Körper soll werden, was deine Seele ist!«

Die Groac'h konnte nur einen Schrei ausstoßen, der in einem erstickten Murmeln endete; denn der Wunsch des jungen Mädchens war erfüllt: die schöne Wasserfee war nur noch die scheußliche Königin der Pilze.

Schnell zog Bellah das Netz zusammen und warf es in einen Brunnen, auf welchen sie einen Stein legte, in den das Zeichen des Kreuzes geschnitten war, damit er sich erst am Tage des Jüngsten Gerichtes mit den Steinen der Gräber erheben könne.

Dann kehrte Bellah schnell an den Fischteich zurück. Aber alle Fische waren schon herausgestiegen und kamen ihr entgegen wie eine buntscheckige Mönchsprozession. Sie riefen mit ihren rauhen Stimmchen: »Da ist er, unser Herr und Meister, der uns von dem Stahlnetz und der goldenen Pfanne erlöst hat!«

»Und zugleich wird er Euch Eure Christengestalt zurückgeben«, sagte Bellah und zog das Messer des heiligen Corentin hervor. Aber als sie den ersten Fisch berühren wollte, bemerkte sie dicht vor sich einen grünen Frosch, der um den Hals das Zauberglöckchen trug und schluchzend auf den Knien lag, während er beide Vorderfüßchen auf sein kleines Herz legte.

Bellah fühlte einen Stich im Herzen und rief: »Bist du es, bist du es, mein kleiner Huarn, König meiner Freude und meiner Sorge?«

»Ich bin es!« erwiderte der Jüngling in Froschgestalt.

Sofort berührte Bellah ihn mit der Klinge, die sie in der Hand hielt, und Huarn nahm seine wahre Gestalt wieder an. Beide umarmten einander, während das eine Auge um die Vergangenheit weinte und das andere um die Gegenwart. Dann tat Bellah dasselbe für alle Fische, die sich zurückverwandelten in das, was sie gewesen waren. Als sie beinahe am Ende war, kam der kleine Korandon vom Hirschfelsen in seinem Nest angefahren wie in einer Karosse, von sechs großen Maikäfern gezogen, die aus den sechs steinernen Eiern ausgekrochen waren.

»Da bin ich, hübsches Mädchen!« rief er Bellah zu. »Der Zauber, der mich auf dem Felsen festhielt, ist gebrochen, und ich komme, um dir zu danken; denn aus einer Henne hast du einen Menschen gemacht.«

Dann führte er die beiden Liebenden an die Truhen der Groac'h, die bis an den Rand mit Edelsteinen gefüllt waren, und sagte, sie sollten sich davon nehmen, soviel sie wollten.

Beide füllten ihre Taschen, ihre Gürtel, ihre Hüte, ja, sogar ihre weiten Leoner Hosen, soviel nur hineinging; dann, als sie so viel hineingestopft hatten, wie sie nur tragen konnten, befahl Bellah ihrem Stab, ein geflügelter Wagen zu werden, groß genug, um sie mit allen, die sie befreit hatte, nach Lanillis zu führen.

Dort wurde ihr Aufgebot ausgehängt, und Huarn heiratete

Bellah, wie er es sich schon lange gewünscht hatte. Nur, anstatt eine kleine Kuh und ein mageres Ferkelchen zu kaufen, kaufte er alles Land der Gemeinde und siedelte dort als Bauern alle Leute an, die er von der Insel Lok mitgebracht hatte.

Anamaque sah, daß die Nacht bereits hellgrau wurde und daß sich der neue Tag anschickte, über den Hochfels heraufzuziehen. »Es ist Zeit, uns zu trennen und ins Moor zurückzugehen«, sagte sie, nahm von Gioconda den Heiligen Becher entgegen und gab ihn an Maraquansa weiter, die ihre feingliedrige, schwarzhäutige Hand nach ihm ausstreckte, ihn lachend in die Falte ihres bunten Rockes schob und dann mit den anderen Frauen in den Morgennebeln des Moores verschwand.

DIE ZEHNTE NACHT

Maraquansa erzählt Märchen aus Afrika

Maraquansa war auf eine Birke geklettert, saß nun auf einem dicken Ast, ließ ihre kräftigen, schwarzhäutigen Beine baumeln und sang dazu ein Lied. Der See lag im Schimmer des Abendrotes vor ihr, dahinter, in der Ferne, der Hochfels, jener Bergzug, der das West- vom Ostland trennte. Linker Hand, das war im Norden des Sees, konnte sie den Moorfelsen ausmachen, ein haushoher Fels, der wie eine Kathedrale aus dem Boden ragte, und rechter Hand, am Rande des Moores, lag der Tanzplatz, der schon Kultplatz war seit Menschengedenken.

Maraquansa sang ein zweites Lied. Sie hatte es von ihrer Mutterschwester gelernt, einer Schamanin, deren Heil- und Zauberkünste weit über die Grenzen ihres Stammesgebietes hinaus bekannt waren. Es war ein Lied, das die Frau im Mond sanft stimmen sollte, damit sie die Seelen der Verstorbenen aufnahm und von allem Bösen reinigte.

Inzwischen war das Abendrot verglüht, und die Nacht war so plötzlich hereingebrochen, daß Maraquansa kaum noch die Hand vor Augen sehen konnte. Eilig kletterte sie vom Baum und folgte dem Weg zum Tanzplatz. »Da bist du ja!« *Jing-Mei war auf sie zugelaufen, um sie zur Begrüßung zu umarmen und zu küssen.* »Wir haben dich singen gehört, aber keine von uns wußte genau, wo du warst.«

»Vermutlich saß sie mal wieder in irgendeinem Baum!« *rief Abelone vom Feuer herüber.* »Ihr wißt doch, sie ist mit den Leopardinnen verwandt.«

Eine Weile lang ging das so hin und her. Die Frauen erzählten sich dies und das, lachten und neckten sich, und dann kam endlich auch Anamaque.

Sie sah müde aus, und ihre Schritte waren schwerfällig. »Der weite

Weg macht mir Mühe«, sagte sie und ließ sich von Mardschana und Bahar auf das Lager helfen, das sie für sie bereitet hatten.

»Tanzt ohne mich, ich werde für euch singen«, bat sie.

So geschah es dann auch. Anamaques Stimme trieb die Frauen zum Tanzen an. Immer schneller stampften und drehten sie sich, und über ihnen wölbte sich dunkelblau und sternenübersät das Himmelszelt. So mochte eine Stunde oder mehr vergangen sein, als sich hinter den Gipfeln des Hochfelsens die runde Scheibe des aufsteigenden Mondes zeigte, und da setzten die Frauen sich, ließen den Heiligen Becher kreisen, und Maraquansa begann zu erzählen:

Der Prinz in der Kugel

Vor langer Zeit, als es die Sonne und den Mond noch nicht gab, hießen alle Könige von Benin *Ogiso*. Und von diesen Ogisos hatte einer eine Tochter, die Irikoere genannt wurde und schöner war als alle anderen Prinzessinnen. Als sie ins heiratsfähige Alter kam, wollten viele Prinzen mit ihr Hochzeit feiern, aber sie schickte sie alle wieder weg, und ihr Vater wollte sie auch nicht zwingen.

Zur selben Zeit wohnte weit, weit weg ein weißer König, der einen Sohn hatte, der Olagbeno hieß und sehr schön war, und sein Vater liebte ihn sehr. Als er erwachsen war, sagte der Prinz, daß er sich keinesfalls mit einer der Prinzessinnen aus seinem Königreich vermählen würde, denn er liebte Irikoere, die er in seinen Träumen gesehen hatte.

Eines Tages wurde Ogiso auf Irikoere böse, weil sie keinen der Männer nehmen wollte, die sie zur Frau begehrten. Darum ließ er ein Haus bauen, das fünfzig Türen hatte, und sperrte sie dort ein, bis sie sich fügen würde.

Der weiße König indessen hörte aufmerksam auf die Worte seines Sohnes und rief dann alle Weisen seines Landes zusammen, damit sie überlegen sollten, wie sie seinem Sohn helfen könnten. Nachdem sie das Orakel befragt hatten, ließen sie eine große bronzene Kugel anfertigen und verzierten sie mit Amuletten. Olagbeno versteckte sich darin, und die Kugel wurde versiegelt.

Dann kam ein Falke geflogen, und sie gaben die Kugel dem Falken mit, damit er sie zum Palast des Königs Ogiso bringen solle.

Die Menschen, die die Kugel in der Nähe des Palastes fanden, brachten sie zu Ogiso, und Ogiso gab sie seiner Tochter, um sie milder zu stimmen. Irikoere nahm die Kugel, stellte sie an eine Mauer ihres Zimmers und dachte nicht mehr an sie.

Am Abend aber, als es dunkel geworden war, kletterte Olagbeno aus der Kugel und starrte die schöne Irikoere, die in ihrem Bett lag, wie verzaubert an. Und während er sie so anstarrte, sah Irikoere in ihrem Traum einen jungen Prinzen, den sie noch nie zuvor gesehen hatte. Aber noch bevor das Morgenrot am Horizont aufzog, verschwand Olagbeno wieder in seiner Kugel, und als Irikoere erwachte, war sie alleine.

Ogisos Tochter hatte eine Sklavin, die Ekpofi hieß und von Kopf bis Fuß mit Eitergeschwüren bedeckt war. Diese Sklavin schlief bei Irikoere im Zimmer und sah des Nachts, wie Olagbeno aus der Kugel kroch. Am folgenden Tag sagte sie zu ihrer Herrin: »Wenn du mich vor den anderen in Schutz nimmst, so daß sie mich nicht mehr so schrecklich verspotten, will ich dir etwas erzählen, was deine Ohren gerne hören werden.«

Ihre Herrin versprach es, und Ekpofi erzählte ihr, daß immer, wenn es Nacht wurde, ein schöner Jüngling zu ihr käme, um sie anzusehen.

An diesem Abend kroch Irikoere noch bevor es dunkel war in ihr Bett und tat so, als ob sie schliefe. Da kam der Prinz aus seiner Kugel, und die beiden sahen sich an und verliebten sich sofort sehr heftig ineinander.

Olagbeno bat um etwas zu essen, und die Prinzessin bereitete es eigenhändig für ihn zu. Nach dem Essen gingen sie zusammen zu Bett, und sie liebten sich.

Bei Anbruch des Tages sprang Olagbeno eilig in seine Kugel zurück, und Irikoere sehnte sich danach, daß die Nacht wieder hereinbräche.

Es dauerte nicht lange, da wurde Ogisos Tochter schwanger. Als ihr Bauch dicker wurde, fingen Ogisos Frauen an, sich die Mäuler zu zerreißen. »Was sind das für verwerfliche Zustände hier, kein Mann außer ihrem Vater kann zu ihr kommen, und Irikoere ist schwanger!«

Als Ogiso seine Frauen zu sich rief, um mit ihnen sein Lager zu teilen, verweigerten sie sich ihm, weil sie glaubten, daß er seine Tochter geschwängert habe.

Da rief Ogiso den Rat zusammen. Als alle Mitglieder des Rates anwesend waren, sprach er: »Auf bisher noch unbekannte Weise ist meine Tochter schwanger geworden, und ihr müßt herausfinden, wie das passieren konnte. Ist es meine Schuld, dann ist es eure Pflicht, mich zu töten, anderenfalls sind sie und der Mann, der sie in diesen Zustand gebracht hat, des Todes.«

Mit diesem Richtspruch waren alle einverstanden, und sie ließen Irikoere rufen. Die nahm ein Bad und zog ihre besten Kleider an. Dann ging sie zu ihrem Vater, und ihre Sklaven trugen die Kugel hinter ihr her.

Als sie vor den Rat trat, wurde sie gefragt, wie sie schwanger geworden wäre. »Das kommt durch meinen Vater«, antwortete sie, und Ogiso platzte fast vor Wut ob dieser Behauptung.

Daraufhin drehte sie sich um und befahl ihren Sklaven, die Kugel zu öffnen. Als sie das taten, flog die eine Hälfte zum Himmel und wurde die Sonne, die seitdem strahlend über Benin scheint. Dann sprang Olagbeno aus der Kugel, und er entpuppte sich als der schönste Mann des Landes. Die untere Hälfte der Kugel aber erschien von da an als Mond am Himmel über Benin.

Irikoere sprach zu den Ratsmitgliedern: »Das ist mein Geliebter, und ihn will ich heiraten. Mein Vater hat ihn bedenkenlos in mein Zimmer bringen lassen.«

Die Ratsmitglieder beratschlagten sich und kamen zu dem Ergebnis, daß Ogiso tatsächlich für das, was geschehen war, verantwortlich war. Also ergriffen und töteten sie ihn und krönten Olagbeno zum König. Aber sie nannten ihn nicht mehr ›Ogiso‹, sondern ›Oba‹, und er wurde ein mächtiger und allseits beliebter Mann.

»Meine Mutterschwester hat mir dieses Märchen erzählt, als ich noch ein kleines Mädchen war«, berichtete Maraquansa abschließend. »Und von ihr habe ich auch die nächste Geschichte gehört, aber das war viele Jahre später, als ich schon erwachsen war und wir einmal zusammen für zwei Tage und eine Nacht in den Urwald gingen, um Heilwurzeln zu sammeln.«

Die erste Sonnenfinsternis

Die erste Mutter der Welt war eine große Zauberin. Einmal nahm sie eine Holzschale mit Wasser und schlug mit einer Sichel hinein, so daß Schaum und Blasen aufstiegen. Da schrie die Sonne auf und fiel in die Holzschüssel. Wie ein glänzender Spiegel lag sie in der Holzschüssel mit Wasser. Sogleich war die Welt dunkel, und es war schwarze Nacht. Die Kabylen sagen, daß dieses noch heute alle fünf Jahre einmal vorkommt. Sie sagen, die erste Frau der Welt habe der Welt einen Tag von fünf Jahren gestohlen.

Wie es nun ganz dunkel war, kamen alle Leute zu der alten Zauberin und sagten zu ihr: »Was hast du getan? Wie soll es nun wieder hell werden? Es kann nur geschehen, indem du eines deiner Kinder, das dir lieb ist, sterben läßt. Wenn du der Sonne ein dir liebes Kind gibst, wird sie wieder emporsteigen. Tue es also!«

Die erste Mutter der Welt bezeichnete ein Kind und sagte: »So mag dieses Kind sterben. Dieses Kind will ich der Sonne geben.« Das Kind starb sogleich, und die Sonne stieg wieder empor.

Die erste Mutter der Menschen machte aber damals noch mehr mit ihrer hölzernen Wasserschüssel und der Sichel. Die Blasen wurden zu Wolken. Vier Monate lang im Jahr ziehen seitdem die Wolken über den Himmel hin und verdunkeln die Sonne, so daß sie nicht hell und warm scheinen kann. Die Zähne der Sichel, mit der sie die Blasen im Wasser aufschlug, wurden zu Sternen. Die glänzende Mittelfläche der Wasserschüssel wurde die Sonne, der Rand herum der Himmel.

Als Maraquansa geendet hatte, standen Jing-Mei und Gerswind auf und warfen Holz aufs Feuer. Die Flammen schlugen gen Himmel und ließen Funken tanzen. Es war wie ein Feuerwerk, und die Frauen lachten und klatschten dazu in die Hände.

Als der Becher aufs neue kreiste, zog Maraquansa die Knie an, schlang beide Arme darum und erzählte weiter:

Gold für Gold

Einst lebten ein Mann und eine Frau. Sie hatten einen einzigen Sohn namens Mohammed. Als er erwachsen war, wollte er sein Dorf verlassen. Aber seine Eltern sagten zu ihm: »Du bist unser einziger Sohn. Wir sind reich. Wir haben drei Wasserschöpfräder und viele Sklaven, die die Felder bestellen. Verlasse uns nicht!«

Doch der Sohn bestand auf seinem Wunsch und ging in die Fremde, um selbst zu arbeiten. Jedes Jahr kam er nach Haus auf Besuch und brachte seinen Eltern einen Sack voll Geld mit. Einmal brachte er noch viel mehr Geld mit als in den anderen Jahren und heiratete eine Frau aus seinem Dorf. Dann fuhr er wieder weg und ließ die Frau daheim. Bald darauf starb sein Vater, und seine Mutter lebte allein in dem Haus. Der Sohn brachte ihr weiterhin jedes Jahr im Urlaub einen Sack voll Geld. Seine Mutter aber hortete das Geld in irdenen Wasserkrügen. Im Lauf der Zeit hatte sie schon sieben mit Geld gefüllte Wasserkrüge in einem Raum ihres Hauses vergraben.

Eines Tages fühlte sich die Mutter sehr schwach und krank. Sie rief die Ehefrau ihres Sohnes und sagte zu ihr: »Du bist meine Tochter, denn dein Mann ist mein Sohn. Ich habe sonst niemanden auf der Welt. Ich werde dir viel Geld hinterlassen, sieben mit Geld gefüllte Wasserkrüge sind in der Ecke dort vergraben. Wenn ich gestorben bin und mein Sohn wiederkommt, dann gib ihm dieses Geld.«

Kurz darauf starb die Mutter. Ihre Schwiegertochter befreundete sich mit einem Fremden, der im Dorf lebte. Sie lud ihn zu sich zum Essen ein, und er wurde ihr Liebhaber.

Eines Tages kam ihr Mann in das Dorf zurück. Er sah, daß seine Wasserschöpfräder in Betrieb waren, und wußte so, daß seine Frau mit allem Notwendigen versorgt war. »Wie ist meine Mutter gestorben? Hat sie dir vor ihrem Tod noch etwas gesagt?« wollte er von seiner Frau wissen.

»Deine Mutter ist ganz plötzlich gestorben. Als ich ihr an einem Morgen den Tee bringen wollte, fand ich sie leblos am Boden liegen«, lautete die Antwort.

Mohammed war sehr ungehalten, weil er nichts Näheres über

den Tod seiner Mutter erfahren konnte, ließ sich aber nichts anmerken. Sein Urlaub im Heimatdorf verging schnell. Einige Tage vor seiner Abreise ging er auf seinen Feldern beim Wasserschöpfrad spazieren. Unterwegs kam er an einer Strohhütte vorbei, vor der eine alte Frau saß. Er begrüßte die Alte. Sie bat ihn einzutreten und sagte zu ihm: »Du bist reich und doch bist du vergrämt, das ist nicht normal. Falls du dich wegen des Ablebens deiner Mutter so verändert hast, so ist das nicht richtig, denn ein jeder von uns wird auch sterben.«

»Liebe Tante«, erwiderte Mohammed, »ich bin verärgert, da mich niemand vom Tod meiner Mutter verständigt hat. Ferner hat mir meine Frau gesagt, daß meine Mutter plötzlich gestorben ist. In den letzten Jahren habe ich meiner Mutter regelmäßig Geld gegeben und weiß, daß sie fast das ganze Geld irgendwo vergraben hat. Nun behauptet meine Frau, daß meine Mutter mit ihr nie über das Geld gesprochen habe.«

»So«, sagte die alte Frau, »ich werde dir einen Rat erteilen. Geh zu deiner Frau und frage sie, wer beim Begräbnis deines Vaters und deiner Mutter die Verantwortung für das Haus übernommen hat, ob dies dein Vetter väterlicher- oder mütterlicherseits war. Wenn deine Frau antwortet, daß es gar kein Verwandter war, dann fahre fort: ›Dieser Mann hat sehr viel für uns getan, und wir müssen ihn unbedingt zum Essen einladen.‹ Deine Frau soll einen großen Topf mit Dattelschnaps bereiten. Wenn du dann mit deiner Frau so gesprochen hast, der Dattelschnaps fertig ist und die Einladung stattfinden soll, dann komm zu mir, und ich werde dir weitere Anweisungen erteilen.«

Mohammed tat, wie es ihm die alte Frau geraten hatte. Schon in der nächsten Nacht fragte er seine Frau, wer die Trauerfeierlichkeiten geleitet habe. »War es der Sohn meines Vaterbruders oder der Sohn meines Mutterbruders?« fragte er.

Seine Frau aber spuckte nur aus und sagte: »Keiner deiner Verwandten hat uns geholfen. Ein ganz Fremder stand uns in deiner Abwesenheit bei!«

»Dann müssen wir dem Fremden unsere Dankbarkeit bezeugen. Bereite einen guten Dattelschnaps, und wenn es soweit ist, werden wir ihn zu uns einladen.«

Die Frau nahm einen Krug, reinigte ihn mit Wasser, räucherte ihn mit Weihrauch aus, wusch die Datteln und übergoß sie mit Wasser; kurz, sie tat alles, um den Dattelschnaps möglichst gut zu machen. Als der Dattelschnaps fertig und die Einladung ausgesprochen war, ging Mohammed zu der alten Frau. Er traf sie in ihrer Strohhütte an, und sie gab ihm folgenden Rat:

»Sobald du deine Frau siehst, sage ihr, daß du die Schöpfräder und das Land deines Vaters sowie all dein Eigentum hier im Dorf verkaufen willst, um für immer in die Stadt zu ziehen, in der du arbeitest. Dann schlachte einen Hammel und sage dabei, daß ihr am Tag nach der Bewirtung des Fremden verreisen werdet. Wenn du das Hammelfleisch reinigst, verstecke ein Stück Darm, blase es auf und binde es dir um deinen Leib. Wenn der Gast gegessen hat, trinkst du noch etwas von dem Dattelschnaps, sage dann, daß du am nächsten Tag verreisen wirst und daß du dich nun zurückziehst, um am nächsten Tag ausgeschlafen zu sein. In Wirklichkeit stellst du dich nur schlafend. Deine Frau und der Fremde werden weiter essen und trinken und miteinander reden. Du wirst aber weiterhin so tun, als ob du schlafen würdest, du wirst dich im Schlafe wälzen und dabei auf den Hammeldarm drücken, so daß er Furzlaute von sich gibt. Deine Frau und der Fremde werden nun ganz sicher sein, daß du tief schläfst. Sie werden alles für sie Wichtige miteinander besprechen, und du wirst hören können, was sie einander zu sagen haben.«

Mohammed befolgte die Anweisungen der alten Frau und tat alles, wie sie es ihm geraten hatte. Er schlachtete den Hammel und bereitete alles vor, was für die Einladung notwendig war. Am Abend der Einladung zog er sich bald zurück, da er am frühen Morgen verreisen müsse, und der Gast sagte: »Aber bitte, lege dich doch schlafen!«

Mohammed legte sich hin, schnarchte und furzte mit dem Hammeldarm. Darauf sagte seine Frau zu dem Fremden: »Kannst du hören, wie er furzt, dieser Sodomit! Ich kann ihn deshalb nicht ausstehen.« Mohammed preßte nun den Hammeldarm noch stärker, und seine Frau rief: »Dieser impotente Mann wird das Eigentum seines Vaters verkaufen! Morgen mußt du zum Kaufmann gehen und Geld leihen. Mit diesem

Geld kommst du dann zur Versteigerung und sagst zu meinem Mann: ›Warum verkaufst du das Land deines Vaters und verläßt unser Dorf? Das ist doch eine Schande!‹ Besteht mein Mann aber auf dem Verkauf, dann mußt du es sein, der alles kauft. Du bietest einfach immer mehr als die anderen, gleich, welchen Preis du dafür zahlen mußt. Seine Mutter hat mir im Sterben gesagt, daß in einem Raum dieses Hauses sieben Krüge mit Geld vergraben sind. Morgen werden wir dieses Geld haben.« In diesem Augenblick war ein lauter Furz zu hören.

Nach einiger Zeit tat Mohammed, als ob er aus tiefem Schlaf erwache. »Hoffentlich habe ich nichts Schamhaftes im Schlaf getan?« fragte er seinen Gast.

»Du hast tief geschlafen und nichts Schamhaftes getan«, erwiderte der Fremde. Da Mohammed nun alles wußte, was er wissen wollte, setzte er sich zu seinem Gast und zu seiner Frau, aß und trank und unterhielt sich bestens bis zum frühen Morgen. Im Morgengrauen, während seine Frau noch schlief, beauftragte er seine Sklaven, statt auf den Feldern zu arbeiten Holz zu bringen, Holzkohle daraus zu brennen, die Krüge in dem einen Raum auszugraben und sie – nachdem er das Geld an sich genommen hatte – mit dieser Holzkohle zu füllen und an der gleichen Stelle zu vergraben.

Dann fand die Versteigerung statt. Mohammed läutete die Glocke und rief, daß er sein ganzes Eigentum versteigern lassen wolle. Die Leute meinten zwar, daß es eine Schande sei, das väterliche Erbe zu verkaufen: »Unser Land ist doch das beste auf dieser Welt, wohin willst du ziehen?«

Doch Mohammed erwiderte: »Ich habe beschlossen, es so zu tun, und möchte weiter nicht darüber sprechen! Wenn jemand etwas kaufen will, so soll er es kaufen!«

So fand die Versteigerung statt. Der eine überbot den anderen, und als der Preis auf dreitausend Pfund geklettert war, sagte der Fremde: »Ich habe dir seinerzeit geholfen und gedient, und deshalb sollst du mir dein Eigentum verkaufen!«

»So sehe ich es auch«, antwortete Mohammed. »Mein Eigentum verkaufe ich lieber an dich als an einen anderen, und deshalb biete ich es dir für nur zweitausendfünfhundert Pfund an!« Der Fremde zahlte die verlangte Summe, Mohammed aber rüstete sich schon für die Abreise und fragte seine Frau, ob sie auch schon reisefertig sei?

Die Frau aber antwortete: »Ich verreise nicht mit dir! Ich habe hier mein Leben lang gelebt. Dein Vater und deine Mutter waren hier, und dies ist das beste Land, das es auf Erden gibt! Warum soll ich an einen fremden Ort gehen?«

»Wenn du keine Ansprüche an mich stellst, werde ich mich von dir scheiden lassen«, antwortete Mohammed, und als seine Frau damit einverstanden war, rief er einige Zeugen und sprach die Scheidung aus. Mit seinem Geld und seinen Sklaven verließ er dann sein Heimatdorf.

Nach Mohammeds Abreise heiratete der Fremde dessen Frau. Eine Woche darauf sagte sie: »Wir sollten etwas Geld aus einem Tonkrug nehmen, um die Schuld dem Kaufmann zu bezahlen.« Sie gruben in der Ecke des einen Raumes, aber sie fanden in den Krügen nur Holzkohle vor. Der Mann wurde wütend auf seine Frau und verprügelte sie.

»Du hast mich hintergangen und überlistet!« schrie er. »Diesen Mohammed, der mein Geld gestohlen hat, werde ich suchen und finden!«

Da der Kaufmann sein Geld nicht zurückbekam, nahm er statt des Geldes die Wasserschöpfräder, die Felder und das Haus.

Indessen war Mohammed in einem anderen Land angekommen. Er stellte sich dort mitten auf den Marktplatz und rief aus: »Wer will mein Gold für Gold kaufen?« Die Vorbeigehenden wunderten sich, was dies bedeute, denn wie kann man Gold für Gold kaufen? Nach einiger Zeit kam ein Mann auf Mohammed zu und sagte zu ihm: »Ich will Gold für Gold kaufen«, und führte Mohammed in sein Haus. Der Mann öffnete eine Tür, betrat ein Zimmer, dann öffnete er wieder eine Tür und betrat das nächste Zimmer. Und das wiederholte sich so oft, bis sie schließlich nach der siebten Tür im siebten Zimmer angekommen waren. Mitten in diesem Zimmer saß ein wunderschönes Mädchen. Der Mann deutete auf das Mädchen und sagte: »Das ist mein Gold.«

Mohammed war zufrieden und antwortete: »Es ist genauso, wie ich gesagt habe: Gold für Gold. Er gab dem Mann sein ganzes Gold und heiratete das Mädchen. Nach einigen Wochen begab er sich auf eine Reise.

Mohammeds frühere Frau und ihr Mann suchten inzwischen überall nach ihm. Schließlich kamen sie in eine Stadt, in der sie erfuhren, daß Mohammed hier geheiratet hatte und inzwischen verreist war. Der Mann ging in das Haus, in dem Mohammed geheiratet hatte, und weil er sich als Verwandter Mohammeds ausgab, wurde er als Gast aufgenommen und verbrachte dort drei Tage. Am dritten Tag sagte er: »Nun möchte ich auch Mohammeds Frau begrüßen.« Vor seiner Abreise hatte Mohammed seiner jungen Frau die ganze Geschichte erzählt, und sie wußte sofort, daß dies der Feind ihres Mannes sei, an dem sie sich rächen müsse. Als der Fremde sein Verlangen nach ihr gestand, entfernte sie sich unter einem Vorwand kurz aus dem Raum und versteckte ein Messer und einen Behälter mit flüssiger Butter in ihren Gewändern. Der Mann wurde immer zudringlicher, und als er seinen Penis herausnahm – schwupp –, schnitt sie ihm den Penis ab. Der Mann wurde ohnmächtig, aber geschickt goß die junge Frau Butter auf die Wunde, die dann schnell heilte – der Penis aber war weg. Die Eltern des Mädchens dachten, der Verwandte des Mannes ihrer Tochter sei krank, und pflegten ihn.

»Jetzt wird Mohammed bald zurückkommen«, sagte die junge Frau eines Tages zu ihm.

»Wenn er zurückkommt, wird er mir den Kopf abschneiden!« rief der Fremde ängstlich aus und bat um Erlaubnis, das Haus verlassen zu dürfen.

»In eurem Dorf hast du die Ehe von Mohammed zerstört, bist du hierhergekommen, um auch die Verbindung zwischen mir und meinem Mann zu zerstören?« Der Fremde gab keine Antwort auf diese Frage, sondern bat inständig, verreisen zu dürfen.

Wie es so ist, die Wege von Mohammed und dem Fremden kreuzten sich. Der Fremde erkannte seinen Gegenspieler zuerst, packte ihn an der Gurgel und schrie: »Gib mir mein Geld zurück! Ich will weder deine Wasserräder noch deine Ländereien noch dein Haus!«

»Du hast sie aus freiem Entschluß gekauft, ich habe sie dir sogar verbilligt abgetreten!« hält ihm Mohammed entgegen, und da sie sich nicht einigen konnten, gingen sie zu einem Richter.

Als Mohammeds Reisegefährten in der Stadt ankamen, fragte Mohammeds Schwiegervater nach ihm. »Unterwegs hatte er

Streit mit einem Fremden. Schließlich gingen beide zu einem Richter. Wir blieben einige Tage bei ihm, aber wir konnten nicht länger warten und mußten weiterreisen«, erzählten die Reisegefährten.

Als Mohammeds Frau diese Nachricht hörte, kaufte sie sich auf dem Markt die Uniform eines Leutnants und Soldatenuniformen für ihre Sklaven. Wie ein Offizier mit seinen Soldaten bestieg sie ein Schiff und fuhr zu dem Richter. Als sie den Gerichtsplatz betraten, erschraken alle Anwesenden sehr. »Woher kommt denn dieser Offizier mit seinen Soldaten?« fragten sie sich. Der Richter unterbrach die Verhandlung, lud den Offizier und dessen Mannschaft in sein Haus ein und bat ihn, doch am nächsten Tag wiederzukommen, um den Richterspruch in einer komplizierten Angelegenheit zu hören.

Am nächsten Tag fragten die Soldaten, warum ihr Offizier nicht an der Verhandlung teilnehme und so das Problem lösen helfe. Doch der Offizier antwortete: »Ich kenne die Einzelheiten des Falles nicht.« Er wurde nun darüber unterrichtet, wie der eine der Männer das Land des anderen gekauft hätte und jetzt nach vielen Jahren diesen Kauf wieder rückgängig machen wolle. »Gut so«, sagte nun der Offizier, »ich habe diese Angelegenheit verstanden und auch die Lösung gefunden! Aber zuvor muß ich euch allen eine Frage stellen: Hat ein Sklave Anspruch auf das Eigentum seines Herrn?«

»Nein!« antworteten die Leute.

»Ihr müßt nämlich wissen, daß der Kläger der Sklave des Beklagten ist.«

Darüber waren die Leute sehr erstaunt und riefen: »Wieso kannst du behaupten, daß ein hellhäutiger Mann ein Sklave sein kann?«

Der Offizier antwortete aber: »Der Beklagte ist ein Sklave eines Verwandten von mir, und wir markieren unsere Sklaven. Wenn wir einen Mann mit dieser Marke finden, dann wissen wir ganz genau, daß dies unser Sklave ist.«

»Wie ist eure Marke?« wollten die Leute wissen.

»Wir schneiden unseren Sklaven den Penis ab.«

Als die Soldaten diese Worte hörten, ergriffen sie den Kläger und stelltenfest, daß er als Sklave markiert war. Mit Gewehrkolbenstößen trieben sie nun den Sklaven auf das Schiff und fuhren in ihre Stadt zurück.

Zu Hause angelangt, zog die Frau die Uniform des Offiziers aus und fragte den Fremden: »Kennst du mich jetzt wieder?« Dann fuhr sie fort: »Ich ließ dich laufen, denn du hast mir versprochen, meinen Mann nie mehr zu belästigen. Du aber hast dein Wort gebrochen und meinen Mann angeklagt. Ich werde dich hier gefangenhalten, und wenn Mohammed zurückkommt, wirst du verbrannt, deine Asche gemahlen und im Wind verstreut werden.«

»Ich habe schlecht gehandelt, aber laß mich am Leben«, flehte der Fremde. »Ich werde euch nie wieder belangen!« Die Frau ließ ihn gehen.

Etwas später kam Mohammed zurück. »Warum warst du so lange fort?« fragte ihn seine Frau.

»Ein Mann hat mir große Schwierigkeiten bereitet«, sagte Mohammed und erzählte die ganze Geschichte, wie er verklagt wurde und wie sein Kläger als Sklave von einem Offizier abgeführt wurde, und wie er nach diesem Richterspruch wieder zurückkehren konnte. Seine Ehefrau aber sagte nichts, sondern reichte ihm den abgeschnittenen Penis. Mohammed verstand schnell die ganze Geschichte und fragte, wie sie den Penis abgeschnitten hätte. Nun erzählte seine Frau ihre Geschichte. »So warst du der Offizier!« rief Mohammed aus, »du bist tatsächlich Gold, das ich für Gold bekommen habe.«

Maraquansa hob beide Hände und ließ sie klatschend auf die Schenkel fallen. »Aber ihr sollt nicht glauben«, sagte sie, »daß alle Frauen so dumm sind, wie Mohammeds erste Frau war, und um es euch zu beweisen, erzähle ich euch jetzt die Geschichte von einer Frau, die von ihrem Mann durch seine ständige Eifersucht gequält wurde.«

Der Eid der verliebten Frau

Da war einmal ein Mann, der seine Frau nie aus den Augen ließ. Tag und Nacht lebte er in Angst, daß sie einen anderen Mann kennenlernen und sich in ihn verlieben könnte.

Irgendwann hatte die Frau davon genug und sagte zu ihrem Mann: »Mann meines Kopfes, Mann meiner Brüste, Mann meiner Vorderseite, Mann meiner Hinterseite, warum nur bist du so unausstehlich? Dieser schreckliche Kleinkrieg hängt mir zum Halse heraus!«

»Welcher Kleinkrieg?« fragte der Mann.

»Dieser Kleinkrieg von piß nicht und scheiß nicht!« schrie sie wütend.

»Wer sagt, daß du nicht scheißen darfst?«

»Dein ganzes Betragen!« entgegnete die Frau. »Jedesmal wenn ich nach draußen gehe, zum Waschplatz zum Beispiel, verdächtigst du mich, daß ich mich heimlich mit einem anderen Mann treffe.«

»Ich habe als Mann schließlich das Recht, meine Frau zu bewachen!«

»Gut, wie du willst. Aber laß dir sagen, daß nicht mal die Götter die Macht haben, mich zu bewachen und zu erwischen, wenn ich mich tatsächlich mit einem anderen Mann treffen will! Und was ist übrigens falsch daran, jemanden zu lieben? Als ob ich geboren wäre, um zu hassen!«

Der Schreck über das, was seine Frau gesagt hatte, traf den Mann mitten ins Herz. Er baute ein Haus mit zwei Stockwerken (was in Afrika sehr außergewöhnlich ist), und jeden Morgen, wenn er aufs Feld ging, um zu arbeiten oder zu jagen, schloß er seine Frau hinter drei Türen ein und steckte die Schlüssel in seine Tasche.

Eines Tages schaute die Frau hinaus und sah einen Mann, der ihr gefiel. »Hast du Lust, zu mir zu kommen?« rief sie ihm zu.

Der Mann sah zu ihr hoch, sah ihren langen Hals und ihre glänzenden Augen und sagte: »Ich komme, aber nur wenn ich sicher sein kann, auch wieder wegzukommen.«

»Ich kann dir sagen, wie du hereinkommst, aber wie du wieder rauskommst, mußt du selbst herausfinden. Also komm – oder traust du dich vielleicht nicht?«

Der Mann sagte: »Ich hab' keine Angst, aber vergiß nicht, daß der Krieg den Krieger tötet, der Fluß den Schwimmer und das Messer die Ziege. So hat jeder seinen eigenen Tod.«

»Und welcher Tod ist eines Liebhabers Schicksal?«

»Der Liebhaber stirbt durch die Frau. Ich setze alles für dich aufs Spiel. Aber weil ich durch eine Frau ins Leben gebracht worden bin, ist es nicht mehr als recht und gerecht, wenn ich diese Erde auch durch den Willen einer Frau wieder verlasse.«

Als die Frau das hörte, warf sie ihm ein Stück Seife zu, in das sie einen Abdruck des Hausschlüssels gemacht hatte, und sagte zu dem Mann, daß er beim Schmied einen Schlüssel anfertigen lassen und damit am folgenden Tag zurückkommen solle. Der Schlüssel war von Meisterhand geschmiedet, und der Liebhaber drang mühelos bei der nach Liebe dürstenden Frau ein. So setzte der Mann seine Lippen an den Topf eines anderen und genoß täglich von dessen Suppe.

Eines Tages entdeckte der Ehemann, als er vom Feld nach Hause kam, daß eine der Türen offenstand. Sofort fühlte er Mißtrauen in sich aufsteigen und begann so laut zu keifen und zu schreien, daß es schrecklich anzuhören war. Die Frau ließ ihn sich austoben und sagte dann: »Die dumme Eifersucht von dir bringt noch meinen Namen in Verruf. Wir gehen zum Orakelfelsen, und dort werde ich einen Eid ablegen. Dann ist es hoffentlich ein für allemal vorbei mit diesem idiotischen Getue.«

Ihr Mann fand das eine prächtige Idee, denn es war allgemein bekannt, daß jeder, der einen falschen Eid ablegte, auf dem Fels erst anschwoll und dann einen schrecklich qualvollen Tod starb. Sie sprachen ab, daß sie sich sieben Tage später diesem göttlichen Urteilsspruch unterwerfen sollte.

Nun zerbrach die Frau sich natürlich den Kopf, wie sie sich aus dieser mißlichen Lage befreien könne, und schließlich hatte sie eine Idee. Als ihr Liebhaber am folgenden Tag wiederkam, erzählte sie ihm die ganze Geschichte. Sorgenvoll legte er seine Stirn in Falten, und der Angstschweiß lief ihm an den Schläfen herunter.

Aber die Frau beruhigte ihn. »Du mußt irgendwo einen Esel auftreiben«, sagte sie, »und ihn in genau sechs Tagen am Weg zum Orakelfelsen grasen lassen. Den Rest laß dann nur mich machen.«

Der Tag, an dem das göttliche Urteil gesprochen werden sollte, brach an, und die Frau und der Mann machten sich auf den Weg zum Orakelfelsen. Die Frau tat, als ob sie immer müder würde, und als sie in der Ferne ihren Liebhaber mit dem Esel sah, sagte sie, daß sie nicht mehr weiter könne, und setzte sich hin, um sich auszuruhen. Ihr Ehemann war davon überzeugt, daß sie Angst hatte, den Eid abzulegen, und daß sie auf diese Weise versuchen wollte, dem Ganzen zu entkommen. Er sagte: »Wenn du nicht mehr laufen kannst, dann miete ich diesen Esel dort vorne. Dann kannst du zum Berg reiten.«

Er rief den Liebhaber, der sich alte, schäbige Kleider angezogen hatte, und sie handelten einen Preis aus. Der Liebhaber half der Frau auf den Esel und führte das Tier am Zügel.

Die Frau winkte ihren Mann näher und flüsterte: »Es ist etwas Schlimmes passiert. Als ich auf den Esel stieg, konnte dieser elende Streuner da etwas sehen, was er nicht hätte sehen dürfen.«

»Wie konnte das passieren?« fragte der Mann, und die Frau antwortete: »Als ich mich heute morgen hastig herrichtete, um diesen Eid abzulegen, habe ich vergessen, meine Unterwäsche anzuziehen, und als ich mein Bein hochhob, um diesen Esel zu besteigen, konnte der alte Streuner meine Nacktheit sehen.«

»Na ja«, sagte der Mann, »der arme Bettler durfte dann vielleicht einen Blick auf mein Süppchen werfen, aber das macht mir nichts aus, solange außer mir sonst keiner davon kosten kann.«

Als sie das Heiligtum auf dem Felsen erreichten, kniete die Frau sich nieder, brachte eine Anzahl von Kolanüssen und Jamswurzeln zum Vorschein, berührte mit der Stirn den Fels und sprach:

»Oke, göttlicher Fels.
Du warst schon lange vor unseren Eltern da.
Und noch ein Glück für unsere Nachkommen wirst du sein.
Du warst da, als diese Stadt hier erst entstand,
und wirst hier noch sein, wenn sie zerfällt.
Wie ich hier zu dir bete,
so werde ich auch in der folgenden Trockenzeit beten.
Oke, göttlicher Fels.
Höre meine Worte
und strafe mich, wenn ich lüge.
Ich schwöre bei deinem Alter und deiner göttlichen Macht,

daß kein Mann je meine Nacktheit gesehen hat,
außer meinem Ehemann
und diesem armseligen Eseltreiber.
Wenn ich nicht die Wahrheit spreche,
laß meinen Körper anschwellen und laß mich sterben.
Laß mich nie die Sonne mehr sehen,
und auch den Mond nicht.«

Ihr Ehemann war freudig überrascht, als er sah, daß nichts mit ihr passierte. Sie kehrten zurück zu ihrem Haus, und die Frau und ihr Liebhaber liebten sich noch lange und waren dabei sehr glücklich.

»Woraus sich wieder einmal die Wahrheit eines alten Sprichwortes erweist«, schloß Maraquansa, »das da heißt: Nicht einmal die Götter können hinter die List einer verliebten Frau kommen.«

Maraquansa hob den Kopf und sah zum Hochfels hinauf. Über seinen Gipfeln zog bereits das Morgengrauen auf. Der Mond stand noch am Himmel, aber er war blaß und kaum noch zu sehen. Wieder eine Mondnacht war vergangen, und als Anamaque den Heiligen Becher von Maraquansa entgegengenommen und an Taranga weitergegeben hatte, löschten die Frauen das Feuer und verabschiedeten sich voneinander, um übers Moor ihrer Wege zu gehen.

DIE ELFTE NACHT

Taranga erzählt Märchen aus Australien und Ozeanien

Viermal sieben Tage und Nächte waren vergangen, in denen Taranga auf der Suche nach Geschichten die Inselwelten ihrer Ahninnen durchstreift hatte. Jetzt lief sie barfuß durchs Moor und freute sich auf das Wiedersehen mit ihren Schwestern.

Am Moorfels, der noch von der Sonne des Tages aufgeheizt war, entdeckte sie einige junge Eidechsen, die sich wärmten. Eine Weile verharrte sie bewegungslos, um die Tiere zu beobachten, und dabei erinnerte sie sich an die Frösche, die sie im Frühjahr in einem der Moortümpel entdeckt hatte. Sie waren wirklich und tatsächlich hellblau gewesen – so blau wie der strahlende Himmel über der Insel ihrer Ahninnen! Und als sie später Gerswind davon berichtet hatte, war sie gefaßt darauf gewesen, daß die sie für verrückt hielt, aber sie nickte sofort und erklärte ihr, daß es sich um Froschmännchen im Hochzeitskleid gehandelt habe.

Taranga ging weiter. Es war noch ein weites Stück Weges bis zum Tanzplatz, und die Sonne war längst untergegangen. Als sie am See entlangkam, spürte sie einen ersten kühlen Hauch, der das Nahen des Herbstes ankündigte. »Bald schon ist wieder ein Jahr vergangen«, dachte sie bei sich, »und der Winter wird mit seinen eisigen Händen nach uns greifen.«

Als sie am Tanzplatz ankam, ging gerade der Mond auf, und die Frauen, die lachend das Feuer geschürt und den Kreis vorbereitet hatten, hielten in ihrer Arbeit inne und sahen zum Hochfels hinauf. Immer wieder war es ein überwältigendes Schauspiel, wenn das erste Silberlicht den Himmel schminkte und sich über Berg und Tal ergoß.

Anamaque schien es diesmal wieder etwas besser zu gehen; sie war halbwegs bei Kräften und führte sogar den Tanz an. Dann, als alle Rituale getan waren, setzten sich die Frauen, und Taranga begann zu erzählen:

Das Mädchen im Monde

Vor langen Zeiten, als die Welt noch anders war, als sie jetzt ist, als die Geister noch in Verkehr mit Menschen traten, da gab es auf der lieblichen Insel Nauru ein junges Mädchen namens Ejiawanoko, die mit ihrer Großmutter unter einem sehr hohen Baum lebte. Dieser Baum hieß Inkumateri, und seine höchsten Zweige berührten den Himmel. Seine Zweige waren herrlich grün und so dicht, daß die Sonnenstrahlen sie niemals durchdringen konnten, und auch gegen den Regen bildeten sie ein gutes Dach.

Als die Großmutter ihre Enkelin heranwachsen sah, dachte sie daran, daß es Zeit sei, einen Mann für sie zu suchen, aber sie wußte nicht recht, wie sie das machen sollte. Sie sagte sich, daß die Schönheit ihrer Enkelin sie berechtigte, einen Gott zu ehelichen, und da sie es nicht mehr hinausschieben wollte, nach einem Manne Umschau zu halten, rief sie die Enkelin herbei und sprach zu ihr: »Ejiawanoko, du mußt nun daran denken, dich zu verheiraten, und es gibt viele Männer, die für dich durch Feuer und Wasser gehen würden, aber ich habe schon für dich gewählt und will dir jetzt meine Vorschriften geben. Morgen früh, ehe die Sonne aufgeht, mußt du dich vom Lager erheben und dich für deine Reise vorbereiten. Salbe deinen Körper mit wohlriechendem Öl und bekränze deinen Kopf und Oberkörper mit schönen Blumen. Darauf ersteige den Baum, unter dem wir unser Heim haben. Du weißt, daß Stufen am Stamm bis zur Höhe hinaufreichen, obwohl noch niemand gewagt hat, ihn zu erklimmen, denn es würde dem den sicheren Tod bringen, der dies unternehmen würde. Du aber kannst ohne Furcht gehen, denn die Zauberformel, die ich über dich sprechen werde, wird dich vor Unheil bewahren, und es wird alles gutgehen!«

Da antwortete Ejiawanoko: »Ich will hingehen, wohin du willst, denn ich weiß, daß alles, was du für mich tust, zu meinem Besten ist.«

Nachdem die Großmutter ihre Zauberformel über sie gesprochen hatte, legten sich beide auf ihren Matten zur Ruhe. Zur bestimmten Zeit fand sich Ejiawanoko, mit schönen Blumen geschmückt und mit wohlriechendem Öl eingerieben, am Fuße des großes Baumes ein. Dann rief sie ihre Großmutter, die sie umarmte und sagte: »Mein Liebling, kommst du zurück, so ist es mir lieb; wenn aber nicht, so weiß ich, daß du dich in guter Hut befindest.«

Nun erstieg das Mädchen den Baum und legte – getragen von der Zauberformel – den Weg über die Zweige schnell und gefahrlos zurück. Als sie im Gipfel angekommen war, sah sie ein kleines Haus vor sich, neben dem ein altes, blindes Mütterlein saß, das auf heißen Steinen in Kokosschalen Palmwein zu Sirup einkochte. Es rührte eifrig, damit der Sirup nicht anbrenne. Dabei sang das Mütterlein und zählte ihre Schälchen. Jedesmal, wenn sie mit dem Zählen fertig war, nahm Ejiawanoko, die sich leise genähert hatte, eine Schale fort.

Als es immer weniger Schalen wurden, rief die Alte: »Was ist das? Es werden immer weniger Schalen!« Schließlich dachte das Mütterlein, die Schalen könnten nicht fortlaufen und es müsse sie also jemand weggenommen haben. Beim nächsten Male griff sie zu und faßte den Arm von Ejiawanoko, die gerade im Begriff war, eine neue Schale fortzunehmen.

Die Alte rief: »Endlich habe ich dich! Wer bist du, die du einer armen alten Frau den Sirup stiehlst? Aber du wirst teuer dafür bezahlen, denn meine beiden Söhne Iguan, die Sonne, und Merrimen, der Mond, werden dich töten, wenn sie hören, daß du ihre Mutter geärgert hast!«

»O hab Erbarmen, ich tat es nur aus Scherz«, erwiderte das Mädchen. »Bitte vergib mir, und ich will niemals wieder etwas Derartiges tun. Bitte, laß meinen Arm los.«

Doch das alte Mütterlein hielt noch immer den Arm des Mädchens fest umklammert: »Mein Name ist Eniburara, ich bin die Mutter von Iguan und Merrimen und koche Sirup für sie, wie ich es jeden Morgen tue, aber die Götter helfen dir, und nun habe ich nichts für sie, denn du hast mir die Schalen gestohlen!« Da entgegnete Ejiawanoko: »O liebe gute Eniburara, laß mich diesmal los. Ich will alles für dich tun, ich will deine Dienerin sein und dir stets gehorchen.«

Die Alte antwortete: »Ich brauche keine Dienerin. Das Wenige, was ich tue, tue ich aus Liebe zu meinen Kindern. Ich selbst bedarf keiner Nahrung, keiner Getränke und keines Schlafes.«

»O laß mich los, vergib mir, liebe, liebe Eniburara, und dann sage ich dir ein Geheimnis, das mir meine Großmutter mitgeteilt hat!«

»Gut, du törichtes Kind, sprich, was ist es?«

»Ich kann deine Blindheit heilen!«

»Nein, nein! Das kannst du nicht; jeder hat es versucht, und keinem ist es gelungen.«

Da ließ Eniburara den Arm des Mädchens los, worauf Ejiawanoko das Gesicht der Alten in ihre beiden Hände nahm. Nachdem sie sodann einige Worte gemurmelt hatte, spuckte sie in die Augen. Da krochen Eidechsen und Käfer aus den Augen der Alten, und sie konnte nach wenigen Augenblicken wieder sehen.

Vor Freude klatschte Eniburara in die Hände und rief: »Welch schöne Welt! Ich dachte stets, sie sei dunkel und häßlich, aber nun werde ich die Gesichter meiner lieben Söhne sehen können. Zunächst muß ich jedoch an dich denken, denn wenn ich dich nicht verberge, werden Iguan und Merrimen dich gewiß töten. Sie töten nämlich jedermann, den sie treffen.« Darauf steckte sie Ejiawanoko unter einen großen, leeren Öltrog und sagte ihr, sie solle ganz still sein, denn Iguan und Merrimen würden gleich kommen.

Kurz darauf erschien Iguan in seinem Glanz und blendete seiner Mutter Augen so sehr, daß sie genötigt war, ihr Angesicht zu wenden. Als Iguan dies sah, fragte er die Mutter: »Warum wendest du dein Gesicht ab? Du tatest dies nie zuvor!«

»Weil ich dich sehen kann, mein lieber Sohn, was ich früher nie konnte.«

»Wieso, Mutter – wer vollbrachte dies Wunder?«

Als er dies fragte, kam sein Bruder Merrimen, und als seine Mutter ihn erblickte, dachte sie, wie sanft und milde er aussehe im Vergleich zu Iguan, dem niemand ins Gesicht sehen konnte. Merrimen ging auf seine Mutter zu und sagte: »Wie kommt es, daß du uns anblickst, als ob du uns sehen könntest?«

»Ja, mein Sohn, ich kann sehen und dich anblicken, aber Iguan mit seinem Glanz tut meinen Augen weh.«

»Aber Mutter«, sprachen da die beiden, »was ist das für ein Duft? Es riecht nach menschlichem Wesen!«

»Es ist so, meine Kinder, ein Menschenkind, ein junges, liebliches Mädchen ist in der Nähe, und sie hat mich von meiner Blindheit geheilt. Sie ist so hold und schön, und ich denke, einer von euch beiden sollte sie heiraten.«

»Ja, Mutter«, antworteten die beiden, »laß das Mädchen kommen und zwischen uns wählen; wir wollen nicht eifersüchtig aufeinander sein.«

Eniburara ging zum Öltrog, und als sie ihn aufhob, kam Ejiawanoko darunter hervor. Eniburara nahm das Mädchen bei der Hand, führte es zu ihren Söhnen und sagte: »Nun, Kind, triff deine Wahl! Welchen von beiden willst du zum Manne haben?«

Ejiawanoko überlegte einige Augenblicke, sah Iguan und Merrimen an und sagte dann: »Ich kann Iguan nicht heiraten, denn er ist zu heiß, und ich kann ihn nicht ansehen. Aber Merrimen sieht so ruhig und gut aus – ich will mit ihm gehen.« Als Ejiawanoko so gesprochen hatte, kam Merrimen auf sie zu, legte seine Arme um sie und begann mit ihr durch die Luft zu segeln. Und bis auf den heutigen Tag kann man Ejiawanoko sehen, wie sie mit Merrimen durch den Himmel reist.

»Und dies«, endete Taranga, »ist die Geschichte des Gesichtes im Mond, so wie sie in meiner Heimat erzählt wird.«

Der Heilige Becher kreiste, und Taranga wartete, bis sie an die Reihe kam. Sie nahm einen tiefen Schluck, dann erzählte sie die Geschichte vom:

Sohn Adler und Tochter Schildkröte

An der Küste stand ein Dorf, und vor dem Dorf lag das Meer. Im Dorf wohnten Menschen, und im Meer lebten Fische. Aber nicht immer waren so viele Fische im Meer wie an diesem Tag. Die Menschen liefen an den Strand und riefen einander zu: »Zum Mittagessen und zum Abendbrot wird es Fisch geben. Mein Magen freut sich schon.«

Es waren so viele Fische da, daß das Meer von ihnen wimmelte und ein Großteil nahe an die Küste schwamm. Die Menschen stießen die Boote in das Wasser und paddelten und paddelten. Dann warfen sie die Netze aus und fischten im tiefen Wasser, wo die meisten Fische waren.

In einer Hütte saß ein Mädchen. Plötzlich hörten ihre Ohren nicht einen einzigen Laut. Sie trat vor die Hütte hinaus, und ihre Augen sahen keinen Menschen. Sie ging durch das Dorf, aber niemand begegnete ihr.

Da kehrte sie in ihre Hütte zurück und schälte Taro. Dabei dachte sie: Alle haben dich vergessen. Wohin mögen ihre Beine sie nur getragen haben?

Sie war jedoch nicht allein im Dorf. In der drittnächsten Hütte hing ein geflochtener Sack an einem Balken, und in dem Sack saß eine sehr, sehr alte Axt. Die Axt war verdrossen, niemand wollte mehr Holz mit ihr hacken oder Bäume fällen. Auch sie hörte keinen einzigen Laut. Da schlüpfte sie aus dem Sack hinaus, ließ sich auf den Boden fallen und nahm die Gestalt einer alten Frau an, die in der Nachbarhütte wohnte. Dann ging sie zu dem Mädchen und sprach: »Alle sind aufs Meer hinausgefahren, weil es voller Fische ist. Nur wir beide werden weder zum Mittagessen noch zum Abendbrot Fische haben.«

»Ich esse Fische gern«, sagte das Mädchen und schälte Taro.

»Steh auf«, sagte die Axt. »Ich kenne ein sehr altes Boot, von dem ich weiß, daß es niemand mehr benutzt. Wir fahren ein Stückchen aufs Meer hinaus und fangen Fische.«

Das Mädchen stand auf und half der Axt, das alte Boot ins Wasser zu schieben. Sie überließen das Boot den Wellen, sich selbst überließen sie dem Boot und paddelten hinaus. Als sie schon weit draußen waren, nahm die Axt ein Netz und warf es aus. Nach einer Weile zog sie es wieder ein und legte es ins Boot. Im Netz waren mehr Fische als Finger an beiden Händen. Die Axt sagte: »Siehst du den großen Baumstamm, der dort im Meer treibt? Fahren wir hin! Du setzt dich darauf und wirst fischen. Ich fahre im Boot weiter und werde noch mehr Fische fangen, damit wir recht viele haben. Und alle werden uns gehören.«

Das Mädchen freute sich, daß ihr Magen zum Mittagessen und zum Abendbrot viele Fische haben würde. Sie kletterte auf den großen Baumstamm, und die Axt paddelte weiter. Doch war die Axt mißmutig, und ihr steinernes Herz war allen Menschen böse gesinnt. Rasch fuhr sie dem Ufer zu.

Das Mädchen drehte sich um, und da sah es plötzlich, daß im Boot nicht die Frau aus der Nachbarhütte saß, sondern eine alte, sehr alte Steinaxt.

Das Mädchen rief, und seine Stimme lief hinter dem Boot her: »Fahr nicht weg! Ich werde auf dem Stamm allein sein, und du wirst im Dorf allein sein. Nimm mich ins Boot, ich will heim, Taro schälen und viele Fische kochen.«

Doch die Axt paddelte, so schnell sie konnte, zum Strand. Sie rief dem Mädchen zu: »Bleib sitzen, wo du bist. Ich werde auch dort hängen, wo man mich aufgehängt hat. Kein Mensch nimmt mich mehr in die Hand und hackt Holz mit mir oder fällt Bäume. Bin ich denn eine schlechte Steinaxt?«

Sie paddelte, bis das Boot am Ufer auffuhr. Dann zog sie es an Land und sprang wieder in den geflochtenen Sack, der an dem Balken hing. Das Mädchen saß auf dem großen Baumstamm. Das Meer schaukelte ihn und trug ihn immer weiter von der Insel fort. Die Sonne stieg vom Himmel herab, es war Nacht, und das Mädchen weinte dunkle Tränen. Es sprach zu sich selbst: »Warum bin ich nicht zu Haus geblieben? Ich hätte Taro gekocht, und Vater und Mutter hätten mir Fische gebracht. Wir säßen da, und die Welt wäre heiter und sonnig. Aber jetzt ist die Welt traurig und schwarz, und ich sehe nichts als meine Angst.«

Als die Sonne wieder am Himmel aufstieg, war die Insel verschwunden; und weit weg, dort, wo das Meer zu Ende war, schwamm ein Körnchen auf dem Wasser. Es war ungefähr so groß wie die bunten Körner in den Ohrringen des Mädchens. Und das war ihre Insel. Das Meer rauschte und sang Lieder, aber das Mädchen vernahm sie nicht. Seine Ohren hörten die Lieder der Brüder und Schwestern. Seine Augen sahen Vater und Mutter. Und schon war die Insel im Meer verschwunden. Ringsum gab es nur Wasser, darauf waren Wellen, und auf den Wellen schwamm ein Baumstamm. Der große Baumstamm war auf dem großen Wasser wie ein Splitter. Die Wellen sangen. Der Wind kam von der Mittagsseite gelaufen und trieb den Stamm immer weiter und weiter. Das Mädchen legte sich nieder, um nicht ein so großes Stück Meer sehen zu müssen. Und so sah es ein kleines Stück Meer, und auf ihm schwammen zwei kleine Kokosnüsse. Das Mädchen fischte die Kokosnüsse heraus, zerbrach sie am Baumstamm, trank die Milch und aß den süßen Kern. Die Schalen legte sie auf den Stamm und legte sich daneben.

Etwas später brachte eine Welle die Feder eines Seeadlers. Das Mädchen fischte sie heraus, legte sie auf den Baumstamm und deckte sie mit einer Kokosnußschale zu, damit sie nicht davonflog. Eine Weile darauf brachte eine Welle eine kleine Schildkröte. Das Mädchen fischte sie aus dem Wasser, legte sie auf den Stamm und deckte sie mit der anderen Kokosnußschale zu, damit sie nicht wegschwamm. Das Meer war nicht mehr so groß, die Welt war heiter und voll Sonnenschein, denn das Mädchen war nicht mehr allein. Es hatte jetzt eine Feder und eine kleine Schildkröte.

Die Wellen sangen und schoben den alten Baumstamm vorwärts. Nachdem so viele Tage vergangen waren wie das Mädchen Finger an der rechten Hand hatte, hob das Mädchen die Kokosnußschalen auf und schaute nach. Die Schildkröte war gewachsen und schlief. Aus der Adlerfeder war ein Ei geboren worden. Das Mädchen deckte beides wieder mit den Nußschalen zu. Das Meer sang und erzählte von der Insel, und der Wind trug den Baumstamm weiter und immer weiter. Als so viele Tage vergangen waren, wie das Mädchen Finger an der linken Hand hatte, hob es wieder die Schalen hoch. Das Ei war zerbrochen, und ein Adlerjunges war geschlüpft. Vor Kälte zitterte es. Das Mädchen deckte das Junge wieder mit der Nußschale zu, damit der Wind ihm nichts anhaben konnte.

Aber die Schale wurde für das Adlerjunge bald zu klein, denn es wuchs sehr schnell. Das Mädchen nahm es und setzte es neben sich auf den Baumstamm. Es fütterte das Junge mit kleinen Schnecken, die auf dem Baumstamm umherkrochen. Wenn des Nachts der Wind mit kaltem Hauch blies, drückte das Mädchen das Junge an sich, und sie wärmten einander. Auch der Schildkröte war die Kokosnußschale zu klein geworden. Sie lag daneben und aß dem Mädchen die Schnecken aus der Hand. Das Mädchen war nicht mehr allein auf dem großen Meer und im unsichtbaren Wind. Die Angst floh aus seinem Herzen, und dafür kehrte Freude ein.

Die Tage vergingen, viele Tage vergingen. Die Meeresströmungen fingen den Baumstamm und spielten mit ihm. Eines Tages kam eine kleine Insel in Sicht, klein wie die bunten Körnchen in den Ohrringen des Mädchens. Da stimmte das Meer fröhliche Lieder an und trug den Baumstamm der Insel entgegen. Der Wind trieb ihn wie einen Grashalm vor sich her. Die Insel wurde größer und immer größer. Dann blieb der Baumstamm im Sand einer Bucht liegen. Das Mädchen ging an Land. Der Adler war schon ein großer und kräftiger Vogel. Er spazierte am Strand entlang und fing Fische. Die große Schildkröte schwamm im seichten Wasser und fischte ebenfalls. Das Mädchen warf sich in den Sand und rief: »Land, da bist du! Umarme mich wie Vater und Mutter. Gib mir zu essen und zu trinken und ernähre meine Kinder!«

Dann ging das Mädchen Bananen pflücken. Es aß sich satt und gab dem Adler und der Schildkröte zu essen. So ging es viele Tage. Der Adler hatte schon kräftige Schwingen, und eines Tages flog er hoch in die Luft, und die Luft hielt ihn fest wie das Meer ein Boot. Er flog auf das Meer hinaus, weit auf das Meer hinaus und erbeutete drei Fische. Einen legte er vor dem Mädchen hin, den zweiten ließ er vor der Schildkröte niederfallen, und den dritten aß er selbst. Das Mädchen bedankte sich, ließ den Fisch jedoch liegen. Der Adler spreizte erneut seine Schwingen und brachte einen anderen Fisch. Er legte ihn vor dem Mädchen hin. Das Mädchen bedankte sich, ließ den Fisch aber liegen. Da steckte der Adler seinen Kopf unter einen Flügel und schlief ein. Als die Sonne den Himmel betrat, flog er wieder übers Meer und jagte Fische. Er brachte drei Fische mit und gab sie dem Mädchen, der Schildkröte und sich selbst. Doch das Mädchen bedankte sich und ließ den Fisch liegen. Der Adler war schon ein sehr großer Vogel. Er sah aus wie ein Eiland, das sich im Himmel spiegelt. Er erbeutete eine große Seekuh und legte sie vor dem Mädchen hin. Sie bedankte sich und sagte: »Wir haben eine große Seekuh, doch wir haben kein Bambusmesser, um sie auszuweiden und zu zerteilen.«

Der Adler setzte sich auf den Rücken des großen Fisches, zerteilte ihn mit dem Schnabel und weidete ihn aus. Dann klaubte er die Knochen heraus und zerlegte den Fisch in kleine Stücke. Schließlich sahen seine Augen das Mädchen fragend an.

»Mein Lieber«, sagte das Mädchen und streichelte die Flügel des Vogels, »du trägst mich im Herzen wie der Sohn seine Mutter. Aus der großen Seekuh sind kleine Stücke geworden, die gut zu essen sind. Aber das Fleisch ist nicht warm und duftend, da ich kein Feuer habe, um es zu braten.« Und sie ließ die Seekuh neben den andern Fischen liegen. Dann fragte sie: »Kannst du uns Feuer bringen?«

Der Adler hob seinen Kopf. Das Mädchen nahm ein buntes Körnchen aus einem Ohrring, band es dem Adler um ein Bein und sagte: »Flieg dorthin, wohin meine Hand zeigt. Flieg mit dem Schnabel gegen den warmen Südwind. Das Meer wird dir ein kleines, rundes Eiland zeigen. An der Küste liegt ein Dorf. Im Dorf steht eine Hütte, und hinter ihr wachsen so viele Kokospalmen, wie Finger an meiner Hand sind. Flieg und setz dich dort neben der Hütte auf den Boden. Flieg, mein Sohn!«

Der Adler breitete die Schwingen aus und flog davon. Er fand das runde Eiland und die Hütte und die Palmen. Als er sich vor der Hütte niederließ, trat der Bruder von des Mädchens Vater heraus. Ihre Augen begegneten einander, grüßten sich aber nicht, da die Angst in ihren Herzen saß. Da sprach das Körnchen am Bein des Adlers mit der Stimme des Mädchens: »Bruder meines Vaters, du bist es. Gib dem Adler einen brennenden Zweig, ein Gefäß mit Wasser und ein Bambusmesser mit.«

Der Mann erkannte das bunte Körnchen. Er nahm alle Gefäße aus Kokosnußschale, füllte sie mit Wasser und legte sie dem Adler auf den Rücken. In seine Krallen steckte er ein Bambusmesser und einen brennenden Zweig. Der Adler breitete die Schwingen aus und kreiste über der Hütte. Sein Schatten fiel auf das ganze Dorf. Der Bruder von des Mädchens Vater und viele Menschen mit ihm schauten und schauten, aber sie verstanden nicht.

»Warum holt der Adler die Sachen?« fragten sich alle.

Der Adler flog nahe am Himmel. Die vielen Gefäße mit Wasser auf seinem Rücken waren schwer. Der Adler flog weiter, aber schon ein Stück weiter vom Himmel entfernt und näher dem Meer. Als er auf halbem Wege war, flog er bereits niedrig über dem Wasser. Schon griffen die Wellen nach seinen Schwingen, schon hatte das Meer ihn gepackt, als die Schildkröte plötzlich auftauchte. Er übergab ihr die Gefäße mit Wasser und stieg gleich hoch zum Himmel empor. Der Adler flog, die Schildkröte schwamm, und bald erblickten der Adler und die Schildkröte ihre Insel. Der Adler legte den brennenden Zweig und das Bambusmesser vor dem Mädchen hin. Die Schildkröte kroch ans Ufer und brachte die Wassergefäße.

Das Herz des Mädchens war voller Zufriedenheit, und es sammelte Holz, damit das Feuer Nahrung hatte. Dann nahm es kleine Stückchen der Seekuh und wollte sie kochen. Doch die Arme des Mädchens fielen plötzlich herab wie tote Zweige.

»Ach, mein Sohn, wir haben keinen Topf, um das Essen über dem Feuer zu kochen. Bring dem Bruder meines Vaters die Seekuh und hol einen Topf.«

Der Adler flog davon. Er sah das runde Eiland, die Hütte auf dem Eiland, und hinter ihr standen die Kokospalmen. Er legte die Seekuh vor dem Bruder von des Mädchens Vater hin, und seine Augen wanderten um die Feuer herum. Dort standen Töpfe. Die Frauen kochten grade einen Festschmaus für viele Menschen. Er packte einen Topf, um ihn weit fort auf die Insel zu bringen. Und der Bruder von des Mädchens Vater und auch die andern Menschen maßen die Seekuh mit ihren Blicken, und sie sahen, daß die große Beute mehr wert war als ein Topf. Sie legten dem Adler darum wieder Gefäße mit Wasser auf den Rücken, und zwischen seine Krallen legten sie ihm noch einen Topf und ein Messer.

Der Adler kreiste über der Hütte, und sein Schatten fiel auf das ganze Dorf. Aber die Augen der Menschen blickten ihm nicht mehr nach, denn sie freuten sich auf den Fisch. Der Adler flog, flog nahe am Himmel. Doch sein Rücken trug allzu viel, und bald schnappten die Wellen wieder nach seinen Flügeln. Die Schildkröte schwamm dem Adler entgegen und nahm die Gefäße auf ihren gepanzerten Rücken. Sie strebten der Insel zu. Am Feuer saß das Mädchen und träumte. Es sah das Feuer vor der Hütte der Eltern, es sah die Feuer seines Dorfes. Das Mädchen saß reglos da wie ein Stein.

Das Eiland ernährte das Mädchen, den Seeadler und die Schildkröte. Dann kam ein Tag, da das Mädchen das Seekuhfleisch dem Adler und der Schildkröte gab, aber selbst nichts aß. Des Mädchens Nase roch einen anderen Duft, und sein Magen erinnerte sich, wie es Taro geschält hatte.

»Der Fisch ist warm und duftet, und die Bananen sind süß«, sagte das Mädchen. »Doch ist die Welt nur voller Fisch und Bananen. Mein Magen verlangt nach Taro.«

Der Adler breitete die Schwingen aus und flog davon. Er flog und flog, bis er eine Insel sah, auf der ein Feld lag. Auf dem Feld arbeiteten Menschen. Der Adler stieß hinab und riß aus dem Feld heraus, was auf ihm wuchs. Die Menschen warfen ihm böse Worte und Steine nach. Der Vogel aber hielt die Pflanzen in den Krallen und flog zur Insel des Mädchens zurück. Er legte die Gewächse vor ihm hin, und seine Augen fragten stumm.

»Ja«, sagte das Mädchen. »Ja, das ist mein Taro.«

Dann schälte es den Taro und übergab ihn dem Feuer. Das Feuer gab dem Taro Duft und Geschmack. Das Mädchen aß, und der Adler und die Schildkröte aßen auch. Das Essen war sehr gut. Jetzt wußte der Adler, warum die Menschen ihm böse Worte und Steine nachgeschleudert hatten, als er die Pflanzen raubte. Das Mädchen sagte: »Vom Bruder meines Vaters hast du Feuer, Messer, Töpfe und Wasser bekommen. Aber du hast ihm dafür eine Seekuh gebracht. Von den Menschen auf dem Feld hast du Taro. Flieg zurück und bring ihnen auch eine Seekuh.«

Das Mädchen nahm eine Seekuh, die vom letzten Fang noch am Strand lag, und legte sie dem Adler zwischen die Krallen. Der Adler breitete die Flügel aus und flog davon. Als er über der Insel angelangt war, auf der das Feld lag, ließ er die Seekuh fallen. Gute Worte stiegen zum Adler hinauf.

Die Insel ernährte das Mädchen, den Adler und die Schildkröte, und überdies kleidete die Insel das Mädchen. Doch der Rock blieb immer gleich, so wie eben Bananenblätter sich immer gleich bleiben. Eines Tages trat das Mädchen aus dem Bananenhain heraus und hatte wieder einen neuen Rock an. Doch neu waren auch die Tränen, die aus den Augen des Mädchens flossen.

»Sieh, Adler, sieh, Schildkröte, wie mein Rock immer gleich grün ist. Du hast deine Federn und du deinen Panzer, ich trage Blätter. Aber Blätter kleiden einen Baum und nicht ein Mädchen. Ach, könnten meine Hände doch einen bunten Mädchenschurz flechten!«

Und Trauer sprach aus ihren Augen. Der Adler spreizte seine Schwingen und flog davon. Auf hoher See fiel sein Blick auf eine große Seekuh. Er stieß wie eine Wolke hinab und fing sie. Dann flog er weiter, bis er zwei Kanus auf dem Meer entdeckte. Zwei Frauen tauchten neben den Booten, sie suchten nach Nahrung, und ihre Schürzen lagen in den Booten. Der Adler flog hinab, ließ die Seekuh in ein Kanu fallen und packte mit dem Schnabel die Schürzen. Die Frauen tauchten an die Oberfläche und schleuderten ihm böse Worte nach. Als sie jedoch die große Beute sahen, schlossen sich ihre Lippen wie über einem fetten Bissen. Kurze Zeit später legte der Adler die bunten Röcke vor das Feuer, an dem das Mädchen saß, und seine Augen fragten stumm.

»Ja«, sagte das Mädchen. »Das sind die Schürzen die ich wollte. Du trägst mich im Herzen wie der Sohn seine Mutter. Wir haben jetzt Feuer und Wasser, Fisch und Taro, Töpfe und Schürzen.«

Der Adler freute sich, daß das Herz seiner Mutter wieder lachte und fröhlich war. Die Tage kamen und gingen. Das Mädchen stand jeden Tag am Ufer des Meeres und ließ sich vom Südwind küssen. Seine Augen flogen wie der Seeadler weit übers Meer. In solchen Augenblicken sah das Mädchen nichts, was in der Nähe war, es sah weder den Adler noch die Schildkröte noch das Feuer. Der Adler zupfte mit dem Schnabel am Rock des Mädchens, und seine Augen fragten stumm.

»Bring mir meine Insel«, sagte das Mädchen. »Bring mir mein Dorf, wo meine Mutter lebt in der Hütte meines Vaters. Meine Insel schwimmt dort im Meer, woher der Mittagswind weht. Hinter der runden Insel, wo der Bruder meines Vaters wohnt, schwimmen zwei Inseln ganz nahe nebeneinander wie die Augen eines großen Krebses. Auf einer dieser Inseln liegt ein Dorf, und in dem Dorf wächst ein Kambunangbaum. Im Dorf steht eine Hütte und um die Hütte herum ein Zaun aus Sträuchern, die mein Heim behüten. Meine Augen und meine Nase lieben die Farbe und den Duft dieser Sträucher. Ich möchte wenigstens einen Zweig davon haben, einen winzigen Zweig, in dem der Duft entsteht. Ich will ihn an meinem Armband tragen als ein Stück Heimat.«

Der Adler hob das Haupt und breitete die Flügel. Er flog aufs Meer hinaus, erbeutete viele Fische und aß sie alle auf. Jetzt hatte er viel Nahrung in seinem Körper. Dann kehrte er zurück, steckte den Kopf unter einen Flügel und schlief. Als die Sonne am Himmel aufging, spreizte er seine Schwingen und flog weit, weit übers Meer. Sein Schnabel durchfurchte den Mittagswind. Er flog so lange, bis der Wind stärker war als seine Flügel. Seine Blicke fielen auf eine runde Insel. Sie hatte ihm Bambusmesser, Kokosschalen mit Wasser, Töpfe und den brennenden Zweig gegeben. Er flog hinab und rastete auf dem lehmigen Rücken des Eilands. Dann flog er weiter und immer weiter, bis er auf dem Meer zwei Inseln wie die Augen eines Krebses sah. Er kreiste über ihnen wie der Sturmwind. Und dann fielen seine Blicke auf ein Dorf. Er erkannte den hohen Kambunangbaum und die Hütte, in der das Mädchen geboren war. Er flog auf den Baum, als fiele eine Wolke herab. Dann flog er zu den duftenden Sträuchern, die um die Hütte herum standen, brach einen Zweig ab und kehrte auf den hohen Baum zurück. Ein starker Duft senkte sich hinter ihm wie Nebel herab, und Vater und Mutter des Mädchens kamen aus der Hütte gelaufen. Sie schwangen Stöcke und riefen: »Wer stiehlt uns da die Blüten, die unsere Tochter so sehr geliebt hat? Die Zweige dieses Strauches bedeuten für uns die Haare unserer Tochter. Die Blüten sind Erinnerungen an sie. Fort mit dir, Dieb!«

Der Adler schlug mit den Flügeln und flog davon, den Zweig im Schnabel. Er flog rasch, der Duft zog ihn dem Mädchen entgegen, und der Mittagswind im Rücken trieb ihn vorwärts.

Das Mädchen stand am Ufer, und die Schildkröte stand neben ihr, und sie warteten. Sie warteten schon viele Tage und Nächte lang. Da senkte sich der Adler herab und legte den Zweig in den Sand.

»Der Duft meiner Heimat«, sagte das Mädchen entzückt. »Ach, warum habe ich keine Flügel? Ich möchte fliegen können wie du.« Und Tränen regneten aus seinen Augen. Der Adler und die Schildkröte sahen das Mädchen lange an. Plötzlich sagte der Adler: »Mutter, du sollst wieder auf deiner Insel wohnen.«

»Wie könnte ich dahinkommen?« fragte das Mädchen.

»Meine Flügel werden dich tragen.«

Doch das Mädchen weinte, und der Sand trank viele seiner Tränen.

»Deine Angst ist es, die da weint. Glaubst du, daß meine Flügel dich nicht tragen können? Trockne deine Augen«, sagte der Adler. Er breitete seine Schwingen aus und ließ sich auf einem riesigen Felsblock nieder. Den packte er und flog hoch in die Luft mit ihm. Dann kreiste er über der Insel und legte den Felsblock wieder dort nieder, wo er früher gelegen hatte. Er sagte zu dem Mädchen: »Meine Flügel können einen großen Felsblock tragen. Sie können auch dich tragen, Mutter!«

»Aber deine Schwester, die Schildkröte, kannst du nicht auch noch tragen«, sagte das Mädchen. Der Adler sagte: »Die Schildkröte wird unten schwimmen, und wir werden oben fliegen.«

»Wir werden froh sein mit den Menschen in meinem Dorf, und sie werden sich mit uns freuen«, sagte das Mädchen. »Du bringst ihnen eine Seekuh, eine große Seekuh, und ich ziehe den schönsten Schurz an. An meinem Armband werde ich den duftenden Zweig tragen. Aber ich habe keinen Schmuck, der blitzende Steine und Muscheln auf meinem Hals vereint.«

Der Adler breitete die Schwingen aus und flog auf. Dann fiel er wie ein Felsen aufs Meer nieder und erbeutete eine große Seekuh.

Damit flog er zu einer Insel, auf der die Frauen Schmuck für den Tanz fertigten. Auf dem Boden lagen Armbänder aus Schildpatt, Haarspangen aus Fregattvogelschnäbeln, Halsbänder aus Hundezähnen und Eberklauen, Halbmonde aus Perlmutt und lange Schnüre mit weißen und roten Muscheln. Daneben lag eine Paradiesvogelfeder, die in allen Farben schimmerte. Es lagen da auch Rötelstifte zum Färben der Haare und der Haut. Der Adler kreiste über der Insel wie ein Sturmwind, und seine Augen suchten den schönsten Schmuck. Dann fiel er wie ein Stein auf die Erde, legte die Seekuh nieder, raffte den schönsten Schmuck zusammen und flog davon. Die Frauen rissen die

Augen weit auf, doch ihre Lippen blieben stumm, da der Schmerz sie öffnete, aber die Freude sie schloß.

Der Adler legte den Schmuck zu Füßen des Mädchens nieder. Dann sagte er: »Möge dein Körper so vor Schönheit strahlen, wie dein Herz vor Freude strahlt. Mach dich zum Aufbruch bereit, Mutter.«

Das Mädchen kleidete sich an wie zu einem großen Fest. Den duftenden Zweig steckte sie unter ihr Armband. Der Adler brachte junge Bäume und Lianen. Daraus flocht er einen großen Korb, den er durch eine Matte in zwei Hälften teilte. Links von der Matte saß das Mädchen, rechts von ihr legte er die Schürze, den Schmuck, die Rötelstifte, einen Topf und zwei Bambusmesser. Dann ergriff er den Korb und schwang sich in die Luft.

»Schwester«, rief er der Schildkröte zu, die ins Meer kroch, »schwimm unten dort, wo ich oben fliege! Wir beide bringen die Mutter zu ihrer Insel zurück.«

Der Adler flog, sein Schnabel durchfurchte den Mittagswind. Unten teilte die Schildkröte die Wellen. Die Sonne wanderte über den Himmel. Da sagten dem Adler die Schwingen, daß sie ermatteten. Er rief: »Schwester, bist du da?«

Die Schildkröte tauchte aus dem Meer auf und sagte: »Ich bin unten im Wasser, wo du oben in der Luft bist.«

Der Adler flog hinab und legte den Korb auf den Panzer der Schildkröte. Die Schildkröte schwamm mit dem Korb auf dem Rücken weiter. Als sich der Adler ausgeruht hatte, ergriff er wieder den Korb und flog empor, und jetzt ruhte die Schildkröte aus. So wechselten sie ab. Und plötzlich sahen zwei Inseln wie die Augen eines großes Krebses den Adler an. Sie wurden größer und immer größer. Da setzte der Adler den Korb mit dem Mädchen in die duftenden Sträucher, und er selbst ließ sich auf dem Kambunangbaum nieder. Das Mädchen brach einen großen Zweig ab. Der Duft schwebte bis zu ihrer Mutter und ihrer jüngeren Schwester.

»Sieh mal nach«, befahl die Mutter der jüngeren Schwester, »ob nicht ein Schwein Zweige von den duftenden Sträuchern frißt, mit denen unser verlorenes Kind sich geschmückt hat.«

Das kleine Mädchen ging, und da sah es seine ältere Schwester.

»Mutter, Vater«, rief es. »Der Zweig wurde von meiner verschwundenen Schwester abgebrochen. Meine Schwester ist wieder da, gesund und schön!«

Da stieg der Mutter der Zorn in den Kopf, und sie schrie in der Hütte: »Statt das Schwein fortzujagen, redest du Unsinn! Soll ich dir nachkommen und dir mit dem Stock in Erinnerung bringen, was du zu tun hast?«

»Meine verlorene Schwester ist wieder da!« rief das kleine Mädchen. »Komm, Mutter, und sieh selbst!«

Die Mutter kam aus der Hütte gelaufen. Der Zorn verdunkelte ihren Blick. Doch da stand ihre ältere Tochter zwischen den Sträuchern. Die Mutter riß das Trauergebinde vom Kopf und schleuderte es fort. Sie umarmte das Mädchen und rief mit lauter Stimme den Vater herbei und alle Menschen im Dorf. Die standen im Kreis um das Mädchen herum und sagten ihm freundliche Worte, und das Mädchen erwiderte sie. Dann rief das Mädchen, und vom Meer her kam die Schildkröte, und vom Kambunangbaum flog der Adler herab. Das Mädchen klatschte in die Hände, und alle wurden ganz still. Es erzählte, wie die alte Steinaxt die Gestalt der Frau aus dem Nachbarhaus angenommen und es aufs Meer hinausgelockt hatte. Wie die Schildkröte geschwommen kam, wie aus einer Adlerfeder ein Ei und aus dem Ei der Adler wurde. Wie sie alle an die ferne Insel getrieben wurden und wie sie dort lebten.

Die Menschen sperrten Mund und Augen weit auf, und ihre Blicke sprangen vom Mädchen zur Schildkröte und von der Schildkröte zum Adler über wie Funken. Und die Augen der Kinder blieben an dem großen Vogel hängen, und in ihren Augen saß die Angst. Doch das Mädchen sagte: »Habt keine Angst vor meinem Adler. Seine Flügel haben mich zu euch zurückgebracht, damit ich hier bei euch wohne. Und seine Flügel brachten mir Feuer und Taro, Fische und Töpfe, damit ich kochen konnte, einen Schurz, damit ich mich kleiden konnte, wie Frauen sich kleiden, und schönen Schmuck, damit ich zu euch zurückkehren konnte, geschmückt wie zu einem großen Fest. Habt keine Angst vor meinem Adler, er ist brav und hat für mich gesorgt.«

Da kamen die Kinder zum Adler und gaben ihm schöne

Namen, und die Frauen lobten ihn. Aber die Männer standen abseits und berieten. Dann sagten sie leise: »Wir haben zu Hause eine Axt, aber es ist keine Axt, sondern etwas sehr Böses. Wenn wir nichts tun, richtet es alle Mädchen und Jungen zugrunde, und das Dorf wird leer sein.«

Also brachten die Männer Kokosfasern und legten sie zwischen die Pfähle. Auf diesen Pfählen stand die Hütte. Und in der Hütte hing an einem Balken die Axt. Die Männer trugen alles aus der Hütte hinaus. Sie sprachen sehr laut miteinander, damit die Axt ihre Stimmen hören konnte. Sie sagten: »Wir müssen alles hinaustragen, denn diese Hütte stürzt bald ein. Eine schwarze Wolke steht über dem Meer. Der Ostwind kommt und bläst die Hütte um. Sie stürzt ein, und wir gehen unter ihr zugrunde. Lieber tragen wir alles hinaus, damit kein Unheil geschieht.«

Als sie alles hinausgetragen hatten, zündeten sie eine Bambusfackel an und schoben sie zwischen die Kokosfasern.

Die Flammen züngelten an den Pfählen empor. Sie leckten an dem Balken, an dem die Axt hing. Die krümmte sich und schrie: »Menschen, jagt den roten Hund fort! Er wird mich beißen, und das ist mein Ende!«

Doch das Feuer war kräftig und hungrig. Es verschlang das ganze Haus mitsamt der steinernen Axt.

Taranga hob den Blick. Die Blätter der Birken am Rande des Tanzplatzes flatterten und leuchteten silbern, so als ob der Mond mit seinem Licht sie küßte, und irgendwo in der Nacht hörte man den Ruf einer Sumpfohreule. Zwei Geschichten hatte sie erzählt, und die dritte folgte, als Gioconda das Feuer geschürt und wieder Platz genommen hatte:

Die Tochter des Königsgeiers

Die Königsgeier pflegten an einen See zu kommen. Dort legten sie ihre Federkleider ab und badeten in der Gestalt junger Mädchen. Da war ein Mann, der schon anfing alt zu werden und der kein Weib besaß. Als er die Mädchen in dem See baden sah, dachte er, wie er sich eins davon als seine Gefährtin einfangen könnte. Er baute eine Jagdhütte am Ufer, ging hinein und wartete. Die Geiermädchen kamen und legten ihre Federkleider ab, und das eine ließ sein Kleid dicht bei der Jagdhütte. Da sprang der Mann hervor und ergriff das Federkleid. Die anderen Geiermädchen liefen rasch nach ihren Federn, legten sie an und flogen auf; nur das Mädchen, dessen Kleid der Mann ergriffen hatte, blieb stehen und bat: »Gib mir nun auch meine Federn; meine Gefährtinnen sind schon fort, und ich will weiterfliegen!«

»Nein«, antwortete der Mann, »dein Federkleid bekommst du nicht mehr!«

Dann sahen sie sich gegenseitig an und fanden Gefallen aneinander. Der Mann nahm das Geiermädchen mit in seine Hütte und verwahrte das Federkleid in einem Korb.

Er gab ihr andere Kleidung und heiratete sie. Sie gewöhnten sich aneinander und hatten einen Sohn, der aufwuchs und groß wurde.

Eines Tages schlug die Frau ihrem Mann vor, ihren Vater zu besuchen. Der alte Königsgeier aber wohnte jenseits des Himmels.

»Wie sollte ich wohl dorthin kommen; ich habe doch keine Flügel?« sagte der Mann; seine Frau aber versprach, die Sache zu besorgen. Sie brachte Janiparana-Blätter und band sie ihrem Mann und ihrem Sohn an die Arme. Dann fächelte sie die beiden mit ihrem Federhemd an, und die Arme wurden zu Flügeln, die Blätter zu Federn.

»Nun laßt uns den Flug versuchen!« sprach sie. Der Sohn versuchte es zuerst. Er flog auf und setzte sich ein Stück weiter auf einen Baum. Dann versuchte es auch der Vater, aber er fiel sofort zu Boden.

»Ich werde dir helfen, daß du trotzdem mitkommen kannst«, tröstete ihn seine Frau. Sie flog nun unter ihm hin und unterstützte ihn, wenn er zu fallen drohte. So stiegen sie auf. Der Sohn flog sofort zur Himmelstür und setzte sich dort nieder. Nach einiger Zeit kamen auch seine Eltern an; der Mann war jedoch vollständig ermattet Sie gingen in den Himmel hinein. Dort ist es gerade so wie hier unten. Die Geier wohnen da, legen dort aber ihre Federkleider ab und haben Menschengestalt.

Die Familie ging nun im Himmel weiter ihres Weges und kam an das Haus der Sonne. Diese sah aus wie ein Mann mit einem

Lippenpflock und einer leuchtenden Federkrone auf dem Kopfe. Man konnte ihm nicht nahe kommen, so heiß war er. Sie begrüßten ihn, und er fragte: »Wo wollt ihr hin?«

»Wir gehen, meinen Vater zu besuchen«, antwortete die Frau. Darauf kamen sie zum Haus des Mondes; der hatte einen ganz kahlen Schädel. Hierauf gelangten sie an die Wohnung des Windes, der nicht zu Hause war. Sie traten ein und warteten. Plötzlich begann ein heftiger Sturm zu wehen. »Da kommt der Wind!« sprach die Frau, und dann trat er ein, bärtig, seinen Kopfschmuck in der erhobenen Hand. Als er eintrat, setzte er seinen Kopfschmuck auf, und sofort legte sich der Sturm. Sie grüßten ihn, und er fragte, wohin sie gingen.

»Zu meinem Vater«, antwortete die Frau.

Schließlich kamen sie an das Haus des alten Königsgeiers. Die Frau ließ nun ihren Gatten zurück, um ihren Vater zuerst von seiner Ankunft zu benachrichtigen und zu sehen, ob er ihn empfangen wolle. Sie ging deshalb zuerst nur mit ihrem Sohn zu dem Alten hinein und begrüßte ihn. Der Alte fragte, wer der Vater des Knaben sei, worauf ihm die Frau die Geschichte ihrer Heirat erzählte. Darauf ließ der alte Königsgeier ihren Gatten rufen, empfing ihn und gab der Familie ein Unterkommen. Er war jedoch höchst erbost über seinen Schwiegersohn und sann auf einen Vorwand, ihn umzubringen.

Am folgenden Morgen ließ er dem Mann durch dessen Frau den Befehl überbringen, er solle einen großen Einbaum anfertigen, und zwar solle das Werk unbedingt noch am gleichen Tage fertig sein. Der Mann, welcher nichts vom Bootbau verstand, ging traurig in den Wald und dachte vergebens nach, wie er sich seiner Aufgabe erledigen könne. Schließlich fällte er einen Baum und begann langsam, ihn zu behauen: tok-tok-tok. Da kam der Specht und setzte sich bei ihm nieder. Er war der Häuptling aller Spechte, und er fragte ihn: »Was tust du da?«

Der Mann erzählte ihm seine bedrängte Lage, und der Spechthäuptling antwortete: »Wir wollen dir helfen! Laß mich meine Leute zusammenrufen!« Dann flog er fort und kam mit einem gewaltigen Schwarm von Spechten zurück. Den Falken hieß er auf der Spitze eines Baumes Wache halten, daß der Alte sie nicht überrasche. Die Spechte machten sich dann mit Eifer an die Arbeit des Bootsbaues. Sie waren damit auch fast fertig, als der Falke seinen Alarmruf erschallen ließ: »Kja-kja-kja!« Die Spechte flogen im Nu davon. Der Alte kam, setzte sich bei seinem Schwiegersohn nieder und fragte, wie die Arbeit gehe.

»Ich bin schon fast damit fertig«, antwortete dieser. Da stand der Alte nach einer Weile wieder auf und ging. Sofort kam der Spechthäuptling wieder und fragte: »Ist er schon fort?«

»Ja.«

Da rief er seine Leute hervor, und als es Abend wurde, war das Boot fertig. Nun gingen alle. Der Mann erzählte seiner Frau, daß das Boot fertig sei, und am folgenden Tag brachten sie es ins Wasser.

Eines Tages hatte der Alte Hunger. Er ließ seinem Schwiegersohn befehlen, er solle noch heute den Fluß absperren, das Wasser ausschöpfen und ihm ›Trahira-Fische‹ bringen. Mit den ›Trahiras‹ aber meinte er Alligatoren. Der Mann ging und sperrte den Fluß ab, aber er dachte vergebens nach, wie er das viele Wasser noch heute ausschöpfen solle. Schließlich nahm er ein hohles Stück Baumrinde und begann damit traurig sein Werk. Da kam der Tatina, welcher der Häuptling aller Libellen war, und fragte ihn, was er da tue. Er erzählte ihm, was ihm sein Schwiegervater befohlen hatte, und der Tatina versprach, ihm mit seinen Leuten zu Hilfe zu kommen. Er rief einen großen Schwarm Libellen in allen Farben. Diese setzten sich der Reihe nach an die Sperre und begannen, das Wasser mit den Beinen herauszuwerfen. Sie arbeiteten so schnell, daß in kurzer Zeit das Flußbett trocken war. Den Falken brauchten sie diesmal gar nicht als Wächter, weil der alte Königsgeier, gewiß, daß sein Befehl vollzogen würde, doch nicht kam. Nun hieß der Tatina den Mann, die Fische, die überall herumzappelten, zu töten, und es waren ihrer so viele, daß er sämtliche Körbe, die er mitgebracht hatte, damit anfüllte. Er trug die Fische heim und ließ seinem Schwiegervater sagen, daß er seine Arbeit getan habe.

Der Alte, welcher glaubte, daß der Mann ihm Alligatoren gebracht habe, ließ ihn die Beute in den Wald tragen, damit sie dort verfaule und Maden bekomme, die seine Lieblingsspeise waren. Er ließ dann Tapiokamehl machen, und als er nach ein paar Tagen meinte, daß schon genug Maden vorhanden sein könnten, füllte er damit eine große Kürbisschale und ging in den Wald, um zu schmausen. Da fand er den Haufen Fische, aber keine Alligatoren, wie er geglaubt hatte, und er kehrte wütend um und schalt seine Tochter, daß sie ihrem Mann den Auftrag nicht richtig gegeben habe.

Die Frau riet nun ihrem Gatten, er solle, um den Alten zu besänftigen, eine neue Sperre anlegen und dieses Mal Alligatoren fangen. Der Mann ging traurig zum Fluß, indem er dachte: »Wer weiß, ob mir der Tatina auch dieses Mal Hilfe bringen wird?« Als er aber den Fluß abgesperrt hatte, brachte der Tatina wieder sein Volk, welches in kurzer Zeit die Arbeit tat. In dem flachen Wasser tötete darauf der Mann eine Menge Alligatoren, band sie zusammen und schleppte sie heim. Seine Frau teilte dann ihrem Vater mit, daß die Beute bereit sei, und dieser hieß die ›Trahiras‹ wieder in den Wald bringen. Als sie dann Maden bekommen hatten, nahm er eine Kürbisschale mit Tapiokamehl, ging hin und schmauste dort drei Tage lang.

Dann sann er auf einen anderen Vorwand, seinen Schwiegersohn zu töten; seine Tochter aber war schon an den Gatten gewöhnt, und er tat ihr leid. Der Alte steckte ein großes Stück Wald ab und ließ dem Mann sagen, er müsse unbedingt noch heute diesen Wald niederschlagen, sonst lasse er ihn töten. Traurig schliff der Mann seine Axt und ging an die Arbeit. Nachdem er aber die ersten Bäume gefällt hatte, setzte er sich nieder und dachte über seine Lage nach. Da kam wieder der Spechthäuptling geflogen und grüßte ihn: »Guten Tag, Gevatter!«

Er klagte dem Vogel sein Leid, und dieser versprach, ihm wieder mit seinen Leuten zu helfen. Er brachte auch seine ganze zahlreiche Sippe an, und nachdem er den Falken als Wächter eingesetzt hatte, begannen die Spechte fleißig zu arbeiten. Während die einen das Unterholz niederschlugen, fällten die anderen die dicken Stämme, und sie waren schon fast damit fertig, als der Falke seinen Signalruf erschallen ließ, das Nahen des Alten verkündend. Rasch flogen die Spechte auf und versteckten sich hinter den Bäumen, während der Alte herankam und hocherfreut war über die getane Arbeit. »Nun werde ich dich nicht töten«, versprach er seinem Schwiegersohn und ging wieder. Da kamen die Spechte sogleich wieder hervor, und als es

Abend war, hatten sie den Waldschlag beendet. Darauf gingen alle heim.

Als der geschlagene Wald trocken war, befahl der alte Königsgeier, Feuer anzulegen. Er ging selbst mit, angeblich um seinem Schwiegersohn zu zeigen, wie er es machen solle. Er legte zuerst am Rande Feuer und befahl dann dem Mann, in die Tiefe der Rodung zu gehen und zu sehen, ob es dort auch gut brenne. Als sich der Mann jedoch umsah, war ihm von den Flammen schon ringsum jeder Ausweg abgeschnitten. Da erkannte er, daß der alte Königsgeier ihn auf diese Weise töten wollte und daß er nun sterben müsse. Er setzte sich hin und weinte. Da kam eine Spinne aus ihrem Loch im Boden hervor und fragte ihn, warum er weine. Er erzählte ihr die Bosheit seines Schwiegervaters, worauf ihn die Spinne einlud, mit hinab in ihre Höhle zu kommen. Sie verwandelte den Mann in eine Spinne, und sie gingen zusammen in die Höhle, wo sie aßen und warteten, bis das Feuer ausgebrannt war. Das dauerte den ganzen Tag und die ganze Nacht.

Als der Königsgeier nach Hause kam, fragte er seine Tochter, ob ihr Mann etwa schon zurückgekommen sei. »Ach, der ist doch gewiß tot!« antwortete die Frau, welche wohl wußte, was ihr Vater getan hatte.

Am folgenden Tag füllte der alte Königsgeier seine große Kürbisschale mit Tapiokamehl und ging nach der Brandstätte, um sein Mahl an der Leiche seines Schwiegersohnes zu halten. Seine Tochter ging weinend mit ihrem Knaben hinter ihm her. Der Alte sah sich überall nach der Leiche um, als er aber mitten in die Brandstätte kam, sah er den Gesuchten unversehrt an einem Baumstumpf stehen. Da schleuderte der Königsgeier grimmig seine Schale mit dem Tapiokamehl zu Boden und kehrte wütend um. Die Frau aber riet nun ihrem Mann, das Haus des Schwiegervaters zu verlassen, da er ihn sonst doch noch töten werde.

Sie gingen nach Hause, packten ihre Sachen und machten Maniokmehl zur Wegzehrung zurecht. Der alte Königsgeier war furchtbar erbost, und als sie gegangen waren, sandte er ihnen seine Krieger, die Urubus, die schwarzen Aasgeier nach. Die Frau aber hatte dies schon vorausgesehen und zur Vorsicht ein langes Messer mitgenommen. Als nun die Urubus über ihren

Mann herfielen und ihn ergreifen wollten, hieb sie mit ihrer Waffe tapfer auf die Angreifer ein, schlug den einen die Köpfe, den anderen die Flügel ab und jagte die übrigen zurück.

So kam die Familie wieder an die Pforte des Himmels und bereitete sich vor, hinabzusteigen. Der Sohn schwebte auch sofort zur Erde hinab; der Mann aber meinte ängstlich, er werde wohl stürzen, sobald er den Flug versuchen würde. Seine Frau tröstete ihn jedoch, und indem sie unter ihm hinflog, stützte sie ihn so, daß er nicht fallen konnte. Ganz ermüdet und außer Atem kam der Mann unten auf der Erde an. Er mußte sich sofort setzen und anlehnen, so ermattet war er.

»Tja, so war das«, schloß Taranga, »und wir nehmen an, daß sie glücklich lebten, bis ans Ende ihrer Tage. Aber jetzt lauscht auf meine nächste Geschichte, und hört dabei ganz genau zu, damit ihr nicht zwei Mädchen verwechselt, die den gleichen Namen tragen. Die eine war Sina, die das Essen kochte, und die andere Sina, die es aß.«

Und Taranga erzählte ...

Die schöne Sina

Zwei Sinas waren es, Töchter einer Mutter und eines Vaters. Die Mädchen trugen zwar den gleichen Namen, waren aber sonst gänzlich verschieden. Sina, die das Essen aß, war schön wie kein anderes Mädchen im Dorf. Die ganze Insel sprach von ihrer Schönheit. Viele Häuptlinge trugen sie in ihrem Herzen. Sie sandten Boten, und sie sandten Geschenke und schöne Worte den Eltern ins Haus. Und das Herz der Eltern wurde warm von so viel Ehre und Lob. Das Herz der schönen Sina aber regte sich nicht. Gleichgültig war ihr, daß die Männer sich nach ihr verzehrten.

»Diesen Mann will ich nicht«, sagte sie immer, wenn ein Werber um sie anhielt. »Ich bleibe zu Haus.«

Und es trafen Boten ein vom großen König von Tongo und Boten vom König der Fidschi-Inseln. Auch sie zogen wieder ab, ohne etwas erreicht zu haben, und Sina blieb zu Haus. Das Herz ihrer Eltern freute sich nicht, da Sina jeden Antrag ausschlug. Kein Mann schien ihr gut genug zu sein.

Eines Tages riefen die Eltern die ältere Sina zu sich und sprachen zu ihr: »Wir wollen ins Gebirge wandern und werden deshalb viele Tage fort sein. Koch für deine Schwester und sorg für sie. Paß immer gut auf, daß sie keinen Schaden nimmt. Kein Mädchen ist so schön wie sie, und eines Tages bringt sie uns sicher Glück und Reichtum ins Haus.«

Sie riefen auch die schöne Sina herbei.

»Wir gehen für eine längere Zeit ins Gebirge. Tochter, du bist die Taupoa, das Mädchen, dem unser Vertrauen gehört. Du bist die Erste unter den Mädchen im Dorf. Keine kann sich mit dir vergleichen. Deine Schwester wird in der Zeit unserer Abwesenheit auf dich achten. Aber auch du sollst etwas tun. Trag jeden Morgen unseren Schmuck aus der Hütte, der unser kostbarster Besitz ist. Noch heller wird er glänzen, wenn die Sonne ihn bescheint. Doch wenn die Sonne hinter den Wolken verschwindet, dann bring ihn sogleich wieder zurück. Es könnte sein, daß Diebe das Dämmerlicht nutzen und den Schmuck zu stehlen versuchen. Darum sieh dich vor. Laß dich vor allem nicht beschwatzen. Diebe sind schlau und sprechen mit gespaltener Zunge.«

Nach diesen Ermahnungen begaben sich die Eltern auf die Reise. Und die Töchter befolgten die Gebote der Eltern. Die ältere Sina bereitete das Essen mit aller Sorgfalt, reinigte die Hütte und bestellte fleißig das Feld. Abends war sie von der vielen Arbeit so müde, daß sie auf ihr Lager fiel und augenblicklich einschlief. Die schöne Sina aber ließ es sich wohl sein. Sie badete jeden Tag im Meer, um noch schöner zu werden, als sie war. Und ihre Schönheit wuchs wie junger Flieder. Und abends hätte sie am liebsten noch zu der Musik der Trommeln und Flöten getanzt.

An schönen Tagen trug sie den Schmuck der Eltern in die Sonne und freute sich an seinem Glanz.

Die ältere Sina sah sich und die Schwester und ihre Arbeit. Wenn sie vom Felde kam, hielt sie ihre Augen zu Boden gesenkt. Die jüngere Sina sah nur sich allein und blickte gern zur Sonne hinauf.

Mit der Zeit fand die schöne Sina an der ernsten und tüchtigen Schwester wenig Gefallen, und der älteren Schwester wiederum gefiel die schöne Sina nicht. Eines Tages fingen sie zu streiten an und warfen sich ein gesalzenes Schimpfwort nach dem andern an den Kopf.

Und Sina, die arbeiten mußte, sagte zu der Schwester: »Du kommst nur zu mir, um zu essen. Doch damit ist jetzt Schluß! Von nun an sorge selbst für dich. Du hast zwei Hände und kannst erfahren, daß ein Mensch mit seinen Händen etwas anfangen kann. Ich bin nicht auf der Welt, damit du in den Tag hineinlebst. Du sollst ruhig einmal wissen, wie müde man ist, wenn man einen ganzen Tag lang Unkraut gezupft hat. Ich habe es viel schwerer als du.«

»Wie kocht man denn Essen?« fragte die schöne Sina ihre Hände.

Doch ihre Hände blieben stumm. Sie hatten bisher nur Blumen gepflückt und mit Ketten gespielt. Sie hatten keine Zeit gehabt, sich um das Essen, den Herd und die Felder zu kümmern. Doch ihre Hände wollten lernen.

Und die schöne Sina ging zu der älteren Schwester und fragte sie: »Wo finde ich Feuer?«

»Dort«, sagte die Schwester, »dort ist das Haus, wo Essen gekocht wird!« Und die Schwester wies auf das Haus.

»Und woran erkenne ich es?«

»Feuer ist dunkelrot«, sagte die ältere Sina. Da ging die schöne Sina zu dem Haus, wo Essen gekocht wird, und sah sich dort um. Nun stand an dem Haus ein Hahnenkammbaum, der wunderbare feuerrote Blüten trug. Und die schöne Sina pflückte eine Blüte, lächelte glücklich und lief zu der Schwester zurück.

»Wie schön Feuer doch ist«, sagte die jüngere Sina und seufzte träumerisch. Auch Sina, die das Essen kochte, seufzte, doch sie seufzte aus Ärger.

»Wie dumm du doch bist«, sagte sie grob. »Warum bist du nicht dorthin gegangen, wohin ich dich gewiesen habe. Dort allein ist das rote Ding, das Feuer genannt wird. Statt dessen hast du mir eine rote Blume gebracht. Blumen machen dir kein Essen warm.«

»Aber sie machen mich fröhlich«, sagte die schöne Sina leise, steckte die Blume in ihr schwarzes Haar und begab sich wieder zu dem Haus, wo Essen gekocht wird. Sie kam jetzt von einer anderen Seite an das Haus heran und mußte dieses Mal an einem Hibiskusbaum vorbei. Rot glühten die Blüten auch dieses Baumes in der Sonne, und Sina mußte die Augen schließen, so sehr wurden sie von ihrer Glut geblendet. Sie pflückte die schönste rote Blüte und rannte glücklich zu der Schwester. So anmutig lief sie, daß es aussah, als tanzte Schaum auf den Kämmen der See.

»Dieses Feuer ist schöner als die Blüte des Hahnenkammbaumes«, rief sie und tanzte um die Schwester herum.

Die andere Sina schälte den Taro zu Ende, hob ihre Augen und sprach: »In deinen Haaren hast du eine Blüte vom Hahnenkammbaum, eine Blüte, die rot ist und dunkel. In den Händen hältst du eine Blüte vom Hibiskusbaum. Auch sie ist rot und blendet bei Sonnenschein deine Augen. Aber das Feuer, das ich meine, ist dunkelrot, und es brennt so heftig, daß der Rauch vor ihm davonläuft.«

Und so steckte Sina, die Schöne, auch jene Blüte ins Haar und ging in das Haus, wo Essen gekocht wird.

Sie fand das Feuer.

Und beide Hände, die rechte und die linke, erfuhren, was Feuer ist, denn jede wollte es greifen, und das Feuer tat ihnen weh.

An diesem Tage sehnte sich die schöne Sina nicht nach Trommeln und Flöten und Tanz.

Sie wollte nur schlafen.

Und so legte sie sich nieder und vergaß das Feuer, die Blüten im Haar, das Essen und die häßlichen Worte der Schwester.

Am nächsten Morgen ging die Sonne mit wunderbarem Glanz auf.

Das Meer leuchtete noch blauer als der Himmel.

Die Vögel schmetterten ihre schönsten Lieder, und die Blumen verströmten einen betäubenden Duft.

Sina trat aus der Hütte, reckte sich und streckte sich und ging dann langsam an den Strand.

Sie hob ihre Arme dem Wasser entgegen und spiegelte sich in der kristallklaren Flut.

Dann breitete sie das Leinen aus, das weiß wie Schaum war, und legte den Festschmuck darauf wie jeden Tag, an dem die Sonne schien.

Vielerlei Zierat lag auf dem Tuch: Anhänger aus herrlichen Schnüren, aus Menschenhaar geflochtener Schmuck, Muschelketten und Stirnbänder aus schwarzen und purpurfarbenen Federn.

Nun war an diesem Tag auch Ngana der Dieb unterwegs.

Er hockte in einem Strauch und wartete auf eine günstige Gelegenheit. Ngana war ein Meister seines Fachs.

Er stahl alles, was ihm unter seine Augen kam.

Als er den Schmuck auf dem Tuch erblickte, blitzten seine Augen begehrlich. Gleich sprach er ein Gebet, die große Beschwörung, und siehe, die Sonne verschwand hinter den Wolken, und Schatten fielen auf den Zierat, und in diesem Schatten schlich sich Ngana heran.

Sina sah ihn kommen, raffte den Schmuck zusammen und lief in die Hütte.

Doch der Dieb rannte hinterher.

An der Tür sprach er so lange auf das Mädchen ein, bis es ihn hereinließ.

»Laß mich den Schmuck nur einmal betrachten, Sina, nur ein einziges Mal. Ich schwöre dir, daß du ihn gleich wieder zurückbekommst.«

Und pausenlos schwatzte er und knackte er Worte wie Nüsse.

Das rasselte und quasselte, das brabbelte und babbelte, das quatschte und ratschte, das gurrte und surrte, bis Sinas Kopf von all den Worten verwirrt war.

Als sie nicht mehr ein und aus wußte, gab sie ihm den Schmuck, damit er ihn einmal besah.

Nur das kostbarste Stück, ein Stirnband aus Perlmutt und Federn, das hielt sie zurück. Ngana nahm den Schmuck tanzte aus der Hütte und sang:

> »Die Flöte spielt mir auf zum Tanz,
> ich dreh' mich in des Schmuckes Glanz.
> Ein Glückspilz der, der ihn besitzt,
> wie schön er funkelt, klirrt und blitzt.

Noch glücklicher der Mann,
der sich des Stirnbands rühmen kann.
Wenn ich es hätte, welch Gewinn,
ich tanzte bis zur Sonne hin.«

Und Sina, die nicht widerstehen konnte, gab ihm noch das Stirnband. Ngana sprang vor Freude hoch in die Luft und war im Nu zwischen den Bäumen verschwunden. Nur sein Lachen ließ er dem Mädchen zurück, ein spöttisches, triumphierendes Lachen, das ihr nicht aus den Ohren ging.

Als die Eltern zurückkehrten, fing Sina laut zu weinen an. Da fragte der Vater gleich nach dem Schmuck, und das Mädchen bekannte, daß er fort sei. Ngana habe sie belogen und betrogen.

Der Vater wurde zornig, nahm einen Stock und prügelte die Tochter durch. Sina weinte und klagte nicht, sondern verbiß ihren Schmerz. Doch die Schläge trafen nicht nur ihren Rücken, sondern auch ihren Stolz.

Mitten in der Nacht erhob sich das Mädchen heimlich von seinem Lager, nahm die Matte, die sie für den zukünftigen Bräutigam geflochten hatte, ihren Kamm und einen Fächer und verließ das Haus ihrer Eltern.

Wie sie so durch das Dunkel ging, hörte sie plötzlich eine feine Stimme neben sich.

»Hierher, Sina, hierher!«

Es war ein Puabaum, der zu ihr sprach. Dieser Baum hatte so viele Münder wie Blüten. Wenn der Wind über sie strich, wurde jede zu einer flüsternden Glocke.

»Klingelingeling, klingelingelau,
auf dich wartet Tingilau!
Klingelingeling, klingelingelau,
der schöne Tingilau!«

»Wer ist Tingilau?« fragte Sina.
»Der liebste Sohn eines großen Häuptlings.«
»Wo finde ich Tingilau?«
»Auf einer Insel im Meer.«
»Wie komme ich dahin?«

> *Übers Wasser mußt du gehen,*
> *willst du deinen Liebsten sehen,*
> *den schönen Tingilau,*
> *klingelingeling, klingelingelau.«*

Und die Stimmen wiesen ihr den Weg. Nach einer Zeit kam die schöne Sina an eine verlassene Stelle am Strand. Wie sollte sie zu der Insel kommen? Nirgendwo lag ein Boot, und schwimmen konnte sie nicht, denn ihre schönen Hände hielten die Matte, den Kamm und den Fächer. Sina blickte auf das weite Meer, und ihre Augen erspähten einen kleinen Fisch. Er hatte im seichten Wasser geschlafen und war von Sinas Schritten aufgewacht. Das Mädchen fing zu singen an:

> *»Fischlein, liebes Fischlein,*
> *schwimm zu mir her,*
> *trag mich übers Meer,*
> *Fischlein, liebes Fischlein.*
> *Fischlein, gutes Fischlein,*
> *schwimm zu Tingilau,*
> *bring ihm seine Frau,*
> *Fischlein, gutes Fischlein.«*

Und der kleine Fisch schwamm heran, und Sina stieg auf seinen Rücken. Fächer, Kamm und Matte hielt sie hoch über sich, damit alles trocken blieb. Auf halbem Wege wurde der kleine Fisch von einer Welle umgeworfen, und das Mädchen fiel ins Meer. Zu ihrem Glück war das Gewässer an dieser Stelle grade seicht, so daß sie nicht ertrank. Das Mädchen wurde böse und schlug den kleinen Fisch mit dem Fächer. Davon bekam er rote Streifen, und die trägt er bis auf den heutigen Tag. Der Tätowierte von Sina wird seitdem der kleine Fisch genannt.

Es dauerte nicht lange, und Sina erblickte wieder einen Fisch. Der Fisch war diesmal größer, und Sina sang:

> *»Fisch, lieber Fisch,*
> *schwimm zu mir her,*
> *trag mich übers Meer,*
> *Fisch, lieber Fisch.*

*Fisch, guter Fisch,
schwimm zu Tingilau,
bring ihm seine Frau,
Fisch, guter Fisch.«*

Und der Fisch schwamm herbei, nahm Sina auf den Rücken und jagte los. Und wieder hielt das Mädchen Fächer, Matte und Kamm hoch über ihren Kopf, damit alles trocken blieb. Doch der Rücken eines Fisches ist zum Furchen der Wellen gemacht und nicht dazu, ein Mädchen zu tragen.

Sie waren noch weit vor dem Riff, als auch der größere Fisch von einer Welle umgeworfen wurde und das Mädchen ins Wasser fiel. In ihrem Zorn schlug Sina den Fisch mit ihrem Fächer grün und blau.

Und es kam ein dritter Fisch, der das Mädchen in die Nähe der Insel trug, doch dann warf auch er sie ins Wasser, denn Sina war ihm zu schwer. Und wieder hagelte es Schläge, und aus dem weißen Fisch wurde ein schwarzer.

Und es kam ein vierter Fisch. Sina setzte sich auf seinen Kopf und drückte ihn platt. Fortan wurde dieser Fisch Plattfisch genannt. Ängstlich blickten seine Augen zum Himmel empor. Doch auch der Plattfisch warf Sina ab.

Da kam schließlich ein Hai geschwommen, und das Mädchen sang:

*»Hai, lieber Hai,
schwimm zu mir her,
trag mich übers Meer,
Hai, lieber Hai.
Hai, guter Hai,
schwimm zu Tingilau,
bring ihm seine Frau,
Hai, lieber Hai.«*

Und der Hai schwamm heran, bot ihr seinen Rücken, und sie saß auf mit Matte, Kamm und Fächer.

Schnell war die Fahrt, sicher war die Fahrt, denn der Rücken des Hais war breit und bequem, stark genug, um ein Mädchen zu tragen.

Als Sina durstig wurde, öffnete sie eine Kokosnuß an der scharfen Haifischflosse und trank. Das Mädchen hatte die Frucht aus den Wellen gefischt. Es gelang ihm, noch eine zweite Frucht zu packen. Als Sina gerade trank, steckte der Hai seinen Kopf aus dem Wasser heraus, weil er neugierig war. Da wurde Sina wütend und schlug ihm die Nuß auf die Stirn. Erschrocken tauchte der Hai in die Tiefe hinab. Seitdem tragen alle Haie eine Beule auf der Stirn, und die Menschen sagen, das komme von Sinas Schlag.

Und so schwamm Sina allein auf dem Meer. Mit der einen Hand drückte sie ihre Habe an sich, mit der anderen schwamm sie. Sie spürte, daß sie schnell müde zu werden begann. Immer matter wurden die Schläge ihrer Hand. Die Sonne lief auf den Himmel hinauf und wärmte das Meer. Und eine Sonne leuchtete am Himmel, und eine Sonne badete im Meer. Ihr Glanz lockte Takau, den großen Häuptling der Haie, herbei. Er bot der Schönen seinen Rücken und brachte sie sicher in Tingilaus Land.

Dem Meer entstieg Sina, schöner als die Morgenröte, und suchte das Haus von Tingilau. Sie fand es und trat ein, doch das Haus war leer. Mitten im Raum stand eine riesige Trommel, die aus einem hohlen Baum geschnitzt war. Sina legte Matte, Kamm und Fächer auf den Boden, ergriff die Schlegel und fing an leise zu trommeln. Wie der Flaum eines Reihers flog der Klang der Trommel zu Tingilau. Der Mann hörte den zärtlichen Wirbel und kam gelaufen, um zu sehen, wer so meisterhaft die Trommel schlug. Da fand er das wunderschöne Mädchen in seinem Haus und grüßte sie, wie sich das Inselvolk grüßt. Er rieb seine Nase an ihrer Nase, und sogleich wurde ein großes Fest zu Ehren Sinas vorbereitet.

Noch bevor die Dunkelheit kam, nahmen die Männer und Frauen große Blätter und flochten Reusen, um Fische für das Festmahl zu fangen. Sie fingen neun Körbe mit Fischen und stellten sie zwischen die Hütten. Dann gingen sie schlafen.

Doch mitten in der Nacht kam eine Frau geschlichen. Zur einen Hälfte war sie ein Weib, zur anderen ein Dämon. Sie schlich an die Körbe, verschlang alle Fische und auch die Körbe dazu. Alle neun Körbe fraß sie in ihrer Gier.

Als die Leute aufstanden und die Fische verteilen wollten, fanden sie nicht einmal eine Fischschuppe mehr, nicht die Körbe und nichts. Und der Dämon flüsterte den Menschen in die Ohren: »Nie wurde bei euch gestohlen. Jetzt aber ist jemand unter euch, der ein Dieb ist.«

Und Tingilau sprach: »Zum erstenmal schlief Sina an diesem Ort, und zum erstenmal wurde bei uns gestohlen. Wir sind hier schon lange zu Haus, doch niemals kam etwas weg. Die Fische nahm, wer zum erstenmal bei uns schlief. Der hat es getan! Der ist der Dieb! Sina hat die Fische gestohlen!«

Und die Frauen schrien wild: »Sina, Sina ist der Dieb!«

Dann nahmen sie zwei Männer in die Mitte, führten sie in den Wald und ließen sie da allein!

Sie ging und ging und trug ihre Hochzeitsmatte, den Kamm und den Fächer. Die Sonne spielte mit den Schatten im Laub, und Sinas Beine stolperten durch den Wald, über Felder und Hügel, fort von Tingilau. Als sie schon lange gewandert war, kam sie zu einem Baum. Dort saß ein Vogel, und sie fragte ihn:

> »Täubchen auf dem Zweig,
> wohin führt der Steig?«

Doch die Taube plusterte sich auf und gurrte verdrossen:

> »Ein Schwein läuft vorbei
> und fragt allerlei.«

Sie ärgerte sich und sprach: »Wenn du mit Worten nach mir wirfst, dann werfe ich mit Steinen.«

Und sie warf Steine nach der Taube und traf sie an der Nase. Seitdem haben alle Tauben eine Beule auf dem Schnabel.

Und weiter ging Sina, die arme Sina, bis sie wieder zu einem Baum kam, auf dem ein Vogel saß. Auch diesem Vogel sang sie ihr Lied, und er erwiderte ihr:

> »Geh nur immer geradezu,
> was du suchst, das findest du.«

Sina bedankte sich höflich und schenkte dem Vöglein eine rote Feder aus ihrer Matte. Dann ging sie weiter und ging und ging, bis sie zu einem Baum kam, auf dem eine Turteltaube saß. Sina fragte sie:

> *Vöglein auf dem Zweig,*
> *wohin führt der Steig?«*

Und die Turteltaube spach:

> *»Geh nur immer geradezu,*
> *was du suchst, das findest du.«*

Sina bedankte sich und schenkte der Turteltaube eine dunkle Feder aus der Hochzeitsmatte. Dann ging sie weiter und immer weiter, bis sie zu einem Baum kam, auf dem ein Papagei saß. Wieder fragte Sina:

> *»Bunter Vogel auf dem Zweig,*
> *wohin führt mich dieser Steig?«*

Der Papagei antwortete:

> *»Brauchst nur noch ein Stück zu gehen,*
> *Wunderbares wirst du sehen.«*

Sie bedankte sich und schenkte dem Papagei die buntesten Federn aus ihrer Matte. Eine Handvoll rote für die Brust, eine Handvoll braune für den Schwanz. Dann ging sie noch ein kleines Stück weiter, und plötzlich war der Weg zu Ende. Sina stand an einer Quelle, aus der das wunderbare Wasser des Lebens sprudelte. Tagtäglich tranken die Götter aus dieser Quelle. Das Wasser heilte Krankheiten und mancherlei Übel. Über die Quelle geneigt, stand ein sprechender Baum. Die Götter hatten von dem Lebenswasser genommen und waren gerade dabei, die berauschende Kawa zu trinken. Sina hörte, wie der Baum mit leiser Stimme den Namen des Gottes rief, der das Gefäß mit Kawa erhalten sollte. Die Götter tranken und sahen die müde Sina nicht, die sich in der Nähe niederließ und erschrocken auf die Götter starrte. Die Götter tranken und sahen sie nicht, Sina, die ängstliche Sina. Nur einer der Götter, der große König der Geister namens Matilafoafoa, sah Sina, sah sie ständig an. Als der sprechende Baum seinen Namen nannte, um ihm die berauschende Kawa zu reichen, nahm er das Gefäß, trat auf Sina zu und bot ihr den Trank. Da stand Sina auf und erstrahlte in Schönheit und leuchtete und war wieder Sina, die schöne Sina. Sie nahm einen Schluck von der berauschenden Kawa und reichte dann das Gefäß dem großen König der Geister zurück. Da verbanden sich Augen und Herzen der beiden.

Und Sina breitete die Hochzeitsmatte vor dem Gott Matilafoafoa aus, und beide liebten sich. Viele Tage lebten sie miteinander voller Glück bis zu dem Tag, da Matilafoafoa wieder die Erde verließ. Er mußte in den Himmel zurück, mußte zum Rat der himmlischen Krieger.

»Ach, großer Matilafoafoa, König aller Geister, wann werden wir uns wiedersehen?«

»Sina, meine Frau, frag mich nicht jetzt. Frag auch nicht den Sohn, wenn uns ein Sohn geboren wird. Und wenn du eine Tochter gebären solltest, dann frag sie ebenfalls nicht. Es wird sich schon alles finden.«

Dann nahmen sie voneinander Abschied.

Matilafoafoa ging, doch Sina blieb nicht lange allein. Bald gebar sie ein Kind, das schön und kräftig war. Es spielte mit anderen Kindern oder saß bei der Mutter, wenn diese die Rinde der Bäume schlug, um ein Gewand daraus zu machen. Die Kleine lief der Mutter immer nach, wenn sie Salzwasser zum Kochen holte.

Einmal gingen die beiden wieder ans Meer, es dunkelte schon. Und Sina trug Kalebassen im Korb, und die Tochter trippelte hinter ihr her. Der Mond verbarg sich hinter den Wolken, die Wurzeln aber verbargen sich nicht, und Mutter und Kind stolperten oft. Da wurde Sina zornig, und sie schrie: »Du dummer Mond, du Faulpelz, du! Warum leuchtest du nicht?« Der Mond war beleidigt und zitterte vor Wut, aber dann nahm er sich ihre Worte zu Herzen und guckte hinter den Wolken hervor. So kamen Sina und ihre Tochter unbehelligt ans Meer. Sina bückte sich und füllte die Kalebassen mit Wasser. In diesem Augenblick lugte der Mond in seiner ganzen Größe auf die Erde, um zu sehen, was Sina machte. Die Kleine saß im Sand, und ihre Augen forschten im runden Antlitz des Mondes.

»Mutter, der Mond hat einen großen Kopf. Er ist schön wie eine Brotfrucht. Schmeckt er auch so gut? Ich möchte ihn essen.«

Mutter Sina war noch böse auf den Mond und sprach ärgerlich: »Hörst du es, Großkopf? Komm herunter! Meine Tochter möchte dich kosten. Sie beißt ein Stück von dir ab.«

Eine Weile stand der Mond da und schnaubte wütend, denn er wollte kein Stück von sich abbeißen lassen. War er denn eine Frucht? Dann aber, hopp, sprang er vom Himmel herab, packte Sina und ihre Tochter und setzte sie in den Himmel. Dort schüttelte er sie tüchtig durch und ließ sie dann sitzen. Die Tochter weinte, Sina aber lachte laut.

»Gut, daß wir endlich im Himmel sind, in der Heimat deines Vaters.«

»Wo ist mein Vater? Die Kinder haben gesagt, daß ich ohne einen Vater bin. Jetzt will ich ihn suchen gehn.«

»Geh nur, mein Kind! Doch jener Weg, auf dem eine harte Matte liegt, ist nicht der richtige Weg.«

Dann brachen sie auf. Die Tochter ging voraus, die Mutter folgte.

Nur über weiche Matten gingen ihre Füße. Sie gingen und gingen, bis sie zu einer Schar böser Geister kamen. Die spielten und tanzten, um sich die Zeit zu vertreiben. Als sie die beiden erblickten, wollten sie sich auf sie stürzen und sie fressen. Sie drängten sich um Sina und ihre Tochter und riefen: »Dieser Arm ist mein.

»Dieses Bein ist mein.«

»Ich fresse die Augen.«

»Ich fresse den Kopf.«

Doch das Mädchen fürchtete sich nicht, sondern schrie sie an, daß sie schweigen sollten, da sie sonst nicht das Lied hören könnten, das sie für sie singen wollte. Und die Geister verstummten und lauschten mit offenen Mäulern:

>»Weicht zurück, ihr bösen Geister,*
beugt vor Sina eure Knie,
ich bin eines Gottes Tochter,
eines Gottes Frau ist sie.
Hört den Namen und steht stumm,
sonst bringt euch der Herrscher um.
Matilafoafoa,
großer König, wir sind da!«

Die Geister schwiegen betroffen und wichen zurück. Dann sprachen sie mit schmeichelnden Stimmen: »Wir hoffen, daß unser Tanz euch erfreut hat. Sagt dem Herrscher, daß wir gut zu euch gewesen sind.«

Und Mutter und Tochter gingen weiter auf ihrem Weg, voran die Tochter, die Mutter hinterher. Die Tochter wählte den Weg, und nur über weiche Matten gingen ihre Füße. Sie gingen und gingen, bis sie zu einer zweiten Schar von bösen Geistern kamen. Ein schreckliches Weib sprang auf sie zu, streckte ihre Krallen nach ihnen aus und wollte sie fressen. Doch das Mädchen fürchtete sich nicht, und die Geister hörten das Lied:

> »Weicht zurück, ihr bösen Geister,
> beugt vor Sina eure Knie,
> ich bin eines Gottes Tochter,
> eines Gottes Frau ist sie.
> Hört den Namen und steht stumm,
> sonst bringt er euch alle um:
> Matilafoafoa,
> großer König, wir sind da!«

Und das fürchterliche Weib wurde auf einmal höflich, umarmte die beiden, und sie rieben Nase an Nase, und dann sagte die Frau:

»Geht an jenen Fluß! Dort werdet ihr einer Frau mit kranken Augen begegnen. Verlangt das Gefäß, in dem sie Wasser trägt. Es ist aus Kokosnuß und mit Pottwalbein verschlossen.«

Und wieder gingen sie weiter, voran die Tochter, die Mutter hinterdrein. Als sie zu der Frau mit den kranken Augen kamen, trug diese gerade das Gefäß mit Wasser von dem Fluß fort.

Die Tochter sagte: »Der Durst hat uns müde gemacht. Gib uns das Gefäß mit Wasser.«

»Geht zum Fluß, der euch mehr Wasser geben kann als ich«, sagte die Frau.

»Siehst du nicht, wie uns der Durst quält? Es ist noch weit bis zum Fluß.«

»Es ist ein kleines Stück Wegs für jedermanns Beine. Das Wasser im Fluß ist frisch. Der Fluß hat mehr Wasser als ich«, sagte die Frau, und Zorn flackerte in ihrer Stimme.

Da bückte sich das Mädchen und nahm das Gefäß aus Kokosnußschale, das mit Pottwalbein verschlossen war, und reichte es der Mutter. Die Mutter trank in großen Zügen. Dann trank das Mädchen selbst von dem Wasser und warf das Gefäß auf den Boden, wo es zerschellte. Die Frau mit den kranken Augen lief schreiend davon und schrie mit lauter Stimme: »Wehe, was wird jetzt geschehen? Das Mädchen hat das Gefäß mit dem Wasser des mächtigen Königs Matilafoafoa zerbrochen.«

Doch die beiden gingen ruhig weiter, die Tochter voran und die Mutter hinterher. Sie kamen an einen Ort, wo gerade viele Geister in einem Kreis saßen und berieten. Die beiden durchbrachen den Kreis und gingen in dessen Mitte. Sie traten vor den König. Die Geister waren außer sich vor Wut.

»Zerreißen werden wir euch. Ihr habt das Trinkgefäß eines Königs zerbrochen. Fesselt ihnen Arme und Füße! Oh, wie frech sie sind. Sie wagen es, vor den König zu treten.«

Und gleich wollten sich die Geister auf sie stürzen. Schon griff einer nach dem Haar der Tochter und zerrte sie zu sich. Doch das Mädchen fürchtete sich nicht und rief mit lauter Stimme, sie sollten ruhig sein. Sie würde ein Lied für sie singen. Und die Geister im weiten Land des Himmels gehorchten ihr und lauschten dem Lied:

> »Weicht zurück, ihr bösen Geister,
> beugt vor Sina eure Knie,
> ich bin eines Gottes Tochter,
> eines Gottes Frau ist sie.
> Hört den Namen und steht stumm,
> sonst bringt euch der Herrscher um:
> Matilafoafoa,
> großer König, wir sind da.«

Die Augen der Geister wurden groß, und still wurde es in der Runde. Dann erhob sich Matilafoafoa, trat auf die beiden zu und umarmte sie. Und lautes Rufen zerriß die Stille, wie ein Fisch das Netz zerreißt, und alle jubelten, als der König Nase an Nase rieb mit Mutter und Tochter.

Der Herrscher führte Sina und die Tochter in sein Haus. Dort lebten sie dann alle glücklich, der mächtige Gott, die schöne Sina und ihre mutige Tochter.

Als Taranga sah, daß sich der Horizont hell färbte und die Nacht sich dem Tag entgegenneigte, ließ sie den Becher ein letztes Mal kreisen.
»Es bleibt uns nicht mehr viel Zeit, liebe Schwestern, aber eine ganz kurze Geschichte möchte ich euch zum Abschluß noch erzählen, und sie heißt ...«

Der Alligator und die streitbaren Weiber

Die Weiber eines Dorfes pflegten zu gewissen Zeiten zu einer Lagune zu gehen, wo ein großer Alligator hauste. Hier hatten sie sich Hütten errichtet mit Kochgeräten, Töpfen und vielem anderen. Federschmuck und schöne Leibgürtel nahmen sie dorthin mit, auch Moschus, den Körper einzureiben. Eines der Weiber wurde mit all diesen Zieraten ausgestattet und ihre Haut mit Moschus bestrichen. So blieb sie am Ufer sitzen, während die übrigen im Wald Früchte sammelten. Andere fischten oder bereiteten Speisen zu.

Das Weib im Festschmuck rief, sobald sich alle entfernt hatten: »Alligator komm, bringe Fische!«

Der Alligator antwortete: »Ich komme.« Er kam dann hervor, ein Bündel Fische tragend. Dann legte er seinen Kopf der Frau auf den Schenkel, ließ sich von ihr das Ungeziefer absuchen und schlief ein. Die anderen Weiber bereiteten unterdessen das Mahl und gingen nach Beendigung des Festes nach Hause, indem sie den Männern nur die leeren Fruchtschalen brachten. Das geschmückte Weib blieb mit dem Alligator zurück und folgte erst später.

Schließlich wunderten sich die Männer, daß die Frauen immer nur mit leeren Schalen zurückkamen, und beschlossen, der Sache auf den Grund zu gehen. Einer befahl seinem Sohn, die Mutter zu begleiten. Nach langer Weigerung ward er zugelassen und erzählte den Männern dann, was er gesehen hatte.

Zwei Tage später gingen diese selbst zusammen an den See, während die Frauen zurückbleiben mußten. Auch sie rieben sich mit Moschus ein und riefen den Alligator. Dieser kam wie sonst, brachte Fische und legte sich zum Schlaf nieder, wurde nun aber von den Männern mit einer Keule getötet und in den Wald geworfen. Darauf gingen die Männer jagen, töteten noch andere Alligatoren, Reiher, Enten sowie Aasgeier und kehrten mit der Beute zurück. Spöttisch riefen sie den Weibern zu: »Ihr habt uns betrogen; jetzt könnt ihr Aasgeierfleisch essen!«

Anderntags zogen die Weiber wieder aus; aber der Alligator erschien nicht. Seine Leiche wurde endlich im Wald gefunden. Voll Zorn eilten sie nach Hause, machten sich Pfeile und Bogen und forderten die Männer zum Kampf heraus. Die Männer nahmen die Sache nicht ernst und legten die Pfeile umgekehrt auf den Bogen, um keinen Schaden zu tun; die Weiber aber schossen mit der Spitze und töteten die Männer bis auf wenige, die entkamen. Die Weiber zogen nun den Fluß hinab. Man hat nichts mehr von ihnen gehört.

»*Und die Alligatoren?*« *fragte Maraquansa, als Taranga geendet hatte.*

»*Solange der Alligator gelebt hatte*«, *antwortete Taranga*, »*sprachen alle Alligatoren. Seitdem aber spricht keiner mehr.*«

Da zogen schon die ersten Nebel herauf, und ganz in der Ferne heulte ein Fuchs. Taranga stand auf und brachte den Heiligen Becher der Ältesten, die nahm ihn, bedankte sich bei Taranga und gab ihn an Jing-Mei weiter.

»*Nimm du ihn*«, *sagte sie*, »*und erzähle uns in der zwölften Mondnacht von deinen Ahninnen. Und wir werden dir zuhören, mit unseren Herzen.*«

DIE ZWÖLFTE NACHT

Jing-Mei erzählt Märchen aus Asien

Der Tag war verregnet und grau gewesen, und auch die Nacht schien dunkel und wolkenverhangen zu werden. Jing-Mei zog fröstelnd ihr Schultertuch enger und ging schneller, denn sie wollte möglichst bald zum Tanzplatz kommen, um sich am Feuer wärmen zu können. Mit ihrer linken Hand hielt sie den Heiligen Becher fest an ihre Brust gedrückt und fühlte mit ihren Fingerspitzen die Edelsteine, die die Außenwand zierten – dreizehn an der Zahl, alle in einer anderen Farbe, alle aus einem anderen Land. Die Mondmutter selbst habe ihn gefertigt, hieß es, und ihn in einer Vollmondnacht vor ewigen Zeiten den Mondfrauen zum Geschenk gemacht.

Als Jing-Mei den Feuerschein am Tanzplatz sah, atmete sie erleichtert auf. Ihr Haar war naß, ihr Schultertuch klamm, und auch sonst fühlte sie sich unbehaglich, denn es hing eine seltsame Stimmung über dem Moor. Kein Laut war zu hören, nur der Regen prasselte monoton vor sich hin – es war, als ob kein Mensch und kein Tier mehr auf dieser Welt lebten!

Yamiy und Mardschana, Taranga, Lavra und Gwendolyn standen am Feuer, um sich zu wärmen. Jing-Mei gesellte sich zu ihnen, und die Frauen umarmten sich zur Begrüßung. »Wo sind denn die anderen?« wollte sie wissen, und Mardschana antwortete: »Bahar, Gioconda und Danai sind Anamaque entgegengegangen, denn wir machten uns Sorgen um sie. Und Maraquansa, Gerswind und Abelone suchen noch nach trockenem Holz.«

Kaum hatte Mardschana das gesagt, hörten sie Anamaques Begrüßungsruf vom Moor herüberwehen und sahen das Licht einer Fackel, die eine der Frauen über ihrem Kopf schwang, um Zeichen zu geben, daß es ihnen gutginge und alles in Ordnung wäre. Bald darauf tauchten auch Maraquansa, Abelone und Gerswind aus dem Regen-

schwarz der Nacht auf und warfen das Holz, das sie mitgebracht hatten, auf den Stoß neben dem Feuer.

Nun waren sie alle versammelt, und die Nacht konnte ihren gewohnten Lauf nehmen. Wie immer tanzten und sangen die Frauen, um den Mond zu begrüßen, auch wenn er hinter einer dichten Wolkendecke verborgen und gar nicht zu sehen war. Dann setzten sie sich in den Kreis, aber diesmal rückten sie näher ans Feuer, um sich besser wärmen zu können. Und als der Becher gefüllt und die Ahnen geehrt waren, begann Jing-Mei zu erzählen:

Der zauberkräftige Edelstein

Vor vielen, vielen Jahren lebte in den Bergen eine arme Frau. Wenn sie keine Hirse mehr hatte, die sie auf ihrem steinigen Feld erntete, mußte sie sich von Wurzeln und wildwachsendem Gemüse ernähren.

Als sie wieder einmal in einer Schneise nach Wurzeln suchte, sah sie im Gras einen verletzten Goldfasan, der vergebens versuchte, aufzufliegen oder wegzulaufen. Sein Gefieder war blutgetränkt.

Der Frau tat der Fasan leid, und sie trug ihn nach Hause. Sie legte Kräuter auf seine Wunden und versuchte ihn zu heilen. Als aber nichts half und sie sah, daß der Goldfasan den Morgen nicht mehr erleben würde, machte sie seinem Leiden ein Ende und tötete ihn. Dann rupfte sie ihn, briet ihn und verzehrte ihn zum Abendbrot.

Nach einiger Zeit gebar die Frau einen schönen Knaben. Seine Haut war weiß wie Nephrit. Und bald war es lustig in der armseligen Hütte, als sich dort das lebhafte Knäblein tummelte.

Die Jahre vergingen, und aus dem Knaben war ein großer, fleißiger Jüngling geworden. Es war an der Zeit, ihm eine Braut zu suchen.

Die Heiratsvermittlerin sah sich in der Umgebung nach einer geeigneten Braut um, und bald konnte sie der Mutter gute Nachricht bringen.

»Hinter drei Bergen und drei Flüssen lebt ein Mädchen, wie

geschaffen für deinen Sohn. Ihr Gesicht gleicht einer Azaleenblüte, sie versteht sich auf alle Hausarbeiten und gehorcht ihren Eltern aufs Wort«, lobte die Heiratsvermittlerin die künftige Schwiegertochter überschwenglich.

Es dauerte nicht lange und beide Familien wechselten die üblichen Briefe auf rotem Papier, der Farbe der Freude und des Glücks, wo das Jahr, der Monat, der Tag und die Stunde der Geburt der Brautleute in großen Schriftzeichen geschrieben waren. Und als die Sterndeuter nach ihrem Horoskop eine glückliche Zukunft voraussagten, schickten die Eltern der Braut und des Bräutigams die Hochzeitsgeschenke, und es mußte nur mehr der Tag der Hochzeit nach der günstigen Lage der Sterne gewählt werden.

Wie es die Sitte gebot, machte sich der Bräutigam an diesem Tag zum Elternhaus der Braut auf. Da er außer seiner Mutter keinerlei Verwandte hatte, ging er allein. Auf einem schmalen Pfad, der durch eine Schneise führte, stieß er auf eine große Schlange.

»Mach mir Platz«, bat der Jüngling. »Ich eile zur Hochzeit!«

»Ssss! Vergiß es«, zischte die Schlange. »Ich warte hier schon viele Jahre auf dich, um dich zu fressen.«

»Warum willst du mich ums Leben bringen?«

»Das will ich dir gern sagen. Dein Leben gehört mir. Du weißt wohl nicht, daß dein Vater ein Goldfasan war. Um diesen Goldfasan, den ich gerade fressen wollte, hat mich deine Mutter gebracht. Sie trug ihn, der sich schon nicht mehr bewegen konnte, ins Haus. Als sie seine Wunden nicht heilen konnte, machte sie seinem Leben ein Ende und verzehrte ihn. Deshalb wurdest du geboren.«

»Mein Vater war ein Goldfasan?« wunderte sich der Jüngling.

»Ja, so ist es. In deinen Adern rinnt sein Blut. Jetzt wirst du begreifen, daß ich das Recht habe, dich anstelle deines Vaters zu fressen!« zischte die Schlange.

Der Jüngling wollte nicht sterben, bevor er geheiratet hatte. Darum versuchte er, die Schlange zu überreden:

»Gut, Schlange. Ich erkenne dein Recht an. Aber schenke mir ein paar Tage, damit ich noch heiraten kann.«

»Warum solltest du heiraten, wenn du sowieso sterben mußt?« zischte die Schlange.

Aber der Jüngling gab nicht nach: »Es ist ein ungeschriebenes Gesetz, daß erst durch die Hochzeit ein Jüngling zum Mann wird. Und jeder Mann hat die Pflicht, für Nachkommen zu sorgen. Wer sollte denn sonst an meinem Grab für mein Seelenheil beten? Du mußt doch einsehen, daß ich darauf ein Anrecht habe! Ich schwöre dir, gleich nach der Hochzeit zurückzukommen. Dann kannst du mit mir tun, was du willst.«

Die Schlange stimmte zu, unter der Bedingung, daß er sich am vierten Tag nach der Hochzeit in der Schneise einfinden solle.

Die Hochzeitszeremonien verliefen, wie es Brauch und Sitte war. Die Brautleute verbeugten sich zweimal voreinander, nach weiteren vier Verbeugungen vor den Eltern der Braut tranken sie einen Becher Wein und aßen jeder die Hälfte eines hartgesottenen Eies. Das sollte ihnen helfen, so bald als möglich einen Sohn zu bekommen. Dann begann das Hochzeitsmahl.

In der Mitte der reichgedeckten Tafel thronte eine holzgeschnitzte Ente als Symbol einer langen und glücklichen Ehe. Beim Anblick dieser Ente aber verfinsterte sich das Antlitz des Bräutigams.

Er legte die Eßstäbchen beiseite, der Appetit war ihm vergangen, obgleich ihm seine neuen Verwandten nur Leckerbissen vorsetzten: den scharfen Salat Kimtschi und die erfrischende dicke Suppe Kuksu mit Nudeln, Hackfleisch und einer geriebenen Birne. Auch die wohlschmeckenden Farnspitzen und die süßen Reiskuchen konnte er nicht genießen.

Drei Tage dauerte die Hochzeitsfeier, und der Bräutigam wurde immer trauriger. Die junge Braut bemerkte das und fragte ihn jede Nacht, was ihn denn so bedrücke. Schließlich vertraute er ihr das böse Geheimnis an.

»Fürchte dich nicht«, tröstete sie ihn, »ich werde dich begleiten. Es wird sich bestimmt ein Ausweg finden.«

Am vierten Tag sollte der Bräutigam zu seiner Mutter zurückkehren. Es war nicht Brauch, daß die junge Frau den Ehegatten nach den Hochzeitsfeierlichkeiten begleite, und die Eltern des Mädchens sahen das nicht gern. Aber die junge Frau ließ sich nicht davon abbringen, und so machte sich das junge Paar auf den Weg.

Als sie zu der Schneise kamen, wartete die Schlange schon ungeduldig. »Ich erkenne dein Recht auf meinen Mann an«, sagte die junge Frau zu der Schlange. »Als Ehefrau aber habe auch ich meine Rechte. Der Mann ist die Stütze der Frau, und die Frau ist das ganze Leben von ihm abhängig. Wenn du meinen Gatten tötest, mußt du bis an mein Lebensende für meinen Lebensunterhalt und meine Kleidung sorgen.«

Die Schlange überlegte eine Weile, ehe sie sprach: »Sss, du hast recht. Deinen Mann nehme ich mir, aber für deinen Lebensunterhalt will ich sorgen.«

Die Schlange steckte ihre lange, gespaltene Zunge heraus, auf der ein funkelnder Edelstein lag, der drei geschliffene Kanten hatte.

»Ssss, nimm dir diesen Edelstein. Er wird dir alles geben, damit du zufrieden leben kannst.«

»Der Edelstein ist wirklich schön, Schlange. Und wenn ich ihn verkaufen würde, wäre ich sicher ein paar Jahre zufrieden. Aber was dann?« wandte die junge Frau ein.

»Ssss, warum willst du ihn verkaufen. Es ist doch ein zauberkräftiger Edelstein. Siehst du diese Kante? Wenn du sie mit dem Finger berührst und sagst: ›Kleide mich!‹, wird er dir so viel Geld geben, daß du dir die kostbarsten Kleider kaufen kannst. Die zweite Kante gibt dir zu essen. Du kannst dir wünschen, was du willst.«

Die junge Frau hatte der Schlange sehr aufmerksam zugehört, daher war ihr nicht entgangen, daß sie die dritte Kante nicht erwähnt hatte.

»Und diese Kante hier? Was kann sie mir bieten?« fragte sie.

Die Schlange schwieg lange. Dann aber mußte sie zugeben: »Ssss. Wenn du die dritte Kante mit dem Finger berührst und dabei rufst: ›Er soll sterben!‹, kannst du dich von jedem Feind befreien.«

»Gut, so nimm meinen Mann und gib mir den Edelstein!«

Kaum hatte die junge Frau den Edelstein in der Hand, berührte sie die dritte Kante und rief: »Die Schlange hier soll sterben!«

»Ssss!« zischte die Schlange und wand sich in Todeskrämpfen.

Der Mann und die Frau aber schritten fröhlich ihrem Heim

zu. Und der Edelstein schenkte dem Ehepaar, seinen Kindern und auch der alten Mutter alles, was sie brauchten.

So war es kein Wunder, daß sie ein zufriedenes Leben führen konnten.

Jing-Mei wartete, bis Abelone Holz auf das Feuer geworfen und sich wieder gesetzt hatte, dann sagte sie: »Niemand weiß besser, als wir es wissen, wie wichtig und lebensnotwendig Feuer ist, und darum könnt ihr euch sicher auch vorstellen, daß es damals, als man das Feuer noch mit Funken aus dem Feuerstein entfachte, Brauch war, es nicht mehr verlöschen zu lassen.«

Die Frauen nickten, und Jing-Mei erzählte die Geschichte:

Vom Feuer, das sieben Generationen brannte

In einem Dorf lebte eine Familie, deren Stolz es war, daß ihr Feuer schon sieben Generationen lang brannte. Als nun der älteste Sohn eine Braut ins Haus brachte, gebot ihr die Schwiegermutter: »Ab heute ist es deine Pflicht, für das Feuer zu sorgen. Es ist eine seltsame Flamme, die schon sieben Generationen lang brennt. Hüte sie wie deinen Augapfel. Nur eine Frau, die das Feuer im häuslichen Herd nicht erlöschen läßt, ist würdig, unser Geschlecht zu erhalten und Nachkommen aufzuziehen. Wenn das Feuer ausgehen sollte, wird dich dein Schwiegervater fortjagen.«

»Keine Angst, Mutter«, erwiderte die Schwiegertochter. »Ich will diese Pflicht gern erfüllen.«

Die junge Frau war ordentlich und arbeitsam und sorgte für das Feuer, wie es sich gehört. Am Abend trug sie glühende Kohlen in das bronzene Becken, wo sie die ganze Nacht über glühten. Am Morgen schürte sie die Asche, trug die glühenden Kohlen in die Feuerstätte, und bald schon loderte das Feuer lustig unter dem Kessel.

Drei Tage hatte sie ihre Aufgabe zur allgemeinen Zufriedenheit erfüllt. Am vierten Tag aber geschah das Unglück. Als sie am Morgen die Asche schürte, war kein einziges glühendes Kohlestückchen mehr da.

»Du verdienst es nicht, unsere Tochter zu sein!« wetterte der Schwiegervater, als sie ihm die böse Nachricht überbrachte. »Kehre zu deiner Familie zurück!«

Die junge Frau bat, sie nicht aus dem Haus zu jagen, sie würde in Zukunft besser aufpassen. Und als auch ihr Gatte sich für sie einsetzte, ließ sich der Schwiegervater überreden und verzieh ihr. Er wetzte den Feuerstein, daß die Funken sprühten, und machte ein neues Feuer unter dem Kessel an.

Am Abend war die junge Frau bemüht, nicht das Geringste zu vernachlässigen. Am nächsten Morgen jedoch fand sie wieder nur kalte, erloschene Asche vor. Sie untersuchte das bronzene Becken und bemerkte, daß in der Nacht jemand das Feuer geschürt und die glühende Kohle gelöscht haben mußte.

Als der Schwiegervater erfuhr, daß das Feuer erloschen war, wollte er die junge Frau wieder aus dem Haus jagen. Sie aber beteuerte, daß jemand das Feuer absichtlich gelöscht habe. Da ließ er sich erweichen und zündete es erneut an.

Am nächsten Abend tat die junge Frau alles, was in ihren Kräften stand, um das Feuer zu bewahren. Dann verschloß sie die Türen, verbarg sich hinter einem großen Wasserbehälter und wartete. Die ganze Nacht tat sie kein Auge zu, um zu sehen, wer das Feuer so mutwillig löschte.

Die Nacht ging schon ihrem Ende zu, als plötzlich ein seltsames Männlein erschien. Es sah aus wie ein Wichtelmännchen, war nicht größer als ein dreijähriges Kind und vollkommen nackt.

Das Männlein ging zu dem bronzenen Becken, schürte die glühende Kohle und erstickte sie mit den Händen. Es schien die Hitze gar nicht zu spüren, ganz im Gegenteil, die Glut schien es zu nähren, denn seine kleine Gestalt wurde größer und größer.

Da sprang die junge Frau auf und rief: »Laß das Feuer sein, du Bösewicht!«

Das Männlein erschrak, sprang auf und verschwand durch die geschlossene Tür.

»Warte nur, mir entkommst du nicht!« rief die junge Frau und lief ihm nach. Sie lief, so schnell sie konnte, um das seltsame Geschöpf einzuholen. Als die ersten Sonnenstrahlen die Bergspitzen beleuchteten, war das Männlein gerade am Gipfel eines Berges angelangt. Es versuchte, sich in einem Felsspalt mit dichtem Gras zu verbergen, aber die Frau hatte es inzwischen eingeholt und am Schopf gepackt. Sie war so böse, daß sie das Männlein schüttelte und dabei rief: »Ich will es dir schon zeigen, damit du mir nie wieder das Feuer löschst, du Nichtsnutz!«

Aber so viel sie es auch schüttelte und gegen den Felsen schlug, dem Männlein machte das nichts aus. Es blickte sie ruhig an, als wäre überhaupt nichts geschehen.

Gewöhnt, schwere Lasten zu tragen, schulterte die junge Frau das Männlein und eilte mit ihm nach Hause. Sie mußte doch den Eltern ihres Mannes beweisen, daß das Feuer, das sieben Generationen gebrannt hatte, nicht durch ihre Schuld erloschen war.

Inzwischen war zu Hause alles auf den Beinen. Man hatte die junge Frau in die Berge laufen sehen und befürchtet, es könnte ihr etwas zugestoßen sein. Aber da kam sie schon außer Atem herangeeilt und warf ihre Last auf die Veranda.

»Hier habt Ihr den Beweis, Vater! Nicht durch meine Unachtsamkeit ist das Feuer ausgegangen, ich habe Euch das seltsame Geschöpf gebracht, das unser Feuer mutwillig löschte.« Aber – was war denn das? Auf der Veranda lag kein kleines Männlein, sondern ein riesiger Ginseng – eine Wurzel in der Größe eines dreijährigen Kindes, die tatsächlich wie ein Kind aussah. Aus dem kopfähnlichen Knollen wuchsen statt der Haare Stengel mit dunkelgrünen ovalen Blättern, und aus der dicken, körperähnlichen Wurzel wuchsen vier Fortsätze, die den Armen und Beinen eines Kindes ähnelten. Nicht umsonst nennt man diese seltene Heilpflanze seit jeher Insam, die Menschenwurzel. Die Wurzel, die anstelle des Männleins auf der Veranda lag, mußte einige Jahrhunderte alt sein, so groß war sie.

»Entschuldige dich nicht, mein Kind«, sagte der Schwiegervater. »Von nun an mußt du dich nicht mehr um die Glut kümmern. Die Himmel haben unser Geschlecht mit dieser seltenen Wurzel belohnt, weil wir sieben Generationen lang das Feuer nicht erlöschen ließen.«

Jing-Mei beschloß die Geschichte mit den Worten: »Dann hob er die Wurzel behutsam auf, hüllte sie in feine Seide und legte sie auf den Ehrenplatz im Hause.«

Die Jüngste rieb sich die klammen Hände und hauchte hinein, um sie anzuwärmen. Der Regen hatte ein wenig nachgelassen, die Tropfen fielen nur noch vereinzelt zur Erde. Sie ließ ihr Wolltuch vom Kopf auf die Schultern gleiten und zog es sich eng um den Hals, dann erzählte sie eine dritte Geschichte:

Amaterasu und Sosanoo

Als Sosanoo, der griesgrämige Gott, der später die Unterwelt beherrschen sollte, aufgrund der Erlaubnis seines Vaters Isanagi vorher noch seine Schwester Amaterasu im Himmel besuchte, war diese bei seinem Anblick sehr erschrocken. Sie kannte nur zu gut sein wildes Gemüt und war von Sorge erfüllt, daß er gekommen sei, ihr die Herrschaft zu entreißen. Daher rüstete sie sich zum Kampf und trat ihm mutig entgegen.

Sosanoo aber hatte augenblicklich durchaus keine bösen Absichten und kam zu seiner Schwester, der er aufrichtig zugetan war, mit der friedlichsten Gesinnung. Er versicherte ihr dies auch aufs feierlichste, doch Amaterasu mißtraute ihm und verlangte Beweise seiner Friedfertigkeit.

»Nun wohl«, sprach er, »so will ich augenblicklich aus den Edelsteinen deines Halsbandes Götter schaffen; sind es Frauen, so halte mich für schuldig, sind es aber Männer, so glaube mir und laß mich bei dir weilen!«

Amaterasu war es zufrieden, doch wollte sie nicht minder ihre göttliche Macht beweisen, und deshalb sprach sie: »Gib mir dein Schwert!« Und als Sosanoo es ihr reichte, biß sie die Spitze davon ab, spie sie aus und hauchte in die Luft. Da entstanden drei liebliche Göttinnen, welche Amaterasu als Gottheiten der Flur auf die Insel Kiuschu versetzte. Sosanoo sah das und lobte seine Schwester, doch alsbald nahm er die Schnur der Edelsteine zur Hand und biß von den einzelnen Steinen etwas ab, und als er die Stückchen mit seinem Atem vermischt aushauchte, da entstanden zu Amaterasus großer Freude fünf herrliche Götter. Alle erklärte Amaterasu für ihre Söhne, da sie doch aus ihren Edelsteinen entstanden waren. Dem ältesten gab sie den Namen Oschihomi, dem zweiten den Namen Amenohohi; beide wurden später hochangesehen unter den Göttern, doch auch die anderen drei hielt Amaterasu als Kinder in Ehren. Als nun Amaterasu den schlagenden Beweis dafür hatte, daß ihr Bruder Sosanoo Frieden mit ihr halten wollte, war sie beruhigt und bestellte mit ihm in Freude und Eintracht die Reisfelder des Himmels. Allein lange währte dies Glück nun doch nicht, denn Sosanoo konnte sein zänkisches Gemüt nicht verleugnen. Er wurde neidisch auf Amaterasu, weil ihre Felder, mochten sie liegen, wo sie wollten, auf der Höhe, in der Ebene, an den Flüssen oder nahe beim Palast, immer überschwengliche Ernte brachten, während seine Felder bei anhaltendem Regen überschwemmt wurden und bei eintretender Dürre vertrockneten. Nun begann er ihr allerhand tückische Streiche zu spielen, welche er ersann, um seine Schwester zu kränken. Er zerstörte mutwillig die Röhrenleitungen der Wasseranlagen, er verstopfte die Gräben und verrückte die Grenzen der Reisfelder der Amaterasu. Und nicht genug des Übermutes – er trieb im Herbst seine Pferde in die Felder, welche die köstliche Frucht abweideten. Alles dies aber verzieh ihm die gütige Göttin, seine Schwester, und hielt den Frieden aufrecht. Als er aber seine Tücke soweit trieb und ihren Palast besudelte, wodurch er sie dem Spott und Hohn auslieferte, als er endlich, damit noch nicht zufrieden, das herrliche gestreifte Füllen des Himmels, den Liebling aller Himmelsgötter, einfing, ihm unbarmherzig die Haut abzog und den Leichnam gerade in dem Augenblick in Amaterasus Palast warf, als diese die heilige Zeremonie des Fastens durchmachte, da verlor die Göttliche ihre langbewahrte Geduld. Still und emsig saß sie am Webstuhl, als der verunstaltete Kadaver durch ein Loch im Dach, das Sosanoo zu diesem Zwecke gemacht hatte, vor ihren Augen niederfiel. Sie erschrak darüber so gewaltig, daß sie sich mit dem Webschiffchen, das sie in der Hand hatte, empfindlich verletzte. Tief gekränkt stand sie auf und begab sich ohne weiteres in die tiefe Felsenhöhle des Himmels, deren Tor sie fest hinter sich verschloß. Nun war freilich guter Rat teuer, denn überall herrschte mit einem Male tiefe, schwarze Finsternis; es gab keinen Unterschied mehr zwischen Tag und Nacht, böse Geister schwirrten unablässig umher, Himmel und Erde waren gleichmäßig in Dunkel gehüllt.

Infolge dieses schweren Schicksals aber versammelten sich an den Ufern des Himmelsstromes, den wir Erdenbewohner Milchstraße nennen, alle Himmelsgötter, um zu beraten, wie dem Elend ein Ende gemacht werden könne. Alle waren einig darüber, daß allein Amaterasu zu helfen imstande sei, und darum mußte alles daran gesetzt werden, sie aus der Höhle herauszulocken. Um dies aber zu bewerkstelligen, berieten sie einen Plan, zu dessen Ausführung die vielseitigsten Kräfte gehörten; indes versprachen alle ihre Hilfe, und so ging man getrost ans Werk. Zuerst nahm Amenokoyane, ein Sohn des großen Himmelsgeistes, heilige Sakaki-Bäume, die auf den Bergen des Himmels wuchsen, mit den Wurzeln heraus und pflanzte sie rings um die Höhle. An den stattlichsten dieser Bäume wurden hoch oben die Edelsteine des Himmels aufgehängt, köstliche Juwelen, die mit funkelndem Schein herrlich leuchteten; in der Mitte desselben wollte man einen großen Metallspiegel in Form einer kreisrunden Scheibe befestigen, der in seiner glänzenden Schönheit der Sonne gleichen sollte. Um diesen Spiegel herzustellen, wurde der Gott Ischikoridome, der Vorfahr aller Spiegelmacher, herbeigerufen. Ihm wurde das Werk übertragen, und sofort stellte er mächtige Blasbälge aus Hirschfellen her und ging mit Eifer an die Arbeit. Doch war diese nicht so leicht, wie man geglaubt hatte; denn obgleich das beste Metall, das die Bergwerke des Himmels zu liefern vermochten, zu dem Werk verwandt wurde, so mißlangen doch die beiden ersten Versuche, und erst der dritte Spiegel war fehlerfrei und von der Größe, wie man ihn haben wollte. Als dies geschehen, ließ der große Himmelsgeist von zwei Göttern Weihgeschenke verfertigen, ähnlich wie die Menschen sie an den heiligen Gohei, also an den mit Papier versehenen heiligen Stab hängen, der beim Gebet die Götter herbeiruft. Man nahm einen Papiermaulbeerbaum und pflanzte Hanf, und aus dessen Fasern machte man ein feines weißes und ein größeres blaues Gewand als Weihgeschenk für die Göttin, und beide wurden an die unteren Zweige des großen Sakaki-Baumes gehängt. Zwei andere Götter fällten Holz auf den Himmelsbergen, gruben Löcher und stellten Pfosten auf, um ein heiliges Haus zu bauen nebst einem kleinen, zierlichen und mit allerlei Schmuck versehenen Garten, auf dessen Tor man eine Anzahl Hähne setzte.

Alles war vorbereitet; ehe man aber zu der Aufführung selber schritt, fing man einen Hirsch, riß ihm ein Schulterblatt aus und ließ ihn dann wieder laufen. Der Knochen wurde dann auf einem Feuer aus Kirschbaumrinde erhitzt, und der gleichmäßige Sprung, den die Hitze hervorbrachte, wurde als glückliche Vorbedeutung erkannt. Nun stand dem Beginn nichts mehr im Wege; Amenohoyane, von einem anderen Gott begleitet, trat mit dem großen Sakaki-Baume, an dem oben die Edelsteine zu einem kunstvollen Armbande vereint, an dem in der Mitte der Spiegel und unten das Weihgeschenk hingen, vor die Höhle, während er eine feierliche Ansprache an die Göttin Amaterasu hielt. Zugleich trat der Gott Tajikarao, der so stark ist, daß ihm im Himmel und auf Erden niemand gleichkommt, dicht an den Eingang der Höhle heran, in welcher sich die Sonnengöttin verborgen hielt. Als aber diese sich nach jener Rede noch nicht zeigen wollte, begann die eigentliche Feier. Die schöne Göttin Uzume leitete die Tänze und Gesänge. Sie selbst blies eine Bambusflöte, während andere musizierende Götter sie begleiteten und mit lautem Schall Holzstäbe gegeneinander schlugen. Ein Gott, Amenokamato, stellte sechs Bogen mit den Sehnen nach oben nebeneinander, und sein Sohn zog darauf Rohr und Gras hin und her, so daß ein Saiteninstrument entstand. Uzume selbst, die schöne Tänzerin, war fantastisch geschmückt; ihr Kopfputz bestand aus langem Baummoos, und ihre weiten Ärmel waren kreuzweise mit Bändern festgebunden; sie hielt Blätter von wildem Bambus in der Hand und schwenkte einen Speer, der mit dem schönen Sonnengras umwunden und mit Schellen behängt war. Man hatte ihr einen großen umgekehrten Bottich hingestellt, auf dem sie ihren Tanz ausführte, während ringsumher riesige Feuer entzündet wurden, bei deren Auflohen alle Hähne laut zu krähen begannen, als wollte der Tag anbrechen. Immer wilder wurde der Tanz; Uzume machte hohe Sprünge und stampfte den Bottich mit ihren Füßen gleich einer Trommel. Dabei sang sie den heiligen Spruch der Japaner, der aus nichts anderem besteht als aus der Zahlenreihe

Eins, zwei, drei, vier,
fünf, sechs und sieben,
acht, neun und zehn,
hundert, tausend, zehntausend.

Als sie aber an die Zahlen Hundert und Tausend kam, brachte sie eines der so beliebten Wortspiele an und entblößte erst ihren Schenkel und dann ihre Brust; die Wörter für diese Körperteile sind nämlich dieselben wie die für hundert und tausend. Als die Götter dies gewahrten, brachen sie in ein so laut schallendes Gelächter aus, daß der ganze Himmel davon erschüttert wurde.

Amaterasu in ihrer stillen Höhle hörte voll Verwunderung dies Gelächter; sie hatte allerdings auch das Krähen der Hähne vernommen, hatte den Reden und der Musik gelauscht, aber keine Lust gehabt, nachzuschauen, was das bedeute. Jetzt aber, da sie den Himmel vom Gelächter der Götter erzittern fühlte, da öffnete sie das Felsentor der Höhle ein wenig und sprach zu sich: »Was ist das? Ich glaubte, Himmel und Erde wären dunkel, und nun ist eine Helle ringsumher, Uzume tanzt, und alle Götter lachen – was bedeutet das?«

Uzume aber, die der Göttin Worte hörte, entgegnete rasch: »Freilich tanze ich; ich tanze, und alle anderen Götter lachen, weil hier eine Göttin ist, die deinen Ruhm verdunkelt.« Und während Uzume dies sagte, traten Amenokoyane und sein Begleiter vor und schoben der Amaterasu den großen runden Spiegel hin, in dessen glatter Fläche sich nun ihr eigener Glanz so widerspiegelte, daß die Göttin höchst verwundert das Felsentor noch etwas weiter öffnete. Da trat sofort der starke Gott Tajikarao herzu, zwängte sich zwischen das Felsentor und die Wand der Höhle, und im Nu war das ganze gewaltige Tor entfernt Dann ergriff er die Hand der Sonnengöttin und zog sie vollends hervor, und nun strahlte alles wieder in glänzendem, natürlichem Sonnenschein. Zwei andere Götter aber, welche fürchteten, Amaterasu könne sich eines anderen besinnen und in die Felsenhöhle zurückkehren, zogen flugs ein bannendes Strohseil vor die Höhle und riefen: »O mögest du nie wieder hineingehen!«

Sosanoo aber, der soviel Unheil im Himmel angerichtet hatte, mußte sich einer großen Buße und Reinigung unterziehen, wobei man ihm die Haare und die Nägel an Händen und Füßen abschnitt. Dann wurde er verbannt, und obwohl es stark regnete, so daß er sich einen Schirmhut und einen Regenmantel aus Huflattichblättern machen mußte, wollte ihn doch keiner von allen Göttern bei sich aufnehmen und ihm Obdach geben. Amaterasu jedoch, die stets gütige, verzieh ihm alle seine Untaten und entließ ihn versöhnt, aber auf immerdar aus den Himmelsgefilden.

Inzwischen hatte es aufgehört zu regnen; ab und zu zeigte sich der Mond hinter Wolkenfetzen am Himmel. Die Frauen standen auf, hielten ihre dicken, gewebten Wolltücher zum Trocknen ans Feuer und lauschten dabei den ersten Vogelstimmen, die das Ende der Nacht und den beginnenden Tag ankündigten.

Anamaque reichte ein letztes Mal den Becher herum, und Lavra warf Holz ins Feuer. Dann klatschte Jing-Mei in die Hände, und als alle sich wieder gesetzt hatten, fuhr sie fort zu erzählen:

»Es bleibt gerade noch Zeit, euch die Geschichte von einem Mädchen zu erzählen, das einen Schlangenjüngling zum Manne genommen hat.« Und sie begann:

Kurong-dongdong, der Schlangenjüngling

In einem Dorf lebte ein älteres Ehepaar. Der einzige Besitz der beiden war eine Hütte in der Nachbarschaft eines reichen Bauern, bei dem sie auf dem Feld und im Haushalt aushalfen.

»Ach, lieber Mann«, sagte einmal die Frau. »Mein Leben lang habe ich mich nach Kindern gesehnt, aber das Schicksal hat uns weder einen Sohn noch eine Tochter beschert.« Und nach einer Weile seufzte sie: »Selbst wenn ich eine Schlange bekäme, würde ich gern für sie sorgen!«

In jenem Jahr war die Ernte sehr schlecht. Bei dem Bauern gab es darum keine Arbeit für das Ehepaar. Als ihnen die Vorräte ausgegangen waren, mußten sie sich mit wildwachsendem Gemüse begnügen. Einmal aß die Frau einen Brei aus Wurzeln, und bald darauf fühlte sie, daß sie ein Kind unter dem Herzen trug. Wie groß aber war ihre Überraschung, als sie dann eine Schlange zur Welt brachte.

Kaum hatten die drei Töchter des Bauern erfahren, daß ihre alte Dienerin ein Kind bekommen hatte, eilten sie zu ihr und wollten es gleich sehen.

»Zeig uns doch das Kindchen!« baten sie.

»Es ist in der Schüssel«, brummte die Frau.

»In der Schüssel?« wunderten sich die Mädchen und zogen das Tuch, mit dem die Schüssel bedeckt war, fort.

»Brrr, das ist ja eine Schlange!« rief die älteste Tochter.

»Schrecklich«, sagte die zweite. »So etwas würde ich in meinem Haus nicht dulden!« Und sie wandte sich vor Abscheu ab.

Das jüngste Mädchen aber betrachtete lange die kleine Schlange, dann rief es: »Aber das ist doch Kurong-dongdong, der Jüngling in der Schlangenhaut! Seht nur, was er für kluge Augen hat! Er wird bestimmt ein großer Gelehrter werden!«

Die Frau sorgte für die Schlange wie für einen Sohn.

Kurong-dongdong gedieh und war bald mehr als einen Klafter lang. Eines Tages sagte er zu seiner alten Mutter: »Mutter, ich möchte heiraten. Such mir eine Braut!«

»Das schlag dir aus dem Kopf, welches Mädchen möchte schon eine Schlange zum Manne haben!« versuchte sie ihm die Sache auszureden.

»Frag doch bei den Töchtern unseres Nachbarn«, schlug ihr der Schlangenjüngling vor.

»Was würde ihr Vater dazu sagen? In das Haus so armer Leute würde er nie und nimmer eine seiner Töchter geben, selbst wenn du nicht in einer Schlangenhaut stecken würdest«, entgegnete die Mutter.

Kurong-dongdong aber gab nicht nach und sprach so lange auf die Mutter ein, bis sie sich aufmachte, die Frau des Bauern zu besuchen. Lange redete sie um den Brei herum, bevor sie der Frau die Bitte ihres Sohnes vortrug.

»Was? Einen Schlangenjüngling heiraten? Hat man so etwas schon gehört?« ereiferte sich die Nachbarin. »Aber ich will gern meine Töchter fragen. Sollen sie doch selbst entscheiden.«

Und sie rief ihre Töchter und fragte:

»Kurong-dongdong möchte heiraten und hat seine Mutter auf

Brautschau geschickt. Möchte ihn eine von euch zum Manne haben?«

»Eine Schlange? Niemals!« entsetzte sich die Älteste.

»Um nichts auf der Welt!« schrie auch die zweite.

»Ich will tun, was Ihr wollt, liebe Mutter«, sagte die jüngste Tochter.

Es ist kaum zu glauben, aber beide Familien kamen überein, und dann dauerte es nicht lange und die Hochzeit wurde gefeiert. Das ganze Dorf war auf den Beinen, um die seltsame Hochzeit zu sehen.

Am Abend nach dem Hochzeitsfest lag die Schlange auf der Matte der Neuvermählten und betrachtete die Braut, die stumm neben ihr lag. Sie trug ein festliches Brautgewand.

Des Nachts, als alle schon schliefen, bat die Schlange die Braut, in einem großen Kessel Wasser zu wärmen. Kaum hatte die Schlange gebadet, wollte die Braut ihren Augen nicht trauen – Kurong-dongdong, der Schlangenjüngling, hatte seine Schlangenhaut abgestreift. Vor der Braut stand ein gutgewachsener hübscher Mann mit funkelnden Augen. Er war wie ein Student gekleidet.

Die Nacht war schnell vergangen. In der Morgendämmerung aber schlüpfte der Jüngling wieder in seine Schlangenhaut.

Am Morgen hatten alle Mitleid mit ihr, denn niemand konnte ahnen, daß sie die Nacht in so angenehmer Gesellschaft verbracht hatte.

Die Zeit verstrich. Die junge Frau aber konnte ihr Glück kaum verbergen, denn jede Nacht wiederholte sich das Wunder.

Das bemerkten die beiden Schwestern und wunderten sich sehr. Um dem Geheimnis auf die Spur zu kommen, schauten sie des Nachts durch ein Loch in der Tür in das Zimmer der Eheleute. Sie sahen, wie sich die Schlange nach dem Bad in einen schönen Jüngling verwandelte. Da nagte der Neid an ihren Herzen, daß die jüngste Schwester einen so schönen Mann bekommen hatte, während sie selbst noch ledig waren. Aber sie behielten alles für sich und gaben sich sogar den Anschein, das Glück ihrer Schwester im Auge zu haben. In Wirklichkeit aber schmiedeten sie böse Pläne.

Eines Tages sagte der Schlangenjüngling zu seiner Frau: »Am

königlichen Hof werden bald Beamtenprüfungen stattfinden, an denen ich teilnehmen möchte. Darum muß ich mich dem Studium der Klassiker widmen und mich auch in der Dichtkunst vervollständigen. Im Morgengrauen mache ich mich in die Hauptstadt auf, um mich auf alles vorzubereiten.«

Dann legte er die Schlangenhaut zusammen, gab sie in einen seidenen Beutel und sagte: »Versprich mir, die Schlangenhaut wie deinen Augapfel zu hüten, sonst kann ich nie mehr zu dir zurückkehren.«

Die junge Frau versprach es gern, auch wenn ihr das Herz brechen wollte bei dem Gedanken, daß sie von ihrem Mann Abschied nehmen mußte.

Kaum war Kurong-dongdong aufgebrochen, band sie den Beutel mit der Schlangenhaut an ihren Gürtel und trug ihn stets bei sich. Die Schwestern wunderten sich, was sie da vor ihnen verberge. Und als sie es ihnen nicht sagen wollte, entrissen sie ihr den Beutel mit Gewalt und öffneten ihn.

»Pfui! Eine Schlangenhaut!« rief die älteste Schwester.

»Weshalb bewahrst du das scheußliche Ding auf?« entrüstete sich die mittlere Schwester und warf die Schlangenhaut in das Becken mit glühender Kohle.

Die Schlangenhaut verbrannte wie Zunder, aus den Fenstern drang dichter schwarzer Rauch und stieg gen Himmel. Und schon kam ein Wind auf und trug ihn in die Hauptstadt. Da war der Schlangenjüngling zutiefst betrübt, daß seine Frau ihr Versprechen gebrochen hatte.

›Sicher hat sie das getan, damit ich nicht mehr zurückkehren kann‹, dachte er erbittert.

Er machte sich auf und ging davon, und niemand wußte, wohin.

Seine junge Frau aber war tief unglücklich, daß es ihr nicht gelungen war, die Schlangenhaut vor den bösen Schwestern zu bewahren. Vergebens wartete sie auf die Rückkehr ihres Mannes. Und als Wochen und Monate vergangen waren, ohne daß er kam, ließ sie nach ihm forschen. Da erfuhr sie, daß er schon lange die Hauptstadt verlassen hatte. Und so beschloß sie, ihn zu suchen.

Sie zog eine Mönchskutte an, nahm einen Bettelsack, eine hölzerne Trommel und einen Stab und machte sich auf den Weg. Aber wo sie Kurong-dongdong suchen sollte, das wußte sie nicht.

Als pechschwarze Raben vorüberflogen, rief sie: »Ach, ihr Raben, könnt ihr mir nicht sagen, wo ich Kurong-dongdong finden kann?«

»Wir verraten es dir erst, wenn du die Larven hier gewaschen und schmackhaft zubereitet hast!« krächzten die Raben.

Als die junge Frau das getan hatte, sagten die Raben: »Im Wald wirst du einen Eber sehen, der wird dir mehr Auskunft geben!«

Die junge Frau ging in den Wald, dort sah sie einen Eber in der Erde wühlen, den bat sie um Hilfe: »Ach, Eber, kannst du mir nicht sagen, wo ich Kurong-dongdong finden kann?«

»Wenn du die Wurzeln hier ausgräbst, säuberst und schälst und mir eine gute Mahlzeit daraus machst, dann sage ich es dir.«

Als die Frau getan hatte, was der Eber wollte, sagte der: »Geh auf diesem Pfad bis zum Bach. Frage die Frau, die dort Wäsche wäscht. Sie wird dir weiterhelfen.«

Die Frau ging bis zum Bach, dort sah sie wirklich die Wäscherin und bat sie um Hilfe.

»Du suchst den Schlangenjüngling? Ich will dir den Weg weisen. Aber vorher mußt du das Leinen zu Ende waschen. Erst wenn du es gebleicht und mir daraus ein schönes Kleid genäht hast, weise ich dir den Weg.«

Die junge Frau machte sich an die Arbeit. Sie wusch das Leinen, bleichte es und nähte daraus ein schönes Kleid.

Die Wäscherin war zufrieden. Sie sprach: »Geh so lange auf dem Pfad weiter, bis du einen Bauern siehst, der ein Reisfeld pflügt. Den frage, er wird dir weiterhelfen.«

Der jungen Frau sank schon der Mut, doch wenn sie ihren geliebten Mann finden wollte, mußte sie weiter, immer weiter. Als sie zu dem Reisfeld kam, erblickte sie den Bauern und bat ihn um Hilfe.

»Aber gewiß helfe ich dir, doch vorher mußt du dieses Feld pflügen und dann Reis aussäen. Bis die Saat aufgeht, mußt du das Feld vom Unkraut befreien. Wenn der Reis reif ist, bringst du ihn ein, drischst und reinigst ihn. Erst wenn der Reis im Speicher liegt, werde ich dir sagen, wo du den Schlangenjüngling finden kannst!«

Es kostete die junge Frau viel Mühe und Kraft, diese Aufgabe zu erfüllen. Aber als alles fertig war, sprach der Bauer zufrieden: »Hinter diesem Hügel wirst du einen Löwen finden, der wird dir mehr sagen!«

Und wirklich, hinter dem Hügel schien schon ein Löwe auf sie zu warten. Nachdem sie ihm Wasser aus der Quelle gereicht hatte, wies er ihr den Weg. An seinem Ende erblickte sie einen weißhaarigen Greis, dessen Bart bis zum Gürtel reichte. Er hatte ein zottiges Hündchen auf dem Schoß.

»Ich bitte Euch sehr, könnt Ihr mir nicht sagen, wo ich den Schlangenjüngling finde?«

»Folge dem Hündchen, es wird dich zu ihm führen«, erwiderte freundlich der Greis.

Also folgte die junge Frau dem Hündchen, bis sie zu einer Quelle kamen, die mächtig aus der Erde sprudelte und als Wasserfall in einen See stürzte. Dort tauchte auf einmal ein großes silbernes Becken empor und schwamm wie ein Boot auf den Wellen.

»Steig ein«, bellte das Hündchen und sprang voraus in das silberne Becken.

Kaum war auch die junge Frau eingestiegen, tauchte das silberne Becken in die Tiefe hinab, und ehe sich's die junge Frau versah, befand sie sich in einer anderen Welt.

Erstaunt blickte sie um sich. Es sah dort aus wie im Paradies. Blumen in den seltsamsten Formen und Farben, denen ein unbekannter Duft entströmte, Bäume mit schweren, fremdartigen Früchten, murmelnde Bäche, wogende Felder – und überall flogen bunte Vögel.

Da hörte die junge Frau eine Kinderstimme: »Kscht, kscht, ihr habt schon genug gepickt! Laßt dem Schlangenjüngling Kurongdongdong auch ein paar Körner für Reiskuchen und Wein!«

›Höre ich gut? Hat das Kind wirklich Kurong-dongdong gesagt?‹ fragte sich die junge Frau.

Sie ging der Stimme nach und erblickte ein kleines Mädchen, das die Vögel vom Reisfeld verscheuchte. Da zog sie ihren goldenen Ring vom Finger und reichte ihn dem Mädchen. Von ihm erfuhr sie endlich, wo Kurong-dongdong wohnte.

Sein schönes Haus mit dem geschwungenen Dach stand hoch oben auf einem Hügel.

Die junge Frau in der Mönchskutte ging die Stufen hinauf in den Hof. Als sie im Namen Buddhas um ein Almosen bat, bekam sie von der Hausfrau ein volles Maß Reis. Den schüttete sie in ihren Bettelsack, in den sie eigens ein Loch geschnitten hatte, so daß der Reis sich auf der Erde verstreute. Da begann sie ihn Körnchen für Körnchen aufzulesen und hielt dabei Ausschau nach dem Schlangenjüngling.

»Warum kehrst du den Reis nicht einfach zusammen?« wunderten sich die Leute.

»Weil man alle Dinge ehren soll wie Buddha selbst«, erwiderte der verkleidete Mönch und klaubte langsam ein Körnchen nach dem anderen auf, um Zeit zu gewinnen.

Erst als die Sonne im Westen stand, war die junge Frau fertig. Darum bat sie die Hausfrau, im Stall übernachten zu dürfen.

Kaum hatte sie sich ein Lager bereitet, legte sie sich erschöpft nieder, aber schlafen konnte sie nicht. Sie sehnte sich nach ihrem Mann, den sie zutiefst betrübt hatte und dem sie alles erklären wollte.

Es war eine helle Mondnacht, darum öffnete sie leise die Stalltür. Da sah sie im sanften weißen Licht des Mondes die Umrisse eines Mannes hinter einem Fenster, und schon hörte sie sein wehmütiges Lied:

> *»Ach, du lieber alter Mond,*
> *weißt du, wo mein Mädchen wohnt?*
> *Vielleicht kannst du sie auch sehen,*
> *ich darf nie mehr zu ihr gehen!*
> *Doch mein Herz ist nur bei ihr,*
> *wie oft erscheint sie im Traume mir!*
> *Die Ungetreue hat mich verbannt,*
> *die Schlangenhaut zu Asche verbrannt.*
> *Sie gab ihr Versprechen,*
> *nur um es zu brechen.*
> *Ich darf sie nicht sehen, kein einziges Mal,*
> *ach tröste mich, Mond, du kennst meine Qual!«*

Die junge Frau, die die Stimme ihres Mannes erkannt hatte, konnte vor Rührung kein Wort hervorbringen. Endlich war die

Stunde gekommen! Als sie sich nach einer Weile wieder gefaßt hatte, sang auch sie ein Lied:

> »Ach, du lieber alter Mond,
> du weißt, wo mein Liebster wohnt.
> Ich liebe meinen Schlangenmann,
> wie nur eine Frau ihn lieben kann.
> Ich suche ihn schon lange Zeit,
> bin ihm so nah, bin nicht mehr weit.
> Nicht seine Frau hat ihn verbannt,
> nicht sie die Schlangenhaut verbrannt!
> Es war der Schwestern böser Neid,
> der uns gebracht das schwere Leid.
> Liebster, verlier nicht den Mut,
> verzeih mir, und alles wird wieder gut!«

Der Schatten des Mannes zuckte zusammen. Trogen ihn seine Sinne? Wer war es, der da antwortete?

Er eilte auf den Hof und sah an der Schwelle der Stalltür ein Mädchen im Mönchsgewand kauern.

»Das bin ich, deine Frau«, flüsterte sie aufgeregt. »Ich habe mich aufgemacht, um dich zu suchen, weil du nicht zurückgekommen bist.«

Da führte Kurong-dongdong sie in sein Haus und erfuhr endlich, was sich damals zugetragen hatte.

»Verzeih, daß ich dir so wenig vertraute«, sagte er. »Ich dachte, du hättest die Schlangenhaut verbrannt, weil du nicht länger warten wolltest. Darum ging ich fort, weit fort von den Menschen, und habe mich hier wieder verlobt.«

Die junge Frau erschrak zutiefst und konnte nicht fassen, daß sie ihren Mann, den sie nach schweren Prüfungen endlich gefunden hatte, wieder verlieren sollte.

»Ich bin sehr froh, daß ich dich wiederhabe. Oft habe ich an dich gedacht«, sagte Kurong-dongdong. »Aber es schickt sich nicht für einen Gelehrten, zwei Frauen zu haben. Eine von euch muß leider auf mich verzichten.«

Und er beschloß, das Schicksal entscheiden zu lassen. Die beiden Frauen sollten in einen Wettstreit treten und einander in

Klugheit und Geschicklichkeit übertreffen. Die Siegerin aber würde seine Frau und für immer bei ihm bleiben.

Am folgenden Tag begann der Wettstreit.

»Wer zuerst aus dem zehn Meilen entfernten Dorf zehn Bund Reisig bringt, hat gewonnen!« gebot der junge Gelehrte.

Es war die junge Frau, die gewann. Die Verlobte aber wollte sich damit nicht abfinden. Daher stellte Kurong-dongdong ihnen eine neue Aufgabe, die weitaus schwerer war:

Die beiden Frauen sollten Holzschuhe mit drei Fuß hohen Absätzen anziehen und so wie auf Stelzen in die Berge gehen. Von dort sollten sie einen silbernen Krug mit Wasser aus der Quelle bringen, und schließlich sollten sie über die zwanzig Steinstufen schreiten, die zum Haus des Schlangenjünglings führten, ohne einen Tropfen Wasser zu verschütten.

Auch diesmal blieb die Verlobte weit hinter der jungen Frau zurück. Zudem stürzte sie auf den Steinstufen hin, so daß der Krug zerbrach. Aber sie wollte Kurong-dongdong nicht verlieren, deshalb bat sie um eine letzte, entscheidende Aufgabe.

Also sprach Kurong-dongdong: »Bringt mir fünf Haare aus den Brauen eines lebendigen Tigers!«

Die Frau des Schlangenjünglings machte sich sofort auf den Weg. Als sie zu einer Holzhütte kam, bat sie um ein Nachtlager. Die Alte, die ihr geöffnet hatte, begrüßte sie freundlich und ließ sie ein. Nachdem sie sich über dies und jenes unterhalten hatten, fragte die junge Frau: »Mütterchen, könntet Ihr mir nicht sagen, wo ich einen Tiger finde?«

»Weshalb fragst du, mein Kind?« wunderte sich die Alte.

Als ihr die junge Frau erzählte, was für eine schwere Aufgabe sie bekommen habe, lächelte die Alte und sprach: »Du dauerst mich, deshalb will ich dir helfen. Ohne meine Hilfe würdest du nicht mit dem Leben davonkommen. Höre denn, meine Söhne sind Tiger. Wenn sie dich hier fänden, wäre es um dich geschehen!«

Kaum hatte die freundliche Alte sie in der Kammer versteckt, stürzten schon fünf stattliche Tiger herein und riefen wie aus einem Munde: »Wir riechen Menschenfleisch!«

Doch die Alte redete ihnen gut zu und schickte sie schlafen.

Als die Tiger fest schliefen, riß sie jedem ein Haar aus den Brauen und reichte es der jungen Frau.

»Aber jetzt laufe fort, so schnell du kannst, bevor meine Söhne aufwachen!« gebot ihr die gute Alte.

So hatte die Frau des Schlangenjünglings auch diese Aufgabe erfüllt. Und als drei Monate vergangen waren und die Verlobte noch immer nicht aus dem Gebirge zurückgekehrt war, führte Kurong-dongdong seine rechtmäßige Gattin in sein schönes Haus.

Und wenn sie nicht gestorben sind, dann leben sie noch heute in der zauberhaften Welt unter jenem See.

Dies war die letzte Geschichte, die Jing-Mei zu erzählen wußte. Sie erhob sich, brachte den Heiligen Becher zu Anamaque und sagte: »Ich gebe diesen Becher an dich zurück, liebe Schwester, die du die Älteste von uns bist. Nur du bleibst jetzt noch übrig, deine Nacht wird die dreizehnte sein, und wir alle sind gespannt, was du uns zu erzählen hast.«

Sie verneigte sich vor Anamaque, bis ihre Stirn den Boden berührte, und die Älteste gab der Jüngsten ihren Segen.

Dann zog das Morgengrauen herauf, und die Frauen verabschiedeten sich und verschwanden so plötzlich in den Nebelschwaden, die über das Moor zogen, als ob alles nur ein Spuk und sie niemals wirklich dagewesen wären.

DIE DREIZEHNTE NACHT

Anamaque erzählt Indianermärchen

Anamaque hielt einen Moment inne. Jeder Schritt fühlte sich an, als würde sie über Messer laufen, und die Schmerzen in ihrem Leib brannten wie Feuer. Es ging mit ihr zu Ende, längst hatte die Große Mutter ihre Arme um sie geschlungen, um sie in ihren Schoß zurückzuholen. Aber da war noch diese Mondnacht, und Anamaque wollte ihre Pflicht erfüllen.

Sie tastete mit ihrer Linken nach dem Heiligen Becher in ihrer Rockfalte, so als wolle sie sich vergewissern, daß er noch da war. Sie hatte ihn auf unzähligen Wanderschaften durch ihr Land bei sich getragen, und ebensooft hatte sie mit ihm im Beisein ihrer Schwestern zu Ehren der Mondmutter, der Erdmutter und der Ahninnen die Heiligen Rituale verrichtet. Nun, dieses Mal würde das letzte Mal sein, und sie war's zufrieden damit. Ein langes Leben hatte sie hinter sich gebracht, viel Mühsal, aber auch viel Freude waren ihr beschert gewesen. Sie hatte drei Töchtern und einem Sohn das Leben geschenkt. Sie hatte Hunger und Kälte, Krankheit und Leid, aber auch Liebe und Freude kennengelernt. Nichts war ihr mehr fremd, und auf nichts war sie mehr neugierig ... nur noch der Tod blieb jetzt als letzte Erfahrung übrig.

Anamaque ging weiter. In der Ferne sah sie das Feuer am Tanzplatz. Natürlich waren die anderen schon da, und sicher hatten sie wieder ein paar Frauen ausgesandt, um ihr entgegenzugehen. Sie liebte die Mondfrauen, sie liebte sie alle wie ihre eigenen Töchter. Jing-Mei, die Jüngste, so schön und lieblich wie eine Lotusblüte. Maraquansa und Gwendolyn in ihrer unbekümmerten Wildheit, Lavra und Abelone in ihrer Klarheit, und all die anderen, die mutig, stolz und so voller Leidenschaft waren. Und dann war da noch Taranga. An sie würde sie diese Nacht den Heiligen Becher weitergeben und ihr die Verantwortung für die Rituale übertragen, denn sie war die Älteste nach ihr.

So ging Anamaque eine Weile, ganz in Gedanken versunken, als plötzlich Taranga, Bahar und Jing-Mei vor ihr standen. Sie grüßten und küßten sie und baten darum, sie stützen und führen zu dürfen.

Anamaque ließ es zu. Jing-Mei ging nun links von ihr, Bahar rechts und Taranga vorneweg, um mit einer Fackel den Weg zu weisen. So kamen sie zum Tanzplatz, und Anamaque wurde in den Kreis geführt und von allen begrüßt und ehrfürchtig Mutter *genannt.*

Anamaque sang, und sie tanzte und stampfte sogar ein bißchen, obwohl sie dabei Qualen litt. Aber es war schließlich das letzte Mal, und tapfer war sie doch immer schon gewesen. Dann leitete sie die Rituale ein. Sie füllte den Becher, kippte den ersten Schluck über die Erde aus, führte ihn dreimal an ihre Lippen und ließ ihn dann kreisen. Und als er zu ihr zurückkam, stellte sie ihn vor sich auf die Erde und sagte:

»Zu alt bin ich, und zu mühsam ist mir jeder Schritt geworden, so daß ihr wohl verstehen werdet, daß ich nicht mehr auf Wanderschaft ging, um neue Geschichten für euch zu finden. Aber ich werde euch von der Hirschfrau und von der Geisterfrau erzählen und die Geschichte von Nenem, die mir, als ich noch ein Kind war, meine Mutter erzählt hat, und auch sie hat sie einst von ihrer Mutter gehört.«

Schwerer Kragen und die Geisterfrau

Das Blood-Dorf befand sich am Old Man's River, dort wo Fort McLeod heute steht. Eine Gruppe von sieben Männern zog in den Kampf gegen die Zypressenhügel hin.

Schwerer Kragen war ihr Anführer. Sie umgingen die Zypressenberge und fanden keinen Feind. Darauf kehrten sie um.

Auf dem Heimweg ging Schwerer Kragen den anderen voran. Er ging weit voraus in die höheren Berge hinein und schaute über das Land hin als Späher dieser Gruppe.

Schließlich kamen sie an den südlichen Arm des Saskatchewan-Flusses, oberhalb von Seven Persons Creek. In jenen Tagen zogen viele Trupps dort umher, und deswegen hielt sich die Gruppe, wenn möglich, immer in Senken und Niederungen.

Als sie nun dem Fluß aufwärts folgten, sahen sie in einiger Entfernung drei alte Büffelbullen, die nahe einem Einschnitt am Ufer lagen.

Schwerer Kragen verließ die Gruppe, schlich sich an, und als er zum Schuß kam, tötete er eines der Tiere auf der Stelle. Er schnitt es auf, denn er war hungrig. Dann ging er in eine Schlucht, um sich ein Stück Fleisch zu braten. Die Gruppe der anderen Krieger war noch weit zurück, und es begann dunkel zu werden.

Als er nun das Fleisch röstete, überlegte er: »Schade eigentlich, daß ich nicht einen der jungen Männer bei mir habe. Den könnte ich jetzt noch einmal hinaufschicken, damit er das Haar des Büffels, das auf seinem Schädel wächst, holt. Um den Gewehrlauf zu putzen, könnte ich es gut gebrauchen.« Während er mit sich selbst sprach und darüber nachdachte, kam ein Büschel Haare angeweht und fiel unmittelbar vor ihm nieder.

Als das geschah, wurde ihm angst, denn er meinte, daß vielleicht der Feind in der Nähe sei und das Haarbüschel herabgeworfen habe.

Nach einer Weile nahm er die Haare auf und säuberte damit sein Gewehr. Dann lud er es, setzte sich und wartete. Es war ihm unbehaglich, und endlich beschloß er, weiter den Fluß hinaufzugehen und sich dort umzusehen.

Er lief zu, bis er an die Mündung des St. Mary Flusses kam. Es war schon spät in der Nacht, und er war recht müde geworden. Also kroch er unter ein Büschel Gerstengras und machte es sich dort für die Nacht bequem.

Im Sommer zuvor hatten die Blackfeet in dieser Schlucht kampiert, und seine Frau war an eben der Stelle, an der sich Schwerer Kragen zur Ruhe gelegt hatte, getötet worden. Er wußte das nicht, aber etwas beunruhigte ihn. Er konnte nicht einschlafen. Er hörte immerfort irgend etwas, aber er konnte nicht herausfinden, was es war. Er versuchte zu schlafen, aber als er dann tatsächlich einschlief, war es ihm wieder, als höre er in einiger Entfernung ein Geräusch. Er verbrachte die Nacht also dort, und am Morgen, als es hell wurde, sah er unmittelbar neben sich das Skelett der Frau, die im Sommer zuvor dort ums Leben gekommen war.

Am Morgen ging er weiter. Er folgte dem Flußlauf zum Belly River hin. Den ganzen Tag war er unterwegs und dachte daran, daß er auf den Knochen der toten Frau geschlafen hatte. Gleichzeitig war er sehr müde, weil er so lange gelaufen war und so schlecht geschlafen hatte. Als die Dunkelheit hereinbrach, ging er hinüber auf eine Insel und beschloß, dort über Nacht zu bleiben. Am oberen Ende der Insel lag ein großer Baum, der angetrieben worden war, und in der Gabelung der großen Äste entfachte er sein Feuer und wärmte sich, als es brannte. Die ganze Zeit über mußte er an die Frau denken, neben der er in der letzten Nacht geschlafen hatte. Als er so dasaß, hörte er plötzlich auf der anderen Seite des Feuers ein Geräusch. So als ob sich jemand zu ihm hin schleppe. Es klang, als ob man den Teil eines Zeltes durch das Gras zerrte. Das Geräusch kam immer näher.

Schwerer Kragen war beunruhigt. Er wagte nicht, seinen Kopf zu wenden und nachzuschauen, was da komme. Er hörte, wie das Geräusch sich dem Baum näherte, in dem er sein Feuer gemacht hatte, und dann war es still, bis man schließlich wieder jemanden eine Melodie pfeifen hörte.

Er wandte sich nun doch um und blickte in die Richtung des Lauts. Da saß in der Gabel des Baumes, ihm genau gegenüber, ein Haufen Knochen.

Der Geist trug eine Zeltverkleidung. Den Strick, der sonst am Pfahl befestigt wird, hatte das Gespenst um den Nacken, und hinter dem Geisterwesen sah man das Zelt aufgestellt, aber in der Dunkelheit verblassend. Das Gespenst saß auf dem alten toten Ast, pfiff eine Melodie und schlenkerte dazu mit den Beinen.

Als Schwerer Kragen es sah, sprang ihm fast das Herz aus der Brust. Endlich faßte er wieder Mut und sagte: »Fort mit dir. Ich bin müde. Ich will meine Ruhe.« Aber je inständiger er bat, desto lauter pfiff der Geist. Es schien ihm zu gefallen, er schwang seine Beine und wandte den Kopf mal auf die eine, dann wieder auf die andere Seite. Er sah den Mann an, blickte dann wieder hinauf zu den Sternen, und immer pfiff er dabei. Als er nun sah, daß die Geisterfrau von seinen Bitten keine Notiz nahm, wurde Schwerer Kragen ärgerlich und sprach: »Nun, Geisterweib, wenn du auf meine Bitten nicht hörst, werde ich dich erschießen müssen.«

Er griff nach seinem Gewehr und gab sofort einen Schuß ab.

Die Geisterfrau stürzte rückwärts in die Dunkelheit und

schrie auf: »Oh, Schwerer Kragen, du hast mich erschossen, du hast mich getötet! Du Hund. Es soll keinen Platz auf Erden geben, an dem du dich verstecken kannst, ohne daß ich dich finden werde.«

Als sie nach hinten kippte und dies rief, sprang Schwerer Kragen auf und rannte fort, so schnell er konnte. Sie rief ihm nach: »Ich bin einmal getötet worden, und nun hast du versucht, mich abermals zu töten! Weh dir, Mann!«

Während er rannte, hörte er an ihrem Fluchen, daß sie immer noch hinter ihm her war. Er rannte die ganze Nacht hindurch, und wann immer er stehenblieb, vernahm er in einiger Entfernung das Echo ihrer Stimme. Er brauchte nur zu hören: »Weh dir, Mann!«, und schon stürzte er weiter. Er rannte, bis er völlig erschöpft war, und unterdessen war es auch hell geworden. Er befand sich nun in einer ganz anderen Gegend, unterhalb von Fort McLeod. Er war schläfrig, aber er wagte es nicht, sich hinzulegen, denn er erinnerte sich, daß die Geisterfrau ihm gesagt hatte, sie werde ihm überallhin folgen. Er ging für einige Zeit etwas langsamer. Schließlich mußte er sich setzen. Er war so müde. Er schlief ein.

Ehe er die Abteilung der Krieger verlassen hatte, mit denen er unterwegs gewesen war, hatte er zu den jungen Männern gesagt: »Schärft euch das ein: Wenn einer von uns vom Rest der Gruppe getrennt werden sollte, geht er zu den Belly River Hügeln. Das ist ein guter Treffpunkt.«

Als ihr Anführer sich nicht sehen ließ, hielt die Gruppe folglich auf diese Stelle zu, quer durchs Land hin.

Schwerer Kragen war flußaufwärts gelaufen und weit vom Weg abgekommen. Als er nun erwachte, schlug er sofort die Richtung gegen den Höhenzug am Belly River hin ein, wie es abgesprochen worden war. Als die Gruppe die Berge erreichte, stieg einer von den Männern hinauf, um Ausschau zu halten.

Nach einiger Zeit, als er in Richtung des Flusses blickte, erkannte er, daß von dort her zwei Personen herankamen. Der Späher rief den anderen Männern zu: »Da kommt unser Häuptling! Er hat Glück gehabt. Er bringt eine Frau mit. Wenn er sie mit ins Dorf nimmt, wollen wir sie ihm ausspannen.«

Alle lachten. Sie vermuteten, er habe sie gefangen. Sie gingen also in ihr Lager, setzten sich ans Feuer und amüsierten sich bei der Vorstellung, daß ihr Häuptling eine Frau mitbringe. Als die beiden Personen näher kamen, konnte man erkennen, daß Schwerer Kragen schnell lief. Die Frau aber versuchte offenbar, mit ihm Schritt zu halten. Manchmal fiel sie etwas zurück, dann holte sie wieder auf. Ehe die beiden das Lager erreichten, mußten sie durch eine tiefe Schlucht. Zusammen stiegen sie hinab, aber auf der anderen Seite tauchte nur Schwerer Kragen wieder auf. Allein kam er ins Lager. Die jungen Männer begrüßten ihn, lachten und fragten: »Wo hast du denn diese Frau gelassen?«

Er sah sie einen Moment lang an. Dann sagte er: »Wieso? Ich habe keine Frau. Ich weiß gar nicht, wovon ihr redet.«

Einer sagte: »Ach, er hat sie dort in der Schlucht versteckt. Er hat sich nicht getraut, sie mit ins Lager zu bringen.«

Und wieder ein anderer: »Wo hast du sie gefangen? Zu welchem Stamm gehört sie denn?«

Schwerer Kragen sah einen nach dem anderen an und sagte dann: »Ich glaube, ihr seid verrückt. Ich habe keine Frau gefangen.«

Ein junger Mann sagte: »Aber vorhin war doch noch eine Frau bei dir. Wo kam sie her? Wo ist sie geblieben? Ist sie noch in der Schlucht? Wir haben sie doch alle gesehen. Es hat wirklich keinen Zweck, es abzustreiten, daß sie bei dir war. Ach komm, nun sag doch schon, wo sie ist!«

Als er das hörte, wurde es Schwerer Kragen bange ums Herz, denn er wußte, daß es die Geisterfrau gewesen sein mußte, und er erzählte ihnen, was er erlebt hatte. Einige der jungen Männer wollten es nicht glauben, und sie rannten hin zu der Stelle, an der sie die Frau zuletzt gesehen hatten. Im Staub zeichneten sich die Fußspitzen von Schwerer Kragen ab, aber andere Spuren waren nicht zu entdecken.

Als sie nun davon überzeugt waren, daß Schwerer Kragen es mit einer Geisterfrau zu tun gehabt hatte, beschlossen sie, ins Hauptlager zurückzukehren. Die Krieger waren schon so lange unterwegs gewesen, daß ihre Mokkassins ganz zerfetzt waren und einige von ihnen Blasen an den Füßen hatten und nicht mehr gehen konnten.

Endlich erreichten sie das Lager.

An jenem Abend, an dem sie heimgekommen waren, feierten sie miteinander.

Es war schon ziemlich spät, und der Mond schien hell, als einer den Häuptling einlud, zu ihm zu kommen und noch etwas zu essen.

»Ich komme gleich«, antwortete Schwerer Kragen. Er stand auf und verließ das Zelt, tat ein paar Schritte und setzte sich hin. Während er nun dort saß, kam ein großer Bär aus dem Gestrüpp. Schwerer Kragen suchte nach einem Stein, um ihn nach dem Bären zu werfen und ihn zu verscheuchen. Als er mit der Hand auf dem Erdboden tastete, geriet er an ein Stück Knochen, und da er gerade nichts anderes fand, warf er es dem Bären an den Kopf.

Da begann der Bär zu sprechen und sagte: »Was fällt dir ein, Schwerer Kragen. Du hast mich einmal getötet, und jetzt wirfst du etwas nach mir. Es gibt keinen Ort auf der Welt, an dem du mir entgehst. Ich finde dich überall.«

Als Schwerer Kragen das hörte, wußte er, daß es wieder die Geisterfrau war. Er sprang auf, rannte auf sein Zelt zu und schrie: »Lauft, lauft! Die Geisterfrau in Gestalt eines Bären ist da!«

Alle Leute im Dorf rannten zu seinem Zelt, so daß es dort ein großes Gedränge gab. Im Zelt brannte ein großes Feuer, und der Wind blies hart von Westen. Männer, Frauen und Kinder waren eng zusammengerückt, denn sie fürchteten sich vor der Geisterfrau. Man hörte, wie sie umherging und murmelte. »Ich werde all diese Hunde töten. Keiner von ihnen wird entkommen.« Die Laute kamen näher und näher, bis sie unmittelbar vor dem Zelteingang gesprochen wurden. Da sagte sie: »Ich werde euch ausräuchern, bis ihr tot seid.«

Und dabei bewegte sie die Zeltstangen derart, daß der Wind durch das Rauchloch hereinblies. Weiter stieß sie die schlimmsten Verwünschungen aus. Das Zelt füllte sich mit Rauch. Die Kinder weinten, mußten husten und waren dem Ersticken nahe.

Also sprachen die Leute: »Laßt uns einen Mann hochheben, damit er das Rauchloch wieder in die richtige Lage bringt.«

Aber alle Versuche schlugen fehl. Der Rauch im Zelt wurde immer dichter.

Schwerer Kragen sagte: »Ist's möglich, daß sie uns alle vernichtet? Ist denn niemand hier, der eine starke Traumkraft hat, um den Geist dieser Frau zu besiegen?«

Seine Mutter sagte: »Ich werde es versuchen. Ich bin älter als jeder andere unter euch. Ich will sehen, was sich tun läßt.«

Also holte sie ihr Medizinbündel hervor, bemalte sich, nahm die Pfeife, stopfte sie, zündete sie an und steckte den Stiel durch den Eingang des Zeltes nach draußen. Dann flehte sie die Geisterfrau an: »Hab doch Mitleid mit uns und geh fort. Was haben wir dir denn getan, daß du unseren Kindern einen solchen Schrecken einjagst? Nimm an, was ich dir anbiete, und laß uns in Frieden!«

Plötzlich kam die Stimme von hinten aus dem Zelt: »Nein, nein, nein, ihr Hunde, ich will nicht auf euch hören. Ihr müßt alle sterben.«

Die alte Frau wiederholte ihr Gebet: »Geisterfrau, hab Mitleid mit uns. Nimm diese Pfeife als Zeichen der Versöhnung und zieh fort.«

Da antwortete die Geisterfrau: »Wie könnt ihr erwarten, daß ich vor dem Zelt rauche, da ich doch hinter dem Zelt bin. Bring mir die Pfeife hier heraus. Ich habe keinen so langen Arm, um rund um das Zelt zu greifen.«

Also ging die alte Frau hinaus und hielt den Pfeifenstiel, so weit sie nur konnte, zum hinteren Teil des Zeltes hin.

Die Geisterfrau war immer noch unzufrieden. »Ich habe keine Lust, erst lange herumrennen zu müssen. Wenn ihr wollt, daß ich mit euch zur Versöhnung rauche, müßt ihr mir die Pfeife schon herbringen.«

Die alte Frau ging um die Hütte herum.

Die Geisterfrau wich plötzlich zurück und rief: »Nein, eine solche Pfeife rauche ich nicht!«

Die alte Frau aber blieb der Geisterfrau immer auf den Fersen, doch plötzlich hörte man sie schreien: »Hilfe, meine Kinder, die Geisterfrau schleppt mich fort!«

Schwerer Kragen stürzte aus dem Zelt, und zu den anderen sagte er: »Kommt, helft mit, meine Mutter aus den Klauen des Geisterwesens zu befreien.«

Er faßte die Mutter um die Hüfte und hielt sie fest, und ein anderer Mann faßte ihn um die Hüfte, und so bildeten die Leute des Lagers eine lange Kette, aber alle riß die Geisterfrau mit sich fort, während sie da draußen umherfuhr.

Plötzlich aber ließ die alte Frau die Pfeife los. Sie brach tot zusammen. Die Geisterfrau verschwand, nachdem sie sich ein Opfer geholt hatte, und ließ sich nie mehr sehen.

Anamaque zog fröstelnd ihre Schultern hoch. Es war kalt, und sie rieb ihre Hände aneinander und hauchte hinein, damit sie ein bißchen wärmer wurden. Yamiy stand auf und legte der Alten eine Decke um die Schultern, wofür sich Anamaque mit einem Lächeln bedankte. Dann, als Maraquansa Holz auf das Feuer gelegt hatte und der Becher zum zweitenmal kreiste, erzählte sie weiter:

Hirschfrau

Vor vielen Jahren, als das Tal des Thompson-Flusses noch keine Weißen gesehen hatte, lebte dort in einem der Dörfer ein Mann, der weit und breit als Jäger berühmt war. Keiner vermochte wie er den Hirschen nachzustellen. Täglich pirschte er durch die Wälder, lauerte den Hirschrudeln auf und kam stets mit Beute beladen heim. Sein ganzes Sinnen und Trachten galt den Hirschen, ja er träumte sogar von ihnen. Die Menschen sagten, daß er außer den Hirschen keine Freunde habe und daß der Geist der Hirsche sein Schutzgeist sein müsse.

Nach alter Sitte hatte dieser Mann zwei Frauen; aber er hatte nur einen einzigen Sohn, worüber er sehr betrübt war. Schon oft hatte er beschlossen, bei nächster Gelegenheit eine weitere Frau aus einem der Nachbardörfer zu wählen, die ihm vielleicht Kinder schenken würde. Eines Tages nun, als er wieder durch den Wald pirschte, stieß er plötzlich auf einen Hirschwechsel, der frisch begangen war. Sogleich folgte er den Fährten und sah bald, daß hier ein Tier mit einem Kalb vorbeigezogen war. Die Augen auf den Boden geheftet, verfolgte er das Wild. Plötzlich erblickte er auf einer Anhöhe zwei Gestalten, die sich beim Näherkommen als eine junge Frau mit einem Kind herausstellten. Dort, wo die beiden saßen, hörte auch die Fährte auf! Der Jäger fragte die Frau, ob sie nicht ein Alttier mit einem Kalb habe vorüberwechseln sehen, denn so frisch seien die Fährten, daß das Wild ganz in der Nähe sein müsse.

»Gib dir keine Mühe«, antwortete die Frau, »denn die beiden Hirsche sind unerreichbar für dich. Ich habe dich seit langem beobachtet und weiß, daß du ein guter Jäger bist. Daher will ich deine Frau werden, denn du kennst mich und meine Brüder und Schwestern besser als alle anderen Menschen. Komm, ich will dich zu meinen Verwandten führen.« Damit stand sie auf, nahm das Kind nach Indianerart auf den Rücken und wanderte mit dem erstaunten Jäger durch den Wald. Zögernd folgte dieser der Fremden in Richtung auf die Berge. Die Frau war schön und freundlich, und der Jäger hatte nichts dagegen, sie zu heiraten. Aber er dachte: ›Es ist nicht recht, daß ich mit ihr gehe, denn man wird mich bald im Dorfe vermissen. Meine Frauen und mein Sohn warten auf meine Rückkehr.‹

Die Frau schien seine Gedanken erraten zu haben und sprach: »Hab keine Sorge, komm mit mir, und du wirst es nie bereuen. Wolltest du nicht immer schon eine dritte Frau heiraten? Nun hast du mich, und bald werden wir gemeinsam in dein Dorf zurückkehren.«

Bald hatten sie die Berge erreicht, und eine Höhle tat sich vor ihnen auf. Die Frau schritt ohne Zögern voran, und der Jäger folgte ihr. Sie kamen in eine Grotte, die wie ein Erdhaus aussah. Dort saßen Männer und Frauen beieinander, ganz wie es die Indianer noch heute halten. Alle waren in Hirschdecken gekleidet, trugen hirschlederne Beinkleider und mit Stachelschweinborsten bestickte Mokassins. Als sie den Jäger kommen sahen, riefen sie: »Nun hat unsere Tochter sich endlich einen Mann geholt!«

Die Frau aber sprach zu ihrem neuen Gatten: »Erst wenn im Herbst die Hirschbrunft kommt, können wir heiraten, bis dahin mußt du warten.« Da wußte der Jäger, daß er zu den Hirschleuten gekommen war. Er blieb bei den Hirschen, die unter der Erde leben, und von ihnen lernte er alles, was es über die Hirsche zu lernen gab.

Eines Tages sagten die Männer: »Wir wollen den Menschen,

der jetzt unser Schwager ist, auf die Jagd schicken, denn das Fleisch geht zur Neige.« So machte sich der Jäger auf den Weg. Als er aus der Höhle trat, nahm er Bogen und Köcher zur Hand und hielt die Augen offen. Da sah er auf einer Anhöhe einen Hirsch äsen. Dieser Hirsch aber war niemand anderes als eben einer jener Männer, die den Jäger ausgesandt hatten. Gleich darauf tauchte an der gleichen Stelle ein zweiter Hirsch auf. Der Jäger erlegte beide, zerwirkte die Beute und achtete darauf, daß nichts zurückblieb. Hatte ihm doch der Häuptling des Hirschvolkes eingeschärft, daß auch nicht ein Stück Fleisch umkommen und nicht ein Knochen verlorengehen dürfe. Anschließend begab er sich mit seiner Beute auf den Rückweg zur Höhle.

Die Hirschleute schmausten und feierten, paßten aber genau auf, daß alle Knochen der Beute sorgfältig gesammelt wurden. Nach der Mahlzeit wurden diese zusammengepackt, und der Häuptling befahl dem Jäger, die Knochen ins Wasser zu versenken. Der Mann tat, wie ihm aufgetragen, und als er in die Höhle zurückkam, bemerkte er, daß jene beiden Männer, die er vorher beim Mahle vermißt hatte, in der Zwischenzeit wieder erschienen waren. Denn die Hirschleute hatten die Gabe, sich zum Leben zu erwecken, solange all ihre Knochen beisammen waren. Wenn ein Jäger nur diese einzige Regel befolgte und die Knochen ins Wasser tat, dann wurden die Hirsche nie weniger.

Ein Jahr lebte der Jäger bei den Hirschleuten, ging mit ihnen auf die Jagd, nahm die Gestalt eines Hirsches an und kämpfte mit den übrigen Männern um die Rudel. Als das Jahr um war und seine Frau ihm einen Sohn geschenkt hatte, sprach sie eines Tages zu ihrem Gatten: »Es ist nun Zeit, daß wir zu dir ins Dorf ziehen, denn es wäre ungerecht, wolltest du für immer bei uns bleiben.« Darauf nahm sie Hirschtalg, füllte einen Beutel und ließ diesen zu einem kleinen Packen schrumpfen, ganz so, wie das Wildpret beim Trocknen zu kleinen Streifen wird. Auch Hirschleder und Fleisch ließ sie zu kleinen Päckchen werden, um sie desto leichter transportieren zu können.

Mit ihrem Gatten und einer Anzahl ihrer Brüder machte sie sich auf den Weg zu den Menschen. Wenn das Fleisch ausging, so fand sich stets ein Mann, der sich anbot, als Hirsch erlegt zu werden. Denn alle Jäger befolgten die Regel und ließen keinen

Knochen für die Hunde und Koyoten zurück. Auf diese Weise kamen sie bis in die Nähe des Dorfes am Thompson-Fluß, aus dem der Jäger vor einem Jahr ausgezogen war. Um unterwegs schneller vorwärtszukommen, hatten sich alle in Hirsche verwandelt. Jetzt aber nahm die Frau menschliche Gestalt an und sagte zu ihrem Gatten: »Bald wirst du die Deinen wiedersehen, doch zuvor mußt du acht Tage fasten und dich mit bestimmten Kräutern waschen. Auch die Menschen im Dorf dürfen acht Tage lang kein Fleisch anrühren. Geh an die Quelle, von der die Frauen das Wasser ins Dorf tragen, und sage einer von ihnen, daß sie ihre Häuser reinigen und acht Tage lang kein Fleisch essen sollen.«

Der Mann begab sich zur Quelle und sah dort plötzlich seine Schwester, die Wasser holen wollte. Er berichtete ihr von seinen Erlebnissen und bat sie, den Menschen im Dorf den Befehl der Hirschleute auszurichten. Die Schwester war sehr erstaunt, ihren Bruder vor sich zu sehen, denn jedermann hielt den Jäger für tot. Selbst seine Frauen hatten nicht mehr an seine Rückkehr geglaubt. Eine von ihnen, die keine Kinder hatte, war mit einem anderen Mann fortgezogen, nachdem der Jäger so spurlos verschwunden blieb.

Als die Frist verstrichen war, zog der Jäger mit seiner Frau und den Verwandten hinunter ins Dorf. Dort hatten die Menschen alle Anordnungen genau befolgt, die Erdhäuser gereinigt und acht Tage lang keinen Brocken Fleisch angerührt. Die Hirschfrau zog sogleich ihre Päckchen hervor, breitete den Inhalt auf den Bastmatten aus und ließ die Geschenke wieder ihre wirkliche Größe annehmen. Bald waren alle Matten damit bedeckt, und es gab kein Haus, in dem nicht gekocht und gebraten wurde. Dann feierte das ganze Dorf die Rückkehr des Jägers.

Wochenlang blieb der Mann im Dorfe der Menschen, und wenn dort einmal das Fleisch ausging, so schickte er seinen Sohn aus, um einen Hirschen zu erlegen. Hirschsohn und Menschensohn wuchsen beide zu tüchtigen Jägern heran. Hirschsohn lehrte den Menschensohn alle Künste und alles Wissen der Hirsche und ermahnte ihn, den Geist der Hirsche nicht zu beleidigen und nichts umkommen zu lassen. Auch sah er darauf, daß die Knochen stets ins Wasser gelegt wurden, damit der Hirsch wiederkehren konnte. Zufrieden und ohne Furcht vor dem Hunger lebten die Menschen lange Zeit in ihrem Dorfe, zogen auf die Jagd, tanzten und feierten und waren dankbar, daß die Hirschfrau unter ihnen weilte.

Eines Tages jedoch sprach diese zu ihrem Mann: »Es ist an der Zeit, daß wir zu den Meinen zurückkehren. Wir haben lange unter den Menschen gelebt; nun sollst du wieder zu uns in die Höhle kommen.« Der Jäger war einverstanden und begann sogleich Vorbereitungen zu treffen für die lange Reise, denn seine Verwandten im Dorf sollten ihn diesmal begleiten. Doch als er sie fragte, lehnten sie ab, denn keiner hatte genug Leder, um Mokassins zu machen für einen so weiten Weg. Da zog die Hirschfrau ein kleines Bündel Hirschleder hervor und ließ es wachsen. Bald waren alle Frauen damit beschäftigt, Mokassins zu nähen, denn kein Mann geht ohne mehrere Paare auf die Reise.

Nachdem sie einen Tag lang durch den Wald gezogen waren, sprach der Jäger zu seiner Frau: »Ich will unseren Sohn aussenden, damit er sich von mir erlegen läßt, denn sonst haben wir heute abend kein Fleisch.« Kurz darauf kam er mit einem jungen Hirsch zurück ins Lager. Die übrigen vermißten Hirschsohn, zogen aber aus dieser Feststellung nicht den richtigen Schluß. Erst als der Vater mit den Knochen zum Bache ging, erschien der junge Mann wieder im Lager. Am nächsten Tage ließ Hirschfrau sich erlegen, dann aber warnte sie: »Von nun an mußt du meine Verwandten bitten, denn die Menschen bei uns werden aufmerksam. Ich halte es für besser, wenn wir vorsichtiger sind.«

Langsam zogen die Menschen mit ihren Besuchern durchs Land, denn niemand war in großer Eile, und es gab genug zu essen. Schließlich kamen sie am Höhleneingang an und wurden von den Hirschleuten begrüßt. Als die Menschen nach einiger Zeit in ihr Dorf zurückkehren wollten, begleitete Hirschsohn sie, damit sie nicht zu hungern brauchten. Auch wollte er sich nicht von seinem Bruder Menschensohn trennen.

Lange wartete der Vater, doch sein Sohn kehrte nicht zurück. Er war bei den Menschen geblieben und wurde unter ihnen ein berühmter Jäger. Vom ihm lernten die Indianer das Geheimnis der Hirsche. Von nun an legten sie die Knochen ins Wasser, damit die Hirsche zurückkehren konnten. Hirschsohn ermahnte sie: »Wenn es kein Wasser gibt, dann sollt ihr die Knochen verbrennen. Zwar stirbt dann der Hirsch für immer, doch fühlt er sich nicht beleidigt. Laßt ihr aber die Knochen für Hund und Wolf zum Fraß zurück, statt sie ins Wasser zu tun, dann wird der Geist der Hirsche zornig, und ihr werdet kein Jagdglück mehr haben, denn alle Hirsche werden euch meiden. Hunger und Entbehrung werden eure Gäste sein, und die Hirsche werden sich vor euch verstecken.«

Viele Jahre lebte Hirschsohn unter den Menschen, jagte mit ihnen und lehrte sie alle Künste. Eines Tages aber blieb er verschwunden, und selbst sein Halbbruder Menschensohn konnte ihn nicht finden. Er war wieder ein Hirsch geworden und zurückgekehrt zu den Verwandten seiner Mutter. Später haben die Menschen seine Warnung vergessen, daher verstecken sich noch heute die Hirsche vor den Menschen.

Anamaques Stimme war leise geworden, und manches Mal war sie kaum noch zu verstehen. Plötzlich verstummte sie ganz, hob den Kopf und sah zum Mond hinauf, der inzwischen hoch am Himmel stand. Die Nacht war sternenklar, und die eisige Kälte ließ den herannahenden Winter ahnen.

Gerswind und Lavra legten heiße Steine unter die Röcke der Alten, um sie zu wärmen, und Danai warf neues Holz ins Feuer. Und als der Becher ein drittes Mal kreiste, erzählte Anamaque die Geschichte von Nenem:

Nenem

Das Haus Pekwoi steht in dem Dorf Kotep, nahe dem Mittelpunkt der Welt. Und es ist Sitte unter den Leuten vom Fluß, wenn sie reich sind, ihren Häusern ihre Namen zu geben.

Nun muß man wissen, daß die Häuser mit Namen in dieser Schlucht alle hoch über dem Fluß liegen und in einer Reihe stehen, während die Häuser weiter unten am Abhang keine Namen haben und auf dem Boden der Schlucht die Hütten der Armen stehen.

Von der sonnigen Terrasse des Hauses Pekwoi kann man weit flußaufwärts und flußabwärts blicken. Die runden Türrahmen des Hauses sind schön geschnitzt, und die Bretter der Wände und des Daches sind aus Rotholz.

Vor langer, langer Zeit, denn das Haus Pekwoi ist alt, brannte drinnen Tag und Nacht Feuer in der Grube, und auf den Regalen an den vier Wänden standen Kästen mit Schätzen und große Körbe mit Früchten aus dem Meer, aus dem Fluß, von Busch und Baum, frische und getrocknete. Nahe dem Feuer lagen Decken aus Rehfellen, auf denen es sich bequem saß und unter denen man warm schlief. So sah es im Hause Pekwoi aus, als Nenem, ihre Eltern und Großeltern dort lebten. Nenem und ihre stolze und reiche Familie waren bei jedermann flußaufwärts und flußabwärts geachtet. Kein Tanz fand statt, bei dem die Stirnbänder aus Wolfsfell und die Schürzen aus Zibetkatzenfell aus dem Haus Pekwoi nicht dabeigewesen wären.

Nenem war ein schönes Mädchen. Ihr schweres Haar teilte sich in der Mitte des Kopfes, wurde von einem Fellband gehalten und fiel gerade und glänzend über ihre Schultern und Brüste. Ohrringe aus polierten Muschelschalen rahmten ihr Gesicht ein. Ihre Augen waren lang und schmal geschnitten, mit halbmondförmigen Brauen, und ihr Mund war sanft. Sie war klein und ging mit leichtem, stolzem Schritt; dabei klirrten die Muschelketten an ihrem Hals und die schweren polierten Anhänger aus Muscheln und Obsidian an den Fransen ihres Lederhemds.

Ihr Vater versprach sich einen hohen Brautpreis, wenn Nenem heiraten würde, und es schien ihm selbstverständlich, daß sie ihre Wahl unter den Söhnen der reichen und mächtigen Familien treffen werde. Aber, wie es immer so geht, es kam ganz anders. Nenem verliebte sich in einen jungen Mann aus dem Dorf, den Sohn einer verwitweten und verarmten Mutter, mittellos und ohne Familie. Er und seine Mutter lebten in einem elenden Schuppen unten am Flußufer. Sie waren so arm und so unwissend, daß der Name des jungen Mannes nicht überliefert ist.

Nenems Geliebter muß aber ein hübscher junger Mann gewesen sein, denn das Mädchen dachte nicht daran, sich ihn aus dem Kopf zu schlagen, im Gegenteil, sie liebte ihn, ohne auf die

Stimme ihrer Vernunft zu hören. Und als sie spürte, daß sie von ihm schwanger war, gingen er und sie zu ihrer Familie und erklärten, sie wünschten Mann und Frau zu werden. Nenems Eltern erschraken zuerst, dann wurden sie zornig. Der junge Mann nannte einen Brautpreis, der einer Beleidigung gleichkam.

Er wußte das, und er sagte zu Nenems Vater: »Es ist mein Wunsch, deine Tochter zu heiraten, ich will für sie dienen und mich ihrer würdig erweisen. Ich will, wenn dir das recht ist, für sie arbeiten und alles tun, was du von mir verlangst, um dir ein guter Sohn zu sein. Wenn du sie mir aber nicht geben willst ... hier bin ich ... töte mich. Du hast das Recht dazu.«

Der Vater aber war zu stolz, jemanden zu töten, der so tief unter ihm stand.

»Dann nimm mich als deinen Sklaven, tu mit mir, was du willst«, sagte der junge Mann.

Aber dem Vater war es unerträglich, den armen Jungen als den Liebhaber seiner Tochter zu sehen. Er wollte ihn nicht vor Augen haben als ständige Erinnerung an die Schande, weder im Pekwoi-Haus noch im Dorf Kotep. Nenem durfte das Pekwoi-Haus nicht verlassen. Ihr Geliebter, ohne Geld und ohne mächtige Freunde, war hilflos. In seiner Verzweiflung verließ er das Dorf und war verloren für Nenem und seine Mutter. Weder die beiden Frauen noch sonst irgend jemand hörte je wieder etwas von ihm. In Kotep lief das Gerücht um, er sei in den einsamen Hügeln jenseits des Flusses ermordet worden.

Als ihr Liebhaber verschwunden war, richtete sich der ganze Zorn der Eltern gegen Nenem. In ihrem verletzten Stolz jagten sie ihre Tochter aus dem Haus und stießen Nenem aus ihrer Familie aus.

Die Mutter ihres Geliebten, die alte Frau Hunè, nahm das Mädchen in ihrer schäbigen Hütte auf. Dort sorgte sie für Nenem. Sie tröstete und liebte sie, als sei sie die eigene Tochter, und nach einigen Monaten gebar Nenem einen Sohn, dem war Hunè Mutter und Hebamme zugleich.

Nenem nannte den Sohn Toàn. Er war ein kräftiges, glückliches Kind. Hunè sorgte für ihn und seine Mutter, und sie erlebte noch die Freude, mit anzusehen, wie der Junge seine ersten Schritte machte, und durfte mit anhören, wie er die ersten Worte zu sprechen begann. Die Monde kamen und gingen. Toàns Beine streckten sich, und überall, wohin seine Großmutter ging, lief er mit.

Aus dem Fluß holten sie Lachse, im Wald sammelten sie eßbare Eicheln. Im späten Frühjahr und zeitigen Sommer pflückten Hunè und Nenem an den sonnigen Berghängen Gräser, aus denen sie Hüte flochten und Körbe. Sie gingen sauber gekleidet, in Hemden und Schürzen aus frischer Borke. Sie stellten Schlingen, und im Winter deckten sie sich mit Kaninchenfellen zu.

Da kein Mann zur Stelle war, wurde Hunès Behausung mehr und mehr ein Flickwerk aus alten Planken, die die Frauen erneuerten, wenn Nenem am Fluß ein angetriebenes Brett oder ein zerschelltes Kanu fand. Am Mittag brannte jetzt die Sonne durch die Ritzen im Dach.

Hunè erlebte noch die Zeremonie der Welterneuerung mit, dann, ehe der Frühling kam, starb sie. Trauer und Einsamkeit kam über Nenem, und ihr Leben lang behielt sie die alte Frau lieb.

Der Sommer, der auf Hunès Tod folgte, verlief ereignislos, und wieder wurde es Zeit zur Zeremonie der Welterneuerung. Der Tanz fand flußaufwärts von Kotep statt, und jeder aus dem Dorf kam zu diesem Fest, zu Fuß oder mit einem Boot. Nur Nenem und Toàn blieben daheim. Nenem suchte eßbare Eicheln am Fluß, und als einige Boote vorbeikamen, erkannten sie die Leute, und ihre Stimmen drangen über das Wasser: »Nenem, Nenem! Komm mit uns – wir haben noch viel Platz im Boot.«

»Danke ... ich kann nicht gehen ... ich habe nicht das rechte Kleid an, um zu einer Zeremonie zu gehen«, antwortete Nenem.

Einer, der sie gut kannte, rief zurück: »Aber Nenem! Du wirst doch nicht vom Tanz fortbleiben.«

Nenem zögerte. Sie wollte nicht zugeben, daß sie vorgehabt hatte, daheim zu bleiben. Also antwortete sie: »Ich komme später nach. Ihr braucht nicht auf mich zu warten. Ich komme schon noch. Zum Schlußtanz werde ich dort sein!«

Ihre Freunde in den Booten fuhren weiter, denn offenbar wollte sie es nicht anders. Nenem aber, da sie nun versprochen hatte, zum Tanz zu kommen, ging heim, kleidete sich und Toàn so an, wie es sich für eine Zeremonie gehört, nahm etwas Proviant mit und machte sich dann flußaufwärts auf den Weg.

Wie sie versprochen hatte, kam sie rechtzeitig zum Schlußtanz. Alle waren da. Es war Abend; die Feuer brannten und beleuchteten die Gesichter der Tänzer und Zuschauer. Vier Gruppen tanzten.

Die Zuschauer hatten nach einer bestimmten Ordnung Platz genommen. Den Tänzern am nächsten, auf der rechten Seite, saßen die Männer aus den reichen Familien, auf der linken Seite deren Frauen. Die armen Leute standen hinten, auch sie nach Geschlechtern geschieden, rechts die Männer, links die Frauen. Nenem trat zu der Gruppe der armen Frauen. Vorn rückten die Frauen zusammen und machten Nenem ein Zeichen, sie solle sich mit ihrem Sohn zwischen sie setzen. Alle begrüßten sie, alle erwiesen ihr die Ehre, die einer Tochter aus einer sehr reichen Familie gebührt.

Nur Nenems Blutsverwandte nahmen von alledem keine Notiz.

Nenem wußte nicht, wie sie die Aufmerksamkeiten, die ihr zuteil wurden, abwehren sollte. Sie war sehr aufgeregt, und als sie dann an einer der Stangen, die die Tänzer trugen, das weiße Rehfell des Pekwoi-Hauses sah, hielt sie es nicht länger aus. Das schlafende Kind auf den Armen, stahl sie sich fort. Ihre Freunde bemerkten nicht gleich, daß sie gegangen war. Keiner sah sie den Pfad zum Dorf zurückschleichen, Toàn in den Armen und bitterlich weinend.

Nenem kannte alle Wege am Fluß bis hinauf zum Atsìpul Creek, wo der Pfad sich gabelt. Sie schlug den Weg ein, der durch die Hügel verläuft und oberhalb von Kotep wieder auf den Flußpfad stößt. Es ist ein beschwerlicher und steiler Weg. Nenem wählte ihn, weil man dort wenig Menschen trifft und die großen Dörfer am Fluß unten umgeht. Niemand sollte sie so traurig sehen.

Toàn erwachte. Er merkte, daß seine Mutter weinte. Es war eine klare Nacht, und der Mond schien hell. Nenem setzte Toàn zu Boden und ließ ihn laufen, und so wanderten Mutter und Kind durch das Gebirge zum Fischsee. Als sie dort ankamen, war Nenem sehr müde geworden. Sie bereitete für ihren Sohn und für sich selbst ein Lager, und beide schliefen in dieser Nacht am Ufer des Sees.

In einer Welt, die sich im Gleichgewicht befindet, hebt und senkt sich die flache Erde, weil sie auf dem unterirdischen Ozean ruht, aber meist ist diese Bewegung kaum wahrnehmbar und richtet keinen Schaden an. Die Medizinmänner wissen dieses Gleichgewicht zu erhalten, und die Menschen, die an dem Tanz der Erneuerung teilnehmen, müssen mit ihren Füßen hart und fest auf den Boden stampfen. Wenn sie dabei nachlässig sind, hebt sich die Erde mehr als nur ein wenig, und dann entstehen seltsame und schreckliche Veränderungen. Eine solche Katastrophe hatte sich in der Zeit von Nenems Großeltern ereignet, und ihr unglücklicher Vater führte all seinen Kummer auf dieses Ereignis zurück.

Das war die Zeit gewesen, als die Erde sich so weit hob, daß der unterirdische Ozean über die Ufer trat, alle Flüsse sich füllten, das Wasser bis über den Rand der Schlucht lief und viele Fische und anderes Meeresgetier bis zum Mittelpunkt der Welt gespült wurden – viel weiter als irgendwann je zuvor.

Mit Gebeten, Tänzen und Zauber war das Gleichgewicht mit der Zeit wiederhergestellt worden. Das Wasser war wieder abgeflossen, und auch die Tiere hatten es mit sich fortgenommen, außer einem jungen weiblichen Wal, den es in den Fischsee getragen hatte, wo er liegenblieb.

Ninawa, die Walin, hatte dort lange Zeit gelegen und sich kaum rühren können, denn ihr Körper reichte vom einen Ende des Sees bis zum anderen, und wenn sie mit ihrer Schwanzflosse schlug, wie das Wale zu tun pflegen, flog der Schlamm weithin auf die Wiesen am Ufer. Sie war ruhig in dieser Nacht, da Nenem und Toàn am See schliefen, und hörte Nenems Weinen. Und sie hörte auch, was Nenem sprach. Dann wußte Ninawa, warum Nenem weinte, und sie war froh, daß sie der Ozean hierher getragen hatte. Ninawa war kein gewöhnlicher Wal. Sie besaß große Macht, sie nahm Anteil an allen Leiden der Menschen, aber besonders rührte sie Nenems Klagen, denn Ninawa war ein Bastard wie Toàn.

Ninawa wagte nicht, sich zu bewegen, weil sie Nenem und Toàn nicht erschrecken wollte, und sie hatte beschlossen, ihnen zu helfen. Sie lag still da und versuchte alles, um möglichst wie ein Baumstamm auszusehen, der quer über den See gefallen ist, und dabei dachte und hoffte sie immer nur eines: Toàn möge kommen und auf ihren Rücken klettern, denn auch nur eine ganz kurze Berührung würde ihm große Kraft verleihen.

Nenem wäre wohl dem Kewet-Pfad um den See herum gefolgt, hätte Toàn sie nicht davon abgehalten. Der Junge hatte den ganzen Morgen am Ufer gespielt, und nun wagte er sich etwas weiter ins Wasser hinein und noch etwas weiter, bis es zu tief wurde, um noch zu waten. Und da war Ninawa bei ihm ... etwas Festes und Hartes, das dazu herausforderte, hinaufzuklettern. Toàn kletterte hinauf, und als Nenem nach ihm Ausschau hielt, stand er auf etwas, das durch die Tränen hindurch wie ein gewaltiger Baumstamm aussah, der dalag und den See überbrückte. Nenem hatte Angst. Wie leicht konnte Toàn ausrutschen oder stolpern! Aber sie war klug genug, nicht zu schreien, denn das hätte ihn erschreckt. Sie watete nur in den See hinaus, wie es der Junge auch getan hatte, und stieg auf Ninawas Rücken, und dort folgte sie dem Kind, so schnell sie konnte. Wenn Toàn ein Unglück zustieß, wollte sie sterben. Aber nichts geschah. Der Junge rannte vor ihr her, und als sie an das Ende dessen gelangten, was in ihren Augen ein langer Holzstamm war, sprangen sie herab, wateten ans Ufer und schlugen den Weg zum Kewet-Gebirge ein.

Ninawa hatte ganz still gelegen, als Toàn sie berührt hatte, und sie zitterte, als er von ihrem Rücken sprang. Nach vielen Monden würde Toàn daran erinnert werden, aber jetzt dachten er und seine Mutter nicht weiter darüber nach.

Nenem war niemals zuvor so weit ins Land hineingekommen. Es war ein langer Weg, und als sie um das Kewet-Gebirge herumgingen, mußte sie Toàn meist tragen. Erleichtert war sie, als sie endlich den Fluß erblickten und sie sicher war, daß sie sich nicht verlaufen hatten.

Es war schon dunkel, als Toàn und sie daheim ankamen. Sie nahmen eine kalte Mahlzeit ein und gingen zu Bett, ohne noch einmal Feuer anzuzünden.

Sobald die Nachbarn am Morgen Rauch aus dem Kamin aufsteigen sahen, kamen sie herbei, um nachzusehen, ob Nenem und Toàn gesund und munter seien. Immerhin hatte sie niemand mehr in Kotep oder in einem der anderen Dörfer am Fluß gesehen. Zwei Nächte lag das Tanzfest zurück. Da konnte man sich schon Sorgen machen. Aber sie drängten Nenem nicht zum Reden. Sie sahen, daß sie immer noch den Tränen nahe war. Aber ihr Kummer schwand. Sie wußte, sie war heimgekommen zu Freunden.

Nenem und Toàn hatten noch einen anderen Freund: Nenems Großvater, Toàns Urgroßvater. Es ist nicht die Art der Alten, wenn sie klug sind, ihre Stimme gegen Entscheidungen zu erheben, die in einer Familie einmal gefällt worden sind. Und dieser Großvater war klug. Er beobachtete Nenem und Toàn und wartete.

Der Tag kam, an dem der Urgroßvater seine Werkzeuge sowie Holz zum Schnitzen nahm und sich nahe von Hunès Haus dort hinsetzte, wo Toàn zu spielen pflegte. Neugierig und interessiert kam Toàn heran, setzte sich neben den alten Mann und sah ihm beim Schnitzen zu. Der Urgroßvater schien ein Boot zu machen. Er erklärte, das sei kein Boot, sondern eine Schachtel, eine Schachtel mit einem Hohlraum innen und einem Deckel. Toàn wollte auch so eine Schachtel schnitzen. Unter der Anleitung des Urgroßvaters gelang es. Spät am Nachmittag war Toàns Schachtel fertig. Der Urgroßvater schlug vor, der Junge solle bunte Federn sammeln und diese in der Schachtel aufheben. Bald hatte Toàn eine ganze Schachtel voller Federn, und er und der Urgroßvater mußten eine größere Schachtel schnitzen. Und dann machte der alte Mann dem Knaben einen Bogen und Pfeile und lehrte ihn schießen und jagen.

Als Toàn älter wurde und allein jagen ging, brachte er seinem Urgroßvater zuerst kleine Vögel und dann größere Vögel und schließlich auch immer öfter einen rotköpfigen Specht. Und zusammen rupften sie den Vögeln die Federn aus und säuberten die Häute und schlossen sie in Kästen fort. Und wenn es nötig wurde, machten sie neue Kästen, immer größere und schönere, und füllten sie mit ihren Schätzen. Manchmal jagte Toàn im Kewet-Gebirge, und er kam dabei bis zum Fischsee. Immer, wenn er den See sah, fragte er sich, was wohl aus dem großen Baumstamm geworden sei, auf dem er mit seiner Mutter herumgeklettert war. Doch der Baumstamm war nicht mehr zu sehen. Er dachte daran, wie der Stamm gezittert hatte und daß er an diesem Tag zum erstenmal wahrgenommen hatte, daß Menschen weinen können.

Alles tat der Urgroßvater für Toàn, ohne jemals seine Stimme gegen seinen Sohn und seine Schwiegertochter im Pekwoi-Haus zu erheben.

Der Urgroßvater starb, als Toàn gerade erwachsen wurde. Er ließ einen Urenkel zurück, der sich um seine Zukunft keine Sorgen zu machen brauchte, denn in Hunès Haus standen jetzt viele Kästen und Kisten, gefüllt mit der Beute des erfahrenen jungen Jägers.

Der Urgroßvater war tot. Es gab ein Begräbnis, die Trauerzeit begann. Toàn ging allein zum Fischsee. Er legte sich am Ufer nieder und schlief ein. Und im Schlaf träumte er.

Ninawa kam zu ihm im Traum und erzählte ihm viele Dinge. Sie erzählte ihm, daß sie Ninawa, der Inland-Wal, sei, daß sie der Holzstamm gewesen sei, auf dem er und seine Mutter über den See gelaufen waren, und daß danach die Geister gekommen seien und sie in einen anderen See getragen hätten. Sie sagte ihm nicht, wo dieser See lag, sie erzählte nur, er liege weit landeinwärts und sei so groß, daß sich ein Wal darin bequem bewegen könne.

»Toàn«, sagte Ninawa weiter, »du sollst wissen, daß die Wintermonde uneheliche Kinder sind ... Bastarde wie du und ich. Ich habe zugehört, wie deine Mutter eine ganze Nacht weinte, als du noch zu jung warst, um zu verstehen, was ihr Kummer machte. Da beschloß ich, dir zu helfen. Ich erinnerte mich daran, daß es Wintermonde sind, die Regen und Kraft für die Erde bringen, und ich beschloß, daß du so stark werden solltest wie die Wintermonde. Du kamst zu mir, und als du mich berührtest, zitterte ich. Kannst du dich daran noch erinnern, Toàn? Das geschah, weil ich so sehr danach verlangte, du solltest kommen, und fürchtete, meine riesige Gestalt könne dich abschrecken. Aber du hattest keine Angst, und du stiegst auf meinen Rücken. Kannst du dich daran noch erinnern, Toàn? Hier im Fischsee geschah es. Du liefst von meinem Schwanz bis zu meinem Kopf, und während du liefst, gab ich dir Kraft und Stärke. Du wirst ein guter Mann werden, ein großer Jäger, mit vielen Schätzen und großem Reichtum, und man wird sich deiner erinnern als einer der größten Söhne aus dem Hause Pekwoi. Denk an all das, was dich dein Großvater lehrte. Ruf die Wintermonde an, wenn du betest. Und vergiß nie, daß du einst über Ninawas Rücken gelaufen bist.«

Dies sagte Ninawa zu Toàn.

Und als Toàn Stunden später erwachte, war Ninawa nicht mehr da. Er lag ruhig da und erinnerte sich an ihre Worte und behielt sie sein ganzes Leben im Gedächtnis.

Nenem lehrte Toàn die Worte, die man bei der Begrüßung und beim Abschied sagt, sie zeigte ihm, wie man den Elchhornlöffel hält, wenn man ißt, wie man die Hände hinlegt und seinen Körper aufrichtet, wie man spricht und die Stimme verändert – all die komplizierten Regeln, an die sich ein junger Mann aus vornehmer Familie halten muß. Er lernte von ihr auch die Höflichkeit, die Freundlichkeit und Aufgeschlossenheit der Vornehmen. Und noch eines brachte Nenem Toàn bei, ehe er alt genug war, um ins Schwitzhaus zu gehen: die strengen Verhaltensformen eines stolzen Hauses. Toàn lernte zeitiger als andere Jungen zu fasten, sich zu reinigen und seinen Zorn, seine Gier und überschwengliche Gefühle aller Art zu beherrschen.

Später wurde er im Schwitzhaus erzogen. Er ging weit in die Wälder, um Holz für die Zeremonien zu sammeln, er betete lange in den Bergen, er hielt die Gebete des Fastens, der Keuschheit und der Reinigung ein, die für die Jäger gelten. Wenn er fastete und betete, rief er seinen Urgroßvater und die Wintermonde an, wie Ninawa es ihm aufgetragen hatte.

Toàn war kaum erwachsen geworden, da konnte er aus seinen überquellenden Schatztruhen schon einen Rehfelltanz stromaufwärts und einen Springtanz stromabwärts gleichzeitig ausrüsten.

Eine solche Anhäufung von Reichtümern hatte man bei einem jungen Mann seines Alters am Fluß noch nicht erlebt. Und dies war um so bemerkenswerter, weil er ja nicht die Macht und den Reichtum des Pekwoi-Hauses hinter sich hatte. Ninawa hatte ihm mehr als das gegeben, was ihm von Pekwoi vorenthalten worden war.

Ninawas Macht lenkte seine Pfeile weithin und sicher, aber Toàn war auch ein unermüdlicher Jäger. Kein Vogel, kein Tier des Waldes entging ihm. Immer war er unterwegs.

Es war Ninawas Macht, die den Ruf von dem großen Jäger, der viele Felle und Federn zu verkaufen hatte, überall hindringen ließ. Sie brachte Leute, die Geld hatten oder Obsidian und Feuerstein tauschen wollten, in sein Haus. Aber diese Käufer und Händler kamen auch immer wieder, und sie waren zufrieden mit der Ware, die Toàn ihnen überließ. So füllte der junge Mann eine große Kiste mit kostbaren langen Schnüren voller Muschelgeld. Schließlich konnte Toàn es sich leisten, einen geschickten alten Handwerker aus Kotep anzustellen, der all die Federn, Felle, Häute, das Elfenbein und die anderen Materialien verarbeitete, und Toàn selbst blieb nun noch mehr Zeit für seine Jagdexpeditionen, von denen er außer Vögeln und Wild auch kostbare Steine und Muscheln heimbrachte.

Unterdessen starb im Pekwoi-Haus Nenems Vater, der letzte Mann der alten Generation.

Die jungen Männer, Nenems Brüder und deren beide Söhne, kamen mit all ihren Dienern nach Kotep in Hunès Haus. Der älteste Onkel macht den Sprecher, im Namen der ganzen Verwandtschaft lud er Toàn ein, nach Pekwoi zu kommen und dort als Familienoberhaupt Wohnung zu beziehen. Toàn wandte sich an seine Mutter: »Was soll ich tun, Mutter?« fragte er. »Wie willst du, daß ich mich entscheide?«

»Du solltest gehen, Toàn. Ich will, daß du gehst«, sagte Nenem.

So geschah es, daß Toàn in das Haus Pekwoi zog, und die Menschen in Kotep und in den anderen Dörfern fanden, daß es recht sei so. Sehr weit fort, in einem Teich, der die Form eines Bootes hatte und von Eichenbäumen umstanden war, schlug ein weiblicher Wal mit der Schwanzflosse. Und Nenem blickte den steilen Abhang der Schlucht empor, zu dem Platz, auf dem Pekwoi stand. Sie sah die runden geschnitzten Türen, die die Sonne einließen, und sie lächelte dankbar.

Die Kisten mit Schätzen und Geld nahm Toàn nach Pekwoi mit. Aber Nenem folgte dem Sohn nicht in das Haus ihrer Familie. Ihre Brüder luden sie ein, jeder im Dorf erwartete, daß sie nach Pekwoi ziehen werde, und auch Toàn drängte sie dazu. Aber sie blieb bei ihrem Entschluß und sagte zu ihrem Sohn:

»Du mußt gehen. Wie solltest du hier leben? Das ist nicht ein Haus von der Art, wie es dem reichsten Mann des Dorfes zukommt, und bald wirst du eine eigene Familie haben. Aber dies ist mein Heim, und ich mag nicht anderswo hinziehen.«

Also blieb Nenem in der schäbigen Hütte wohnen, die ihr und dem Baby einst Zuflucht geboten hatte. Die rissigen Wände, die alten Körbe und Gegenstände, all dies bedeutete für sie Heimat, und die Nachbarn waren ihre Freunde. Toàn verstand sie, aber er war nie ganz damit einverstanden, und von Zeit zu Zeit fragte er sie immer wieder, ob sie nicht doch zu ihm nach Pekwoi ziehen wolle, und als er sich eine Frau gekauft hatte, die aus einem der reichsten Häuser in Olegel stammte, drängte sein Weib darauf, daß die Schwiegermutter bei ihnen wohnte. Nach einer Weile gab es Kinder in Pekwoi. Da fragten der Sohn und die Schwiegertochter noch einmal, ob Nenem nicht zu ihnen ziehen wolle.

Wie immer antwortete sie: »Eines Tages werde ich kommen.«

Sie protestierte, als Toàn die alte Hütte am Fluß neu decken lassen wollte. Ihr gefielen das Heidekraut und die Luftwurzeln, die von beiden Seiten her das Haus überwucherten und auch das Dach bedeckten. Sie und ihre Freunde nannten das Haus ›Heidedach‹. ›Siehst du‹, sagte sie zu ihrem Sohn, »ich wohne jetzt auch in einem Haus, das einen Namen hat.«

Toàn tat alles, um ihr Heim etwas wohnlicher herrichten zu lassen. Aber zu viele Wintermonde hatten auf das ›Heidedach‹ herabgesehen, und endlich mußte er Nenem fast zwingen, dort auszuziehen, denn noch eine Jahreszeit mit Stürmen hätte die Hütte nicht überstanden. »Soll ich dir ein neues Haus bauen lassen?« fragte Toàn.

»Nein«, antwortete Nenem, »jetzt ziehe ich in dein Haus. Jetzt komme ich zu dir und deiner Frau.«

So kam am Ende Nenem doch wieder in das Haus Pekwoi. Aber es blieb ihr nur noch kurze Zeit, um sich an ihren Enkelkindern zu erfreuen. Ehe der letzte Wintermond voll war, starb sie.

Allein erfüllte Toàn alle Begräbnisriten. Seine Frau und Nenems engste Freunde halfen ihm, die Tote anzukleiden. Sie nahmen Schnur aus Weinbast, mit der man den Körper ins Grab senkt, fuhren damit über den Körper der Toten und gaben sie dann Toàn. So schoben sie ihm alles Unreine, das von der Leiche ausging, zu.

Allein weinte und fastete Toàn fünf Tage. Er sprach mit niemandem, aß nur dünne Oblaten aus Eichelmehl. Jede Nacht entzündete er am Grab seiner Mutter ein Feuer, um sie zu wärmen, bis sie Zeit gefunden hatte, die Reise ins Land der Toten anzutreten.

Am Ende der fünf Tage ging er ins Schwitzhaus, wo ein alter Mann aus Kotep die Zeremonie der Reinigung vollzog. Er wusch Toàn mit einem Extrakt aus Wurzeln und aromatischen Kräutern und betete dabei zu jedem der Geister, die am Fluß leben. Und jedem der Geister blies er auch etwas Rauch aus der heiligen Tabakspfeife zu. Und als er schließlich auch den Geist, der an der Mündung des Flusses lebt, versöhnt hatte, war aller böser Zauber, der von einem Leichnam ausgehen kann, gebannt. Toàns Reinigung war vollendet. Er konnte zu seiner Frau nach Pekwoi zurückkehren und wieder auf die Jagd gehen. Nenem hatte Toàn einst gelehrt, daß es falsch ist, zu lange um einen Toten zu trauern, daß es gefährlich ist, zuviel an einen Gestorbenen zu denken, und Toàn dachte an diese Belehrung.

Er ging an das Grab seiner Mutter, immer wenn er zum Fluß kam. Manchmal nahm er sich sein Schnitzmesser und ein Stück Holz mit und setzte sich dorthin, als habe er ein ganzes Leben dort gesessen. Manchmal weinte er auch, wenn er an sie dachte, aber meist erinnerte er sich an das leise Klirren des Schmucks, das ihre Schritte begleitete, und an ihr sanftes Lächeln.

Anamaque schloß die Augen und lauschte noch lange den eigenen Worten nach. Keine der Frauen rührte sich, nichts war zu hören als das leise Knistern des Feuers.

Dann hob die Alte plötzlich die Hand und winkte Taranga zu sich. »Komm zu mir«, flüsterte sie, und als Taranga vor ihr kniete, legte sie eine Hand auf ihren Scheitel und segnete sie. Dann küßte sie sie auf die Stirn, überreichte ihr den Heiligen Becher und sprach:

»Diese Nacht war meine letzte, denn auch ich werde sterben. In Zu-

kunft wird es deine Aufgabe sein, die Heiligen Rituale anzuleiten, denn du bist die Älteste nach mir. Darum nimm diesen Becher, der den Leib der Mondmutter symbolisiert, und tu mit ihm, wie ich getan habe und vor mir unzählige Mondfrauen. Halte ihn in Ehren und vergiß nie, den ersten Schluck Weines auf die Erde zu gießen, denn er ist für die Erdmutter, und den zweiten und dritten Schluck nimm für die Ahninnen und Ahnen, und erst dann trinke du für dich und laß den Becher kreisen unter deinen Schwestern.«

»Ich werde tun, wie du es sagst«, versprach Taranga, führte Anamaques Hand zuerst an ihren Mund, schließlich an ihr Herz und ihre Stirn und küßte zuletzt die Erde.

Dann gab Anamaque ein Zeichen, man möge ihr aufhelfen.

Als sie aufrecht vor Taranga stand, sagte sie noch: »Bald wird meine Enkeltochter Silberner Mond eure Zahl vervollständigen. Sie wird die Jüngste sein in eurem Kreis, und ihr werdet sie lieben, denn sie ist stark und mutig, wie eine junge Stute.«

Ein Lächeln huschte über Anamaques Gesicht, als sie von Silberner Mond sprach. Dann zog sie plötzlich ihr Schultertuch enger und trat einen Schritt zurück. »Seht«, sagte sie und deutete mit einem Kopfnicken in Richtung des Waldes am Horizont, »der Mond geht unter, und schon ziehen die ersten Morgennebel über das Moor.« Sie hob ihre Hand, so als wollte sie nach dem Mond greifen, dann ließ sie sie plötzlich sinken und flüsterte: »Ich segne euch alle, und wie all eure Ahninnen werde auch ich im Geiste weiter bei euch sein. Aber jetzt ...«, sie brach ab, denn das Reden kostete sie viel Kraft, »... jetzt ist es Zeit für mich, zu gehen.«

Anamaque küßte sie alle ein letztes Mal auf die Stirn, dann wandte sie sich ab. Als sie den ersten Schritt aufs Moor zutat, sprang Jing-Mei hinzu, um sie zu stützen, aber die Alte schüttelte den Kopf. »Den letzten Weg, mein Kind, gehen wir alle alleine«, sagte sie und strich ihr zärtlich über die Wangen, als sie sah, daß sich Jing-Meis Augen mit Tränen füllten. Langsam schlurfte sie davon, und die Frauen sahen ihr nach, bis die gebückte Gestalt im Nebel verschwunden war.

Quellenverzeichnis

Die Erste Nacht –
Gerswind erzählt aus Mitteleuropa

Bei der schwarzen Frau aus *Deutsche Märchen aus dem Donauland*. Düsseldorf-Köln 1958. Mit freundlicher Genehmigung des Eugen Diederichs Verlags, München.

Die Geschichte von Dietrich und Elisabeth aus *Anneliese Probst, Sagen und Märchen aus Thüringen*. (1957) Mit freundlicher Genehmigung des Altberliner Verlags, Berlin-München.

Der Hauptmann Rosa und die drei Riesen aus *Deutsche Märchen aus dem Donauland*. Düsseldorf-Köln 1958. Mit freundlicher Genehmigung des Eugen Diederichs Verlags, München.

Die zwölf Räuber und die Müllerstochter aus *Deutsche Märchen aus dem Donauland*. Düsseldorf-Köln 1958. Mit freundlicher Genehmigung des Eugen Diederichs Verlags, München.

Die goldenen Barthaare aus *Sagen und Märchen aus Thüringen*. (1957) Mit freundlicher Genehmigung des Altberliner Verlags, Berlin-München.

Die singende Rose aus *Märchenschatz der Welt, Märchen aus Österreich*. Mit freundlicher Genehmigung des Mundus Verlags, Stuttgart Ratingen.

Die zweite Nacht –
Abelone erzählt Märchen aus Skandinavien

Die kleine Seejungfrau aus *Hans Christian Andersen »Die schönsten Märchen«*. Mit freundlicher Genehmigung des Karl Müller Verlags, Erlangen.

Der Schmaus der Zwerge aus *Märchenschatz der Welt, Märchen aus Norwegen und Schweden*. Mit freundlicher Genehmigung des Mundus Verlags, Stuttgart Ratingen.

Der Bär und die drei Schwestern aus *Der Bärenjunge, Volksmärchen der Komi (Syrjänen)*. Mit freundlicher Genehmigung des Verlags Werner Dausien, Hanau.

Die dritte Nacht –
Lavra erzählt Märchen aus Rußland

Laschin aus *Das Buch aus reinem Silber. Eine Märchenreise von Amur bis zur Wolga*. Düsseldorf 1984. Mit freundlicher Genehmigung des Marion von Schröder Verlags, Düsseldorf.

Die schöne Wassilissa Mikulischna aus *Sagen aus Rußland*. Frankfurt am Main 1979. Hrsg. Adrian Baar. Mit freundlicher Genehmigung des S. Fischer Taschenbuch Verlags, Frankfurt am Main.

Wassilissa, die Wunderschöne aus *Märchen von Hexen und weisen Frauen*. Frankfurt am Main 1986. Hrsg. Sigrid Früh. Mit freundlicher Genehmigung des Fischer Taschenbuch Verlags, Frankfurt am Main.

Die vierte Nacht –
Bahar erzählt Märchen aus der Türkei

Die Kluge aus *Rumänische Märchen*. Hanau 1989. Mit freundlicher Genehmigung des Verlags Werner Dausien, Hanau.

Die Geschichte vom Kristallpalast und Diamantschiff aus *Türkische Volksmärchen*. Düsseldorf-Köln 1974. Mit freundlicher Genehmigung des Eugen Diederichs Verlags, München.

Die Perlmuttermaid aus *Türkische Volksmärchen*. Düsseldorf-Köln 1974. Mit freundlicher Genehmigung des Eugen Diederichs Verlags, München.

Die fünfte Nacht –
Mardschana erzählt Märchen aus dem Orient

Die listige Dalilah aus *Die Mächte der Schehersade*. Klagenfurt.

Die Geschichte von der Sklavin, die Sultan wußte aus *Abenteuer aus 1001 Nacht*.

Die Geschichte von der Weiberlist aus *Geschichten der Liebe aus den 1001 Nächten*. Wiesbaden 1953. Übers. Enno Littmann. Mit freundlicher Genehmigung des Insel Verlags, Frankfurt am Main.

Die sechste Nacht –
Danai erzählt Märchen vom Balkan

Das Schlangenkind aus *Märchenschatz der Welt. Märchen vom Balkan*. Mit freundlicher Genehmigung des Mundus Verlags, Stuttgart Ratingen.

Der Drache aus *Märchenschatz der Welt. Märchen vom Balkan*. Mit freundlicher Genehmigung des Mundus Verlags, Stuttgart Ratingen.

Die unglückliche Prinzessin aus *Griechische Volksmärchen*. Köln 1965. Mit freundlicher Genehmigung des Eugen Diederichs Verlags, München.

Die Bärenprinzessin aus *Jugoslawische Märchen*. München. Mit freundlicher Genehmigung des Eugen Diederichs Verlags, München.

Die siebte Nacht –
Yamiy erzählt Märchen aus China

Die Fuchsfee aus *Märchenschatz der Welt. Chinesische Märchen*. Mit freundlicher Genehmigung des Mundus Verlags, Stuttgart Ratingen.

Die Blumenelfen aus *Chinesische Märchen*. Düsseldorf-Köln 1958. Mit freundlicher Genehmigung des Eugen Diederichs Verlags, München.

Schwarze Künste aus *Chinesische Märchen*. Düsseldorf-Köln 1958. Mit freundlicher Genehmigung des Eugen Diederichs Verlags, München.

Der Panther aus *Chinesische Märchen*. Düsseldorf-Köln 1958. Mit freundlicher Genehmigung des Eugen Diederichs Verlags, München.

Die Höhle der Tiere aus *Chinesische Märchen*. Düsseldorf-Köln 1958. Mit freundlicher Genehmigung des Eugen Diederichs Verlags, München.

Die achte Nacht –
Gwendolyn erzählt Märchen aus Britannien

Magdalenchen und Kati aus *Märchenschatz der Welt. Märchen aus Schottland*. Mit freundlicher Genehmigung des Mundus Verlags, Stuttgart Ratingen.

Die Hexe und ihr Ehemann aus *Märchen von Hexen und weisen Frauen*. Hrsg. Sigrid Früh. Frankfurt am Main 1986. Mit freundlicher Genehmigung des Fischer Taschenbuch Verlags, Frankfurt am Main.

Tam Lin aus *Märchenschatz der Welt. Märchen aus Schottland*. Mit freundlicher Genehmigung des Mundus Verlags, Stuttgart Ratingen.

Miezchen Pfiffig aus *Märchenschatz der Welt. Märchen aus England und Wales*. Mit freundlicher Genehmigung des Mundus Verlags, Stuttgart Ratingen.

Der Mutter Fluch und Segen aus *Märchen von Müttern und Töchtern*. Frankfurt am Main 1993. Hrsg. Ulrike Blaschek-Krawczyk und Sigrid Früh. Mit freundlicher Genehmigung des S. Fischer Taschenbuch Verlags, Frankfurt am Main.

Die neunte Nacht –
Gioconda erzählt Märchen aus Südeuropa

Königin Angelica aus *Märchenschatz der Welt. Märchen aus Italien*. Mit freundlicher Genehmigung des Mundus Verlags, Stuttgart Ratingen.

Die drei Schwestern aus *Der Drache vom Rosenstrauch*. Freiburg. 1986. Mit freundlicher Genehmigung des Herder Verlags, Freiburg.

Die Groac'h von der Insel Lok aus *Keltische Mythen und Märchen. Bretonische Märchen*. Hrsg. Re Soupault. Düsseldorf-Köln 1959. Mit freundlicher Genehmigung des Eugen Diederichs Verlags, München.

Die zehnte Nacht –
Maraquansa erzählt Märchen aus Afrika

Der Prinz in der Kugel. Erzählt von Greet Sedney aus *Brüna Sprookjes, Mythen und Legenden*. Übers. Angeline Bauer. Erschienen in dem Verlag A. W. Brüna en Sohn, Utrecht – Antwerpen.

Die erste Sonnenfinsternis aus Rudolf Jockel, *Die großen Mythen der Menschheit – Götter und Dämonen*. Augsburg 1990. Mit freundlicher Genehmigung des Pattloch Verlags im Weltbild Verlag, Augsburg.

Gold für Gold aus *Nubische Märchen*. Düsseldorf-Köln 1978. Mit freundlicher Genehmigung des Eugen Diederichs Verlags, München.

Der Eid der verliebten Frau. Erzählt von Greet Sedney aus *Brüna Sprookjes, Mythen und Legenden*. Übers. Angeline Bauer. Erschienen in dem Verlag A. W. Brüna en Sohn, Utrecht – Antwerpen.

Die elfte Nacht –
Taranga erzählt Märchen aus Australien und Ozeanien

Das Mädchen im Monde aus *Die großen Mythen der Menschheit – Götter und Dämonen*. Augsburg 1990. Mit freundlicher Genehmigung des Pattloch Verlags im Weltbild Verlag, Augsburg.

Sohn Adler und Tochter Schildkröte aus *Märchen aus Die Südsee*. Hanau 1977. Mit freundlicher Genehmigung des Verlags Werner Dausien, Hanau.

Die Tochter des Königsgeiers aus *Märchenschatz der Welt. Märchen aus Südamerika, Australien und Ozeanien*. Hrsg. Theodor Koch-Grünberg. Mit freundlicher Genehmigung des Eugen Diederichs Verlags, München.

Die schöne Sina aus *Märchen aus der Südsee*. Hanau 1977. Mit freundlicher Genehmigung des Verlags Werner Dausien, Hanau.

Der Alligator und die streitbaren Weiber aus *Märchenschatz der Welt. Märchen aus Südamerika, Australien und Ozeanien*. Hrsg. Theodor Koch-Grünberg. Mit freundlicher Genehmigung des Eugen Diederichs Verlags, München.

Die zwölfte Nacht –
Jing-Mei erzählt Märchen aus Asien

Der zauberkräftige Edelstein aus *Koreanische Märchen*. Mit freundlicher Genehmigung des Verlages Werner Dausien, Hanau.

Vom Feuer, das sieben Generationen brannte aus *Koreanische Märchen*. Mit freundlicher Genehmigung des Verlages Werner Dausien, Hanau.

Amaterasu und Sosanoo aus *Märchenschatz der Welt. Märchen aus Japan*. Mit freundlicher Genehmigung des Mundus Verlags, Stuttgart Ratingen.

Kurong-dongdong, der Schlangenjüngling aus *Koreanische Märchen*. Mit freundlicher Genehmigung des Verlages Werner Dausien, Hanau.

Die dreizehnte Nacht –
Anamaque erzählt Indianermärchen

Schwerer Kragen und die Geisterfrau aus *Märchen der Prärieindianer*. Frankfurt am Main 1982, 1996. Hrsg. Frederik Hetmann. Mit freundlicher Genehmigung des Fischer Taschenbuch Verlags, Frankfurt am Main.

Hirschfrau aus *Märchen der Nordamerikanischen Indianer*. Hrsg. Theodor von Konitzky. Mit freundlicher Genehmigung des Eugen Diederichs Verlags, München.

Nenem aus *Indianermärchen aus Nordamerika*. Frankfurt am Main 1970. Hrsg. Frederik Hetmann. Mit freundlicher Genehmigung des Fischer Taschenbuch Verlags, Frankfurt am Main.